Gestión de Recursos Web 2.0

IFCM006PO Informática y comunicaciones

EF/IFCM006PO/SEPT/25

Anagrama «LUCHA CONTRA LA PIRATERÍA», propiedad de Unión Internacional de Escritores.

© Centro de Estudios ADAMS. Ediciones Valbuena
C/ Narciso Serra, 14
28007 Madrid
adamsediciones@adams.es
www.adams.es

ISBN: 978-84-1116-288-3
Depósito legal: M-18669-2025
Editado en septiembre de 2025
Imprime: Ediciones Valbuena, S.A.
Impreso en España. Printed in Spain

Presentación

Comprometidos por ofrecer una propuesta formativa ajustada a las necesidades de la sociedad y del mercado de trabajo, Ediciones Valbuena presenta este manual para la Especialidad formativa de **Gestión de Recursos Web 2.0**, perteneciente a la Familia profesional de **Informática y Comunicaciones.**

Esta **Especialidad Formativa**, con una duración asociada de 60 horas, se integra en el Catálogo de especialidades con el código IFCM006PO.

En la elaboración de los contenidos hemos pretendido garantizar la **adquisición, mejora y actualización de las competencias profesionales** requeridas en el mercado laboral, así como fomentar el **aprendizaje**.

En nuestra página web **www.adams.es** estarás al día de todo en cuanto a información sobre cursos, productos y servicios se refiere, además tendrás la opción de dirigirnos cualquier consulta o sugerencia a través de **adams@adams.es**

Esperando haber cumplido el objetivo propuesto, te expresamos nuestros mejores deseos de éxito.

Ediciones Valbuena

ÍNDICE

Tests de unidades

Iconos de Información

Actividad

Vocabulario

Audios

Resumen

Definición

Recuerda

Ejemplo

Nota

Importante

Más información

Marco legal

Lectura recomendada

UNIDAD DIDÁCTICA 1

Comunicación e intercambio de información

Contenido & Objetivos

Introducción

1. Definición de la Web 2.0

2. Usos adecuados de la comunicación

3. Comunicación digital y networking

Resumen

Los **objetivos** de esta unidad son:

1. Analizar las diferencias entre Web 1.0 y 2.0.

2. Identificar las características de Internet como canal de comunicación.

3. Establecer las claves de la comunicación digital.

4. Conocer qué es el networking y cómo aplicarlo.

Introducción

Desde el comienzo de Internet, la web ha pasado de ser un medio de solo lectura, en el que el usuario era un mero espectador, a ser un medio fundamentalmente basado en generar y compartir contenidos y en la interacción de los usuarios para generar esos contenidos y participar activamente en las comunidades virtuales.

Desde la invención de Internet al calor de la tecnología militar mucho han cambiado los usos de esta red de redes. Actualmente Internet tiene un impacto profundo en el mundo laboral, el ocio y el conocimiento a nivel mundial. Gracias a la Web, millones de personas tienen acceso fácil e inmediato a una cantidad extensa y diversa de información en línea. El usuario ha tenido que adaptarse a este nuevo medio/canal de comunicación y al mismo tiempo los medios adaptarse a la nueva tecnología.

Internet es el nuevo canal de comunicación y este nuevo canal tiene sus propias características, su nuevo lenguaje y ha desarrollado nuevas vías de expresión y comunicación.

1. Definición de la Web 2.0

1.1. Introducción

El origen de Internet se sitúa a finales de los años 60 y primeros 70 como forma de comunicación e integración dentro de la Agencia de Investigación de Proyectos Avanzados de Defensa (ARPA). A este proyecto fueron sumándose otras instituciones del gobierno y redes académicas.

Tanto investigadores, como científicos, profesores y estudiantes se beneficiaron de la comunicación con otras instituciones y colegas en su rama, así como de la posibilidad de consultar la información disponible en otros centros académicos y de investigación. De igual manera, disfrutaron de la nueva habilidad para publicar y hacer disponible a otros la información generada en sus actividades.

En 1990 queda constituido el primer cliente web (World Wide Web) y el primer servidor web.

Una vez establecida esta capacidad de intereconexión, junto a la mejora de las herramientas gráficas y la potencia de los ordenadores, fueron añadiéndose a la lista de usuarios aquellos no ligados directamente a sectores académicos, científicos o institucionales.

En pocos años el uso comercial de Internet ya estaba permitido y el modelo de administración ya no era gubernamental.

La **Web 1.0** es el primer paso en la generalización del uso de Internet.

Los primeros usuarios de Internet se encontraron con páginas estáticas, características de la Web 1.0.

Web 1.0 se refiere a un estado de la World Wide Web, y cualquier página web diseñada con un estilo anterior al del fenómeno de la Web 2.0. Como término, se creó para describir la web antes del impacto de la fiebre de las 'puntocom' en 2001, que es interpretado por muchos como el momento en que Internet dio un giro.

 Web 1.0 es la forma más básica que existe, con navegadores únicamente de texto aunque bastante rápidos. La Web 1.0 es de solo lectura, de manera que el usuario no puede interactuar con el contenido de la página (comentarios, respuestas, citas, etc.), quedando la información exclusivamente limitada a lo que el webmaster sube a esta.

1.2. Características de la Web 1.0

Las características de la **Web 1.0** son:

⇨ Páginas estáticas en vez de dinámicas para el usuario que las visita.

⇨ El uso de *framesets* o marcos.

⇨ Extensiones propias del HTML como el parpadeo y las marquesinas, etiquetas introducidas durante la guerra de navegadores web.

⇨ Libros de visitas online o *guestbooks*.

⇨ Botones GIF, casi siempre a una resolución típica de 88 x 31 píxeles en tamaño promocionando navegadores web u otros productos.

⇨ Formularios HTML enviados vía email. Un usuario llenaba un formulario y después de hacer clic se enviaba a través de un cliente de correo electrónico, con el problema que en el código se podían observar los detalles del envío del correo electrónico.

1.3. La Web 2.0

A comienzos de los años 2000, con la fiebre de las empresas "puntocom" comienza un cambio trascendental en la forma de usar Internet, tanto desde el lado de los usuarios como desde el lado de quienes generan contenidos: empresas y, a partir de ahora, también los propios consumidores, con el auge del fenómeno blog.

Las diferencias en el modo en que las organizaciones han interactuado con los clientes en la web:

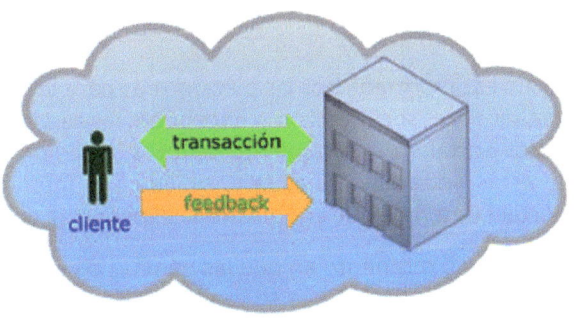

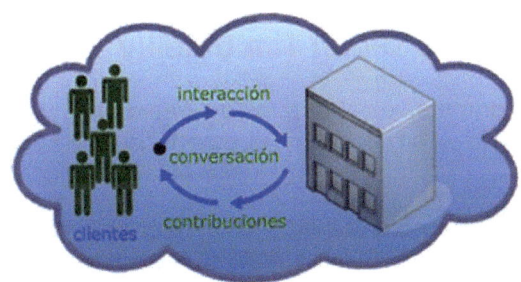

A partir de este momento comenzamos a hablar de Web 2.0:

15

¿Qué es la Web 2.0?

Web 2.0 se refiere al fenómeno social surgido a partir del desarrollo de diversas aplicaciones en **Internet**. El término establece una distinción entre la primera época de la web (donde el usuario era básicamente un sujeto pasivo que recibía la información o la publicaba) y la revolución que supuso el auge de los blogs, las redes sociales y otras herramientas relacionadas.

De manera que la Web 2.0 está formada por las plataformas para la publicación de contenidos, como **Blogger**, las redes sociales, como **Facebook**, los servicios conocidos como **wikis (Wikipedia)** y los portales de alojamiento de fotos, audio o vídeos (**Flickr, YouTube**). La esencia de estas herramientas es la posibilidad de interactuar con el resto de los usuarios o aportar contenido que enriquezca la experiencia de navegación.

Se habla de Web 2.0 a partir del momento en que las páginas comienzan a ofrecer un considerable nivel de interacción a la vez que se van actualizando con las aportaciones de los usuarios.

Por último, cabe mencionar que las diferencias entre la primera y la segunda era de la web no se basan en un cambio a nivel tecnológico en los servidores (si bien es cierto que se ha producido un considerable avance en el hardware), si no en los objetivos y en la manera en que los usuarios comenzaron a percibir cómo manejar y compartir información.

1.4.   El término Web 2.0 según Tim O'Reilly

Tim O'Reilly acuñó por primera vez el término de Web 2.0 en 2004 para referirse a una segunda generación de web basada en las comunidades de usuarios y en una nueva serie de servicios.

El término surgió en el año 2004 a raíz de una conferencia a la que se denominó Conferencia Web 2.0 y cuyo significado contemplaba un uso de Internet basado en la aportación de los usuarios donde, además, hay que aprovechar la inteligencia colectiva.

Sin embargo, en este nuevo ambiente hay que buscar un equilibrio entre el beneficio de aprovechar la inteligencia colectiva y el riesgo de revelar datos personales. Por otro lado, a día de hoy, la red atraviesa un periodo de consolidación, donde la innovación es constante para mejorar la experiencia de usuario. Páginas web como Amazon, Google, Facebook, se actualizan todos los días y constantemente, por lo que quizás el usuario no se da cuenta, pero siempre son una aplicación distinta.

En palabras del propio Tim O'Reilly:

⇨   "Web 2.0 es un nombre cómodo para un fenómeno. Se trata de un cambio que va desde la época en que Internet era un accesorio para el PC, hasta el momento en que Internet es una auténtica plataforma por sí misma".

⇨ "Web 2.0 es entender que la red es la plataforma, y por esto, las reglas de los negocios son otras. Y la regla principal es esta: Los usuarios son valiosos. Y lograr crear bases de datos mejores y más amigables para que cada vez más usuarios las utilicen, es a lo que debe aspirar una compañía de la Web 2.0".

⇨ "Lo que distingue a las empresas importantes de otras, es que han entendido cómo utilizar los documentos producidos por la Web 1.0 en el nuevo contexto 2.0".

⇨ "La Web 2.0 nos ayuda a ser más inteligentes y a resolver los problemas del mundo antes de que ellos nos resuelvan a nosotros".

2. Usos adecuados de la comunicación

2.1. ¿Qué es la comunicación?

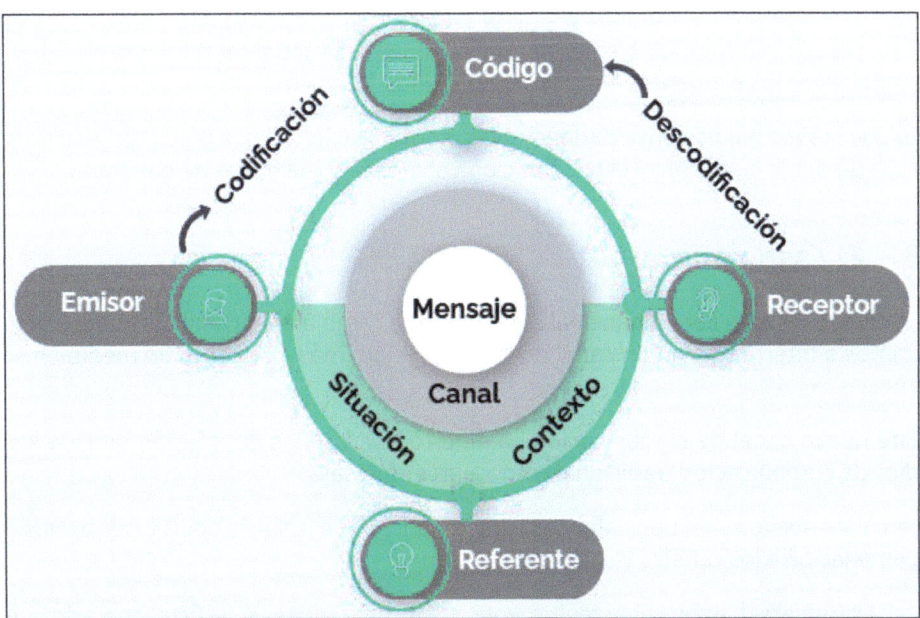

Vamos a explicar con detalle los elementos de este esquema:

▶ **Emisor**: es la persona que envía el mensaje. El emisor es responsable de formular el mensaje de manera clara y precisa para que el receptor lo entienda. El emisor también es responsable de elegir el canal adecuado para enviar el mensaje.

17

▶ **Receptor**: persona que recibe el mensaje a través del canal y lo interpreta.

▶ **Mensaje**: información que el emisor envía al receptor. El mensaje es la información que se envía a través del canal. El mensaje debe ser claro y preciso para que el receptor lo entienda. El mensaje también debe ser adecuado para el contexto en el que se produce la comunicación.

▶ **Contexto**: relación que se establece entre las palabras de un mensaje y que nos aclaran y facilitan la comprensión de lo que se quiere expresar.

▶ **Código**: es el lenguaje o sistema de símbolos que se utiliza para transmitir el mensaje. Esto incluye el lenguaje verbal, el lenguaje no verbal, los símbolos gráficos, etc. El código es un elemento importante de la comunicación, ya que permite a los emisores y receptores comprender el mensaje.

▶ **Canal**: es el medio a través del cual se envía el mensaje. Esto incluye el habla, la escritura, la señalización, etc. El canal debe ser adecuado para el mensaje y el contexto en el que se produce la comunicación.

En el caso de Internet, los elementos que cambian son fundamentalmente el código y el canal. Pero los elementos básicos siguen siendo los mismos.

Lo que la Web 2.0 ha conseguido es que la comunicación no sea unidireccional sino que sea de doble dirección, y esto condiciona el mensaje y la forma de generarlo.

2.2. El caso de Internet

En el caso de Internet, el principal elemento que cambia es el canal. Es por eso que definimos a Internet como un canal de comunicación, más que como un medio en sí mismo.

Este nuevo canal de comunicación ha abierto nuevas vías de difusión tanto a los medios de comunicación tradicional como a las empresas.

Pero este nuevo canal tiene algunas características que le son propias y casi exclusivas, en relación a los canales ya existentes:

1. **Es universal**: es un canal multimedia, capaz de soportar el tráfico generado por todos los medios de comunicación y de dar cabida y absorber todos los demás canales.

2. **Es omnifuncional**: conecta, distribuye y recolecta: 1 a 1, uno a muchos y de muchos a uno. Por ello es personalizable.

3. **Es bidireccional e interactivo**.

4. **Su alcance es ilimitado**.

Estas características han eliminado las limitaciones propias de los medios tradicionales, estáticos y de alcance limitado.

Internet supone comunicación personalizada: es decir, el mensaje llega de uno a uno, al tratarse de un acto sujeto a la demanda individual.

A esto hay que añadir que la **actitud del receptor** (usuario, consumidor, cliente...) es activa. Es el usuario el que decide si sigue recibiendo información, en qué momento y a través de qué medio.

2.3. Características propias de Internet

La universalidad de este canal le confiere una potencia y alcance ilimitados.

Pero vamos a profundizar un poco más en las características propias de Internet en la medida en que este nuevo canal de comunicación ofrece otros procesos que marcan un mercado necesitado de información; esta necesidad se ve satisfecha a través de la red de redes:

⇨ **Interactividad**. La comunicación ya no es unidireccional sino que es bidireccional.

⇨ **Personalización**. Los servicios de información y comunicación online no solo se orientan a targets con perfiles demográficos, profesionales o económicos similares, sino que se orientan a individuos. La red permite responder a las demandas de información específicas de cada usuario en particular. En este sentido, es multinivel.

⇨ **Multimedia**. Internet es capaz de integrar todos los formatos existentes de información en un mismo soporte: texto, sonido, imagen, vídeo, etc.

⇨ **Hipertextualidad**. Permite la relación de un texto o contenido con otro a través de enlaces. Esta característica es la que nos permite "navegar".

⇨ **Actualización**. Permite la inmediatez en la generación y consumo de contenidos. Tanto a unos como a otros se puede acceder en tiempo real.

⇨ **Abundancia**. No hay límites a la cantidad de información y medios accesibles. En este sentido se produce una ruptura del espacio temporal, porque el acceso a la información no está condicionado por la extensión propia de cada medio, sino por la capacidad de lectura del receptor.

⇨ **Mediación**. La red permite el acceso directo del público a las fuentes de información al margen de los editores de los medios tradicionales.

Internet suma la particularidad y la capacidad de combinar, por un lado, que es un canal de distribución para los medios tradicionales y, por otro, proporcionar un espacio de expresión para emisores emergentes de diversa índole: por ejemplo, las empresas.

19

Esto supone que es un canal que puede ser utilizado por cualquier individuo o corporación en las mismas condiciones y con las mismas ventajas que los medios tradicionales.

De hecho, han surgido numerosos proyectos nativos digitales que han explotado estas características y han encontrado en ellas su nicho de mercado y de actividad. Un ejemplo claro son las redes sociales o los periódicos estrictamente digitales.

2.4. Herramientas adecuadas en Internet

Existen numerosas plataformas y herramientas disponibles. Y cada una con sus particularidades. Elige las que más te convengan y establece un plan de acción y de generación de contenidos adaptados a la naturaleza de cada una de ellas.

No es necesario volverse loco abarcando o creando perfiles sociales en todas las redes. Empieza por el principio y sigue añadiendo aquellas otras que creas convenientes. Esta ampliación de ámbitos de presencia también proporcionará **sensación de estar al día y de crecimiento**.

⇨ **¿Por dónde empezar?**

Parece claro que Facebook y X son las plataformas sociales que más impacto generan y mayor concentración de usuarios tienen. Si hay que empezar por algún sitio, será por aquí.

Pero conviene no olvidarse de otras plataformas que, en función de nuestra empresa, de su naturaleza, de los contenidos que genere y de sus expectativas, pueden resultar igualmente interesantes: YouTube, LinkedIn, SlideShare, Instagram, Pinterest, etc.

⇨ **Cada plataforma requiere una dedicación**

No se puede abrir un perfil y tenerlo abandonado o desactualizado. Y cada plataforma tiene sus especificidades particulares. Habrá que adaptarse a cada una de ellas. No se habla igual en X, con menos caracteres, que en Facebook, con espacio casi ilimitado y comentarios anidados.

Abrir un perfil social puede ser gratuito; pero su mantenimiento no lo es

No olvides que hay que dedicar recursos, tanto materiales como humanos para la generación de contenidos, subirlos a las redes sociales y gestionar la comunidad.

⇨ **Ya tienes la comunidad en marcha**

Ahora toca monitorizar todo lo que ocurre en torno a ella y qué se dice de ella (o de nosotros) fuera de ella. Crea alertas y búsquedas adaptadas a tus necesidades y objetivos: palabras, términos, tendencias, expresiones, usuarios... Tanto los buscadores como las propias redes sociales cuentan con herramientas útiles para estos fines.

Monitorizar sirve para obtener información, analizarla y actuar en consecuencia.

3. Comunicación digital y networking

3.1. La comunicación digital

La comunicación digital es el intercambio de información y conocimiento haciendo uso de las herramientas digitales disponibles, puestas a nuestra disposición por la investigación y desarrollo tecnológico.

Pero más allá de las herramientas y aparatos, de la tecnología por sí misma, la comunicación digital es un ecosistema que para funcionar requiere de una coordinada simbiosis entre estas y las personas que participan en el intercambio de información.

En principio, los soportes de información se digitalizan, para luego difundirse en un entorno que facilite este proceso. Todo esto conlleva una sólida cadena de estrategias que respondan a alcanzar los objetivos de un plan de acción: una buena estrategia digital.

La comunicación digital para las empresas evolucionó de un entorno web estático a una materia que se mueve, transforma y adapta a la "ergonomía comunicativa" actual, retratada, por ejemplo, en tablets, teléfonos inteligentes o en televisiones inteligentes.

Las herramientas digitales permiten a las empresas mantener un flujo constante de información y la tan necesaria retroalimentación, tanto con públicos externos como internos. A pesar de esto, muchas empresas aún se resisten a participar en el ecosistema digital social, o participan con extrema timidez, sin sacar el máximo provecho de este.

Es vital incluir progresivamente los espacios digitales sociales en los planes de comunicación y relaciones públicas. La comunicación digital, además, no debe ser una herramienta exclusiva de un solo empleado o departamento, sino incluir de manera activa a puestos gerenciales, mandos medios, empleados, colaboradores, clientes, inversionistas, etc.

La comunicación digital debe empezar desde el propio plan de negocio de la empresa, para luego trasladarse, implementarse y ejecutarse desde todos los departamentos.

Este proceso genera un enorme beneficio para la organización: credibilidad.

21

 Con la comunicación digital se logra transformar el intercambio de un proceso vertical a uno horizontal, en el que se da mayor apertura, participación, transparencia y la sensación de democracia.

La comunicación digital es un fenómeno que ha calado muy fuerte en nuestra vida cotidiana. Ha surgido como consecuencia inevitable de las nuevas tecnologías que se introducen de manera vertiginosa e implacable en el mundo de la comunicación social.

Y es inevitable. Esta novedosa forma de comunicación le da al usuario muchas y nuevas oportunidades que antes no tenía. Le ofrece herramientas no solo para expresarse de forma escrita, sino que le permite usar imágenes, vídeos, grabaciones de voz, animaciones, hipervínculos, correos electrónicos, blogs, entre otros; para expresar sus pensamientos e ideas.

La comunicación digital nos brinda, además, infinitas fuentes de investigación: desde rápidos buscadores, hasta fuentes editables, sin olvidar las redes sociales, herramientas de inmediata y constante actualización que le permiten al usuario conectarse con otras personas e informarse sobre los acontecimientos más recientes.

3.2. Claves de la comunicación digital

La comunicación digital implica interacción y colaboración entre todas las personas que hacen uso y que se encuentran interconectados en la red.

Con la comunicación digital se han alcanzado cimas antes impensables: la **interacción** en tiempo real entre dos personas sin importar su ubicación espacial; el traslado de lo que antes se conocía como una gran oficina a un espacio reducido que solo requiere de un ordenador conectado a Internet; herramientas para que la audiencia valore, comente o manifieste sobre nuestros mensajes (encuestas, foros, refutaciones publicadas al pie del mismo artículo).

Por otro lado, es evidente que sin la **colaboración**, la web se podría considerar un espacio muerto. Un sitio cobra vida y se desarrolla, en la medida que los usuarios empiezan a intervenir, preguntar, responder y hasta denunciar el tema que se trata.

La comunicación digital está caracterizada por un **entorno cambiant**e, vivo y en continua evolución que requiere de la intervención activa del usuario. Hace apenas una década, su máxima capacidad de actuación quedaba limitada al entorno web estático. La información se concentraba en los sites donde permanecía fija hasta una nueva actualización, si es que esta llegaba a producirse.

 Primero fueron las páginas web, luego llegaron las redes sociales, después las pantallas táctiles. La comunicación digital nunca deja de evolucionar.

3.3. Las herramientas de la comunicación digital

Algunas herramientas de comunicación digital útiles para la gestión de las empresas que se encuentran en proceso de digitalización son:

1. Medios digitales corporativos propios y ganados, como un sitio web, blog, microsites de productos y servicios, perfiles en redes sociales. Esto le permitirá generar una comunidad digital alrededor de la marca.

2. Plataformas de monitorización y análisis de Internet y redes sociales (Google Alerts y Hootsuite por ejemplo).

3. Aplicaciones para dispositivos móviles, sobre todo para e-commerce y servicio al cliente.

4. Plataformas de gestión de proyectos o cloud-working (Asana, Slack), que permitan a los distintos colaboradores organizar sus propias tareas y los proyectos en equipo, a la vez que cada uno puede monitorear el avance y evaluar el resultado.

5. Herramientas digitales de recursos humanos, que permitan gestionar nóminas (Sage y Meta4), reclutamiento y selección de personal, así como e-learning para capacitaciones (Moodle, ATutor, Dokeos).

 La comunicación digital es algo que se ha ido volviendo indispensable para todas las empresas. Por lo tanto, es importante mantenerse informado de las últimas actualizaciones en esta área para sacarle el mayor provecho.

23

3.4. El networking

El networking es una práctica común en el mundo empresarial y emprendedor. Aunque es una palabra que se viene escuchando de manera especial desde hace unos años, el networking es algo que ha estado presente toda la vida y que no viene a ser más que la creación de una buena red de contactos para crear oportunidades de negocio.

Tradicionalmente se ha considerado que el networking es propio de empresarios, autónomos o freelance, que crean sus redes de contactos para captar más clientes. Sin embargo, el networking es cada vez más importante para las personas que desarrollan una carrera profesional en distintos ámbitos (ingeniería, finanzas, marketing), ya que **es a través de las redes de contactos como se consigue generar las nuevas oportunidades de empleo**.

¿Qué crees que es mejor, enviar tu currículum a través de un portal de empleo, o contactar directamente con gente que te puede dar acceso a esos puestos de empleo?

El networking es además una cualidad profesional muy valorada en distintos ámbitos profesionales. **Las empresas** de consultoría, servicios, o venta de productos, **valoran más a sus empleados capaces de utilizar sus habilidades de networking** orientadas a conseguir nuevos clientes para la empresa, o para reclutar a los mejores candidatos.

El **networking además te sirve para gestionar tu carrera profesional a futuro**. Si estás dudando entre distintas profesiones en las que te gustaría trabajar ¿qué mejor que contactar con gente que ya esté realizando este tipo de trabajo y comparta contigo su punto de vista? Obtendrás más información que leyendo cualquier artículo de Internet.

Por otro lado, la información obtenida a partir de tu red de contactos, te dará una ventaja enorme a la hora de conseguir trabajo. Imagínate que alguien que tiene años de experiencia en el tipo de trabajo en el que tú quieres trabajar, revisase tu currículum y te dijese qué debes poner exactamente, o que te dijese cómo superar las entrevistas de trabajo. Con esa información, tendrías un punto de vista que no tienen el resto de los candidatos y tendrás más posibilidades de conseguir ese empleo.

El **networking es algo que cualquiera puede hacer**. Incluso si crees que no tienes una red de contactos, o no sabes por dónde empezar, puedes conseguir crear esa red de contactos en menos tiempo del que piensas.

3.5. ¿Por qué y para qué debemos hacer networking?

Muchos motivos pueden ser válidos para hacer networking y entender la importancia de una red y la gestión de la misma. Una máxima importante es no crear la red cuando la necesitamos, ya que tal vez sea tarde para cuando esto suceda.

Acepta que, si se gestiona correctamente, crear una buena red de contactos es la manera más económica y eficaz de llegar a tus metas.

1. ¿Tienes empleo, pero te gustaría promocionarte en tu empresa y tener una mejor posición laboral?

2. ¿Eres emprendedor y quieres iniciar tu propia empresa?

3. ¿Estás pensando en ampliar y expandir tu negocio en otras ciudades o países?

4. ¿Buscas nuevos proveedores?

5. ¿Quieres informarte de qué está haciendo la competencia?

Si has respondido a alguna de estas preguntas, a varias o a todas con un sí, entonces necesitas tener una gestión estratégica de tus contactos, ya sea a nivel virtual como real. El networking es fundamental para ti.

Según la experta británica Gwen Rhys, ser un buen y efectivo networker te permite muchas cosas, entre ellas:

⇨ Acceder a una fuente de socios estratégicos, servicios, recursos, etc.

⇨ Acceder a una promoción o a un nuevo empleo.

⇨ Actuar eficazmente en un mercado global.

⇨ Obtener ayuda y consejos.

⇨ Compartir buenas prácticas.

⇨ Buscar información.

⇨ Promover productos y servicios.

⇨ Mejorar el trabajo en equipo.

⇨ Generar ideas ganadoras.

⇨ Elevar nuestro perfil (interna y externamente).

Para que el networking sea exitoso es necesario un complemento entre el virtual (online) y el presencial (offline). Por supuesto, según nuestro carácter, nos sentiremos más cómodos con uno u otro, pero el verdadero poder radica en la combinación entre ambos.

1. La Web 2.0 se refiere al fenómeno social surgido a partir del desarrollo de diversas aplicaciones en Internet. El término establece una distinción entre la primera época de la web (donde el usuario era básicamente un sujeto pasivo que recibía la información o la publicaba) y la revolución que supuso el auge de los blogs, las redes sociales y otras herramientas relacionadas.

2. Se habla de Web 2.0 a partir del momento en que las páginas comienzan a ofrecer un considerable nivel de interacción a la vez que se van actualizando con las aportaciones de los usuarios.

3. La comunicación digital es el intercambio de información y conocimiento haciendo uso de las herramientas digitales disponibles, puestas a nuestra disposición por la investigación y desarrollo tecnológico. La comunicación digital debe empezar desde el propio plan de negocio de la empresa, para luego trasladarse, implementarse y ejecutarse desde todos los departamentos.

4. El networking es lo que se conoce como "red de contactos", es un término que ha cobrado mucho protagonismo en los últimos años, una de las principales razones ha sido la crisis, ya que se ha visto especialmente necesario para las personas que se encuentran realizando una transición profesional.

UNIDAD DIDÁCTICA 2

Herramientas disponibles en Internet

Contenido & Objetivos

Introducción

1. Navegadores

2. Buscadores

3. Correo electrónico

4. El servicio FTP

Resumen

Los **objetivos** de esta unidad son:

1. Analizar los diferentes tipos de navegadores, comprobando sus ventajas e inconvenientes.

2. Analizar los diferentes tipos de buscadores y sus características principales.

3. Identificar los gestores de correo electrónico.

4. Conocer el servicio FTP y sus términos relacionados.

Introducción

Gracias a la Web, millones de personas tienen acceso fácil e inmediato a una cantidad extensa y diversa de información en línea. Tal cantidad de información ha tenido que ser filtrada y ordenada a fin de que los usuarios puedan encontrarla cuando la necesiten.

En esta unidad aprenderemos a navegar por Internet, sacando el máximo partido a las herramientas de navegación. Veremos distintos navegadores y buscadores.

El correo electrónico o email es uno de los servicios de Internet más utilizados. Es el medio que usamos en Internet para enviar mensajes de cualquier contenido y formato entre personas (usuarios).

Existen en el mercado numerosos programas que nos permiten la transferencia de ficheros de local a remoto y viceversa de modo rápido y fácil. Son los llamados gestores FTP.

1. Navegadores

1.1. ¿Qué son los navegadores?

Nos conectamos a la WWW por medio de unos programas denominados **navegadores** o **navegadores web** (en inglés *web browser*). Estos programas interpretan la información de archivos y sitios web para que estos puedan ser leídos.

Básicamente se trata de visualizar documentos de texto con recursos multimedia incrustados. Tales documentos se denominan páginas web, y poseen **hipervínculos** que enlazan una porción del texto o una imagen a otro documento, pudiendo de este modo recorrer toda la web.

El hecho de seguir enlaces de una página a otra es lo que llamamos **navegar por Internet** y la persona que lo hace **cibernauta** o **navegante**.

1.2. Principales navegadores

El primer navegador que se utilizó masivamente fue el Mosaic que rápidamente fue superado en capacidades y velocidad por Netscape. Con la entrada en escena de Internet Explorer (de Microsoft) comenzaría una guerra de navegadores que todavía perdura.

La guerra de navegadores consiste en una lucha constante por la dominación en el mercado, en el cual sus principales competentes son los navegadores web.

Debido a esta situación, se han generado diferentes rivalidades entre los navegadores más utilizados por los cibernéticos como:

⇨ Google Chrome.

⇨ Mozilla Firefox.

⇨ Internet Explorer.

⇨ Microsoft Edge.

⇨ Safari.

⇨ Opera.

Google Chrome es el navegador más utilizado hoy en día. Su uso está por encima del 60%.

Además, no son datos exclusivos de usuarios de ordenador. Esto ocurre en las diferentes plataformas. No importa si utilizamos un móvil, tablet o un ordenador. Es, de largo, el navegador favorito de los usuarios.

En la lista, en segundo lugar, aparece Safari, navegador predeterminado de los usuarios de Apple.

Y, después, en este orden, se encuentran Mozilla Firefox y Microsoft Edge.

La comunicación entre el servidor web y el navegador se realiza mediante el protocolo HTTP, aunque la mayoría de los navegadores soportan otros protocolos como FTP (para transferencia de archivos), o HTTPS (una versión cifrada y segura de HTTP utilizada, por ejemplo, en los sitios web de entidades financieras).

Aunque la función principal del navegador es descargar documentos HTML y mostrarlos en pantalla, en la actualidad, no solamente descargan este tipo de documentos, sino que muestran con el documento sus imágenes, sonidos e incluso vídeos streaming en diferentes formatos y protocolos. Además, permiten almacenar la información en el disco o crear marcadores (bookmarks) de las páginas más visitadas.

Los primeros navegadores web solo soportaban una versión muy simple de HTML. El rápido desarrollo de los navegadores web propietarios condujo al desarrollo de dialectos no estándares de HTML y a problemas de interoperabilidad en la web. Los estándares web son un conjunto de recomendaciones dadas por el World Wide Web Consortium (W3C) y otras organizaciones internacionales acerca de cómo crear e interpretar documentos basados en la web. Su objetivo es crear una web que trabaje mejor para todos, con sitios accesibles a más personas y que funcionen en cualquier dispositivo de acceso a Internet.

A continuación, veremos algunos de los navegadores que más se utilizan en la actualidad.

1.3. Microsoft Edge

1.3.1. Introducción

Microsoft Edge es un navegador web desarrollado por Microsoft reemplazando a Internet Explorer como navegador web preestablecido.

Para empezar, selecciona Microsoft Edge en la barra de tareas de Windows.

1.3.2. Características

⇨ **Hub**: el hub es el lugar donde Microsoft Edge guarda las cosas que recoges por la Web. Es una herramienta que Microsoft ha incluido en Edge para dejar el navegador más organizado. Concentra todos los favoritos, la lista de descargas y también el historial de navegación reciente. Pero lo que realmente es la novedad de esta sección es la lista de lectura.

Es posible guardar noticias, artículos y cualquier otro contenido de la Web en esta lista para leer cuando tengas tiempo. Es básicamente una solución de organización para guardar las cosas para después, sin necesidad de guardar nada innecesario en los favoritos.

Sin eso, probablemente tendrías que dejar siempre un montón de pestañas abiertas del navegador y tal vez evitarías apagar el ordenador para no perder esos contenidos que no tienen que ser marcados como favoritos. Esta Lista de lectura es básicamente una comodidad más para los usuarios más exigentes.

31

⇨ **Barra de direcciones**: si estás buscando imágenes o quieres saber qué tiempo va a hacer, puedes ahorrar tiempo escribiendo la búsqueda directamente en la barra de direcciones. Obtendrás sugerencias de búsqueda, resultados instantáneos de la Web y tu historial de navegación, todo en el mismo lugar.

⇨ **Web Note**: la función Web Note es una novedad exclusiva de Edge. Permite básicamente dibujar con el ratón o con los dedos en cualquier página de Internet. Es una nueva forma de interactuar con la Web que acaba siendo más natural y práctica.

Cuando haces clic en el icono de Web Note, su guía actual se vuelve una página de notas. Es posible seleccionar una pluma para escribir, para circular o marcar las cosas. Incluso hay un marcador de color para resaltar partes específicas de la página. También puede anotar más simple y guardarlo localmente o compartir con amigos.

⇨ **Modo lectura**: el modo de lectura no es una novedad en los navegadores web, pero Microsoft decidió incorporar esta herramienta en el borde de forma nativa. En Chrome o Firefox, por ejemplo, necesita una extensión para tener algo similar.

En el navegador Edge solo tienes que hacer clic en el icono del libro abierto en la parte superior de la ventana y ver las opciones que ofrece el navegador. El modo de lectura básicamente elimina todo lo que es innecesario en el momento, dejando solo el texto y las imágenes en su pantalla. Incluso puede personalizar la fuente, el color de fondo y algunos otros detalles para tener una experiencia más agradable.

1.4. Mozilla Firefox

1.4.1. Interfaz

Mozilla surgió con la idea de conseguir un software al gusto de todos, utilizando un sistema denominado Gecko, que integraba el programa de correo electrónico y lector de noticias (Thunderbird) y una agenda electrónica (Mozilla Sunbird).

⇨ **Evolución**: la versión 1.0 sale a la luz en noviembre de 2004. Un año después había superado la cifra de 100 millones de descargas desde el sitio web de Mozilla.

En noviembre de 2005 llega la versión 1.5, de la que nueve meses después se superaba la cifra de 200 millones de descargas.

⇨ **Ventajas**: algunas de las ventajas que tiene este navegador con respecto a sus competidores son las siguientes:

- Es multiplataforma, es decir, está desarrollado para todos los sistemas operativos (Apple, Windows, Unix, Linux, etc.).

- Se ha creado en la mayoría de idiomas reconocidos del planeta.

- Está creado en Código Abierto, de manera que admite modificaciones de los propios usuarios, creando así un navegador personificable y que aporta mejoras constantemente.

- Es gratuito.

- Carga automáticamente barras de buscadores sin necesidad de recurrir a las páginas.

- La asignación de pestañas facilita la búsqueda de páginas favoritas. Además, se pueden agrupar y abrir al mismo tiempo o se pueden asignar números o teclados de método abreviado (pulsando una tecla determinada en la barra de direcciones accederemos a la página deseada).

- Ofrece muchas ventajas extra respecto al correo electrónico, ya que se pueden abrir varias cuentas de correo distintas y ser gestionadas desde la misma página del navegador.

Es conveniente conocer las distintas zonas que componen la ventana del navegador y que a continuación pasamos a detallar:

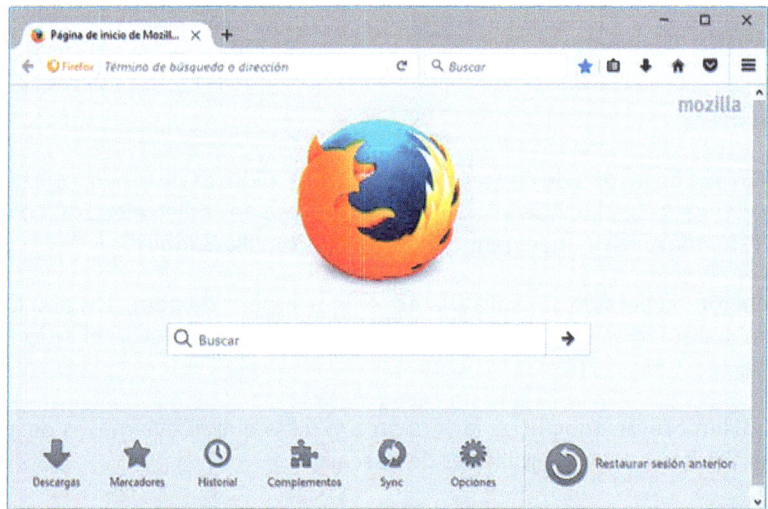

⇨ **Barra de direcciones**: es un espacio en el que se puede escribir y mostrar la dirección de una página web.

⇨ **Barra de herramientas de navegación**: contiene una serie de botones que nos ayudan a "navegar".

⇨ **Área de documentos**: aquí se mostrarán las páginas web descargadas.

⇨ **Barra de estado**: mostrará información relativa a la tarea que esté realizando el programa.

1.4.2. Opciones de configuración

Para acceder a las opciones de configuración debemos entrar en la opción del menú Ajustes, apareciendo la siguiente imagen.

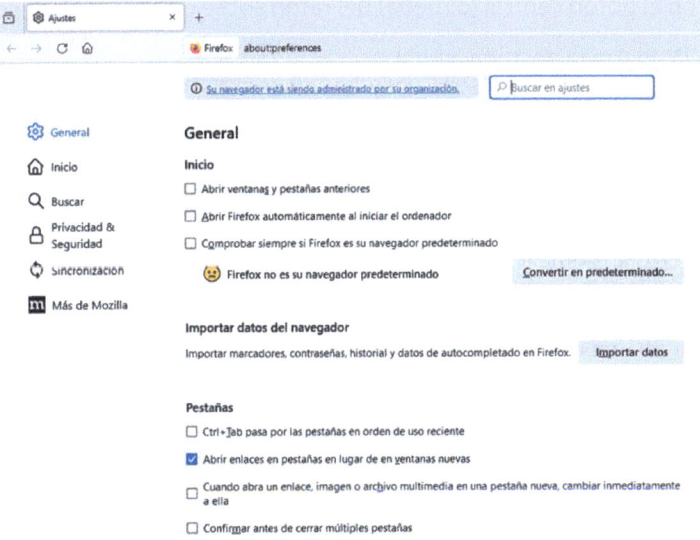

1.4.3. Modificar el comportamiento de las pestañas

Es posible cambiar la configuración del programa modificando el comportamiento del mismo en lo relativo a gestión de pestañas.

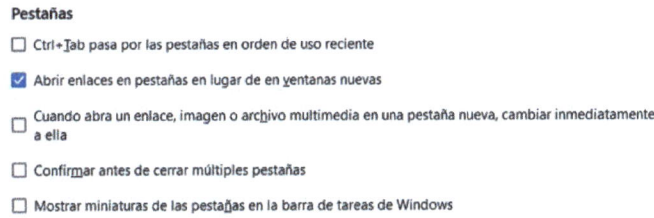

Podemos especificar, entre otras cosas, que los enlaces que normalmente se abren en una ventana nueva, lo hagan en una nueva pestaña, además de otras opciones en relación a la gestión de las pestañas.

Disponemos de una serie de combinaciones de teclas para trabajar con las pestañas, siendo estas las siguientes:

1. Ctrl + T, abre una nueva pestaña en blanco.

2. Ctrl + clic sobre un enlace, lo abrirá en una nueva pestaña en segundo plano.

3. Clic con el botón central (o rueda) del ratón sobre un enlace, hace lo mismo que el Ctrl + clic.

4. Clic con el botón central (o rueda) del ratón sobre una pestaña, la cerrará.

5. Ctrl + W, cierra la pestaña actual.

6. Ctrl + Tabulador, para movernos por las pestañas.

1.4.4. Marcadores

Solemos estar acostumbrados a tener agendas o listines donde anotamos telé-fonos, direcciones de familiares, amigos, etc., con los que nos relacionamos más frecuentemente para tenerlos siempre a mano. También en Internet resulta intere-sante disponer de una herramienta similar donde anotar y guardar las direcciones web de uso frecuente.

Estamos acostumbrados a referirnos a estas direcciones como "direcciones favori-tas" o sencillamente "favoritos".

En la terminología de Firefox los "favoritos" reciben el nombre de "marcadores".

a) Para **agregar una página a nuestra colección de marcadores**, en primer lugar, debemos descargarla en nuestro navegador para, a continuación, elegir menú Marcadores/Añadir esta página a marcadores.

b) Un cuadro de diálogo nos mostrará el Nombre que el diseñador de la página ha establecido para la misma. Este nombre podemos cambiarlo a nuestra voluntad.

Al hacer clic en el botón Terminar se creará dentro de la carpeta Marcadores un acceso a dicha página.

c) Haciendo clic en menú de configuración > Marcadores > Administrar marca-dores visualizaremos la estructura de subcarpetas que cuelgan dentro de la carpeta Marcadores. Para agregar nuestra página a una de las subcarpetas existentes haremos clic en ella y, seguidamente, clic en Terminar.

1.5. Google Chrome

1.5.1. Conceptos previos

Los principales navegadores tienen características muy similares y con cualquiera de ellos podremos navegar por Internet sin excesivos contratiempos.

Vamos a explicar el funcionamiento básico del navegador Google Chrome por ser un navegador moderno, rápido y ligero y con un excelente cumplimiento de los están-dares W3C.

A día de hoy es el navegador más utilizado a nivel mundial, pese a ser el último en ser aparecer en escena.

1.5.2. Instalación Google Chrome en Windows

Para instalar Chrome utilizando tu cuenta de usuario, sigue los pasos que se indican a continuación:

1. Descarga el archivo de instalación pulsando el botón Aceptar e Instalar.

2. Chrome debería descargarse, instalarse e iniciarse automáticamente una vez instalado.

3. Si no se inicia la descarga podremos descargar el archivo directamente haciendo "clic" donde se nos indica.

4. Si has guardado el archivo de instalación, haz doble clic en él para iniciar el proceso de instalación. La configuración de tu página de inicio y el historial del navegador se importarán automáticamente desde tu navegador predeterminado.

1.5.3. Funciones básicas del navegador

Una vez instalado, lo iniciaremos Google Chrome desde el menú Inicio de Windows como cualquier otro programa.

Las cuatro partes más importantes de la ventana del navegador son:

1. **Barra de direcciones**

   En la barra de direcciones podemos poner la dirección URL de un sitio web para acceder al mismo (por ejemplo: www.facebook.com). Tras escribir la dirección pulsaremos la tecla Enter y el navegador nos llevará a la página escrita. En la barra de direcciones también podemos escribir cualquier cadena de búsqueda (por ejemplo, restaurantes granada) y tras pulsar Enter el navegador nos llevará a los resultados de búsqueda dados por Google.

   A la izquierda de la barra de direcciones tenemos tres iconos que nos permiten (de izquierda a derecha): retroceder una página, avanzar una página y cargar de nuevo.

   Si mantenemos pulsadas cualquiera de las dos flechas accedemos al Historial de navegación de Chrome. También podemos recargar la página pulsando la tecla F5.

2. **Nueva pestaña**

   Abre una nueva pestaña para acceder a tus sitios favoritos rápidamente (Chrome permite tener varias ventanas de navegación abiertas al mismo tiempo en distintas pestañas).

3. **Añadir a marcadores**

Añade una página a tus marcadores para acceder a ella más tarde fácilmente. Los marcadores son una especie de Biblioteca de direcciones web en la que podemos guardar aquellas direcciones que nos han parecido interesantes.

4. **Botón de configuración de Chrome**

Mediante este botón accedemos al menú de configuración de Chrome.

1.5.4. Pestañas y ventanas

 El sistema de pestañas de Chrome nos permite abrir varias vistas de navegación al mismo tiempo y en la misma ventana del navegador..

⇨ **Para crear una nueva pestaña**

- Pulsamos en el botón "Nueva pestaña".

- También, podemos pulsar Ctrl + T para abrir una nueva pestaña.

- Para abrir una nueva ventana pulsa la combinación Ctrl + N.

⇨ **Para cambiar el orden de las pestañas**

Haz clic en la pestaña y arrástrala a una posición diferente en la parte superior de la ventana del navegador.

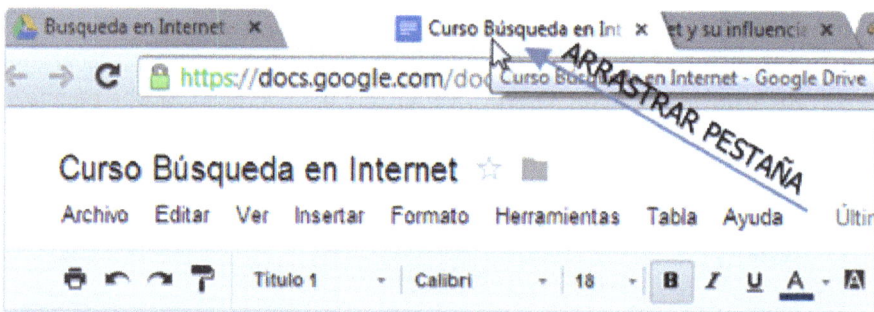

⇨ **Para mover una pestaña a una ventana nueva**

Haz clic en la pestaña y arrástrala fuera de la barra de direcciones. Si no quieres que se mueva una pestaña haz clic sobre ella con el botón derecho y elige la opción Fijar pestaña.

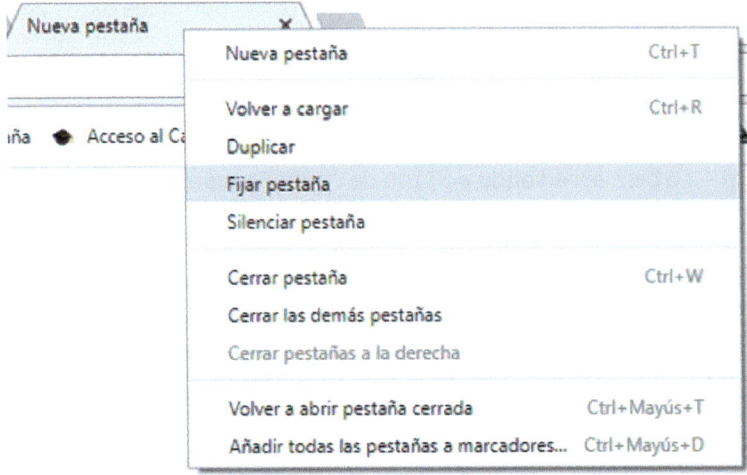

⇨ **Para cerrar una pestaña**

Hacer clic en el icono x de la pestaña o bien pulsa Ctrl + W. Para cerrar una ventana del navegador pulsa el icono x situado en la esquina de la misma o utiliza la combinación Alt + F4.

⇨ **Si queremos que un enlace de una web se abra en una pestaña**

Podemos hacer clic sobre el mismo con la rueda del ratón, o bien hacer clic con el botón izquierdo mientras mantenemos pulsada la tecla Ctrl.

1.5.5. Marcadores

Mediante los marcadores podemos guardar las direcciones de páginas que tal vez nos interese visitar más adelante. La forma más sencilla es pulsando la estrella o Ctrl + D.

La forma más cómoda de administrarlos es mediante el botón Configuración > Marcadores > Administrador de marcadores.

Al administrar marcadores podemos crear carpetas, con el botón derecho o desde el acceso rápido de la parte superior derecha de la pantalla.

Podemos acceder a nuestros marcadores desde el apartado configuración de los mismos.

1.5.6. Historial y descargas

⇨ **Historial de visitas**

Accedemos a la página del Historial de visitas mediante la combinación de teclas Ctrl + H o bien accediendo a Botón de configuración > Historial. Podemos realizar búsquedas en el Historial así como borrar los datos de navegación.

⇨ **Descargas**

Se accede a la ventana de Descargas (donde se muestran los archivos que hemos descargado mediante el navegador) mediante la combinación de teclas Ctrl + J o bien accediendo a Botón de configuración > Descargas.

1.5.7. Navegación de incógnito

 La navegación de incógnito o navegación privada se utiliza para navegar discretamente de forma que no se guarde el historial de navegación, ni el de descargas ni las cookies.

Botón de configuración > Nueva ventana de incógnito / Ctrl + Mayús + N

Sabremos que verdaderamente estamos en una ventana de incógnito porque a la izquierda de las pestañas aparece un icono de un espía camuflado.

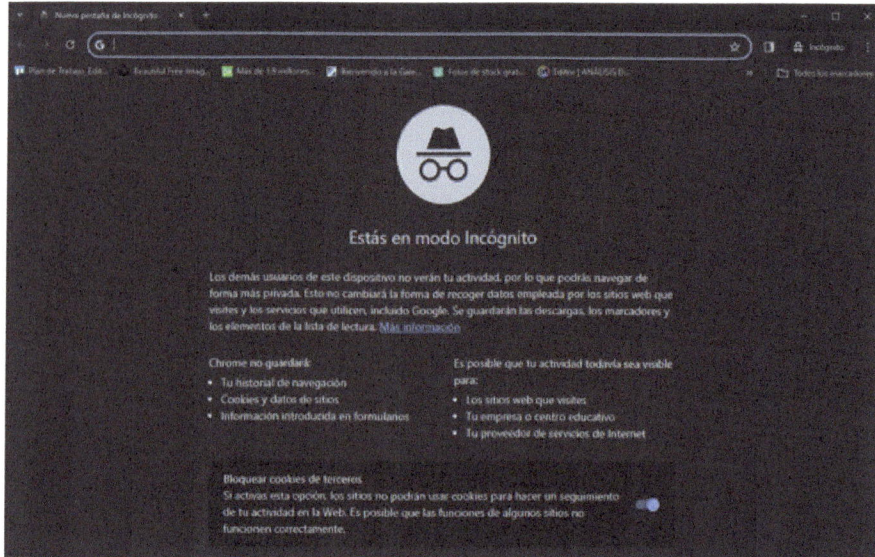

2. Buscadores

2.1. ¿Qué es un buscador?

 Un buscador es un sitio web cuya función principal es proporcionar un medio para recolectar y proporcionar información del contenido de otros sitios en Internet.

Podríamos decir que un buscador es una extensa base de datos a la que se puede tener acceso mediante sus métodos de búsqueda. La generación de estas bases de datos se puede realizar a través de:

⇨ **Índices o directorios**

Las bases de datos de estos buscadores se diseñan para permitir que la información pueda agruparse en distintos temas siguiendo un orden jerárquico, dentro del cual las direcciones se distribuyen desde las más generales a las más concretas. Algunos ejemplos de buscadores que utilizan índices son Yahoo! o Todoenlaces.

⇨ **Motores de búsqueda**

En este caso utilizan robots (programas) que ejecutan procedimientos de forma autónoma en la red. Dentro de ellos, existe un tipo específico denominado araña (Spider) cuya función es explorar automáticamente la Web, reconociendo enlaces y saltando de unas páginas a otras. Algunos ejemplos de spider serían Google, Bing, Hotbot...

Recopilan las páginas web en un robot que constantemente recorre Internet buscando nuevo material. Son sistemas de búsqueda por palabras clave. Como operan en forma automática, los motores de búsqueda contienen generalmente más información que los directorios.

⇨ **En sus navegaciones**

En sus navegaciones, la araña se encarga de confeccionar relaciones de direcciones con los documentos que encuentra, para lo cual visita las páginas, reconoce parcial o totalmente los caracteres que las integran, y procede a incluirlas en la base de datos. Un ejemplo de buscador de estas características sería Google.

2.2. Buscadores temáticos

Son aquellos cuyas bases de datos están dedicadas a temas específicos, como por ejemplo: Medicina, Economía, Deportes... La existencia de un mayor interés por parte de ciertos grupos de usuarios ha hecho que estos buscadores estén experimentando un gran auge.

Las ventajas y limitaciones son las complementarias con los buscadores generalistas, aunque lo óptimo es utilizar ambos tipos según los casos.

2.3. Multibuscadores y metabuscadores

 Los multibuscadores realizan esta operación manualmente, pues ponen varias bases de datos a disposición del usuario, pero es él mismo quien debe elegir cuál de ellas desea utilizar en cada momento.

En un principio, los buscadores disponían cada uno de ellos de una única base de datos, pues eran servicios independientes unos de otros.

En la actualidad, hay servicios que efectúan la consulta del usuario en diversas bases de datos, ofreciendo así unos resultados más amplios. De esta forma podemos distinguir entre:

⇨ **Una única base de datos**

En estos buscadores, la información se localiza a partir de su propia base de datos, por lo que siempre tendrá las deficiencias que la base de datos presente. Solo encontrará lo que esté publicado en la misma, obviando aquellas direcciones que, aun existiendo, no lo estén.

⇨ **Multibuscadores**

Para mejorar los anteriores nacen estos. La información se trata de localizar en bases de datos diferentes, aumentándose las posibilidades de encontrarla, ya que si no está presente en una de las bases de datos, sí puede estar publicada en otra.

Carecen de base de datos propia y realizan la búsqueda en varios buscadores generalistas, lo cual nos ahorra el tener que usar otros buscadores para hallar la información deseada.

A continuación presentamos una lista de algunos multibuscadores que existen en Internet:

- www.dogpile.com

- www.metacrawler.com

- www.gooyaglehoo.com

- www.startpage.com

- monstercrawler.com

- mywebsearch.com

⇨ **Metabuscadores**

Son buscadores múltiples que, a diferencia de los anteriores, llevan a cabo la consulta solicitada por el usuario en varias bases de datos al mismo tiempo. Los resultados del proceso se corresponden con la unión de los distintos resultados independientes, es decir, de las búsquedas en cada una de las bases de datos consultadas.

- Copernic es posiblemente el mejor metabuscador. Hay versiones gratuitas (Copernic Agent Basic) y pagadas; corresponde a programas que deben ser bajados e instalados en cada ordenador. Permite especificar el número máximo de aciertos en cada buscador consultado. Una ventaja importante es que los resultados de cada búsqueda quedan guardados para ser consultados posteriormente.

  copernic.com

- Fazzle es un excelente metabuscador, el que permite buscar en diferentes tópicos o regiones geográficas principales. Mediante la opción downloads se pueden buscar programas (software) sobre un tópico determinado.

  www.fazzle.com

- Meta Crawler: entrega los 10 resultados más relevantes de cada uno de los buscadores importantes que utiliza.

  www.metacrawler.co.uk

- WebCrawler es un metabuscador muy popular.

  www.webcrawler.com

- ZapMeta es un metabuscador de uso sencillo que permite seleccionar los buscadores de consultar, así como acceder a la página de un resultado sin salir de la lista completa de resultados.

  www.zapmeta.com

2.4. Criterios y operadores de búsqueda

Antes de empezar, debemos señalar que no todos los operadores están incluidos en cada uno de los buscadores, aunque la mayoría contemplan los más básicos.

Aunque después lo veremos mucho más profundamente cuando veamos el buscador Google, sí que nos parece importante mencionar algunos de los criterios y operadores de búsqueda más elementales, y estos son:

1. Y (AND). Sirve para unir palabras por medio de una conjunción, es decir, que el sistema buscará las páginas que contengan los dos términos de la conjunción.

2. O (OR). Se utiliza cuando cualquiera de los términos de búsqueda unidos por el operador deban aparecer en los resultados.

3. Comillas (""). Si se escriben palabras entrecomilladas, obtendremos una frase. Esta frase es el conjunto de palabras que van entre comillas, las cuales sirven para indicar a la búsqueda que encuentre solo las palabras tal y como están dentro de las comillas. La frase debe tener comillas al inicio y al final de la misma.

2.5. Google

2.5.1. Interfaz

A partir de la pantalla principal de Google, podemos acceder a prácticamente toda la información que circula por Internet. Además, desde esta misma pantalla podemos configurar el buscador a nuestro gusto mediante la modificación de una serie de preferencias. Hemos dividido la pantalla principal por zonas para explicar las opciones de cada una de ellas.

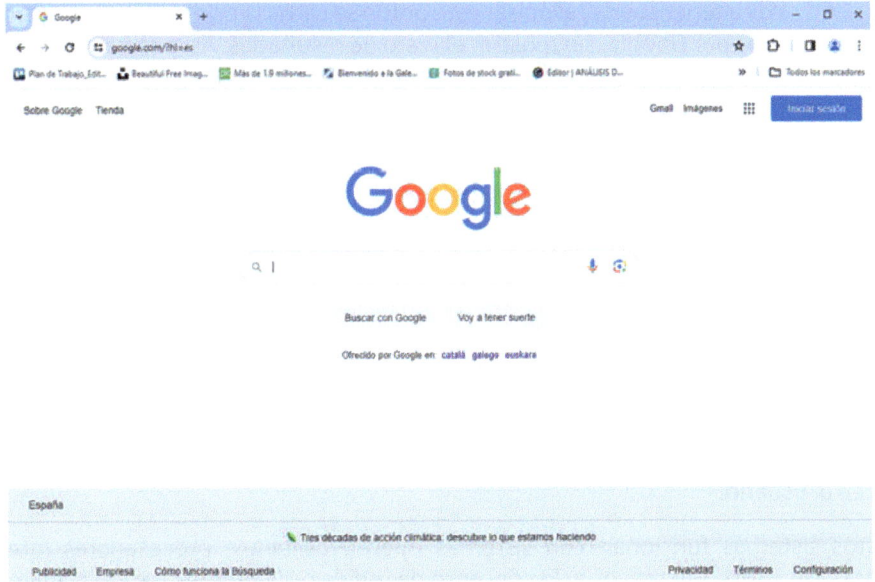

⇨ En la **zona superior**, además de poder inciar sesión, están todas las aplicaciones de Google, entre las que se encuentran:

- "Imágenes": permite buscar imágenes con respecto a las palabras introducidas en la casilla de búsqueda.

- "Maps": abre la página de Google Maps.

- "Play": esta plataforma permite a los usuarios navegar y descargar aplicaciones (desarrolladas mediante Android SDK), música, libros, revistas y películas de forma gratuita o con costo. También tiene una tienda online en la que se pueden adquirir dispositivos móviles como ordenadores Chromebook, teléfonos inteligentes Nexus, Google Chromecast, entre otros.

- "YouTube": permite a los usuarios subir y compartir vídeos.

- "Noticias": permite acceder a las noticias más relevantes recopiladas de más de 700 fuentes.

- "Gmail": permite entrar al webmail de Google, Gmail.

⇨ La **zona central** se compone de:

- La casilla de búsqueda, que es el espacio donde introducimos la/las palabras a buscar.

- Búsqueda en Google, botón que, al pulsarlo, comienza la búsqueda de los términos escritos en la casilla de búsqueda.

45

- Voy a tener suerte, al pulsar este botón se carga la primera página jerarqui-zada por Google, sin mostrar el resto de resultados. Así ahorramos tiempo y accedemos directamente a la página más relevante.

- Personalizar el idioma en la que aparece la página de Google (español, catalán, gallego o euskera).

⇨ En la **zona inferior** encontramos, entre otras, las opciones de privacidad, confi-guración...

2.5.2. Googlebot y PageRank

La tecnología de búsqueda de Google está basada en una completa e innovadora combinación de hardware y software. La compañía tiene distribuidos por todo el mundo 20.000 servidores conectados en red que almacenan la información y se la ofrecen al usuario.

Estos sistemas funcionan con sistemas operativos Linux, procesadores Intel y discos duros IBM en su mayoría. El concepto de red de ordenadores para el trabajo de búsquedas fue una innovación de Google, que reutilizó una serie de viejos ordenadores personales para utilizarlos como servidores en su nacimiento. Este sistema es mejor que utilizar un centro de datos, ya que previene fallos del sistema y ofrece mayor velo-cidad en el envío de resultados.

⇨ **Googlebot**

Googlebot escanea diferentes formatos de archivo, entre los que se incluyen HTML, PDF, XLS o DOC, entre otros. También dispone de un robot llamado FreshBot para escanear noticias en medios de comunicación.

Para escanear la red, Google utiliza varios robots araña llamados Googlebot, que funcionan de forma similar al de otros buscadores en la forma de descubrir los diferentes sitios que nacen, cambian o mueren en la red.

⇨ **PageRank**

PageRank confía en la naturaleza democrática de la Web utilizando su vasta estructura de enlaces como un indicador del valor de una página en concreto. Google interpreta un enlace de una página A a una página B como un voto, de la página A, para la página B. Pero Google mira más allá del volumen de votos, o enlaces que una página recibe; también analiza la página que emite el voto. Los votos emitidos por las páginas consideradas "importantes", es decir con un PageRank elevado, valen más, y ayudan a hacer a otras páginas "importantes". Por lo tanto, el PageRank de una página refleja la importancia de la misma en Internet.

La gran diferencia entre el funcionamiento de Google y el de otros buscadores es su software PageRank, que ordena y jerarquiza los resultados de la búsqueda. PageRank fue patentado en 1998, y organiza los resultados en virtud de una idea democrática de Internet, en el que considera cada vínculo de una página a otra como un voto de esa página hacia la vinculada. Para conocer el PageRank de un sitio web debes tener instalada la Google Toolbar.

Google realiza las búsquedas de forma automática con el operador boleano "AND", lo que significa que muestra resultados que incluyan todas las palabras buscadas, y no solo algunas de ellas. No solo podemos usar el operador "AND", sino que podemos usar la mayoría de los operadores boleanos, porque estos son admitidos por Google. Sin embargo, es importante saber que Google ignora algunos términos que considera irrelevantes debido a que son muy comunes, como son algunos determinantes, preposiciones o expresiones como "http://" o ".com". Google, además, no diferencia entre mayúsculas y minúsculas, ni símbolos de acentuación.

Además, Google tiene algunas funciones especiales, como buscar dentro de un dominio determinado, buscar webs que enlacen con cierta página o buscar noticias, imágenes y grupos. Como acabamos de ver, desde la pantalla principal de Google también podemos restringir la búsqueda por idioma y localización geográfica, marcando las opciones disponibles. Por todo esto, es importante conocer la configuración básica del buscador a la hora de realizar las búsquedas, y las opciones de personalización y funciones avanzadas que nos ofrece.

2.5.3. Comandos de búsqueda

Google tiene comandos especiales, palabras a las que le siguen 2 puntos (:) cuyo significado se corresponde al comando. A continuación, se muestra un listado de estos comandos especiales que podremos utilizar en nuestras búsquedas en Google:

⇨ allinanchor: seguido de varias palabras, da resultados de páginas en la que están todas las palabras en el enlace.

⇨ allintext: seguido de varias palabras, ofrece resultados de páginas en la que están todas las palabras en la página.

⇨ allintitle: seguido de varias palabras, ofrece resultados de páginas en la que están todas las palabras en el título.

⇨ allinurl: seguido de varias palabras, ofrece resultados de la búsqueda de todas esas palabras en la URL.

⇨ bphonebook: si le pasas un lugar o dirección, da el número de teléfono.

⇨ cache: seguido de una URL, mostrará la página en caché.

⇨ define: seguido de una palabra, la busca en varios diccionarios online proporcionando definición.

⇨ filetype: seguido de una extensión determinada, podemos restringir el tipo de documentos que queremos encontrar.

⇨ inanchor: solo la primera palabra de las que le siguen ha de estar en el enlace.

⇨ info: seguido de una URL, mostrará una página con enlaces relacionados, páginas que contienen esa URL...

⇨ intext: solo la primera palabra de las que le siguen ofrece resultados de páginas en la que esté la palabra en la página.

⇨ intitle: solo la primera palabra de las que le siguen ha de estar en el título.

⇨ inurl: solo la primera de las palabras que le siguen ha de estar en la URL.

⇨ link: seguido de una URL, encuentra todas aquellas páginas que enlazan con la URL dada.

⇨ phonebook: ofrece resultados de teléfonos con las palabras que le siguen.

⇨ related: seguido de una URL, tiene el mismo efecto que cuando se pulsa sobre el enlace de "Enlaces Relacionados".

⇨ rphonebook: proporciona resultados de teléfonos residenciales con las palabras que le siguen.

⇨ Site: seguido de un dominio, ofrece los resultados de la búsqueda solo en ese dominio.

⇨ Stocks: seguido de un código de Bolsa, proporcionará los datos concretos.

A continuación, mostraremos unos ejemplos en los que utilizamos algunas de las funciones mencionadas anteriormente:

⇨ Se pueden utilizar "comillas" para marcar secuencias exactas que queremos que aarezcan tal cual. Por ejemplo, una búsqueda de 'monitor de plasma' (las comillas simples representan la casilla de búsqueda) omitiría "de" como palabra muy utilizada, buscaría páginas que contuviesen monitor y plasma en cualquier parte. En cambio, buscar "monitor de plasma" implicaría la aparición exacta de la cadena "monitor de plasma", incluyendo el "de", y en ese orden.

⇨ Si queremos encontrar páginas que hablen de un tema, o de otro, pero no necesariamente a la vez, utilizaremos OR: "monitor OR pantalla".

⇨ Si lo que queremos es encontrar páginas que tengan un término pero no otro, utilizaremos el signo menos (-) para indicarlo: "monitor -pantalla".

⇨ Si queremos que aparezca un término de los ignorados por defecto, aunque no nos importe el orden, se utiliza +: "ordenador +de sobremesa".

⇨ Si queremos encontrar el término Google en la página web de Movistar, escribiríamos: site: http://www.movistar.es google

⇨ La mayoría de las técnicas anteriores se pueden combinar como por ejemplo: "monitor" OR "pantalla" site:https://www.movistar.es/

2.6. Sistemas de búsqueda de Google

2.6.1. Búsqueda mediante palabras

Escribimos las palabras relacionadas con las páginas que buscamos. Por tanto, escribimos las palabras importantes en el cajetín de búsqueda que se encuentra en la portada o primera página de Google. Podemos distinguir dos tipos de búsqueda mediante palabras:

⇨ **Búsqueda básica**

Para hacer una búsqueda simple en Google, simplemente debemos introducir algunas palabras descriptivas y presionar Intro (o hacer clic en el botón de búsqueda en Google) para ver la lista de resultados relevantes.

Google usa sofisticadas técnicas de búsqueda de texto para encontrar páginas que son importantes y relevantes para la búsqueda realizada. Por ejemplo, cuando Google analiza una página, comprueba el contenido de las páginas vinculadas con esa página, además de dar prioridad a las páginas en las que los términos buscados están cercanos entre sí.

Para encontrar algo concreto lo mejor es escribir varias palabras bien relacionadas con la información que deseamos.

⇨ **Búsquedas parciales**

Para proporcionar los resultados más exactos, Google no realiza búsquedas parciales ni realiza búsquedas con comodines, es decir, Google busca exactamente los términos que escribimos en la casilla de búsqueda. Buscar "color" o "color*" no devolverá búsquedas que contengan "colores" o "colorante".

2.6.2. Directorio

En este sistema de búsqueda, la información se estructura por niveles.

En cada nivel debemos seleccionar el camino para seguir la búsqueda, de manera que vamos seleccionando la rama que nos parece más relacionada con la información que buscamos, hasta llegar al grupo de páginas que nos interesa.

El directorio nos encamina directamente a un listado con las páginas más importantes de cada tema.

Si nuestra búsqueda se refiere a un tipo de páginas no muy especializadas, el directorio suele ser una buena opción.

2.6.3. Búsqueda avanzada

Desde la primera página de Google podemos acceder al formulario para búsqueda avanzada. Pulsamos sobre el enlace que se encuentra junto al cajetín de búsqueda y nos aparecerá un formulario de búsqueda avanzada.

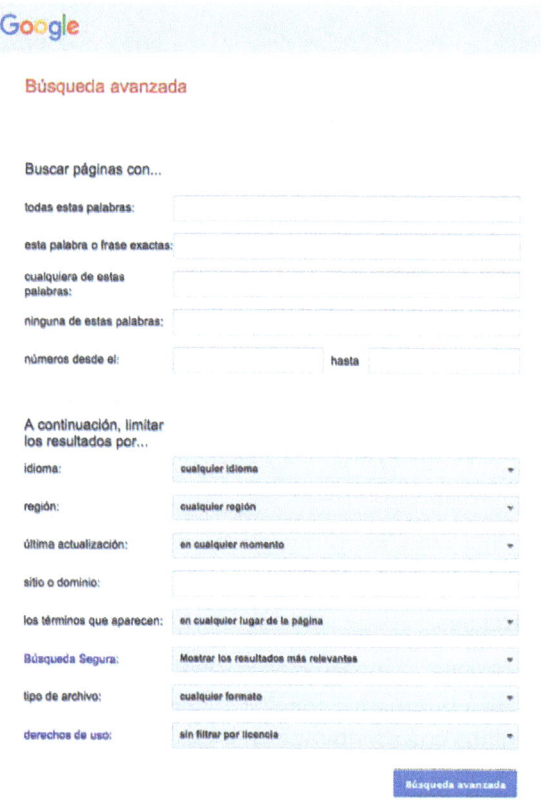

⇨ **Todas estas palabras**: podemos seleccionar las palabras que tienen que aparecer siempre en los documentos escribiéndolas en el cajetín "todas estas palabras".

⇨ **Esta palabra o frase exactas**: si queremos buscar una persona, una frase, un refrán, lo escribimos en el recuadro de la frase exacta.

⇨ **Cualquier de estas palabras**: si buscamos páginas en las que aparezca indistintamente una palabra u otra, la escribimos en el recuadro con alguna de las palabras.

⇨ **Ninguna de estas palabras**: para excluir ciertas palabras de la búsqueda la escribimos en "ninguna de estas palabras". Por ejemplo; si queremos encontrar información sobre monitores pero deseamos excluir los TFT, escribimos TFT en el cajetín de "ninguna de estas palabras".

⇨ **Idioma**: podemos seleccionar el idioma de los resultados de la búsqueda en idioma.

⇨ **Región**: busca páginas publicadas en una región determinada.

⇨ **Última actualización**: con la opción Última actualización podemos seleccionar las páginas que más se actualicen o que lo hayan hecho hace un tiempo específico.

⇨ **Sitio o dominio**: podemos acotar la búsqueda en un dominio o sitio web en el apartado dominios.

⇨ **Los términos que aparecen**: también podemos elegir dónde queremos que se realice la búsqueda de los términos, en toda la página, en el título de la página o en la dirección web, o enlaces a la página que estás buscando.

⇨ **Búsqueda Segura**: con Búsqueda Segura podemos filtrar los resultados obtenidos para eliminar las páginas con contenidos sexuales explícitos.

⇨ **Tipo de archivo**: busca páginas en el formato que prefieras.

⇨ **Derechos de uso**: podemos buscar páginas por derechos de uso y licencia.

2.6.4. Búsqueda avanzada de imágenes

Para usar la búsqueda simple de imágenes, simplemente tenemos que escribir nuestra búsqueda en la casilla de búsqueda de imágenes y hacer clic en el botón "Buscar" o presionar "Intro". Cuando veamos la página de resultados, hacer clic en la versión en miniatura de las fotos que deseemos ver. Aparecerá una versión más grande de la imagen, así como la página donde se encontró la imagen original.

Google analiza el texto en la página adyacente a la imagen, la imagen en sí y muchos otros factores para determinar el contenido de la imagen. También usa sofisticados algoritmos para eliminar duplicados y asegurar que las imágenes de máxima calidad sean presentadas primero en sus resultados.

Si lo que queremos es realizar una búsqueda más exhaustiva debemos pinchar en Búsqueda avanzada en la parte derecha de la página principal de la búsqueda de imágenes, y nos aparecerá el formulario que se muestra en la siguiente imagen.

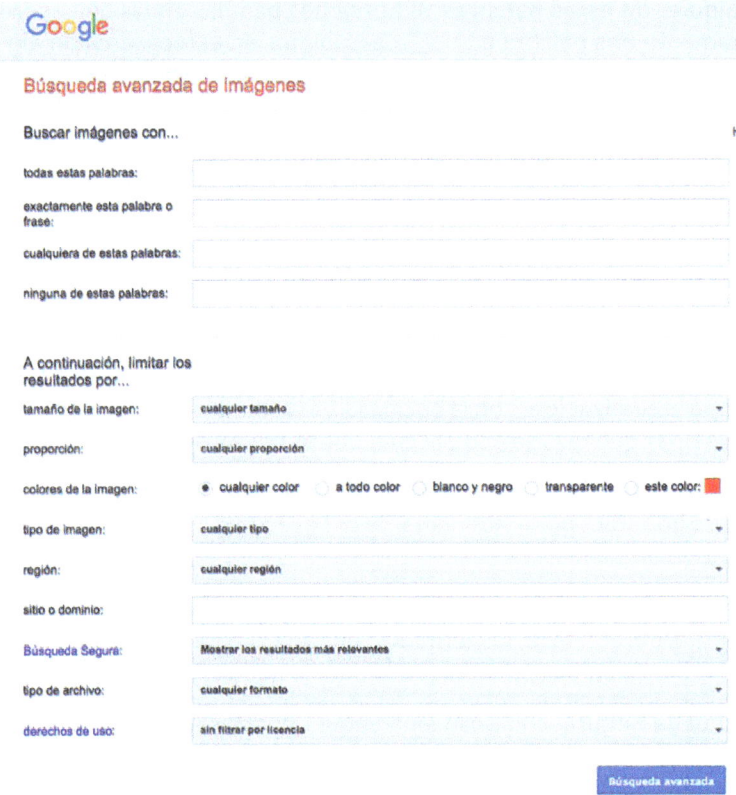

⇨ **Todas esas palabras**: podemos seleccionar las palabras que tienen que aparecer siempre en las páginas que contengan las imágenes escribiéndolas en el cajetín de relacionado con todas las palabras..

⇨ **Exactamente si queremos buscar una imagen concreta** de una persona, una ciudad, o una frase exacta, lo escribimos en el recuadro de relacionado con la frase exacta.

⇨ **Cualquiera de estas palabras**: si buscamos páginas en las que aparezca indistintamente una imagen u otra, la escribimos en el recuadro relacionado con alguna de las palabras.

⇨ **Ninguna de estas palabras**: para excluir ciertas imágenes de la búsqueda las escribimos en no relacionado con las palabras.

⇨ **Tamaño de la imagen**: en tamaño podemos elegir el tamaño de la imagen que queremos que nos devuelva la búsqueda.

⇨ **Proporción**: también podemos elegir qué formato de imagen en concreto queremos buscar eligiéndolo en la casilla de tipos de archivo.

⇨ **Colores de la imagen**: podemos elegir si la búsqueda se va a centrar en imágenes a color, en blanco y negro, transparentes o en un color en concreto.

⇨ **Tipo de imagen**: limita el tipo de imágenes que quieres buscar.

⇨ **Región**: busca imágenes publicadas en una región determinada.

⇨ **Sitio o dominio**: podemos centrar la búsqueda en un sitio o dominio específico en la casilla dominios.

⇨ **Búsqueda Segura**: podremos excluir de nuestra búsqueda imágenes con contenido sexual explícito.

⇨ **Tipo de archivo**: busca imágenes con el formato que prefieras.

⇨ **Derechos de uso**: busca imágenes que puedas utilizar libremente.

2.6.5. Grupos de Google

Grupos de Google es un servicio gratuito creado por Google Inc., en el cual se crean foros de discusión, incluye grupos de noticias Usenet basados en intereses comunes. Se creó en 1995 como Deja News y se convirtió en Google Groups en Febrero de 2001 después de su compra. Actualmente ha sido renombrado a Grupos de Google.

Los grupos de noticias de Internet, llamados también foros de discusión, son un lugar en que se discuten en línea o por correo electrónico temas de interés. Normalmente son mensajes de texto que los autores colocan en el grupo de noticias adecuado, donde otras personas pueden leerlos y contestarlos. Los grupos son públicos, abiertos para que todo el mundo pueda leer o escribir mensajes, y donde normalmente también se comparten documentos de texto, fotografías o archivos de sonido.

Para poder participar en un grupo de Google, previamente debemos estar inscritos en alguno de ellos. Si no estamos registrados, simplemente debemos registrarnos para empezar nuestra participación en el grupo. Para ello haremos clic a responder, y accederemos con una cuenta de Google.

Hay grupos en los que el acceso está restringido, por lo que si no estamos registrados no podremos participar en ellos para enviar o recibir mensajes, y ni siquiera podremos ver los mensajes de otros usuarios. Sin embargo, hay otros muchos grupos, la mayoría, en los que podremos leer los mensajes ya escritos pero no contestarlos ni dejar otros nuevos.

En conclusión, para encontrar una respuesta a casi cualquier tema o problema que nos interese, no tenemos nada más que pasarnos por los grupos de Google y escribir las palabras claves en la casilla de búsqueda al igual que hacemos cuando buscamos en Google. Tras una búsqueda por todos los grupos, obtendremos una gran cantidad de información sobre nuestra búsqueda en varios de ellos.

Otra opción es ir navegando por las categorías temáticas que engloban a cada uno de los grupos.

Si lo que queremos es plantear una pregunta, debemos estar registrados, y una vez planteada, veremos cómo al poco tiempo tenemos alguna respuesta en la que se nos dan posibles soluciones a nuestra pregunta.

2.6.6. Resultados de la búsqueda

Una vez terminada la búsqueda, Google nos devuelve todos los enlaces relacionados con la misma. Debajo de cada uno de los enlaces, aparecen varias opciones:

⇨ **Páginas similares**: si hacemos clic en el enlace "Páginas similares" de un resultado, accederemos a webs sobre el mismo tema sin necesidad de pensar qué palabras deberíamos usar para encontrarlas.

⇨ **En caché**: esta opción nos permite ver una versión guardada por Google cuando indexó la página, con las palabras buscadas remarcadas en un color para su fácil localización. Estas páginas archivadas son las que utiliza Google para mostrar los resultados, por lo que la web real puede haber cambiado o simplemente estar inaccesible por un periodo de tiempo, en estos casos utilizar la opción "En Caché" es muy útil.

⇨ **Traducción de páginas web**: Google dispone de un traductor que permite visualizar en castellano páginas originalmente realizadas en otros idiomas. Cuando esta opción está disponible aparece al lado del título del resultado.

2.6.7. Conclusiones

Aunque Google no sea el único buscador existente, sí podemos decir que es el más usado y uno de los más rápidos y fiables. Otros buscadores están comiéndole terreno, ya que están utilizando técnicas de búsqueda similares a las suyas e, incluso, mejorándolas, por lo que la distancia abismal que existía hace tan solo unos años se ha reducido considerablemente. No obstante, con Google podemos encontrar prácticamente cualquier tipo de información que esté presente en la red, con la ventaja de poder complementarse con alguno de los servicios añadidos que ofrece.

Este buscador tiene cuatro grandes ventajas:

1. Dispone de un sistema sencillo de búsqueda pero muy potente.

2. Busca no solo las páginas principales, sino dentro de todas las páginas de millones de webs. Si no está en Google, no está en Internet o son páginas que se quieren mantener privadas.

3. Ordena los resultados por importancia, presentando en primer lugar las páginas más importantes.

4. Presenta en primer lugar las páginas que mejor pueden responder a la búsqueda del usuario.

3. Correo electrónico

3.1. Definiciones y términos

Para que el envío y recepción de mensajes por mail sea posible existen unos servidores que pueden ser de dos tipos:

⇨ **SMTP** (Simple Mail Transfer Protocol): cuya labor es el envío de un mensaje a una dirección de correo electrónico determinado.

⇨ **POP** (Post Office Protocol): cuya labor es la recepción, la recuperación de los mensajes del servidor.

Para poder gestionar los correos que recibimos y enviamos necesitamos algún programa para poder hacerlo. Para ello existen dos puntos de vista a tener en cuenta:

⇨ **Gestión de los mails desde el servidor**: es lo que se conoce con el nombre de correo web. No es necesario que en nuestro equipo tengamos ningún programa especial instalado. Se accede a ellos desde un navegador. Se puede acceder a nuestro correo desde cualquier equipo del mundo, después de insertar nuestra clave de usuario.

⇨ **Gestión de los mails en local**: en nuestro equipo. Para ello hemos de tener instalado un gestor de correo electrónico. Suelen ser más potentes y rápidos que el anterior citado, pero para acceder a ello debemos usar nuestro equipo en el que tenemos configurado el correo.

Conviene también hacer referencia al término "spam" que es correo electrónico que no hemos solicitado y que nos llega generalmente de modo masivo.

Se llama spam, correo basura o mensaje basura a los mensajes no solicitados, no deseados o de remitente no conocido (correo anónimo), habitualmente de tipo publicitario, generalmente enviados en grandes cantidades (incluso masivas) que perjudican de alguna o varias maneras al receptor. La acción de enviar dichos mensajes se denomina spamming.

3.2. Funcionamiento

El correo electrónico posee una característica que lo diferencia del resto de los servicios de Internet, ya que permite que dos usuarios que se comunican a través del mensaje no necesiten obligatoriamente estar conectados en el mismo instante. El remitente se conecta y lo envía sin tener por qué estar conectado el destinatario. El destinatario, cuando se conecta, lo recibe sin tener tampoco por qué estar conectado el remitente.

Para poder enviar y recibir un mensaje de correo electrónico necesitamos de una dirección, que servirá para identificarnos en Internet. Este dato es obligatorio.

El formato que siguen estas direcciones es:

nombredeusuario@subdominio.dominioprincipal

Las direcciones de correo deben de ser únicas, es decir, no puede haber en Internet dos personas con la misma (ojo en todo el mundo, no va por países).

3.3. Gestores de correo electrónico

3.3.1. Introducción

Los gestores de correo permiten descargar los correos del servidor a nuestro equipo, administrarlos, borrarlos, organizarlos, enviar correos, etc.

Existen múltiples gestores en el mercado, pero todos ellos comparten unas características comunes:

⇨ **Bandeja de entrada**: contiene los mensajes entrantes, es decir, aquellos que nos envían, aquellos en los que figuramos como destinatarios.

⇨ **Bandeja de salida**: contiene aquellos mensajes que nosotros enviamos, pero que el programa aún no ha enviado. Si aparece aquí algún correo es porque está en cola de envío y se enviará lo antes posible.

⇨ **Elementos enviados**: contiene aquellos mensajes que hemos enviado. Antes de llegar a este punto el mensaje ha pasado por Bandeja de salida y una vez enviado se dirige a esta ubicación.

⇨ **Elementos eliminados**: aquí van a parar los correos que vamos borrando. Es como la papelera de Windows, pero en este caso para correos. Una vez borrado un correo se dirige a esta ubicación. Si lo deseamos podemos recuperarlo arrastrándolo de nuevo a donde deseemos. Si esta papelera se vacía podremos borrar ese correo para siempre.

⇨ **Borrador**: si redactamos un correo y no lo deseamos enviar momentáneamente, podemos guardarlo. Al guardar un correo se irá a esta ubicación, para después poder recuperarlo, acabar de redactarlo y enviarlo.

⇨ **Correo electrónico no deseado**: contiene correos que no deseamos recibir en la bandeja de entrada, como puede ser propaganda o información que no nos interesa.

Además de estos elementos podemos crearnos nosotros nuestras propias carpetas dentro para así organizarnos mejor.

3.3.2. Redacción y envío de un mensaje

Para crear un mensaje nuevo, accederemos al programa que usemos y buscaremos la opción Nuevo Mensaje (Crear correo). Una vez dentro nos aparece una pantalla similar o igual a la que se presenta a continuación:

⇨ En Para ponemos la (o las) dirección de correo del destinatario (o destinatarios).

⇨ En CC ponemos las direcciones de aquellas personas que queramos que reciban una copia del mensaje. Estos al recibir el correo lo verán igual a como lo hemos puesto en Para.

⇨ En CCO irán las direcciones de aquellos que queramos que reciban una copia del mensaje pero permanecerán ocultos a los dos anteriores.

⇨ Asunto: aquí ponemos el título del mensaje. Es decir, una breve descripción del mensaje. Debajo tenemos una caja grande donde podemos escribir todo el contenido del correo. Podemos aplicarle formato tanto de fuente como de párrafo a través de las barras de herramientas que incluye.

⇨ Una vez hemos acabado de preparar nuestro mensaje podremos hacer clic en Enviar para que llegue a sus destinatarios.

⇨ Adjuntar ficheros: podemos adjuntar un fichero de cualquier tipo de formato dentro del mensaje. Para ello localizamos este icono con forma de clip o nos vamos a Insertar/Archivo adjunto.

3.3.3. Lectura del correo

Cuando recibimos un correo, si no le hemos impuesto ningún filtro, este nos aparecerá en la Bandeja de entrada. Si nos vamos a ella nos aparecerán en negrita los correos pendientes de leer. También se puede ver en la barra de estado el número de correos que tenemos y los pendientes.

Una vez que vemos qué correo tenemos, si hacemos clic una vez en él se nos visualizará en el panel marcado en el apartado anterior. Si hacemos clic dos veces encima de él, se nos abrirá para verlo por completo.

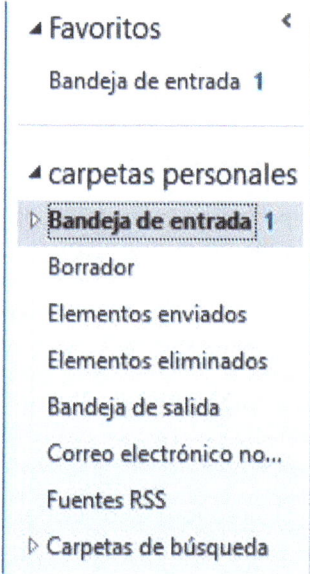

Cuando un correo trae un archivo adjunto, este aparecerá como parte del mensaje con el nombre del archivo. Para verlo solo hay que hacer clic sobre él.

3.3.4. Respuesta del correo

Cuando recibimos un correo y hacemos clic para abrirlo, nos aparece una serie de botones en la barra de herramientas:

⇨ **Responder a la persona que nos lo ha enviado**. Gracias a esta opción ya no tenemos que teclear la dirección de ese usuario. Esta opción siempre le responde solo al remitente.

⇨ **Responder a todas las personas a las cuales había sido enviado ese correo**. Esta opción responde al remitente y todos los demás destinatarios, ya hayan sido incluidos en el correo como destinatarios o como CC (copia).

⇨ **Reenviarlo a otro destinatario distinto**. Aquí nosotros somos quienes indicamos a quién le queremos reenviar el correo, con lo cual podemos seleccionar una o varias personas.

3.3.5. Organización de mensajes

Por defecto los mensajes que vemos en las distintas ubicaciones del gestor aparecen organizados por un criterio que podemos cambiar. La organización de los mensajes aparecerá en la parte superior de los correos más recientes.

También tenemos una carpeta, a la cual le podemos añadir subcarpetas para poder arrastrar a ella los correos que deseemos.

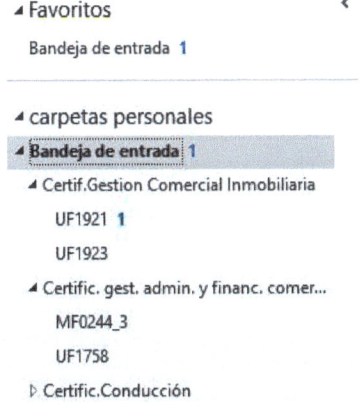

Podremos crear nuestras propias ubicaciones en forma de carpetas. Para ello hacemos clic en el menú Carpetas, escogemos Nueva carpeta, le damos un nombre y presionamos Enter.

3.3.6. Impresión de correos

Si abrimos un correo y deseamos imprimirlo debemos ir Archivo > Imprimir. Hemos de tener en cuenta que se imprimirían los archivos adjuntos si los hubiere. Para imprimirlos es necesario abrirlos primero y luego seleccionar la opción de imprimir.

3.3.7. Libreta de direcciones

Cuando se envía un correo electrónico se puede buscar y seleccionar una dirección de correo electrónico de un grupo específico de contactos, como un grupo de compañeros o familiares. Para facilitar esta tarea, se pueden crear libretas de direcciones con los nombres de las carpetas de contactos de Outlook.

Para ello, se crea una carpeta de contactos y, a continuación, se convierte esa carpeta en una libreta de direcciones.

a) Se selecciona la ficha Personas en la parte inferior de la pantalla de Outlook.

b) En la ficha Inicio, en Mis contactos, clicamos en la carpeta de contactos y, a continuación, hacemos clic en Nueva carpeta.

c) En el cuadro de diálogo Crear nueva carpeta, asignamos un nombre a la carpeta, seleccionamos dónde deseamos colocarla y, a continuación, hacemos clic en Aceptar. Es mejor colocar la nueva carpeta en la carpeta contactos.

d) Para asegurarnos de que la carpeta está disponible como una libreta de direcciones, hacemos clic en la nueva carpeta y, a continuación, hacemos clic en Propiedades.

e) Hacemos clic en la ficha Libreta de direcciones de Outlook y nos aseguramos de que está seleccionada la casilla de verificación Mostrar la carpeta como libreta de direcciones de correo electrónico.

f) Confirmamos que se ha agregado la nueva carpeta de contactos como una libreta de direcciones. Desde la Bandeja de entrada, hacemos clic en la pestaña Inicio > Libreta de direcciones.

g) En el cuadro de diálogo Libreta de direcciones, comprobamos que la libreta de direcciones que acabamos de crear aparece en la lista de la Libreta de direcciones.

3.3.8. Filtrado de mensajes

A veces recibimos correos que deseamos que automáticamente sean borrados, llevados a una carpeta, considerados no deseados, etc. Para ello podemos filtrarlos.

Las reglas se utilizan para organizar el correo entrante. En Herramientas Reglas y alertas podemos ver que existen modos de crear, modificar, borrar, etc., estas reglas. Una vez creada una regla, cuando recibamos un mail que cumpla las condiciones impuestas por la regla, automáticamente se realizará la acción que nosotros indiquemos.

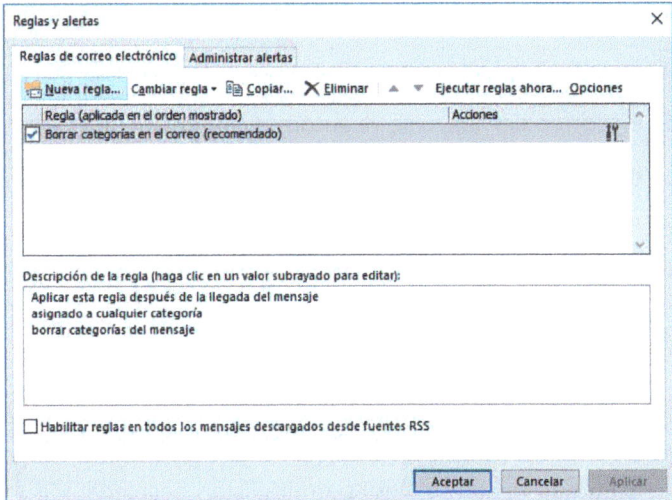

Las **opciones de las reglas** son muy variadas y su uso depende de nuestro criterio.

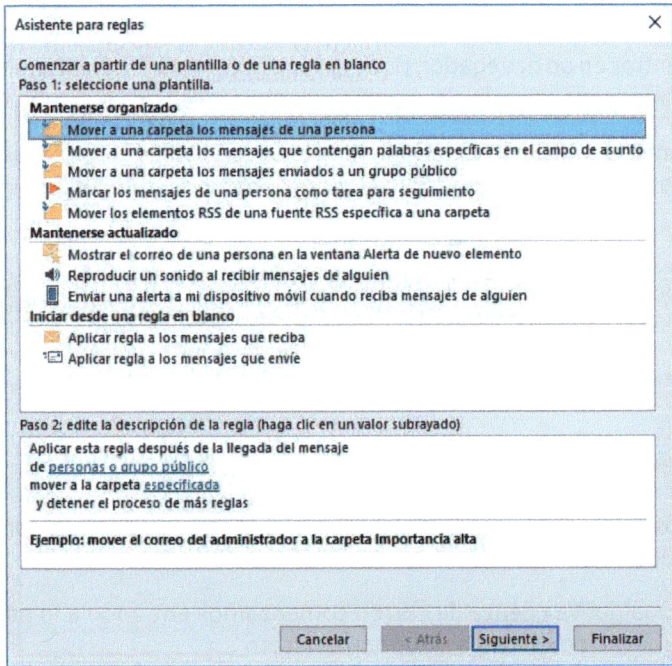

Algunas de estas reglas serían:

1. Al recibir un correo del jefe sonará un sonido.

2. Al recibir un correo del banco se va automáticamente a una carpeta.

3. Al recibir un correo de felicitación de cumpleaños, esta se borrará al acceder.

3.4. Correo web

3.4.1. Definición

Un correo web es un cliente de correo que dispone de una interfaz web a través de la cual se accede al correo electrónico. El **webmail** (o correo web) permite listar, desplegar y borrar vía un navegador web los correos almacenados en el servidor remoto. Los correos pueden ser consultados posteriormente desde otro ordenador conectado a la misma red (por ejemplo Internet) y que disponga de un navegador web.

Basta con entrar en un navegador, poner la dirección del servidor donde lo tenemos, poner el nombre de usuario y la clave para poder hacer uso de él.

Generalmente es más lento y más limitado en características y capacidad que un correo usado a través de un gestor instalado de modo local en nuestro equipo.

Vamos a desarrollar uno de ellos, de los muchos que existen: Yahoo!, Gmail, Outlook, etc., hemos escogido este último, pero todos ellos comparten funcionalidad y un manejo muy parecido.

3.4.2. Creación de una cuenta de correo electrónico

Disponemos de muchos servicios webmail gratuitos, explicaremos cómo crear una cuenta en Outlook y cómo administrar en ella el correo electrónico.

Para crear una nueva cuenta de correo comenzamos entrando a la página web de Outlook, cuya dirección es: https://outlook.live.com

Para crear una nueva cuenta haremos clic en Crear cuenta gratuita.

Iremos rellenando todas las casillas que nos solicitan con nuestra información.

Con un ID de usuario me identificaré ante Hotmail y ante el resto de usuarios del correo. Conformará mi nueva dirección de correo que será: Id_usuario@outlook.com. El único requisito a la hora de elegirlo es que nadie lo use anteriormente.

También me pedirá por duplicado la contraseña (8 caracteres que admiten números, minúsculas y mayúsculas) para poder confirmar que la escribimos correctamente.

Igualmente solicitará información con la que poder recuperar mi contraseña en el caso de que la olvide.

Una vez que la hayamos creado nos dará la bienvenida con un mensaje en el buzón de entrada de Outlook.

3.4.3. Enviar y recibir correos

Para entrar al webmail entraremos en la página de **Outlook**, introduciremos nuestra cuenta de correo y contraseña y, a continuación, haremos clic en Iniciar sesión.

Aquí escribiremos nuestro id_usuario@outlook.com y nuestra contraseña para poder entrar.

Al entrar en el buzón de correo, a la izquierda, encontraremos diferentes carpetas. Haciendo clic en ellas encontraremos los mensajes que recibamos (Entrada), los que archivemos (Archivo), el spam (Correo no deseado), correo que dejemos a medias sin terminar (Borradores), mensajes enviados (Enviados), los mensajes Eliminados y la opción para crear Nuevas carpetas si queremos organizar nuestros mensajes.

En la parte central veremos los mensajes que tengamos en cada una de las carpetas.

⇨ Cada correo aparece en una línea.

⇨ Un texto identifica a la persona que envió el correo. Si el mensaje no ha sido leído aparecerá en negrita.

⇨ Al seleccionar la casilla de la izquierda y hacer clic en los iconos de la derecha podremos marcar el mensaje como leído, eliminarlo y conservar el mensaje en la parte superior de la bandeja.

⇨ Asunto del mensaje.

⇨ Fecha de envío del mensaje.

⇨ Podemos organizar los mensajes por fecha, persona que lo envió, asunto, tamaño y anidarlos en conversación.

Con la barra superior tendremos la opción de trabajar en red, crear un nuevo mensaje, acceder a redes sociales y un panel de control para administrar la apariencia, reglas y categorías de la cuenta. También podremos modificar el perfil, configurar la cuenta, y cerrar la sesión.

Haciendo clic sobre la flecha de Outlook.com accederemos a nuestros contactos (libreta de direcciones en la que organizar nuestras direcciones de correo), a un calendario que nos servirá de agenda, a OneDrive (espacio gratuito de almacenamiento online que permite subir archivos e imágenes, acceder a ellos desde cualquier lugar y compartirlos) y a programas online con los que crear documentos desde cualquier equipo (Word, Excel, PowerPoint y OneNote).

Desde aquí podremos acceder a redes sociales como Skype, Facebook o a los contactos de Google y comenzar una conversación.

Es posible administrar la cuenta personalizando la vista activa de nuestro Outlook con el color y apariencia deseada, administrar reglas de correo y categoría, importar cuentas de correo electrónico, personalizar formato, fuente y firma de nuestro correo, crear filtros y notificaciones, elegir remitentes seguros o bloqueados, entre otras opciones.

También podremos modificar el perfil con información personal y una imagen nuestra y configurar la cuenta.

Desde aquí cerraremos la sesión de la cuenta de correo.

3.4.4. Nuevo correo

Si queremos crear un nuevo mensaje de correo haremos clic en Nuevo de la barra superior.

- ⇨ Para: dirección de correo del destinatario. Pueden ser varios separados por puntos y coma.
- ⇨ CC: con copia. Si deseamos enviar una copia a otra dirección.
- ⇨ CCO: con copia oculta.
- ⇨ Asunto: texto breve descriptivo que explique el contenido del correo.
- ⇨ Contenido: aquí escribiríamos el contenido que queramos enviar.
- ⇨ Botón enviar: para finalizar satisfactoriamente el envío del correo.
- ⇨ Botón insertar: si además de texto queremos enviar un archivo externo, como una foto, un documento Word, una presentación PowerPoint, etc.

⇨ Botón guardar: para ir salvando el mensaje en la carpeta de Borradores a medida que se va creando para que en el caso de que haya algún problema de conexión pueda recuperarse.

⇨ Botón opciones: para seleccionar la prioridad y elegir el texto como enriquecido, sin formato o editado en html.

⇨ Botón cancelar: si queremos anular el envío del correo.

3.4.5. Normas para un buen uso del correo electrónico

Ponerse siempre en el lugar del destinatario y no pensar que el receptor es como nosotros o interpreta las cosas como nosotros. **No enviar ni conservar algo que pueda perjudicar al honor propio o a la respetabilidad pública de uno mismo.**

En la redacción de los mensajes hay que evitar caer en los apócopes que utilizan muchos jóvenes, ya que dan poca imagen de seriedad y a veces no se corresponden con el grado de confianza con el interlocutor; no obstante, resulta conveniente que **los párrafos sean cortos y estén bien diferenciados.**

Habitualmente **las réplicas y contrarréplicas** van arrastrando el cuerpo original del primer mensaje y los posteriores; esto ocurre porque es más cómodo limitarse a hacer clic en 'responder', y sin embargo, **esta forma de actuar va cargando de forma innecesaria el servidor**, ralentizando el servicio, ocupando espacio innecesariamente y complicando las operaciones de búsqueda y, en general, el proceso de la información.

Utilizar solo **un mensaje por cada asunto**, redactando el contenido de manera que toque solo un tema. Para dos asuntos diferentes, es preferible redactar dos mensajes distintos, de este modo quedarán mejor identificados y la información en un futuro será más fácilmente localizable.

Conviene identificar los mensajes incluyendo **la firma al final de los mismos**. La firma, al "pie de página" debe incluir el nombre y los apellidos, la posición ocupada en relación al tema a tratar, el teléfono y eventualmente la dirección postal; la dirección de correo electrónico se puede obviar, ya que resulta redundante al figurar en el encabezamiento.

No olvidar que escribir en mayúsculas se interpreta como gritar. **Ser respetuoso con los demás** y con aquello que se dice de ellos. El correo electrónico se reenvía fácilmente y a veces resulta difícil, e incluso imposible, controlar su alcance.

En Internet está legislado el derecho a la propiedad intelectual como ocurre en las publicaciones impresas. Por tanto, se deben aplicar las mismas reglas: entrecomillar toda cita o referencia, las fuentes, y respetar los acuerdos sobre **derechos de reproducción.**

4. El servicio FTP

4.1. Introducción

> FTP (File Transfer Protocol) es un protocolo de transferencia de archivos entre sistemas que estén conectados a una red sujeta al protocolo de control de transmisión (TCP), que es uno de los dos protocolos de red en los que se basa Internet. Su estructura está basada en un sistema cliente-servidor que permite que desde un equipo (cliente) nos podamos conectar a un servidor para descargar archivos desde él o enviar archivos propios, con independencia del sistema operativo que utilice cada equipo (origen y destino).

El servicio FTP está pensado para ofrecer la máxima velocidad en la conexión, pero a costa de la seguridad, ya que a lo largo del proceso de intercambio de información, cualquier atacante puede capturarla y apropiarse de ella.

> Para utilizar este servicio, el navegador debe estar equipado con la función FTP; de este modo si se necesita cargar archivos en un ordenador remoto se necesitará utilizar un programa cliente FTP; este se instalará en el ordenador del usuario para poder conectarse a un servidor FTP y transferir archivos, ya sea para descargarlos o para subirlos.

Subir los archivos al servidor es tan fácil como arrastrarlos desde el local al servidor, mientras que para la descarga de archivos se ejecutará el proceso de forma contraria.

4.2. Definiciones y términos relacionados

4.2.1. Peer-to-Peer (P2P)

Una red P2P se refiere a un tipo de red que no tiene clientes ni servidores fijos, sino una serie de nodos que actúan de manera simultánea como servidores y clientes para el resto de nodos de la red.

> Un nodo es la unión entre los diferentes elementos que confluyen en el mismo lugar. En una red de ordenadores, un nodo es cada una de las máquinas, y cuando la red es Internet, un nodo es cada servidor.

En definitiva, se trata de una manera de compartir archivos de modo similar a como lo hace la mensajería instantánea o el email, pero de forma mucho más eficiente.

Las principales **ventajas** de las redes de ordenadores P2P es que aprovechan, administran y optimizan el uso de la banda ancha que "absorben" de los usuarios de una red por medio de la conectividad entre dichos usuarios.

Esto permite la obtención de un rendimiento mucho mayor en las conexiones y las transferencias.

Así es posible mejorar sustancialmente la transferencia de toda clase de archivos en formato digital y es el sistema que actualmente se utiliza en telefonía VoIP.

Como filosofía parte de un sistema meritocrático según el cual "quien más comparte, más privilegios tiene así como más acceso a más contenido de manera más rápida". Es una forma, en definitiva, de asegurar la disponibilidad del contenido que se comparte, ya que, de otro modo, no sería posible que subsistiera la red.

Por ello, cuantos más nodos (ordenadores) estén conectados a una red P2P, mejor funcionará, a diferencia de las arquitecturas tipo servidor-cliente, en las cuales a mayor número de clientes, mayor lentitud en la transferencia de datos para todos los usuarios.

Además, todos los costes se reparten, ya que se donan recursos a cambio de otros y estos recursos pueden ser tanto archivos, como ancho de banda o volumen de almacenamiento en el disco.

4.2.2. Peer2Mail (P2M)

Peer2Mail es un programa con el que es posible almacenar y compartir archivos en cuentas de correo.

Lo que hace básicamente este programa es:

1. Partir en pedazos el archivo que se quiere compartir, comprimirlo y cifrarlo.

2. A continuación, se accede a un programa P2P que se utiliza para el intercambio directo de archivos entre sus clientes, aunque utiliza un sistema de créditos en función del cual quien más contenido sube a la red más puede descargar.

3. Estos créditos permiten avanzar más rápido en la cola de espera de un archivo concreto, de manera que se pueda conseguir antes.

4. Los segmentos de los archivos son hospedados en el servidor del proveedor del servicio de correo que se haya contratado (los más utilizados son Gmail y Yahoo!).

5. El receptor del archivo descarga los "trozos" y el programa los ensambla de nuevo para obtener el archivo original.

4.2.3. Descarga directa

 Es una forma de descargarse archivos de un servidor, pero sin esperar colas y para lo cual únicamente se necesita un navegador.

Como método de descarga es ideal para quienes poseen una pobre conexión a Internet o que, por diferentes razones, no pueden utilizar programas P2P.

Existen numerosas empresas que proporcionan este servicio de almacenamiento y descarga; todas ofrecen un servicio gratuito, con ciertas restricciones, y un servicio de pago o premium.

Pero, en realidad, estas empresas actúan como "almacenes" de archivos, lo que presenta una serie de inconvenientes:

1. Es difícil conocer qué disponibilidad hay de archivos, a no ser que alguien avise de ello o se tenga publicado el enlace en una página.

2. Si el servidor tiene problemas es imposible descargar el archivo.

3. El tiempo de espera de subida del archivo al servidor es elevado.

1. En esta unidad didáctica hemos analizado los diferentes navegadores y buscadores que existen.

2. En la Web, 10 años son una eternidad. En la actualidad son los grandes buscadores los que dirigen el tráfico en Internet, y entre ellos claramente Google es el de mayor impacto mundial.

3. Por ello es básico un conocimiento de este gigante para encontrar con facilidad la información en la red de redes. Sin embargo, a todas horas nacen nuevos buscadores que intentan realizar la búsqueda de forma más humana, o directorios temáticos que ordenan la información de una forma más asequible. ¿Y dentro de 10 años? Quién lo sabe.

4. Además, a lo largo de esta unidad hemos estudiado los gestores de correo, los cuales permiten descargar los correos del servidor a nuestro equipo, administrarlos, borrarlos, organizarlos, enviar correos, etc.

5. Por último, hemos visto el servicio FTP. Actualmente podemos realizar la compartición de archivos a través de tres sistemas: Peer-to-Peer (P2P), Peer2Mail (P2M) y Descarga directa.

UNIDAD DIDÁCTICA 3

Trabajos en Internet versus trabajo en la oficina: diferencias entre los procesos

Contenido & Objetivos

Introducción

1. ¿Qué es el teletrabajo?

2. Características

3. Un poco de historia

4. Ventajas e inconvenientes

5. Competencias para teletrabajar

6. Modalidades de trabajo

7. Herramientas

8. Consejos para un teletrabajador

9. Un paso más allá del teletrabajo: smart working

10. El futuro del teletrabajo

11. El networking y las redes sociales, la perfecta herramienta para el teletrabajo

12. El marco legal

Resumen

Los **objetivos** de esta unidad son:

1. Analizar las diferencias entre el trabajo convencional y el teletrabajo.

2. Establecer las ventajas e inconvenientes del teletrabajo.

3. Identificar las modalidades y herramientas que requieren el teletrabajo.

4. Conocer el marco normativo del teletrabajo.

Introducción

El teletrabajo implica un nuevo concepto en cuanto a la idea tradicional que tenemos del trabajo, pues el teletrabajador desempeña la actividad profesional sin su presencia física en la empresa.

Este tipo de trabajo conlleva cierto dominio de las TIC, herramientas imprescindibles para desempeñarlo, empleándose métodos de procesamiento electrónico de datos y un contacto entre el teletrabajador y la empresa.

El desarrollo del teletrabajo es una fórmula que muchas empresas adoptan para facilitar a los empleados la conciliación de vida personal y laboral. El trabajador desarrolla sus obligaciones de forma habitual o esporádica desde su casa, sin tener que acudir a la oficina.

1. ¿Qué es el teletrabajo?

El teletrabajo es una forma flexible de organización del trabajo que consiste en el desempeño de la actividad profesional sin la presencia física del trabajador en la empresa durante una parte importante de su horario laboral. Engloba una amplia gama de actividades y puede realizarse a tiempo completo o parcial.

La actividad profesional en el teletrabajo implica el uso frecuente de métodos de procesamiento electrónico de información, y el uso permanente de algún medio de telecomunicación para el contacto entre el teletrabajador y la empresa.

Existen más definiciones de teletrabajo, pero todas coinciden en que el teletrabajo implica:

⇨ Trabajo a distancia.

⇨ Ubicación del trabajador diferente a la de la empresa empleadora o cliente para el que trabaja.

⇨ Empleo intensivo de las tecnologías de la información.

⇨ Un valor añadido que aporta el teletrabajador a la empresa, relacionado con el uso de esas tecnologías.

2. Características

Para que una institución pueda ejecutar esta modalidad de trabajo, es importante conocer las principales características del teletrabajo, con el fin de especificar con más detalle lo que esto implicará, en términos de recursos técnicos, económicos e incluso en cambios organizacionales y culturales.

73

El teletrabajo tiene cuatro características importantes que no se pueden omitir en un proceso de implementación. El teletrabajo es:

1. **Voluntario**: cualquier colaborador que desee acogerse a la modalidad de teletrabajo deberá acceder a esta de forma voluntaria. E inclusive es reversible, pues si una vez que se está teletrabajando, y por alguna razón, el colaborador no se siente cómodo, o capaz de continuar, podrá reincorporarse a laborar de forma presencial.

2. **Medido por resultados**: el teletrabajo no se mide por horas trabajadas, sino por resultados obtenidos, por objetivos alcanzados y productos entregados. Esto sin duda, es un primer factor que les permitirá al colaborador y al jefe definir si las actividades que desempeña son teletrabajables.

3. **Realizado a distancia**: no se requiere de la presencia física en las oficinas centrales de la institución, por lo tanto, sus actividades deben realizarse sin importar el entorno en el que se encuentre, pues trabajará con entregas parciales y finales de los proyectos asignados.

4. **Mediado por las TIC**: debe existir mediación de tecnologías de información y comunicación, este es un requisito sine qua non, de otra manera no sería teletrabajo. Es poco relevante qué tipo de equipo tecnológico utilice, sin embargo, es imprescindible velar por que cuente con una adecuada conexión a Internet.

 Otra consideración a tomar cuando se está seleccionando el personal que vaya a teletrabajar es que no toda persona y no todo puesto es apto para teletrabajar. Por ello es importante establecer un procedimiento riguroso de selección donde contemple tanto las competencias del trabajador como las actividades que se desarrollarán desde cada puesto.

3. Un poco de historia

Durante la década de los 70, en los EE. UU., y en plena crisis del petróleo, el físico Jack Nilles comenzó a pensar formas de optimización de recursos no renovables. Su primera idea fue "llevar el trabajo al trabajador y no el trabajador al trabajo", tras lo cual creó el concepto de "telecommuting". Sin embargo, a esa altura el desarrollo tecnológico no estaba lo suficientemente desarrollado para que el teletrabajo fuera una realidad masiva.

El salto tecnológico de las décadas siguientes, la baja notable de los costos informáticos, la velocidad de las redes de comunicación y la difusión comercial de la red Internet pusieron a disposición de millones de personas los recursos necesarios para el teletrabajo.

4. Ventajas e inconvenientes

4.1. Trabajo convencional versus teletrabajo

Trabajo convencional	Teletrabajo
Existe un balance entre la vida profesional y la vida privada.	Hay que ser muy ordenado y disciplinado para no mezclar la vida profesional con la vida privada y ser eficiente en el trabajo.
Dependes de factores como el tráfico o el transporte público, por lo tanto, es necesario despertarse más temprano.	El teletrabajo permite unos minutos y hasta horas extra de sueño.
La interacción con compañeros de trabajo en todos los aspectos fomenta la creatividad y la cohesión de equipo.	A veces la falta de compañerismo no enriquece el trabajo y lo puede volver muy monótono.
Hay más facilidades tecnológicas para resolver cualquier inconveniente con el equipo.	Se depende de los proveedores de internet, por lo tanto, si falla, el trabajo se ve afectado.
El ir y venir del trabajo implica una mayor actividad física.	Es una opción mucho más sedentaria.
Existe una inversión importante en gasolina o en abono de transporte a la hora de ir al trabajo.	Ahorras el dinero de gasolina o abono transporte.

4.2. Ventajas y desventajas para los trabajadores

El teletrabajo tiene tanto beneficios como inconvenientes.

Las **ventajas** para los trabajadores son:

⇨ Reducción de los desplazamientos al y desde el trabajo, lo que supone un ahorro de tiempo y de dinero, y una reducción de fatiga.

⇨ Además, se economizan gastos derivados del desplazamiento, se reduce el estrés y se contamina mucho menos.

75

⇨ Mayor flexibilidad del horario laboral, que permite al teletrabajador organizar sus horas de trabajo y adaptarlas a sus necesidades personales.

⇨ Mayor autonomía: para aquellas personas con un carácter independiente y que les gusta asumir responsabilidades, el teletrabajo les permite disfrutar de un mayor grado de autonomía.

⇨ Dicha autonomía puede permitir también utilizar formas mixtas de teletrabajo, como por ejemplo iniciar la jornada laboral en casa y desplazarse al puesto de trabajo en horarios en los que el tráfico esté menos congestionado; o también situar tu centro de trabajo en distintos lugares (un aeropuerto, un parque, etc.).

⇨ Además, gracias a la autonomía que permite el teletrabajo, el "presentismo" -ese vicio tan extendido que supone estar en el puesto de trabajo, pero sin trabajar- se reduce a la mínima expresión.

⇨ Mejorará la opinión del trabajador respecto a la empresa. Dado que el trabajo a distancia origina una serie de importantes ventajas, lo normal es que ello influya en la valoración que el empleado haga tanto de la empresa como de su puesto de trabajo. Un trabajador que sepa que podrá tener disponibilidad para ocuparse de su familia si surge algún imprevisto, lo tendrá muy en cuenta a la hora de valorar sus condiciones de trabajo.

⇨ Puede aumentar la productividad. Las ventajas que ofrece el teletrabajo deberían mejorar el estado de ánimo, lo que podría generar un aumento de la productividad si el trabajo a distancia se estructura con sentido. Aunque no es una regla estricta, el teletrabajo encontrará frecuentemente su mejor hábitat en el trabajo por objetivos, por lo que trazarlos bien puede suponer un aumento importante en el rendimiento.

⇨ Reduce costes en infraestructura. Tanto el dinero dedicado al espacio de trabajo en la empresa como otros gastos que vienen asociados al trabajo presencial -consumo de electricidad, calefacción, equipos informáticos, etc.- se verán reducidos.

⇨ Permite integrar a personas con discapacidad. Las personas que tienen en contra dificultades para desplazarse al centro de trabajo podrían ver en el tele-trabajo una oportunidad de la que tal vez no hubieran dispuesto hace solo unos años. En muchas ocasiones, estas personas serán una gran aportación para la empresa.

⇨ Una mayor libertad en temas personales menores como el vestuario y las rela-ciones con compañeros de trabajo.

No todo son ventajas, también tiene **inconvenientes** este modelo de trabajo:

⇨ A veces no resulta fácil desconectar. Juntar en un mismo espacio el trabajo y la vida personal puede **dificultar la separación entre lo uno y lo otro**. Por eso, es mejor dedicar un lugar determinado dentro de la casa para el trabajo, marcarse horarios **y respetarlos**.

⇨ Puede descender el rendimiento laboral. Según las características de la actividad, el control de la cantidad y calidad del trabajo puede ser difícil de llevar a cabo, por lo que **la productividad, al igual que podría subir, también podría descender**.

⇨ El trabajador podría identificarse menos con la empresa. Al trabajar a distancia, el empleado puede sentirse ajeno al equipo, lo que conlleva una menor compenetración con los objetivos del negocio. No obstante, **existen métodos para contrarrestar este problema** e integrarle en el grupo.

⇨ Se generan algunos gastos para el trabajador. Una parte de los gastos que ahorra la empresa -no necesariamente todos- **se pueden ver desplazados hacia el trabajador**. Por ejemplo, es probable que gaste más dinero en calefacción o en electricidad. También disponer de un equipamiento informático, que no siempre proporciona la empresa.

4.3. Ventajas y desventajas para las empresas

Estos son los beneficios e inconvenientes que tiene el teletrabajo para las empresas:

⇨ **Ventajas**

Un aspecto clave para las empresas es la mejora de la motivación de los trabajadores. De esta manera, se consigue que la productividad de los empleados mejore de forma notable. Lo mismo podemos decir si se usan estas herramientas para trabajar cuando se encuentran de viaje.

El segundo aspecto que pueden mejorar las empresas es la posibilidad de retener talento o atraer a empleados mejor preparados gracias a unas condiciones de trabajo más favorables. La retribución en salario no es la única posible, de manera que unas condiciones más flexibles pueden suponer un aspecto a favor para mejorar la competitividad de nuestra empresa al captar empleados mejor capacitados.

⇨ **Desventajas**

Para las empresas también es necesaria una inversión a corto plazo para dotar a los sistemas de la capacidad de conexión remota por parte de los trabajadores. El objetivo es recuperar la inversión, que se recupera con una mejora de la productividad. Muchas de ellas ya tienen gran parte de estas herramientas a su disposición, aunque no les sacan todo el partido al no tener unas políticas claras para facilitar el teletrabajo.

El mayor esfuerzo de la empresa es organizativo. Es en este apartado donde tienen que ajustar mejor los mecanismos que por una parte facilitan al trabajador poder ser flexibles con sus horarios o no acudir a la oficina en muchos casos y por otra que el trabajo de los equipos no se vea perjudicado, a la hora de mantener una reunión, por ejemplo.

5. Competencias para teletrabajar

Osio Havriluk (2010) señala que el teletrabajo suena atractivo e interesante para muchos profesionales. Sin embargo, no puede ser tomado a la ligera, pues podría generar más fracasos profesionales que éxitos, si no se asume de la manera apropiada. Las personas que estén interesadas en participar en esta modalidad deben contar con un conjunto de aptitudes y actitudes necesarias para sostener un desempeño efectivo en el ejercicio profesional, las cuales son las siguientes:

⇨ **Atributos personales**

Son las características propias de las personas las cuales generalmente se definen como valores, y que permiten tener las condiciones personales para realizar el teletrabajo. Son las siguientes:

- Proactividad en la realización de las tareas.

- Disciplina para el cumplimiento de todas las actividades laborales y extralaborales, sin que unas interfieran con el cumplimiento de las otras.

- Creatividad para el desarrollo de las actividades y no caer en la monotonía, al no compartir un clima laboral con otros compañeros de trabajo. Así como saber crear e innovar mediante el trabajo personal.

- Compromiso con el cumplimiento del trabajo.

- Organización del espacio, las actividades laborales y extralaborales.

- Constancia para el logro de los objetivos.

- Responsabilidad con el cumplimiento de las actividades.

- Motivación para realizar el trabajo; pues existe la posibilidad de dejarse distraer por la casa, los hijos y otras actividades.

- Receptividad para aceptar las críticas y comentarios sobre sus resultados y productos.

- Iniciativa para poder ser creativo en resolución de problemas.

- Ética personal y profesional.

- Confidencialidad en sus relaciones laborales con diferentes empresas.

⇨ **Competencias tecnológicas**

Son las características asociadas al uso y manejo de las tecnologías, las cuales son necesarias para el teletrabajo, en lo referente al uso intensivo de las telecomunicaciones las cuales son:

- El manejo de Internet y las aplicaciones propias del mismo tales como el correo electrónico, uso de buscadores, utilización de intranet, transferencia de archivos entre otros.

- Saber usar programas básicos computacionales.

- Resolver problemas sencillos relacionados con las nuevas tecnologías.

- Comunicación por medio de videoconferencia, chats, mensajería instantánea, entre otros.

⇨ **Competencias comunicacionales no presenciales**

Se requieren habilidades de comunicación más elaboradas, ya que se necesita compartir información, datos, asignación de tareas y entrega de resultados, los cuales deben ser comprendidos, para ello es necesario que el teletrabajador:

- Posea una buena expresión escrita.

- Comunicación mediante mensajes claros y concisos.

- Disponga de buena redacción.

- Prepare informes cortos, veraces y oportunos. Autogestión del trabajo

⇨ **Autogestión del trabajo**

Tener la libertad para trabajar de la manera en que lo exige el teletrabajo, requiere de características que permitan que el trabajador cumpla con sus tareas y metas en el tiempo convenido. Para ello se debe tener conocimiento en:

- Administración de tiempo.

- Gestión de proyectos.

Además, debe poseer hábitos laborales y ser capaz de gestionar un ambiente de trabajo saludable sin estrés.

⇨ Formación

Es un aspecto imprescindible para un teletrabajador mantenerse actualizado mediante una formación permanente, a fin de poseer un conocimiento profundo de las técnicas y tecnologías que emplea en la prestación de sus servicios. Esto hace que su necesidad de formación sea constante y para ello debe tener:

- Capacidad para aprender solo.

- Capacidad de transferir conocimientos a situaciones nuevas.

- Disposición al aprendizaje continuo.

⇨ **Competencias profesionales para el cargo**

Propias de la profesión y del área laboral en la que se desempeñe.

⇨ **Capacidades de negociación**

El teletrabajador debe ofrecerse como un especialista, además, debe presentar sus productos o servicios y las tecnologías que maneja para que sus principales contratantes conozcan sus capacidades. En este sentido el teletrabajador debe poseer capacidades para:

- Ofrecerse personalmente como profesional especializado (teletrabajador autónomo).

- Saber elaborar y discutir una propuesta, así como vender sus resultados potenciales.

- Negociar trabajos, precios, objetivos, alcances, condiciones, entre otras.

6. Modalidades de trabajo

Se suelen distinguir tres grandes formas o modalidades de teletrabajo:

⇨ **Teletrabajo en el domicilio**

Esta fórmula posibilita el que los teletrabajadores sustituyan la oficina o el centro de trabajo de la empresa para la que prestan sus servicios por su propio domicilio como lugar en el que llevar a cabo el trabajo habitual.

El teletrabajo a domicilio es hoy por hoy el teletrabajo con mayor potencial de crecimiento.

Generalmente, este tipo de teletrabajo implica el uso de telecomunicaciones e informática.

Los ejemplos más típicos son profesionales que trabajan uno o dos días a la semana en el domicilio, ya sea por la política de la empresa de reducir los tiempos de desplazamiento o por su propio deseo.

⇨ **Centros de teletrabajo o telecentros**

En este supuesto, el teletrabajador no se desplaza de su domiclio a la sede de la empresa, sino que lo hace a un centro específicamente diseñado para el desarrollo del teletrabajo.

Un centro de teletrabajo es una oficina de recursos compartidos que dispone de las instalaciones de telecomunicaciones y de los equipos informáticos necesarios para desarrollar actividades de teletrabajo.

Generalmente es más asequible que la modalidad anterior para la mayoría de los usuarios.

El centro opera como una oficina de oferta de servicios y alquiler temporal para los usuarios.

Los centros de teletrabajo suelen tener las siguientes características comunes:

- Reducen los tiempos de desplazamiento, lo que supone un ahorro de tiempo y dinero y una mejora de la calidad del aire e influye positivamente en la salud de los usuarios en su vida familiar.

- Facilitan el traslado de puestos de trabajo a áreas rurales donde los precios de las viviendas son más asequibles y los accesos más fáciles.

- Suponen una mejora de la formación informática de los trabajadores locales.

- Proporcionan una solución para aquellos teletrabajadores que temen el aislamiento social producido por el trabajo en el domicilio.

- Suponen un mejor aprovechamiento de los centros y de los lugares de trabajo, pues pueden ser utilizados las 24 horas del día repartidos en tres turnos de usuarios.

- Facilitan el acceso al trabajo. Suelen estar situados en la zona donde viven los usuarios y disponen de aparcamientos para todo tipo de vehículos.

Por otro lado, los gastos son recuperados con los beneficios obtenidos por la empresa a través del programa, en menos de dos años. Por lo que respecta a los costes de funcionamiento, estos lógicamente son muy variables.

El desarrollo de este tipo de centros se justifica para empresas privadas, cuyos trabajadores inviertan un tiempo diario de desplazamiento superior a una hora.

Para instituciones de carácter público, la financiación de este tipo de centros se explica fundamentalmente por temas de formación, educación y creación de empleo.

⇨ **Teletrabajadores móviles o itinerantes**

Este tipo de teletrabajadores que utilizan redes telefónicas está en aumento en la medida en que los adelantos tecnológicos están disponibles a precios más asequibles.

El teletrabajo móvil, propio de los trabajadores que se desplazan con asiduidad, se caracteriza por el hecho de que el empleado presta servicios desde el lugar donde se encuentra en cada momento (un hotel, el aeropuerto, etc.).

7. Herramientas

La herramienta básica para un teletrabajador es un ordenador con conexión a Internet. Básicamente, eso es todo lo que tiene cualquier otro trabajador en la oficina, por lo que la mayoría de herramientas que se emplean tienen que ver con la comunicación. Veamos brevemente las más relevantes:

⇨ **Correo electrónico**: sigue siendo el pilar de las comunicaciones en Internet, aunque cada vez más está siendo desplazado por la mensajería instantánea o un sistema mixto, que ofrece una comunicación más inmediata y fluida. En esa línea, Google Groups ayuda a organizar grupos de trabajo, mientras que chats como Hip Chat permite crear salas de chat personalizadas y privadas.

⇨ **Videoconferencias**: actualmente es la forma de telepresencia que existe, y aunque no forma parte del día a día del teletrabajador, es muy útil para reuniones y decisiones importantes. Skype ofrece videoconferencias de forma sencilla y gratuita.

⇨ **Herramientas de trabajo colaborativo**: es habitual que varias personas deban trabajar conjuntamente en la redacción de un documento, y es por eso que resultan muy prácticas las herramientas de trabajo colaborativo como Google Drive, por citar la más común, aunque existen versiones mucho más potentes enfocadas a la empresa.

⇨ **Recursos compartidos**: las grandes empresas tienen sus propias redes y sistemas de almacenamiento en red para que cada trabajador pueda acceder a recursos compartidos, incluso remotamente gracias a VPNs, pero en empresas más pequeñas es habitual el uso de servicios como Dropbox, Google Drive o OneDrive de Microsoft, que permiten compartir y sincronizar archivos fácilmente.

⇨ **Software específico**: lógicamente, si la empresa utiliza en su oficina un software específico de gestión, el teletrabajador deberá contar con ese mismo software en su puesto de trabajo, adaptado si fuera necesario para trabajar remotamente.

⇨ **Herramientas de monitorización**: que sirven para controlar el tiempo que el trabajador está conectado a las aplicaciones de trabajo y el lugar desde el que accede.

8. Consejos para un teletrabajador

1. Hazte un calendario o agenda laboral: nadie va a organizar ni supervisar tu trabajo por ti, por lo que es imprescindible que establezcas previamente unas tareas y objetivos diarios o a corto plazo a cumplir. Lograrlos reforzará tu confianza.

2. Crea una rutina de trabajo: puede ser más flexible que las de los trabajadores convencionales, pero es necesaria. Empezar a trabajar a la misma hora, establecer tus tiempos de descanso obligatorios, reservar un horario para atender asuntos de la familia y personales evitando que interfieran en tu jornada de trabajo, etc.

3. No trabajes en pijama: si empiezas a trabajar con la ropa de dormir no le estarás enviando a tu cerebro la orden clara de que ha comenzado el momento de trabajar. Por el contrario, si te preparas como irías a trabajar a la oficina los estímulos funcionarán mucho mejor.

4. Evitar distracciones innecesarias: necesitas concentración y para ello es imprescindible eliminar a los "distractores" (redes sociales, llamadas de teléfono, correos entrantes, personas que te visitan, recados no previstos, etc.).

5. Crea tu lugar de trabajo: un entorno que no utilices para otras funciones. Debe ser exclusivo para tus tareas, con el material de trabajo preparado, un escritorio y silla confortable, y buena iluminación. Ten en cuenta tu salud y que vas a pasar allí bastante tiempo al día.

6. Conservar el contacto con los compañeros y con nuevos colegas: programa alguna reunión periódica y no dejes de estar y sentirte conectado con los compañeros de trabajo, actuales o antiguos. Cada vez más gente teletrabaja, puedes contactar con otros teletrabajadores con los que compartir soluciones a las dificultades que te puedan surgir al principio de esta nueva forma de trabajo.

7. Aprovecha las nuevas tecnologías: si hay algo que realmente caracteriza al teletrabajo es la flexibilidad en la organización. Hay millones de personas que ya teletrabajan en el mundo y se han creado muchas aplicaciones informáticas

para ayudarles a ello y facilitar sus tareas, ahorrando tiempo y dinero. Busca información en foros especializados y aprovéchalas.

8. Mide tu productividad: lo que no se mide difícilmente se puede mejorar. Analiza cómo y a qué horas del día eres más productivo, los sistemas que te hacen avanzar más rápidamente y si tu organización del trabajo funciona correctamente.

9. Teletrabajar no implica estar permanentemente encerrado en casa. Puedes desplazarte periódicamente a centros de coworking, que son espacios de trabajo compartidos con otros profesionales independientes, asistir a reuniones de negocios, foros, conferencias. Tu red de contactos se ampliará y evitarás el riesgo de la sensación de aislamiento.

10. Cuida tu salud y haz algo de ejercicio. Hay que evitar el sedentarismo y la tentación de acercarte a la nevera, que estará durante muchas horas cerca de ti. Practicar un deporte no solo beneficia a tu cuerpo, sino que te hará sentir más relajado y animado.

9. Un paso más allá del teletrabajo: smart working

La fórmula del 'smart working' plantea una nueva mentalidad de empleo.

José Prieto, socio de laboral de Baker Mckenzie, apunta que "el smart working es una evolución del teletrabajo. Aquí lo más relevante son los servicios que se prestan, independientemente del lugar desde el que se realicen. Se produce una deslocalización del puesto de trabajo. Se puede actuar en casa, en una cafetería o en el aeropuerto. Si dejamos a un lado la parte de atención en tiendas físicas y los operarios de fábrica, existe un gran abanico de profesiones que pueden optar por este sistema: desde expertos en ventas hasta financieros, pasando por los especialistas en marketing".

La diferencia principal entre el smart working y el teletrabajo es que en el primero se disipa cualquier tipo de barrera para realizar las gestiones profesionales. El profesional puede realizar sus tareas allí donde esté: desde un hotel, en la biblioteca, en una cafetería o incluso, en un parque.

Lo único que se necesita es tener el material necesario para realizar las tareas y estar en constante comunicación con la empresa. Este tipo de metodología también permite aprovechar incluso aquellos espacios de tiempo aparentemente muertos. Por ejemplo, el tiempo de espera en un aeropuerto puede ser una ocasión para hacer llamadas pendientes.

El smart working es una fórmula de gestión empresarial que se basa en estos pilares: movilidad y flexibilidad horaria, trabajo por equipos y el uso de nuevas tecnologías. Este modelo propone una gestión más eficiente de las personas y busca no solo aumentar la productividad, sino también la satisfacción del talento y a través de conciliación. Y es que, según el informe Employer Brand Research 2017, el 55% de los trabajadores señala esto último como un factor decisivo a la hora de elegir trabajar en una empresa.

A diferencia del teletrabajo, el smart working se apoya en las nuevas tecnologías no solo para permitir al profesional decidir el lugar de trabajo, sino también el horario y las herramientas. Este sistema intenta adaptar el empleo al profesional permitiéndole un alto grado de autonomía.

No obstante, la implantación de este sistema supone un reto tanto para las empresas como para los trabajadores. Las compañías tienen que proveer una formación tecnológica a sus equipos que les permitan el desempeño óptimo de sus funciones y una comunicación fluida con la empresa. Además, deben proporcionar el acceso a dichas herramientas y conseguir que sean seguras, para poder garantizar así la confidencialidad de los documentos de trabajo. Por su parte, los trabajadores no solo deben perfeccionar sus habilidades de autogestión para cumplir con los objetivos, sino también comprometerse a mantenerse al día de las nuevas tecnologías y favorecer la comunicación para evitar el aislamiento del equipo.

El smart working ofrece numerosas ventajas para ambas partes. Al ser un modelo basado en los resultados, supone una motivación extra para que los profesionales intenten incrementar su eficiencia, ya que posibilita una valoración más objetiva de sus logros. Además, la deslocalización del trabajo elimina algunos costes como el alquiler de espacio o las dietas, haciendo bastante atractiva su implementación para las empresas. Otra de las interesantes ventajas que facilita es la formación de equipos multiculturales de trabajo, aumentando la diversidad y todo lo que ello implica.

Sin embargo, la fórmula tiene ciertas debilidades. Una de ellas es el posible aumento de distracciones y el posible aislamiento de los equipos, fruto de la deslocalización del espacio de trabajo. Además, se puede producir una sensación de falta de jerarquía derivada de la ausencia de supervisión directa, sobre todo en la toma de decisiones.

Pero quizás el principal obstáculo para este sistema es la falta de un marco regulador que genera ciertas y comprensibles reticencias entre el empresariado nacional. En España, la legislación sobre el trabajo a distancia es muy reducida y tan solo establece una serie de generalidades. Es por eso que todos los casos de implantación en España se rigen por convenios colectivos y acuerdos de las propias empresas.

En España hay casos de empresas que, atraídas por sus ventajas, han implementado la filosofía smart working. Vodafone, Mondelez o Microsoft en España son tres de las empresas pioneras en este modelo, y han llevado a cabo su aplicación en función de las necesidades de la compañía y sus empleados.

Para Vodafone, la aplicación de este modelo es un intento de mejorar la calidad laboral y la posibilidad de conciliación de sus empleados. Los principios que ha establecido Vodafone para su práctica son a nivel discrecional, por lo que es el empleado el que debe ofrecerse voluntario, siempre respetando las condiciones laborales previas y con garantía de reversibilidad.

85

Mondelez es otro ejemplo de smart working en España, pero aplicado de una forma mucho más integral en la empresa. El proceso de adaptación se produjo en dos fases que se desarrollaron de forma gradual durante tres años. Primero se llevó a cabo una reformulación organizacional a nivel interno, eliminando despachos y apostando por una jerarquía más horizontal, y posteriormente en el plano externo, permitiendo realizar funciones fuera de la oficina.

Con la premisa de "fomentar la creatividad, la motivación y la productividad de sus empleados", Microsoft Iberia da la oportunidad a su equipo de trabajar desde su casa u otra localización, para lo que disponen de todos los avances tecnológicos de la empresa. Además, y siguiendo con la innovación en cuanto a gestión de talento, lleva a cabo su programa de WPA (Workplace Advantage), una iniciativa que permite trabajar en cualquier parte de sus instalaciones, fomentando que las personas desempeñen sus tareas en el lugar que les haga sentir más cómodas.

Las capacidades tecnológicas y la evolución natural del mundo laboral empujan a buscar nuevos métodos de organización y gestión, sobre todo en aquellos sectores más cercanos a la tecnología. La ayuda a la conciliación y la mejora de condiciones laborales son clave en el futuro de la gestión empresarial. Pero la implantación o no de filosofías como el smart working dependen del esfuerzo conjunto de empresas y empleados, así como de la creación de un marco regulador que permita que sean sistemas óptimos y también seguros.

10. El futuro del teletrabajo

El teletrabajo está en alza. Los trabajadores están forzando a las empresas a cambiar al espacio de trabajo del futuro. De acuerdo a un estudio, conducido por Virgin Media Business, el 35% de los españoles accedería a bajar su sueldo a cambio de mayor flexibilidad en su puesto de trabajo. En países como Reino Unido, el 72% de los trabajadores desempeñan su labor desde casa al menos una vez por semana.

El teletrabajo es algo que parece que se irá extendiendo inevitablemente a medida que las empresas pierdan el miedo a no tener un control directo sobre el trabajador, ya que existen muchas maneras de controlar a los empleados que trabajan fuera de la empresa, y descubran los beneficios que les reporta, tanto en aumento de la productividad como en ahorro de costes.

De hecho, en muchas oficinas ya se trabaja de forma similar aunque los empleados se encuentren físicamente en el mismo edificio, ya que la mayoría de las gestiones y las comunicaciones se realizan desde el propio puesto de trabajo con las mismas herramientas que usa el teletrabajador.

Por otro lado, cada vez son más las personas que deciden autoemplearse y trabajar desde sus hogares ofreciendo servicios a terceros. Diseñadores, traductores, escritores, periodistas, asesores, contables... son muchos los servicios que se pueden ofrecer remotamente y con un coste menor gracias al teletrabajo.

11. El networking y las redes sociales, la perfecta herramienta para el teletrabajo

Al hablar de teletrabajo tenemos que mencionar el término networking. Es "trabajar tu red de contactos". Se trata de mantener relación con diversos tipos de profesionales, relacionados con la actividad laboral realizada, con el fin de ir tejiendo una red de contactos de calidad, que pueda sernos de utilidad ante cualquier situación laboral futura.

El cultivo continuado, progresivo, constante y estratégico de nuestras relaciones personales da como resultado el hecho de que sean los otros los que se acuerdan y/o piensan en nosotros. Y para una persona que basa su modelo profesional en el teletrabajo, es realmente importante.

Este término según Adam J. Kovitz, presidente y fundador de The National Networker Companies (TNNC) es un intercambio de información entre un individuo y otro o un grupo con el propósito de:

- Hacer negocios.
- Adquirir conocimientos sobre alguna especialidad.
- Buscar empleo.
- Hacer comprender compartiendo información y conocimiento.
- Buscar amistad.
- Solucionar problemas.
- Buscar amor.

Pues bien, las redes sociales facilitan la conexión entre profesionales y son un punto de encuentro virtual para emprendedores, por lo tanto, se están mostrando como una herramienta de networking útil, rápida y cada vez más popular. Estas comunidades virtuales han registrado un notable crecimiento que previsiblemente continuará en los próximos años. Según el estudio anual de Redes Sociales de IAB Spain (Interactive Advertising Bureau) realizado en 2018, un 85% de los internautas de 16-65 años utilizan redes sociales, lo que representa más de 25 millones de usuarios en nuestro país.

El fenómeno ha venido liderado por las redes sociales propiamente dichas, como Facebook o MySpace, que comenzaron atrayendo a los jóvenes, pero ahora se han abierto a casi todas las edades. A este fenómeno social se ha sumado el desembarco de dos grandes redes profesionales de presencia internacional, Xing y Viadeo, que durante 2008 adquirieron y potenciaron las redes que ya funcionaban en España: Neurona y Econozco en el caso de Xing, e ICTnet en el de Viadeo.

La función de las redes profesionales es facilitar el networking entre una comunidad de personas que no se conoce, pero comparte su interés por el mundo de la empresa. Esto resulta muy interesante para quienes aún no tienen una cartera de contactos personales suficientemente amplia. Por eso, estas plataformas se han convertido en lugar de encuentro para jóvenes profesionales y emprendedores.

En definitiva, las redes profesionales online comienzan a ser un lugar en el que hay que estar. Así lo señala Enrique Dans, profesor de Sistemas y Tecnologías de la Información de IE Business School. "Si tienes una idea de negocio, date de alta cuanto antes, aunque te parezca que aún no necesitas contactos. De esa forma, cuando te hagan falta ya llevarás tiempo y serás conocido en la red".

Para sacar partido a estas plataformas, hay que tener muy claro para qué sirven y, sobre todo, cómo utilizarlas, pues como dice José Ángel García, consultor en networking y ambassador de Xing: "Son herramientas, no un fin. Su ventaja es que son aceleradores de negocios: hacen mucho más fácil y rápido el trabajo de calle como encontrar posibles socios o clientes, visitarles y presentarles tu negocio".

 Después de esto, podemos decir que las redes sociales son una herramienta básica e importante para el networking y para el teletrabajo. Además, también hay que decir que a raíz de las redes sociales se han creado otras formas de teletrabajo recientes, modernas y que nos rodean actualmente, especialmente a los jóvenes, como es el caso de los influencers y youtubers.

12. El marco legal

La Ley 10/2021, de 9 de julio, es la que regula el teletrabajo, presenta las disposiciones legales necesarias para el cumplimiento normativo que debe regir el teletrabajo.

Se une a esta ley el Acuerdo Marco Europeo sobre teletrabajo, suscrito en julio de 2002 y revisado en 2009.

La ley entiende por teletrabajo regular el que se preste, en un periodo de referencia de tres meses, un mínimo del 30% de la jornada o el porcentaje proporcional equivalente en función de la duración del contrato de trabajo.

Las condiciones laborales del trabajador no deben cambiar y el trabajador que desarrolla su trabajo a distancia tiene derecho a la retribución total establecida conforme a su grupo profesional, nivel, puesto y funciones.

Ya hemos hablado de que el acuerdo de teletrabajo es voluntario y debe formalizarse por escrito.

Por último, resaltar, entre otras muchas ventajas de la ley que la empresa debe dotas de medios, equipos y herramientas al trabajador; se debe compensar económicamente, en base al convenio colectivo, al trabajador; hay que reflejar el lugar donde se teletrabaja: el trabajador debe contar con un procedimiento claro a seguir si tiene dificultades técnicas; en ningún caso, se deben superar las horas establecidas en el contrato de trabajo y se tiene derecho a la desconexión digital.

1. Que los accidentes de tráfico, hoy en día, suponen una de El teletrabajo es una forma flexible de organización del trabajo que consiste en el desempeño de la actividad profesional sin la presencia física del trabajador en la empresa durante una parte importante de su horario laboral. Engloba una amplia gama de actividades y puede realizarse a tiempo completo o parcial.

2. El teletrabajo ofrece múltiples ventajas, tanto para el trabajador como para la empresa, como por ejemplo mayor autonomía y productividad. Pero al mismo tiempo, también tiene sus inconvenientes, como mayores gastos.

3. Se suelen distinguir tres grandes formas o modalidades de teletrabajo: teletrabajo en el domicilio, los centros de teletrabajo o telecentros y los teletrabajadores móviles o itinerantes.

4. Las herramientas básicas del teletrabajador son: el correo electrónico, las videoconferencias, las herramientas de trabajo colaborativo, los recursos compartidos, un software específico y herramientas de monitorización.

5. El teletrabajo es algo que inevitablemente se irá extendiendo a medida que las empresas pierdan el miedo a no tener un control directo sobre el trabajador.

UNIDAD DIDÁCTICA 4

El trabajo en red

Contenido & Objetivos

Los **objetivos** de esta unidad son:

1. Conocer la importancia de la comunicación y los elementos que la componen.

2. Identificar diferentes formas de comunicación y trabajo en red en Internet.

3. Diferenciar las comunidades virtuales de las redes sociales.

4. Saber gestionar y moderar una comunidad virtual.

Introducción

El ser humano es un ser social y la manifestación básica de su sociabilidad es la comunicación con los otros seres.

La generalización de las nuevas tecnologías de la información ha propiciado la transformación de las estructuras sociales y de las formas de relacionarnos con los otros. En este proceso de cambio, la lógica de las relaciones sociales se caracteriza por la fragilidad y la temporalidad de los sistemas de reciprocidad comunicativa. Se crean así comunidades virtuales en las que los sistemas de interacción establecidos por los individuos crean nuevas redes sociales online a las que se conectan y desconectan en función de sus necesidades y deseos.

El término comunidad virtual designa a las personas unidas a través de Internet por valores o intereses comunes (por ejemplo, gustos, pasatiempos o profesiones). La meta de la comunidad es crear valores a través del intercambio entre los miembros al compartir sugerencias o consejos o simplemente al debatir un tema.

1. Relaciones y comunicación en Internet a través de comunidades

1.1. La comunicación

1.1.1. Introducción

El se humano no es un ser social y la manifestación básica de su sociabilidad es la comunicación con los otros seres. El contacto con los demás y nuestra interrelación a través de signos, palabras, códigos, etc., es un proceso que va desde el nacimiento hasta la muerte, es lo que nos otorga nuestra condición humana y lo que permite nuestro desarrollo intelectual y madurativo.

La comunicación es una de las mayores necesidades del ser humano. Esto se pone de manifiesto cuando nos quitan la posibilidad de relacionarnos con los demás.

La necesidad que tiene el ser humano de comunicarse le ha llevado a desarrollar a lo largo de la historia diversos sistemas para enviar señales a distancia sin que emisor y receptor estén en el mismo lugar (desde el sistema de señales de humo pasando por la imprenta hasta el teléfono móvil).

El concepto de **información** hace referencia al conjunto de datos, hechos o acontecimientos percibidos, recogidos, registrados o acumulados independientemente de que estos vayan a ser o no comunicados o utilizados. Mientras que la comunicación se refiere al hecho mismo de la transmisión de esa información.

El término información puede suponer la existencia de receptores pero sin que sea necesario conocerlos. En este sentido se habla de comunicación unilateral (en un solo sentido).

Podemos definir la comunicación como el proceso mediante el cual una persona se pone en contacto con otra a través de un mensaje y espera que esta última dé una respuesta. Existe comunicación cuando el significado del mensaje es el mismo para el emisor y el receptor.

En esa transmisión de información se intenta reducir al mínimo la posible pérdida de información, procurando que se genere en la mente del receptor una copia de la información tal y como aparece en la imagen del emisor.

La diferencia que existe entre los conceptos de comunicación e información son:

	Información	Comunicación
RAE	Comunicación o adquisición de conocimientos que permiten ampliar o precisar los que se poseen sobre una materia determinada.	Acción y efecto de comunicar o comunicarse. Trato, correspondencia entre dos o más personas. Transmisión de señales mediante un código común al emisor y al receptor.
OXFORD DICTIONARY	Alguna cosa dicha, conocimiento. Sistemas de conocimiento. Noticia.	El acto de impartir o transmitir especialmente noticias. Información comunicada.
Dirección	Unidireccional.	Bidireccional.
Tipo de actividad	Más subjetiva ya que no exige otro. Amplía el conocimiento que se recupera y almacena. Tiene que ver más con la forma.	Más intersubjetiva ya que exige de otro. Transmisión de conocimiento que se comparte. Tiene que ver más con el contenido.
Actividad evocada o supuesta	Creación y transmisión de significados. Exigencia de un significado común. Más subjetiva ya que no exige otro. Amplía el conocimiento que se recupera y almacena. Tiene que ver más con la forma.	Más intersubjetiva ya que exige de otro. Transmisión de conocimiento que se comparte. Tiene que ver más con el contenido.
Actividad típica	• Informarse... • Informar a... • Informar de...	• Comunicar con... • Comunicar a... • Comunicar por medio de...
Características	Produce conocimientos, es más estática y más objetivable.	Produce cambios, es más dinámica y más compartible.

Adaptado de Antonio Lucas Marín: *La comunicación en la empresa y en las organizaciones*, editorial Bosch (1997).

Está claro que necesitamos comunicarnos. Pero tendríamos que preguntarnos si lo que hacemos normalmente es realmente comunicación. Muchas conversaciones las concluimos convencidos de que los demás han entendido nuestras ideas y argumentos, y con la certeza de que les hemos comprendido a la perfección. Pero, no siempre es así.

1.1.2. Elementos de la comunicación

Recuerda que en los procesos de comunicación se pueden observar distintos tipos de elementos, entre los que cabe destacar los siguientes:

⇨ **Necesidades**

Todo proceso de comunicación da comienzo cuando el emisor tiene una necesidad que le motiva a querer comunicarse. En el ejemplo de Tomás, este tiene la necesidad de comunicar una nueva normativa de seguridad que debe aplicar su equipo de trabajo.

⇨ **El emisor/codificador**

El **emisor** es la persona que tiene la idea que se va a comunicar, como resultado de la necesidad. Esta idea se codifica; es decir, se traduce a palabras y conducta.

Un **código** es un conjunto de símbolos usados para expresar una idea. Por lo general, nuestros códigos son el lenguaje y los mensajes no verbales como la expresión facial, la posición del cuerpo, las características vocales y la ropa.

El proceso de codificación no es simple. La experiencia personal de un individuo, la sociedad y la cultura, afectan en parte los códigos disponibles para el miembro del grupo. Las características de los receptores así como la habilidad para comunicar del emisor van a afectar este proceso de codificación.

⇨ **Mensaje**

Es el conjunto de ideas que se transmiten o que son recibidas. Los mensajes son un conjunto de símbolos que tienen significado para el emisor. Hay que tener presente que el significado no está contenido en el mensaje que enviamos y recibimos. El significado lo crean las personas que envían y reciben el mensaje. El significado que una persona da a lo que se dice va a depender de sus características personales (inteligencia, experiencias...).

Los requisitos para que un mensaje sea eficaz son:

1. Claridad.

2. Precisión.

3. Objetividad y veracidad.

4. Emisión en el momento oportuno (en el momento que es útil y necesario, y no antes ni después).

5. Que sea interesante.

El proceso de "codificación-decodificación" –necesario en toda comunicación- o lo que es lo mismo, de "cifrado-descifrado", se asemeja un poco a la compleja actividad que se realizó para trasladar desde Egipto a Madrid el Templo de Debod. No se podía mover en una sola pieza, de manera que fue preciso desmontarlo piedra a piedra, marcando meticulosamente cada una conforme se desmontaba la gigantesca estructura. De ese modo sería posible armarla después.

Esto recuerda el proceso global que sigue un emisor: codifica la idea (la segmenta) en una serie de palabras, cada una marcada con una clave para su ubicación y otros medios para guiar al receptor. A fin de mover la idea, el emisor necesita segmentarla en palabras. El receptor tomará las palabras recibidas y mentalmente las reordenará en ideas completas.

⇨ **Canales**

Los canales son los medios a través de los cuales el mensaje se envía. Los canales pueden ser auditivos (como los sonidos de un discurso, música, pausas y frases) o visuales (como gestos y expresiones faciales).

Normalmente utilizamos más de un canal para comunicarnos y transmitimos más de un mensaje a la vez.

Imaginemos que un profesor intenta motivar a sus alumnos para que se esfuercen más. Para eso puede ser muy cuidadoso eligiendo las palabras correctas pero a la vez puede mantener un contacto ocular directo, elevar su volumen de voz ligeramente, usar más énfasis, etc. Estaría usando múltiples canales para mejorar la recepción de su mensaje.

 El uso de múltiples canales puede complicar el esfuerzo para crear mensajes claros. Cuando los mensajes múltiples transmiten la misma idea, se refuerzan entre sí. Por otro lado, cuando se contradicen entre sí, envían mensajes confusos.

⇨ **El receptor/decodificador**

Es la persona que recibe el mensaje y, por tanto, el encargado de interpretarlo. Su papel "diana" en el proceso de la comunicación hace que sea totalmente determinante el tipo de comunicación que deba emplear el emisor.

⇨ **Retroalimentación**

La retroalimentación es información que se proporciona en la respuesta del receptor, o en la falta de respuesta. Las puntas de flecha en el modelo sugieren la noción de retroalimentación. La retroalimentación es la idea de que, en lo relacionado con los sistemas de comunicación, la respuesta de un participante ayuda a corregir y controlar el mensaje de otro mediante un proceso continuo de intercambio.

 Imagina que, mientras Tomás está hablando a su equipo, algunos de los miembros están cambiando de sillas, asomándose por la ventana o con la mirada dispersa. La retroalimentación le está diciendo que no parece que estén muy interesados en lo que les está transmitiendo. Por tanto, la retroalimentación sirve para corregir y controlar la conducta.

La retroalimentación es un aspecto fundamental en la comunicación de un grupo ya que mejora su desarrollo con el tiempo. Podemos hablar de dos tipos de retroalimentación en el grupo:

- **Retroalimentación de la tarea:** se proporciona sobre las actividades productivas y las competencias técnicas del grupo.

- **Retroalimentación del trabajo en equipo**: se proporciona sobre las interacciones del grupo y las relaciones, la comunicación, cooperación y coordinación de los miembros.

"La comunicación humana no existe en verdad sino cuando entre dos o más personas se establece un contacto psicológico. No basta que seres con deseos de comunicación se hablen, se entiendan o incluso se comprendan. La comunicación entre ellos existirá desde que (y mientras que) logren encontrarse".

Mailhiot (1975)

97

⇨ **Ruido**

El ruido es cualquier forma en la situación que tiende a dañar la fidelidad del intercambio de mensajes entre los miembros del grupo. Vamos a clasificar los ruidos en función de si son **interiores o exteriores**.

Ruidos interiores	Ruidos exteriores
El **ruido fisiológico** es el que proviene del cuerpo. Es algo fisiológico que puede entorpecer la comunicación. Por ejemplo, un dolor de cabeza puede distraer la atención de una persona, o el tener una audición o visión desigual.	El **ruido físico** es algo externo que interfiere en la fidelidad del intercambio de mensajes. Por ejemplo: el zumbido del aire acondicionado o el frío o el calor de la sala.
El **ruido psicológico** es el que proviene del proceso de pensamiento; podría proceder de la reacción a una palabra. Este ruido puede crearse de muchas formas, por ejemplo, mediante el uso de palabras con carga emocional. El potencial de ruido semántico es elevado en los grupos. Este ruido puede reducirse, por ejemplo, evitando comentarios con carga emocional. Ruidos que los miembros del grupo aportan en el proceso de comunicación son: • Sus propios sentimientos, deseos o expectativas e intenciones. • Sus actitudes y creencias. • Aceptación por otras personas y sus ideas. • Imágenes de sí mismos e imágenes de otros comunicadores.	El **ruido sistémico** es un ruido que afecta a un grupo pero que se genera fuera de él. Por ejemplo, cuando un departamento se reúne para tomar decisiones y estas son incompatibles con los objetivos de otro departamento de la organización. El ruido sistémico puede ser muy desconcertante para los grupos.

⇨ **Contexto**

Toda comunicación ocurre dentro de alguna situación. El contexto incluye la temperatura, las condiciones de iluminación, ruido en el ambiente, el color de las paredes y la acústica del cuarto. E incluso más importante, incluye lo que los miembros llevan al evento: sus motivos, temores y esperanzas, su autoconfianza, su habilidad con el lenguaje, sus imágenes de los demás, entre otros.

Entorno físico	Temperatura, lugar, ruidos...
Entorno social	Grado de relación entre los miembros del grupo.
Entorno histórico	Antecedentes previos a la comunicación.
Entorno psicológico	Motivos, temores, estado de ánimo...
Entorno cultural	Valores y creencias de los miembros del grupo.

Para que un proceso de comunicación se desarrolle es necesario:

1. Que exista un intercambio de información.

2. Que el emisor pretenda producir un comportamiento determinado en el receptor como consecuencia de la información.

3. Que el receptor reciba la información.

4. Que el emisor tenga constancia de que el receptor ha recibido la información transmitida.

1.1.3. Dificultades y obstáculos en la comunicación

El receptor intenta decodificar correctamente el mensaje que recibe, pero en la mayoría de las ocasiones se producen **interferencias** que dificultan su comprensión en los mismos términos en los que pensaba el emisor.

Estas interferencias son las llamadas **barreras**. En el proceso comunicativo, las barreras pueden bloquear una comunicación, filtrar parte de su significado o emitirlo equivocado.

Estas barreras de la comunicación pueden ser:

1. **Barreras personales**

   Son aquellas interferencias de la comunicación que se derivan de las emociones humanas, de los malos hábitos de escucha y de la personalidad o sistema de valores de los participantes en la comunicación.

Causas	Las emociones humanas, los malos hábitos de escucha y la personalidad de los participantes.
Acciones para su eliminación	Establecer cercanía entre las realidades del emisor y del receptor.

En el ámbito laboral son muy frecuentes las barreras personales. Destacamos las siguientes:

 Las emociones sirven como filtros en todo acto de comunicación. Nuestra personalidad determina aquello que podemos ver y oír, permitiéndonos, o no, entrar en sintonía con los mensajes que recibimos. Además, al ser la realidad algo subjetivo, lo que comunicamos habitualmente no es la realidad en sentido estricto, sino nuestra propia realidad.

- Frecuentemente estamos en contacto con personas que tienen formas diferentes de percibir las cosas y, por tanto, distintas **interpretaciones**.

- Las **emociones** que experimentamos en nuestra vida cotidiana nos afectan en diverso grado en el entorno laboral.

- La **personalidad de los participantes** también influye en la comunicación, la forma de expresar una opinión no será la misma en una persona de carácter agresivo que en una persona tímida.

- Las **ideas** que una persona tiene sobre algún tema por alguna experiencia pasada, que le permiten entender su significado, pero pueden resultar correctas o incorrectas.

- La **posición jerárquica** dentro de la estructura de la empresa. Aunque no seamos conscientes de ello, normalmente no recibimos el mensaje de la misma forma si procede de un superior o de un compañero que realiza las mismas funciones que nosotros.

 Las personas que pertenecen a distintos niveles de la escala jerárquica, o incluso a distintos departamentos, tienden a percibir de forma distinta los mismos hechos.

La comunicación será eficiente cuando se dé una cercanía entre las realidades del emisor y del receptor. De este modo, la comunicación horizontal sea más fluida que la vertical, pues normalmente las realidades de las personas que se comunican están más cercanas.

⇨ **Barreras físicas**

Son las interferencias que se producen en el ambiente en el que la comunicación tiene lugar.

 El ruido que no permite escuchar la voz, o el cruce de línea en una conversación.

Causas	Las interferencias en el ambiente.
Acciones para su eliminación	Utilizar los medios disponibles.

La reacción de las personas ante las barreras físicas es distinta que ante las personales, en el sentido de que hay mayor voluntad, tanto por parte del emisor como del receptor, por tratar de eliminarlas.

⇨ **Barreras semánticas**

Son las que se derivan de la interpretación incorrecta del significado de los símbolos que se utilizan en la comunicación.

Causas	La errónea interpretación del significado de los símbolos.
Acciones para su eliminación	Recurrir a la retroalimentación.

Para evitarlas, el emisor debe tener habilidad para situarse en el papel del receptor, y codificar los símbolos teniendo presente la manera en que el receptor les transfiere significado.

Las barreras semánticas son un obstáculo esencial a la comunicación interpersonal, de modo que conviene estar pendiente de ellas y evaluarlas de forma detallada, para evitar que se produzcan fallos en la comunicación. Para disminuir el efecto que pueden tener sobre la comunicación, se debe recurrir a la retroalimentación.

1.1.4. Comunicación formal

La comunicación formal define las reglas de comunicación.

La comunicación formal cumple dos funciones principales:

1. Permitir la toma de decisiones.

2. Motivar.

Para que esta información sea adecuadamente transmitida es necesario que exista un flujo de comunicación que lo permita. Este flujo de comunicación debe cumplir unos objetivos de información:

1. Transmitir la información útil para la toma de decisiones.

2. Transmitir la información con exactitud.

3. Transmitir la información con rapidez.

4. Transmitir la información sin errores.

 **Los flujos de la comunicación formal han de ser regulares, estables y previsibles**, evitando así la sobrecarga o insuficiencia de información, que daría lugar a problemas de distorsión y omisión y sería fuente de rumores incontrolados.

Los tipos más frecuentes que pueden adoptar estas redes formales y sus características son:

⇨ **Red en cadena**

- Las comunicaciones se establecen con el miembro más próximo.

- Ningún miembro está totalmente aislado.

- La persona que está en el centro de la línea está mejor informada.

⇨ **Red en estrella**

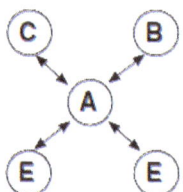

- El individuo del centro puede comunicarse con todos los demás.

- Resulta muy eficaz para tareas simples.

- Solo el individuo que tiene una posición central tiene un lugar privilegiado; en el resto se da la sensación de frustración.

⇨ **Red en Y**

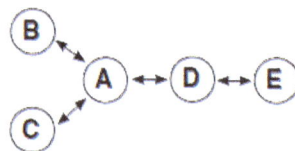

- Combina la red en cadena y en estrella.

- Es efectiva para realizar acciones complejas divididas en múltiples acciones más simples.

- Los miembros lejanos del centro se sienten frustrados.

⇨ **Red en círculo**

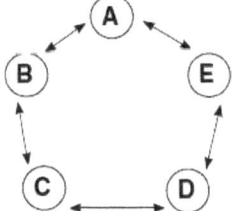

- No hay comunicación transversal.

- Ningún miembro está aislado.

- La información se puede deformar o perder.

- La transmisión de la información es lenta.

⇨ **Red en vías múltiple**

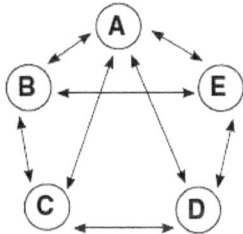

- Permite a todos los miembros comunicarse.

- Se da una gran satisfacción entre los miembros y un alto sentimiento de participación.

- Puede ocasionar una pérdida de tiempo o una falta de coordinación.

1.1.5. Comunicación informal

La comunicación informal se forma en torno a las relaciones sociales de los miembros, surge siempre que un miembro siente la necesidad de comunicarse con otro sin que exista ningún canal formal para ello, o si los que existen son inadecuados.

Son las interacciones que conforman relaciones no reguladas por la comunicación formal. Este tipo de comunicación aparece donde la comunicación formal es insuficiente para las necesidades emocionales y de información de los miembros.

103

Estas redes ayudan a mantener relaciones sociales ajenas a las relaciones estipuladas en las normas, generan sistemas políticos y de inteligencia a través de los que se toman decisiones.

La comunicación informal es aquella que surge espontáneamente de las relaciones que se establecen entre las personas, por la afinidad o las necesidades personales.

El fin de esta red informal es satisfacer las necesidades sociales de las personas; sirven para sustituir redes formales ineficaces, expresar sentimientos que no pueden circular por la red formal y agilizar la comunicación.

Los tipos más frecuentes que pueden adoptar estas redes informales y sus características son:

⇨ **Cadena en línea**

La información es transmitida hasta llegar a la última persona posible.

⇨ **Cadena reticular**

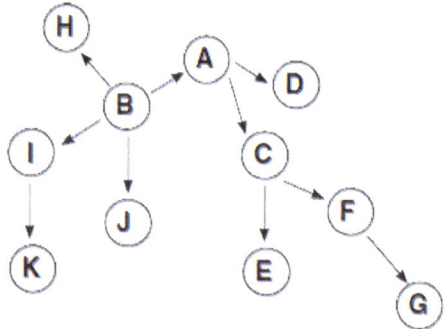

Algunas personas que reciben la información no la transmiten, cortándose en ellas la transmisión.

⇨ Cadena casual

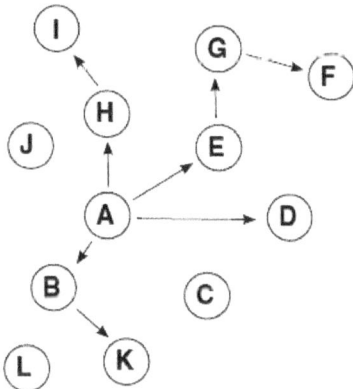

La información se transmite sin orden y puede no llegar a todos. Depende de la relación entre los trabajadores y de la importancia que le den a esa información.

⇨ Rumor

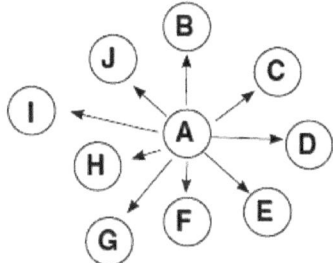

Una persona se encarga de informar a todos los que la rodean.

1.1.6. Canales y medios de comunicación

Se llaman canales de comunicación a los medios a través de los cuales se transmite un mensaje.

Se pueden clasificar en:

⇨ **Canales personales de comunicación**

Canal a través del cual dos o más individuos se comunican directamente, como la conversación cara a cara o cuando un individuo se dirige a su público, utilizando el teléfono o el correo. La eficacia de estos canales deriva de la posibilidad del trato individualizado y la retroalimentación.

A través de los canales personales se establece un contacto directo entre el presentador del mensaje y el receptor, ya sea a través de entrevistas cara a cara, por teléfono, por correo convencional, correo electrónico y mensajería instantánea, videoconferencia, etc.

⇨ **Canales impersonales de comunicación**

Se denominan canales impersonales de comunicación a los diferentes medios de comunicación que influyen en las personas sin necesidad de establecer contactos de carácter personal. Dentro de los canales impersonales se pueden diferenciar en función de los medios que utiliza el canal.

- Medios masivos de comunicación interpersonal.

- Medios ambientales.

- Los acontecimientos.

1.1.7. Etapas de una comunicación efectiva

El proceso de comunicación cuenta con seis etapas que permiten obtener una comunicación efectiva:

1. Identificar la audiencia objetiva.

2. Determinar los objetivos de la comunicación.

3. Diseñar el mensaje.

4. Seleccionar los canales de comunicación

5. Seleccionar al emisor del mensaje.

6. Medir los resultados del proceso de comunicación.

1.1.8. Efectos de la comunicación

Una buena transmisión produce una serie de **efectos en el interlocutor**:

⇨ **Efecto cognoscitivo**:

- Información.

- Dar a conocer.

⇨ **Efecto afectivo**:

- Simpatía.

- Aprecio.
- Deseo.

⇨ **Efecto de credibilidad**:

- Confianza.
- Fe en la certeza del mensaje.

Debemos actuar útilmente para que el interlocutor desarrolle una serie de pasos que le lleven a la **acción positiva final**:

1. Querer ser informado: pasar del desconocimiento al conocimiento.

2. Desear: motivarse y predisponerse en favor de la comunicación

3. Hacer: pasar a la acción.

No es lo mismo:

⇨ Lo que se quiere decir.

⇨ Lo que se sabe decir.

⇨ Lo que se dice.

⇨ Lo que se oye.

⇨ Lo que se escucha.

⇨ Lo que se comprende.

⇨ Lo que se acepta.

⇨ Lo que se retiene.

⇨ Lo que se pone en práctica.

 La comunicación afectiva es la que permite la transmisión de sentimientos y emociones de las personas que forman parte de esa comunicación. Así se vinculan interpersonalmente los aspectos de la afectividad y vivenciales de todos los participantes logrando una buena comunicación. Tomando en cuenta que no solamente es el acto de hablar sino también la existencia de miradas, caricias, abrazos, olores, silencio...

1.1.9. Objetivos de la comunicación

La comunicación persigue que el interlocutor:

⇨ Oiga

⇨ Escuche

⇨ Comprenda

⇨ Piense

⇨ Sienta

⇨ Acepte

⇨ Actçue

⇨ Retenga lo comunicado

Esto se consigue practicando la **empatía**.

1.1.10. Cómo conseguir una buena comunicación

Para conseguir una buena comunicación vamos a proponer unas recomendaciones para mejorar tus habilidades comunicativas, incluyendo tu habilidad para escuchar, percibir y dar feedback o retroalimentación.

⇨ **Cómo escuchar mejor**

1. Prepárate para escuchar. Física y psicológicamente.

2. Controla o elimina distracciones. Crea el ambiente más propicio: evita llamadas, apaga la televisión o radio, etc.

3. Piensa lo que se hablará. Ideas, tópicos o mensajes.

4. Concéntrate en lo que se dice y en los mensajes no verbales. Busca lo que le quieres decir. No te detengas en características externas y superfluas del emisor.

5. Busca la utilidad del mensaje, el motivo por el cual escuchas. Si el mensaje es fastidioso averigua los motivos por los cuales estás allí. Si hay motivos, permanece y piensa en las recompensas que podrás adquirir.

6. Concéntrate en el mensaje. Piensa en lo que se te ha dicho hasta el momento, busca las ideas principales y deja fuera las distracciones que trae. Evita juzgar y trata de mantenerte empático con el mensaje. Revisa si hay congruencia.

⇨ **Cómo percibir mejor**

1. No concluyas sin suficiente evidencia. Mantente lo más cerca de los hechos observados, no hagas conclusiones apresuradas.

2. Da tiempo para conocer mejor a la otra persona o al mensaje. Rara vez obtendremos una percepción correcta a primera vista.

3. Estate disponible para interactuar. Psicológica y físicamente, escucha de manera empática y trata de mantener el mayor contacto con la otra persona. Mantente abierto y objetivo ante el mensaje.

4. Participa activamente y busca la mayor información posible.

5. Establece el clima correcto:

   • Sé abierto a lo que comunica o escucha (mensaje).

   • No juzgues ni emitas juicios de valor.

   • Sé auténtico y honesto.

   • No trates de manipular o dominar.

6. Ajústate a los cambios de comunicación. Todos los elementos están interrelacionados: perceptor, emisor, mensaje, contexto. Al variar uno puede variar todo el proceso. Ajústate a esos cambios.

⇨ **Cómo comunicarse mejor**

1. Ten claro tu propósito. El objetivo de cada mensaje puede ser provocar un cambio, obtener un enfoque o dialogar sobre una información.

2. Conoce el contenido de tu mensaje, ten tus ideas claras. No podemos comunicar lo que no sabemos o entendemos.

3. Analiza a quién va dirigido tu mensaje. Determina sus características.

4. Decide el tratamiento que le darás al mensaje. ¿Cómo lo vas a transmitir? ¿Qué códigos o lenguajes utilizarás? ¿Qué cantidad de información debes proporcionar de acuerdo a sus receptores?

5. Escoge el medio o canal adecuado. Recuerda que hasta un mensaje sencillo puede ser alterado si se transmite por un medio inadecuado.

6. Envía el mensaje en forma adecuada a su receptor. ¿Es exacto, comprensible para su interlocutor o audiencia?

7. Solicita retroalimentación. Concéntrate en las respuestas de tu receptor para determinar lo adecuado de su mensaje.

8. Trata de escuchar lo qué dice tu receptor y percibir sus reacciones sin prejuicios. Pon atención a su respuesta o mensaje de retorno.

9. Descubre que se omitió o se agregó. Dependiendo de su importancia, cambia tu mensaje y envíalo de nuevo.

⇨ **Cómo dar feedback**

1. Prepárate para dar feedback.

2. Proporciona feedback inmediato. Mientras más tiempo ocurre entre la emisión y la recepción del mensaje, más confuso será el feedback.

3. Proporciona feedback específico. A partes especificas del mensaje, no al total.

4. Reacciona al mensaje, no al emisor. Usa frases impersonales para dar feedback: "lo que dices es lógico y pienso que esta bien", no uses: "tú estás diciendo cosas lógicas y lo que dices está bien".

5. Analiza si el feedback es interpretado correctamente. Chequea si entendió.

6. Planifica tu feedback. Las oportunidades de mejorar la comunicación son mayores cuando la retroalimentación se planifica perfectamente y es una parte permanente del sistema de comunicación.

Para practicar la **empatía** se debe tener en cuenta una serie de pautas que nos pueden ayudar a llegar a ella:

⇨ Mostrar verdadero **interés** de querer ayudar a la otra persona.

⇨ **No mostrar indiferencia** ante sus problemas.

⇨ Tener la capacidad de **"ponerse en su lugar"**.

⇨ **Comprender las necesidades** de otro.

⇨ **Demostrar que se le ha comprendido**.

⇨ Manifestar que **hemos entendido su punto de vista**.

Nadie se siente satisfecho si tiene la sensación de que le han manipulado. Por el contrario, todos se sienten felices si les damos la sensación de haber decidido voluntariamente.

Y por último, la forma de conseguirlo es:

1. Desarrollar el proceso completo de comunicación (feedback).

2. Ponernos en lugar de. Reciprocidad psicológica.

3. Sabiendo escuchar.

4. Desarrollando la observación. Para ver más y oír mejor.

5. Potenciando y desarrollando una actitud positiva.

1.1.11. Empatía y asertividad

 La **empatía** es el estado perfecto de la comunicación. Es un intercambio de roles. Es una forma de identificación del mediador con las partes que le permite comprender y sentir intereses, experiencias, emociones y sentimientos.

La **asertividad** es una forma de ser y actuar de las personas, en definitiva la personalidad de cada uno define una forma de enfrentarse a las relaciones sociales y la comunicación, así como la de crear y resolver conflictos.

La conducta asertiva implica defender los propios derechos, sin violar los de los demás, expresar los deseos, necesidades, opiniones, sentimientos y creencias de forma directa, honesta y apropiada.

Las **reacciones ante conflictos mediante una conducta asertiva** son:

⇨ Autocontrol (escuchar más que hablar, preguntar más que contestar, resumir, aclarar).

⇨ Compartir sentimientos.

⇨ Buscar soluciones con...

⇨ Pasar a la acción (sin promesas).

1.1.12. Ser pasivo, agresivo o asertivo

En la forma de escuchar es importante poner todo nuestro interés en el interlocutor, demostrándolo y haciéndoselo saber; se debe tener en cuenta:

⇨ Concentrarse en lo comunicado y en el marco de referencia.

⇨ No perderse los detalles.

⇨ Demostrar valoración y respeto por lo que son y sienten.

111

En gran medida para practicar la escucha activa se requiere una actitud asertiva.

Ante estas situaciones, y también ante la vida en general, podemos ser:

⇨ **Pasivos**

Ser pasivo significa:

- Soportar todo tipo de cosas para no echar leña al fuego.

- Reprimirse.

- Ser una víctima.

- No decir nada ante una situación difícil y después tener que lamentarse respecto a lo que debería haber hecho.

- Evitar hacer lo que piensas, sientes, quieres, opinas.

- Tener miedo de arriesgarte a las consecuencias.

- No creer en tus propios derechos.

- No saber cómo expresarlos.

- Creer que los derechos de los otros son más importantes que los tuyos.

⇨ **Agresivos**

Ser agresivo significa:

- Manipular a las personas.

- Salirse con la suya a expensas de los demás.

- Cerciorarme de que soy siempre el ganador, sin importarme lo que les suceda a los demás.

- No tener consideración alguna con los demás.

- Decir y hacer siempre lo que piensas, sientes, quieres y opinas.

- No respetar el derecho de los otros a ser respetados.

⇨ **Asertivos**

Ser asertivo significa:

- Ser capaz de controlar situaciones difíciles.

- Decir la palabra oportuna, de la forma oportuna y en el momento oportuno.

- Sentirse satisfecho con el resultado.

- Decir y hacer lo que piensas, sientes, quieres y opinas.

- Sin perjudicar el derecho de los otros a ser tratados con respeto.

- De manera sincera, sin amenazas, ni coacciones.

- Respetando tus propios derechos personales.

1.1.13. Feedback y escucha activa

 **Feedback** es un término anglosajón que se traduce por "retro-alimentación", donde se desarrolla el saber escuchar, procesar la información recibida y externalizar una respuesta a su entorno, pero puede llegar a ser positivo o negativo.

¿Cómo conseguir un feedback más eficiente?

1. Si se utiliza un lenguaje evaluativo, la posibilidad de que la persona en cuestión se sienta ofendida y reaccione en forma defensiva es alta, es por eso que se debe de utilizar un lenguaje descriptivo.

2. Es mejor si al aplicar el mecanismo correctivo se habla en tiempos, es decir, se debe especificar el momento en el que demuestra la actitud en cuestión y no generalizar.

3. El feedback se compone de dos partes: el que recibe y el que ofrece. Para evitar que sea destructivo se deben tomar en cuenta las necesidades de ambas partes, evitando así satisfacer solamente a una de ellas.

4. Para no aumentar la frustración del que recibe, el feedback se debe dirigir solamente a comportamientos que pueden llegar a ser modificados.

5. Para que el feedback tenga los resultados óptimos debe de ser siempre solicitado y jamás impuesto.

6. Dependiendo de la preparación de la persona o grupo, es necesario ofrecerlo en el momento oportuno, que muchas veces es inmediatamente después de que la conducta ocurra.

7. Debe de ser verificado para asegurar una buena comunicación.

113

Un amigo tuyo siempre llega tarde cuando quedáis para salir, es muy fácil que le digas que es un tardón y un maleducado, pero si lo que quieres es que no se ofenda y que llegue puntual, necesitas tener en cuenta varias cosas:

Si tú eres la persona que da su opinión o feedback a otra, para que sea efectivo necesitas:

1. Asegurarte de que **los hechos que vas a valorar o de los que vas a hablar son ciertos**.

2. **Describe la conducta** de la otra persona:

   - No a la persona.

   - Describe, no valores o juzgues.

   - Se específico, no generalista.

3. Céntrate en **un comportamiento que se pueda cambiar**.

4. Que ese nuevo comportamiento o ese cambio que indicas, **sea bueno para la otra persona**.

5. Dilo en el **momento adecuado**.

6. **Da libertad** para que la otra persona cambie o no.

7. Di **cómo te hace sentir** su conducta.

8. Y **da opciones de solución**.

Siguiendo el ejemplo del amigo que llega tarde, en lugar de decirle tardón, como además, estamos seguros de sus retrasos, podríamos decirle, en el momento adecuado, que cuando quedamos no llega puntual, incluso, recordarle las dos últimas veces, si es necesario. Que cambie ese comportamiento y sea puntual es también beneficioso para él. Dile que te hace sentir mal, como si no le importaras, ya que no valora el tiempo que estás esperándole. Y finalmente, le puedes dar alternativas de quedar más tarde o recogerle o quedar otro día diferente de la semana.

Si él decide cambiar será bueno para él, para ti y para vuestra amistad. Si decide no cambiar, tú no puedes obligarle, queda en tus manos elegir cómo continuar vuestra amistad.

.../...

.../...

Si eres la persona que recibe el feedback, en el ejemplo serías la persona que siempre llega tarde:

1. Es bueno que **Escuches con atención**– escucha activa: no interrumpas, no juzgues, no rechaces, no pongas excusas.

2. **Filtra la información y saca aquello que te pueda ayudar a mejorar.**

3. **Comprométete a mejorar lo mejorable**.

Recuerda que la palabra es muy importante, ya que nos permite comunicar nuestros pensamientos, sentimientos e ideas. Por lo que debemos cuidarla y utilizarla en el momento adecuado.

Una de las habilidades comunicativas más relacionadas con la empatía y más difíciles de dominar es saber escuchar. La falta de empatía de una persona se puede deber en gran parte a que no sabe escuchar a los demás.

La escucha activa se refiere a la habilidad de escuchar no solo lo que la persona está expresando directamente, sino también los sentimientos, ideas o pensamientos que subyacen a lo que se está diciendo.

Las **pautas** para realizar una escucha activa son:

1. Crear un clima agradable, adecuado para dialogar.

2. Informarse previamente acerca del tema.

3. Tomarse tiempo para escuchar.

4. Aparcar temporalmente las preocupaciones personales.

5. Aceptar incondicionalmente a la otra persona.

6. Ponerse en el lugar de la otra persona.

7. Eliminar ruidos y barreras físicas.

8. Mostrar interés.

9. Prestar atención, concentrarse y evitar las distracciones.

10. Mirar al interlocutor.

11. Captar tanto el componente verbal como el no verbal.

12. Percibir el contenido, tanto el explícito como el implícito.

13. Escuchar, evitar en lo posible interrumpir su discurso.

14. Evitar anticipar lo que va a decir a continuación, o las conclusiones.

15. Liberarse de pensamientos sobre lo que se va a decir cuando se tenga el turno de palabra.

16. Sintonizar con la línea de pensamiento de la otra persona.

17. Comprender la estructura del contenido, seguir el hilo argumental.

18. Resumir las ideas básicas, los puntos esenciales.

19. Confirmar que el mensaje se ha comprendido adecuadamente.

Las expresiones vocales como el volumen, tono, timbre, velocidad o ritmo de voz pueden aportarnos información sobre el estado afectivo de las personas a las que escuchamos.

Los estudios del investigador DAVITZ (1964) nos da algunos datos relevantes sobre el tema:

Estado emocional	Volumen	Tono	Velocidad	Ritmo
Afecto	Suave	Grave	Lenta	Regular
Cólera	Alto	Agudo	Rápida	Irregular
Aburrimiento	Moderado a bajo	Moderado a grave	Moderadamente lenta	–
Impaciencia	Normal	Normal a moderadamente agudo	Moderadamente rápida	–
Alegría	Alto	Agudo	Rápida	Regular
Tristeza	Suave	Grave	Lenta	Irregular
Satisfacción	Suave	Normal	Normal	Regular

1.1.14. Barreras y dificultades

Para que un proceso de comunicación se desarrolle es necesario:

⇨   Que exista un intercambio de información.

⇨ Que el emisor pretenda producir un comportamiento determinado en el receptor como consecuencia de la información.

⇨ Que el receptor reciba la información.

⇨ Que el emisor tenga constancia de que el receptor ha recibido la información transmitida.

Las barreras de la comunicación pueden proceder de: el emisor, el receptor, ambos, el mensaje, el medio o canal, el contexto.

Las **barreras de la comunicación** son obstáculos que se oponen y frenan la "claridad y eficacia" de la comunicación:

⇨ La palabra (lingüística y paralingüística).

⇨ Presentación insuficiente.

⇨ Capacidad receptiva.

⇨ Falta de diálogo.

⇨ Expectativas de los individuos.

⇨ Prejuicios y emociones.

⇨ Tendencia a evaluar.

⇨ Condensación, memoria y asociación.

Estas barreras de la comunicación pueden ser personales, físicas o semánticas. Tienen normalmente unas causas y se pueden desarrollar acciones con objeto de minimizarlas o eliminarlas.

Barreras	Causas	Acciones para su eliminación
Personales	Las emociones humanas, los malos hábitos de escucha y la personalidad de los participantes.	Establecer cercanía entre las realidades del emisor y del receptor.
Físicas	Las interferencias en el ambiente.	Utilizar los medios disponibles.
Semánticas	La errónea interpretación del significado de los símbolos.	Recurrir a la retroalimentación.

 El receptor intenta decodificar correctamente el mensaje que recibe, pero en la mayoría de las ocasiones se producen interferencias que dificultan su comprensión en los mismos términos en los que pensaba el emisor.

Estas interferencias son las llamadas **barreras**. En el proceso comunicativo, las barreras pueden bloquear una comunicación, filtrar parte de su significado o emitirlo equivocado.

1.1.15. Soluciones

La escucha activa asegura una buena recepción del mensaje, consiste en una forma de comunicación que demuestra al hablante que el oyente le ha entendido. Existen varios niveles de escucha que se pueden emplear dependiendo de que del nivel de entendimiento que se alcanza en cada caso:

a) **Parafrasear**, es decir, resumir lo que ha dicho. Si alguna parte nos ha llamado la atención, podemos resaltar las palabras que más nos han impactado. Es una forma de dirigir la conversación, porque el hablante va a ampliar la información sobre lo que hemos subrayado.

b) **Reflejar el estado emocional**. Además de que se le ha entendido, se le muestra que se sabe cómo se siente. Ayuda; pero no basta con decir: "sé cómo te sientes" o "te entiendo".

c) **Validar**: mostrar que se acepta lo que dice aunque no se esté de acuerdo. Es aceptable lo que se dice, se entiende; aunque no se esté totalmente de acuerdo.

d) **Estar completamente de acuerdo**. Hay gente que la única forma que tiene de aceptar la empatía del otro es a través del acuerdo completo de la otra persona.

e) En cualquier caso se puede **cualificar** lo que se dice como una opinión propia y no como una afirmación indiscutible. Se hace introduciendo un tono en la expresión que relativice lo que se dice o utilizando frases como: "desde mi punto de vista", "en mi opinión", etc.

A continuación enunciamos algunos fallos en los que puedes caer cuando pretendes realizar una escucha activa.

a) No rechazar las emociones que el otro manifiesta. Las emociones son reacciones automáticas que frecuentemente se dan en determinadas circunstancias; pero que no son obligatorias y no las controlamos. Por eso, decir a una persona que no debería sentir lo que siente implica un reproche sobre una conducta sobre la que la persona no tiene control. Hay que tener en cuenta que no está en su mano modificar ese sentimiento.

b)   No juzgar. Recuerda el dicho bíblico: no juzgues y no serás juzgado.

c)   No solucionar el problema. Quien te lo está planteando quiere compartirlo contigo, pero él (ella) es la responsable de solucionarlo. Tú solamente puedes escuchar y dar tu opinión.

d)   No interrumpir. Espera a que la otra persona te dé paso, aunque no estés de acuerdo con lo que dice.

e)   No cuentes tu propia historia. Recuerda que nadie escarmienta en cabeza ajena. Además, si te está contando algo es para que entiendas su problema y, si cuentas tu historia, estaréis centrándoos en la tuya.

f)   No des un consejo que no te hayan pedido.

g)   No descalifiques cuando des tus opiniones.

Si queremos comunicarnos de forma efectiva debemos asegurar una buena recepción del mensaje, un adecuado procesamiento y una adecuada emisión.

Para ello, debemos seguir las siguientes reglas básicas:

1.   Clarificar los objetivos que pretendemos con nuestra comunicación.

2.   Indagar, buscando información, antes de comunicarnos.

3.   Explorar, escuchar y observar.

4.   Identificar las reglas de la situación.

5.   Acondicionar el ambiente.

6.   Identificar en el receptor su deseo de comunicarse.

7.   No interpretar, mejor preguntar. Conceder tiempo para la respuesta.

8.   Basarnos en hechos y no en presunciones.

9.   Cuidar la forma en que comunicamos nuestros deseos.

10. Ser específicos.

11. Comprobar si nos están entendiendo.

12. Evitar estereotipos, etiquetas y generalizaciones.

13. Procurar ser consistentes en nuestros mensajes.

14. Evitar sarcasmos, humillaciones, juicios y valoraciones, órdenes o expresiones impositivas.

Existen determinadas expresiones que a muchas personas, por diversos motivos, les disgustan cuando las escuchan.

Algunas de ellas son:

⇨ **Palabras negativas**

No, de ningún modo, nunca, jamás, ni, mal, problema, imposible.

⇨ **Generalizaciones**

Todo, nada, siempre, nunca, todos, ninguno.

⇨ **Exageraciones**

Absolutamente, totalmente, perfecto.

⇨ **Argot**

Palabras técnicas, lenguaje especializado, términos poco conocidos.

⇨ **Expresiones vulgares**

Palabras malsonantes, groseras, ofensivas, sexistas, insultos.

⇨ **Agresivas**

No tienes razón, estás equivocado, es mentira, no tienes ni idea.

⇨ **Categóricas**

Porque sí!,... y se ha terminado, porque lo digo yo!,... y punto, se acabó.

⇨ **Preguntas**

¿Me entiendes?, ¿me explico?, ¿sabes lo que te quiero decir?, ¿qué pasa?, ¿y qué?, ¿vale?

⇨ **Redundancias**

Bajar abajo, volver a repetir, carta escrita, mi opinión personal.

⇨ **Tics verbales**

Ya, bueno, ajá, sí, bien, vale.

⇨ **Reiteraciones o muletillas**

Para empezar, qué duda cabe, de entrada, de algún modo, en cualquier caso, en realidad, bajo mi punto de vista, en base a, a nivel de, ciertamente, de cara a, es decir.

⇨ **Frases hechas**

Abanico de posibilidades, marco incomparable.

⇨ **Falsa confianza**

Yo le aseguro, puede creerme, entre usted y yo, en confianza.

⇨ **Autorreferencias**

Yo..., para mí..., yo qué sé, mi..., yo que tú...

⇨ **Culpabilización**

Tú mismo, tú verás lo que haces, tú sabrás, ya te dije, ¿pero tú te lo has pensado bien?

⇨ **Obligación**

Deberías de, tienes que..., tranquilízate.

⇨ **Interpretaciones**

A ti lo que te pasa es..., tú lo que quieres en realidad..., no te lo tomes a mal pero..., no ha sido nada.

⇨ **Interrupciones**

Ya sé, no me digas nada, no sigas, cállate.

⇨ **Inferioridad**

Soy nuevo, si no es molestia, lo que digáis, no es cosa mía pero...

⇨ **Inseguridad**

No sé, ya veremos.

⇨ **Añadidos**

Pero..., que conste que..., y una última cosa..., y además...

⇨ **Diminutivos**

Un momentito, el papelito, ahora mismito, en un ratito.

⇨ **Palabras marcadas**

Muerte, derecha, izquierda, guerra, cáncer, aborto, sexo, terrorismo, fascista, violación.

1.2   Comunicación en Internet

1.2.1. Nuevas formas para comunicarnos

Internet irrumpió en nuestras vidas cambiando por completo, y para siempre, la forma de comunicarnos. Dejamos de escribir cartas a mano para enviar emails a través de nuestro primer ordenador, comenzamos a interactuar en tiempo real con amigos y familiares a través de aquellos primitivos chats y poco a poco fuimos perdiendo el miedo a nuestra privacidad online.

Todos usamos la red prácticamente a diario; tenemos cuentas de correo electrónico con las que nos comunicamos, de manera que hemos desechado casi por completo el correo ordinario; en Internet podemos encontrar información sobre cualquier tema de nuestro interés, realizar nuestras compras, buscar trabajo, acceder a la lectura a través de sus bibliotecas virtuales, obtener títulos oficiales, etc.

Es, asimismo, una magnífica forma de entretenimiento (podemos escuchar música, ver vídeos, intercambiar documentos), un medio para comunicarnos, a través de videoconferencias, con personas que se encuentran al otro lado del planeta, e incluso una vía para conocer gente con nuestros mismos intereses. Y, para conseguir todo esto, tan solo necesitamos un ordenador y una conexión con la que poder acceder a la Red (la World Wide Web o "tela de araña mundial").

Internet proporciona a los usuarios varias maneras de comunicación. Los usuarios se pueden comunicar con amigos, colegas, incluso con desconocidos. Hoy en día, existen más maneras para llegar a las personas que eran tradicionalmente difíciles de contactar. Mientras la tecnología avanza, las formas de comunicaciones de Internet se vuelven cada vez más convenientes y variadas.

⇨ **Redes sociales**

Los miembros de los sitios de redes sociales son capaces de enviar mensajes, comentarios, enlaces, artículos e imágenes a otros miembros del sitio. La comunicación no es solo entre el emisor y receptor, también está disponible a otros miembros que tienen acceso para mirar tu sitio. Estos otros miembros también pueden hacer comentarios. Este tipo de relación es conocida como comunidad de Internet.

⇨ **Llamadas telefónicas en línea**

Los usuarios se comunican en línea porque tienen a su mano una gran cantidad de herramientas y aplicaciones para realizar estas videollamadas. Estos programas permiten que los usuarios hagan llamadas a teléfonos fijos y móviles.

⇨ **Correos electrónicos**

El email, también conocido como correo electrónico, no solo te permite comunicarte con otros usuarios, también es una manera de recibir, por ejemplo, boletines de noticias, cupones, citas inspiradoras diarias y ofertas de trabajo. Los usuarios registrados tienen la habilidad de guardar borradores y correos pasados para una futura referencia.

⇨ **Blog y Vlog**

Bloguear es la manera que un escritor tiene para expresar sus pensamientos, ideas y puntos de vista sociales y políticos en línea. Los blogueros se comunican con los lectores, que, a cambio, hacen comentarios y envían sus enlaces a otros lectores. Algunos blogueros ganan notoriedad al construir un grupo devoto de lectores. Una vez los blogueros tengan seguidores, pueden ser contactados por patrocinadores, o empresas interesadas pueden proponerles un patrocinio. Por ejemplo, un bloguero de comida y vino puede obtener un patrocinio de restaurantes, revistas de comida y vino o de publicaciones en línea.

Los vlogs tienen el mismo concepto que los blogs, excepto que estos se graban digitalmente. Puedes crear un vlog con una cámara de vídeo digital, cámara digital o celular. Puedes subir el vídeo a tu ordenador y compartirlo con espectadores.

⇨ **Foros o tablones de anuncios en línea**

Los foros o tablones de anuncios en línea son una manera interesante para que los participantes expresen su conocimiento o puntos de vista de un tema en particular. Los participantes pueden hablar, por ejemplo, de temas como las nuevas agendas políticas, sus equipos deportivos favoritos o discutir sus preocupaciones acerca de la nueva tecnología. Los tablones de anuncios van desde el mejoramiento del hogar hasta experiencias y procedimientos médicos.

⇨ **Tu opinión importa**

Las tiendas en línea ahora permiten que los compradores potenciales tengan la oportunidad de leer las opiniones de los compradores antes de comprar un artículo. Esta es una excelente herramienta para las personas que están escépticas acerca de hacer una compra. Los encuestados describen su experiencia y también califican el artículo comprado según varias escalas.

1.2.2. Ventajas de Internet como medio de comunicación

La comunicación por Internet es masiva, convirtiéndose Internet en el canal por donde el emisor envía un mensaje pudiendo recibir o no respuestas.

Las ventajas de Internet como medio de comunicación son:

1. La facilidad e inmediatez en acceso y búsqueda.

2. La posibilidad de una reactualización, corrección, ampliación, etc., continua de las informaciones.

3. La facilidad, para el usuario, de edición, copia, etc.

4. La facilidad de acceso a la colección de publicaciones.

5. Disminución radical de las limitaciones 'materiales' al volumen de información distribuido (por la naturaleza 'virtual' del medio).

6. Un solo soporte, infinitas consultas y recuperaciones posibles.

7. Medio interactivo en cuanto a las posibilidades de 'respuesta' (crítica, rectificación, contradicción, formulación de opiniones…), 'demanda' (consultas) o de 'participación' de este (foros, correo).

8. La posibilidad de difundir localmente información de interés local e internacional.

9. Personalización de únicamente un escrito a contenido multimedia.

1.2.3. La redacción en entornos digitales

A) Contextualización

La organización de la información no puede realizarse de la misma forma que en los medios físicos convencionales.

Vamos a buscar la aplicación directa en la redacción de contenidos en entornos digitales a través de los siguientes extremos:

1. Desde el punto de vista narrativo.

2. Desde el punto de vista formal.

3. Generación óptima de contenidos.

4. Algunos consejos.

5. Cómo conseguir visitas en 7 pasos.

6. Aspectos a tener en cuenta.

B) Desde el punto de vista narrativo

1. Las historias cortas son tres veces más vistas que las largas.

2. Las historias que incluyen párrafos cortos reciben el doble de atención visual que los más largos. Usa el principio de economía del lenguaje.

3. Los usuarios leen solo el primer tercio de los titulares. Por lo tanto las primeras palabras de títulos y párrafos deben enganchar y motivar a seguir leyendo.

4. Aprovechar los hipervínculos para ahorrar dar la opción de profundizar.

5. Romper la uniformidad del texto es una buena forma de llamar la atención: extensión de los párrafos, negritas, enlaces o imágenes.

6. La escritura promocional de eslóganes publicitarios y similares generaban desconfianza.

C) Desde el punto de vista formal

Al ser la lectura no lineal, los contenidos deben estructurarse siguiendo la estructura de pirámide invertida horizontal.

Las siguientes gráficas explican perfectamente la estructura de los contenidos:

⇨ **Pirámide invertida vertical**

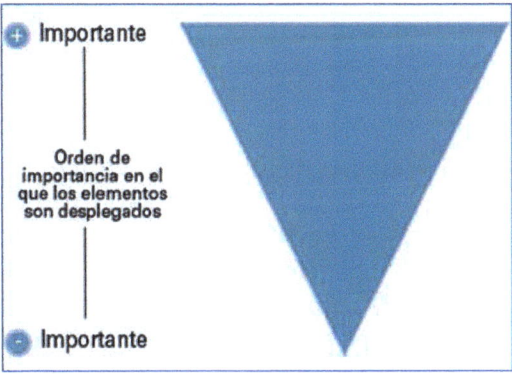

⇨ **Pirámide invertida, nivel básico de utilización**

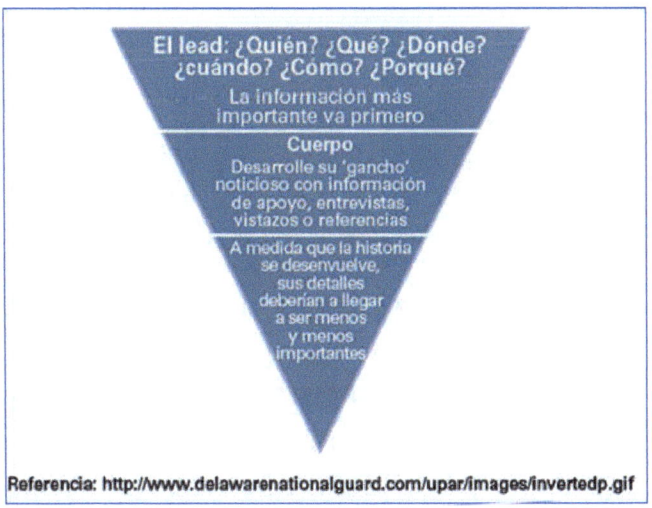

125

⇨ **Pirámide invertida, segundo nivel de utilización**

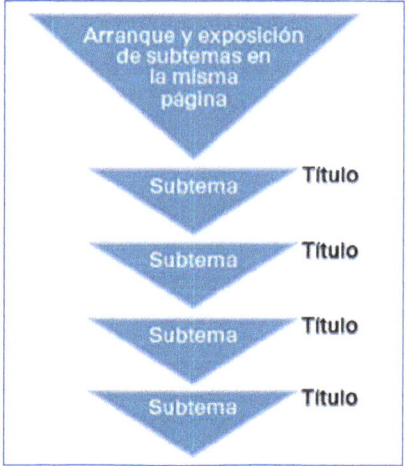

⇨ **Pirámide invertida, tercer nivel de utilización**

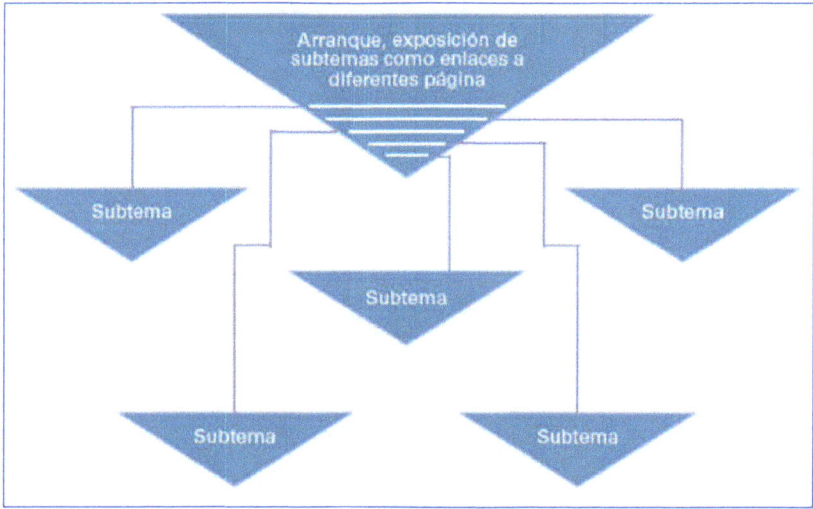

⇨ **Representación de la estructura de pirámide invertida horizontal**

Esta representación es válida en un texto dentro de una misma página, en uno de los subtemas dentro de la misma página, o en subtemas ubicados en páginas diferentes.

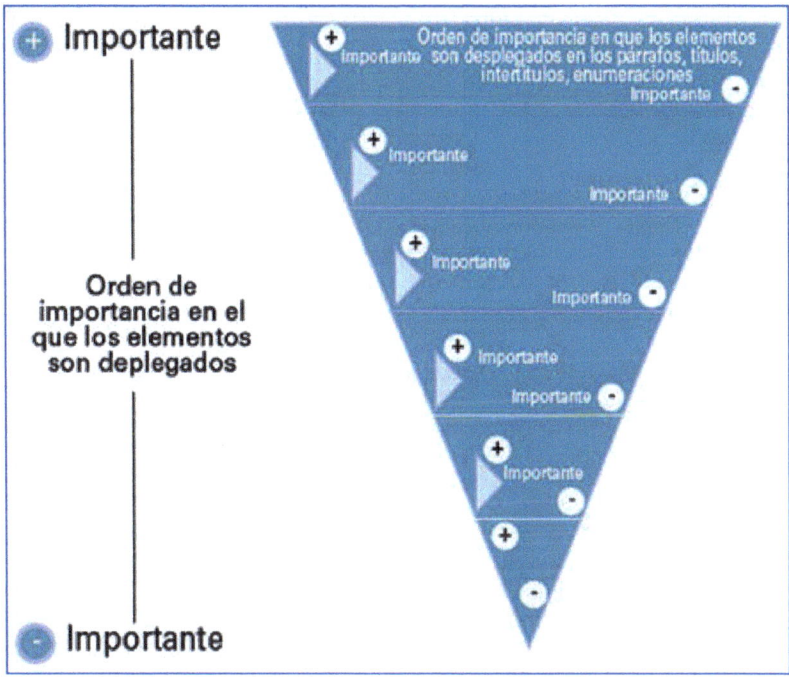

D) Generación óptima de contenidos

No debemos escribir pensando en los buscadores sino en los **usuarios,** pero no podemos olvidarnos de que nuestros contenidos serán indexados por los principales motores de búsqueda.

Por lo tanto debemos generar los contenidos de forma optimizada para los buscadores para conseguir aparecer en los resultados de las búsquedas de los usuarios.

No es este el lugar para profundizar en temas de **SEO,** pero sí haremos referencia a **algunos elementos que nos serán de ayuda a la hora de generar contenidos.**

⇨ **Título**

Es lo primero que leerán tus visitantes y los buscadores. Debe ser concreto, definitorio del contenido que ofrece y contener algunas palabras clave que nos interese destacar. Debe ser breve. Los buscadores acortan los títulos largos, y algunas plantillas de blogs también. Las dos o tres primeras palabras son fundamentales.

⇨ **URL**

Asegúrate de que respeta las mismas pautas que el título. Ya sabes que los artículos o preposiciones no son necesarios en las url para que quepan términos

127

realmente relevantes. Algunos CMS permiten modificar la url a tu gusto para que sea más concreta.

Es importante crear una estructura que añada información sobre el contenido de la página:

 http://www.cromosfutbolandres.com/carpeta1/1089257/x1/000023a.html

Esta url resulta extraña y confusa y no aporta nada.

Y en caso de enlace externo puede inducir a error y que el enlace se rompa.

La estructura de la url aporta información sobre el contenido y debe reflejar el contenido de la página.

⇨ **Descripción y metas**

Estos elementos normalmente van dentro del código de la página. Pero si trabajas con gestores de contenidos, tendrás la oportunidad de introducir estos datos tú mismo, en coherencia con el título y contenido de la página.

⇨ **Nombre de las imágenes y texto alternativo**

Evita "foto1" y pon siempre texto alternativo "alt" (el que se mostrará cuando la imagen no cargue por algún motivo) que pueda leer el robot de los buscadores.

⇨ **Enlaces y anchor text**

Añade **enlaces internos** a otros contenidos de tu página que estén relacionados con el tema del que hablas. Y añade **enlaces externos** que puedan ser de utilidad.

En ambos casos cuida el anchor text. El anchor text es el texto sobre el que podemos hacer click y que los visitantes ven como un enlace. Debe describir el contenido enlazado.

El texto incluido en el enlace es la información que analizan los algoritmos de los buscadores para ver qué relación existe entre una página que enlaza y una página que es enlazada.

Evita "pincha aquí" o "este enlace" y textos fuera de contexto.

Haz que los enlaces se distingan del resto del texto para que se reconozcan como tales. El azul es el rey.

⇨ **Texto**

El contenido debe ser original, relevante, actualizado y enlazable, entre otras cosas. Ahora dale forma. Sigue la estructura piramidal vista anteriormente. Introduce palabras clave destacadas dentro del texto. Usa las negritas y las cursivas. El visitante las distingue y el buscador también. Introduce palabras clave en el texto.

Título, negritas, enlaces, palabras clave, nombres de las imágenes, texto alternativo... si todo es coherente le dirá al buscador que, efectivamente estamos hablando de todo eso y el resultado de las búsquedas será correcto.

E) Algunos consejos

⇨ Reorganiza el orden de los elementos del título de forma que comience con las palabras más relevantes o más atractivas.

⇨ Usa la voz pasiva si es necesario para ubicar los términos más importantes al principio.

⇨ El uso de los dos puntos (:) también ayuda a situar antes las palabras más relevantes.

⇨ No inicies títulos con: artículos, expresiones de enlace (además, al parecer, así pues...).

⇨ Citas. Debes citar las fuentes, pero no comiences con la atribución. Déjala en medio.

⇨ Frases cortas. Evita las subordinadas eternas.

⇨ Correcta puntuación gramática y sintaxis.

⇨ Los números en cifra se leen mejor que los números en letra. Para cifras grandes, use las palabras miles, millones...

⇨ Cuidado con las cursivas. Son difíciles de leer, aunque son necesarias en según qué citas.

⇨ Usa las negritas para destacar. Esto además de facilitar la lectura es bueno para el SEO.

⇨ Rompe la uniformidad del texto: párrafos, entradillas, destacados, subtítulos, enumeraciones (en torno a 7 como máximo).

Y para muestra un botón. Vamos a ver un ejemplo de cómo poner a nuestro servicio la generación de contenidos en coherencia con la escritura orientada a los buscadores.

F)   Cómo conseguir visitas en 7 pasos

1. Esperar a la **medianoche**; o sea, al cambio de día.

2. **"Refrescar"** Google. Eliminar cookies, cachés y demás temporales.

3. Comprobar si Google ha dedicado su **logo** (doodle) a algún personaje relevante o a alguna efeméride destacada. Este paso es el más complejo porque requiere constancia y paciencia.

4. Escribir un **post** en tu blog con el mismo título que el criterio de búsqueda que aparece al hacer clic en el nuevo doodle.

    • Asegúrate de poner en el cuerpo del texto varias veces el mismo criterio de búsqueda, si es posible en negrita.

    • Recuerda poner las etiquetas correctas. Algo ayudarán.

    • Si te quieres ayudar del doodle, incluye la imagen del mismo en el post, con el mismo nombre del término de búsqueda de Google. Y si incluyes más imágenes, también con el mismo nombre (aunque sean numeradas) también ayudarán.

    • Si controlas algo de SEO, este es el momento de aplicar tus conocimientos.

5. **Publicar** el post lo más rápidamente posible.

6. **Esperar** a que la gente se vaya conectando a Google, o se incorporen a sus trabajos, y la curiosidad les lleve a hacer clic en el doodle. Recuerda que el doodle no siempre es el mismo para todo Google a nivel mundial; a veces es solo nacional.

7. **Y... Voilà!** La primera página de resultados es tuya (o casi...).

G)   Aspectos a tener en cuenta

El **contenido** debe ser:

⇨ **Original**: si lo que cuentas ya lo han contado otros muchos, perderá relevancia. No copies/pegues.

Si no cuentas con contenido original, siempre puedes citar a otros autores. No te olvides de citar adecuadamente las fuentes utilizadas y añadir el enlace correspondiente.

⇨ **Actualizado**: tienes que estar al día.

⇨ **Interesante**: debes aportar valor a tu web con los contenidos.

⇨ **Comprensible**: ¿Está dirigido a especialistas o al público en general?

⇨ **Relevante**: no te vayas por las ramas ni intentes abarcar muchos temas a la vez.

⇨ **Ameno**: no todos tenemos el don de la elocuencia. Imágenes adecuadas y bien puestas siempre son de ayuda. Incluso para el SEO.

⇨ **Correcto**: cuida la expresión: gramática, ortografía...

⇨ **Didáctico**: no des por hecho que tus visitantes conocen toda la terminología que usas. Explícala. Usa un lenguaje adecuado a tus usuarios. Ponte en su lugar.

⇨ **Exclusivo**: si nadie más lo ofrece, llegarán a ti.

⇨ **Enlazable**: URL propia, amigable, semántica que permita referenciarlos y distribuirlos en foros, redes sociales, email, agregadores de noticias...

Sigue un método:

a) **Planifica**. Qué quieres contar. Esquema inicial, búsqueda de información, fuentes, tono general del texto (humor, análisis...). Ten a mano todo lo necesario.

b) **Organiza**. Cómo lo quieres contar. Capítulos, secciones, método inductivo o deductivo, extensión, ¿necesito imágenes complementarias?

c) **Enlaza**. Piensa si añadirás enlaces.

d) **Repasa**. Corrige y reestructura lo necesario.

e) **Redacta**. Y hazlo bien: ortografía, sintaxis, semántica; cuidado con las frases eternas. Signos de puntuación.

f) **Revisa**. Antes de darle a publicar revisa todo de nuevo.

H) El contenido audiovisual

Internet permite publicar contenidos multimedia: vídeo, sonido, imagen, presentaciones... De hecho, se puede decir que es una de sus grandes aportaciones pues es posible transmitir por un mismo canal lo que antes llegaba por varios diferentes: radio, TV...

A este tipo de contenidos les aplican los mismos consejos que hemos dado antes al hablar de forma genérica de todos los contenidos.

El **contenido audiovisual** permite complementar la información escrita, la refuerza y facilita su comprensión. Pero debe ser utilizado como complemento y siempre en contexto.

⇨ **Vídeos**

Es un recurso cada vez más utilizado. Cada vez es más fácil de generar, incluso a nivel doméstico, y cada vez existen servicios de alojamiento que permiten alojarlos fuera de nuestra web aligerando así su volumen y velocidad de carga. Además, y como veremos más adelante al hablar específicamente de las redes sociales, nos permitirá aumentar nuestra presencia en la red y generar enlaces hacia nuestro sitio web: más del 70% de los usuarios de todo el mundo que navegan por Internet ven vídeos a través de YouTube.

A través del vídeo podras mostrar información corporativa, de productos, campañas de publicidad... y etiquetarlos para facilitar las búsquedas.

Además, la mayoría de las plataformas de almacenamiento de vídeos permite insertar fácilmente los vídeos en las webs y blogs.

NO desaproveches las posibilidades que ofrece el vídeo desde el punto de vista del marketing y de la viralidad.

⇨ **Imágenes**

No solo funcionan como complemento estético sino que ayudan a la comprensión del mensaje y facilitan romper la uniformidad del texto.

Al igual que el vídeo, hay numerosas plataformas de almacenamiento externo. Pero también pueder ser de gran utilidad desde el punto de vista de SEO, como hemos visto más arriba, si las nombras y etiquetas adecuadamente.

 El tamaño importa. Ajusta el tamaño del archivo a su tamaño final (no insertes imágenes en bruto directamente de las cámaras digitales: son excesivametne grandes y pesadas para el formato web. No es necesaria una resolución mayor de 72 dpi al 100% del tamaño final.

 Usa formatos universales: jpg, png o gif. Así te aseguras de que todos los lectores y navegadores pueden leerlos correctamente.

⇨ **Sonido**

No caigas en la tentación de ponerle a tu web archivos de sonido que se reproducen automáticamente al cargar. Ralentizan la carga de la página y resultan molestos para el usuario.

Si vas a insertar, generar y/o compartir este tipo de contenidos hazlo a través de podcast o invitando a la descarga del archivo. A menos, claro, que tu web se dedique expresamente a este tipo de contenidos y tus usuarios busquen precisamente la repoducción online inmediata.

⇨ **Presentaciones**

De nuevo, son una excelente herramienta para complementar los contenidos. Hay redes sociales específicas para almacenarlas y compartirlas, como ocurre con vídeos e imágenes. Permiten concisión y abren nuevas puertas al usuario para profundizar en los contenidos.

1.3. Las comunidades virtuales

1.3.1. ¿Qué son?

Las comunidades virtuales son espacios en Internet destinados a facilitar la comunicación entre los miembros del grupo al que pertenecen y que se encuentran en distintos puntos geográficos.

Así, los integrantes colaboran a través de medios de comunicación como listas de distribución, grupos de noticias, canales de chat, mensajería instantánea y otros recursos compartidos como bibliotecas, juegos, documentos, etc.

Dentro de una comunidad virtual, existen dos roles diferentes que pueden ser asignados a los miembros del grupo, por un lado, se encuentran los administradores que manipulan y coordinan la comunicación y la información de la comunidad y por otro lado los participantes, que emplean los recursos proporcionados por el administrador para llevar a cabo los fines definidos.

La comunidad virtual se puede definir desde tres puntos de vista:

⇨ **La comunidad virtual como un lugar**: en el que los individuos pueden mantener relaciones de carácter social o económico.

⇨ **La comunidad virtual como un símbolo**: ya que la comunidad virtual posee una dimensión simbólica. Los individuos tienden a sentirse simbólicamente unidos a la comunidad virtual, creándose una sensación de pertenencia.

⇨ **La comunidad virtual como virtual**: las comunidades virtuales poseen rasgos comunes a las comunidades físicas. El rasgo diferenciador de la comunidad virtual es que esta se desarrolla, al menos parcialmente, en un lugar virtual, o en un lugar construido a partir de conexiones telemáticas.

1.3.2. Estructura y jerarquía de una comunidad virtual

La comunidad virtual funciona y se jerarquiza igual que una comunidad normal, la diferencia está en el protocolo de comunicación y en las herramientas de gestión que el entorno de Internet pone a disposición del grupo para definir los roles de cada miembro.

Igual que cualquier organización que busca alcanzar unos objetivos, la comunidad necesita una jerarquía más o menos compleja dependiendo del tamaño de la misma.

Una comunidad de tamaño medio, requiere de líderes, moderadores, contribuyentes y mirones (que no participan). Los líderes lanzan el proyecto, los moderadores están más cerca de los miembros y son los que proponen temas a la comunidad animando a la participación de los miembros. Efectúan labores de control de contenidos inadecuados y ayuda a los miembros. Los contribuyentes aportan contenido y vienen a ser los miembros más importantes de la comunidad sin los cuales esta no tendría sentido. Finalmente, los mirones no aportan más que su propia presencia, que para la comunidad es importante también.

Esta jerarquía permite la segmentación de miembros para realizar acciones de marketing dirigidas a ellos mismos.

1.3.3. Elementos que definen una comunidad

La comunidad está compuesta por individuos que se asocian por un objetivo común, la consecución del objetivo depende del grado de compromiso de los integrantes del grupo. Este compromiso establece una relación entre los miembros y define la jerarquía de la comunidad.

Los elementos que definen una comunidad son los siguientes:

⇨ **Objetivo**. Es el fin común por el que la comunidad se crea y el objetivo, también se puede llamar "objetivo aglutinante" por ser el que une a todo el grupo. Además del objetivo aglutinante también hay objetivos personales de cada individuo.

⇨ **Objetivos personales**. No necesariamente tienen que coincidir en todo o en parte con el objetivo de la comunidad. Suele suceder que el objetivo personal está oculto sobre todo cuando no coincide con el objetivo común. Por ejemplo, el objetivo personal de un integrante podría ser el de conocer los "movimientos" que realizan otros integrantes que conoce, o utilizar la comunidad como pasarela para lograr su objetivo personal. Es muy importante que el community manager sepa identificar los objetivos personales de los candidatos a líderes en los que se pueda apoyar.

⇨ **Identidad de grupo**. Es muy importante que haya un sentimiento de pertenencia al grupo o identidad en la mayoría de los miembros para que la comunidad no fracase. Esta identidad es la que motiva al grupo a participar y aportar valor.

⇨ **Reconocimiento**. Es la recompensa que recibe cada miembro por su participación. A mayor o menor participación más puntos para subir en la jerarquía y obtener otros beneficios personales. Las recompensas mantendrán la motivación entre los miembros para permanecer en la comunidad.

⇨ **Medio**. Las comunidades pueden ser físicas o virtuales. Son diferentes en cuanto a las ventajas e inconvenientes que presentan, pero hay algo que es básico destacar, las comunidades virtuales tienen una gran desventaja, y es que los miembros no pueden generar lazos fuertes como pueden hacerlo con las comunidades físicas debido a que no se conocen personalmente y esto es debido a que el lugar de reunión de una comunidad física es un local, mientras que el de una comunidad virtual es un foro, una red social o una lista de correo.

⇨ **Jerarquía**. La jerarquía es sinónimo de respeto, es un fin en sí mismo en los objetivos personales de los miembros, por eso la jerarquía suele estar ligada al sistema de reconocimiento. El concepto de estatus suele estar ligado a toda organización exitosa.

⇨ **Compromiso**. Lo habitual en las comunidades es que el 1% de los usuarios lleva a cabo la mayor parte de las tareas, un 10% las apoya o complementa y el resto solo actúa como observador o simpatizante. Estos porcentajes dan una idea del nivel de motivación que hay que aportar para que una comunidad funcione correctamente.

⇨ **Liderazgo**. El líder es el personaje más importante de toda comunidad sobre todo en sus inicios, ya que tiene la dura tarea de formar la comunidad. Es una persona muy comprometida con el proyecto y debe aglutinar voluntades para llevarlo a cabo, así como definir las reglas y objetivos.

1.3.4. Bases comunes a las comunidades virtuales

1. **Moderación**: todas las comunidades tienen normas, roles de usuarios. Las normas tienen recompensas como pasar de contribuyente a moderador o castigos como puede ser la expulsión del grupo.

2. **Protocolo común**: todos los miembros se comunican de forma homogénea para poder entenderse y evitar divisiones.

3. **Interacción**: sin interacción la comunidad pierde todo el sentido, aunque también se pueden definir diferentes tipos de interacción, como puede ser libre, sin moderación, o censura con moderación.

135

4. **Afiliación**: la afiliación puede tener carácter voluntario sin características específicas o que requieran el complimiento de algún requisito, por ejemplo, el de ser abogado o médico.

1.3.5. Comunidades virtuales versus redes sociales

La diferencias que existen entre comunidades virtuales y redes sociales son:

⇨ **Comunidades virtuales**

- Jerarquizadas.

- Cuentan con líderes y moderadores.

- Comparten un objetivo concreto.

- Centradas en compartir información.

⇨ **Redes sociales**

- Orientadas hacia uno mismo.

- Muy basadas en contactos personales.

- El usuario es el centro de la red.

- Generadoras de tendencias.

- Generan eventos sociales offline.

1.3.6. Reglas de etiqueta en las comunidades virtuales

Hay un estilo de comportamiento en Internet que, cada vez más, se le está dando la palabra Netiqueta en español o Netiquette internacionalmente, es la unión de las palabras red y etiqueta.

Son reglas de etiqueta del mundo al que estamos habituados, pero en esta plataforma cibernética es nuevo el comportamiento; podemos trasladar y adaptar las buenas costumbres.

No hay reglas en las redes sociales, pero los propios usuarios han marcado estos límites del comportamiento en tiempos, lugares y situaciones que son convenientes tomar en cuenta cuando interactuemos en nuestra sociedad virtual.

El tipo de problemas que se acrecentó con el aumento de la sociedad virtual; es la violencia apoyados por el "anonimato", discusiones y publicaciones con contenido degradante; esto perjudica a la comunidad. Tras estos problemas era necesario establecer medidas de urbanidad y respeto mutuo con el fin de convivir cordialmente.

Hay que tener en cuenta estas reglas de etiqueta para convivir más cómodamente en la red. De lo contrario, se corre el riesgo que sea rechazado por medio de bloqueo con herramientas que ofrecen las distintas redes sociales. O la misma comunidad va limitando al usuario que no comulga con la forma de ser de la comunidad.

A) La primera impresión jamás se olvida

Lo hemos escuchado muchas veces, pero en estas plataformas también se hace real. Si cuando llegan nuestras publicaciones les resulta agradable, nos solicitarán que los agreguemos como amigos, como contactos o nos seguirán. Por el contrario, como se hace en la sociedad si no coincidimos con tal grupo de personas en una reunión, nos alejaremos y buscaremos el grupo donde si tengamos coincidencias.

B) La comunidad virtual es una extensión de nuestro grupo de amigos o conocidos cotidianamente

La forma en que nos desenvolvemos tras la pantalla, es una extensión de nuestra personalidad, tanto nos dirijamos a personas que conocemos como personas que nunca conoceremos; pero coincidimos en muchos aspectos.

Tras la conversación en línea es importante caer en la cuenta que son personas con criterio propio y que nos están juzgando o estamos emitiendo un juicio de su comportamiento. No estamos publicando o twiteando a un ente; es a personas con sentimientos, ideas, conocimientos, creencias, etc.

Nuestra personalidad es la misma en Internet y en persona, la regla de oro es no hagas a otros lo que no quieres que te hagan a ti. El respeto, la tolerancia y marcar límites es básico.

C) Es diferente el mensaje a la familia que a los clientes, por eso es mejor segmentar

El comportamiento en persona y a través de las redes sociales es el mismo. Pero nuestro actuar es diferente cuando estamos en el trabajo, con un cliente, con nuestra familia o con nuestros amigos. No debemos publicar en nuestra página de empresa el mismo contenido que lo haríamos con nuestra familia. A nuestros clientes no les interesarán las fotos de nuestras vacaciones. Por esto es importante, aunque lleva un poco de tiempo, organizar por segmentos nuestros contactos en la red.

D) Cuida las reglas ortográficas, dicen mucho de ti

Una ventaja de usar Internet, es que tenemos acceso a revisar la ortografía. A pesar que las redes sociales muchas veces son de esparcimiento, no debemos dejar de lado la buena forma de comunicarnos con reglas ortográficas y de puntuación. No escribas con mayúsculas porque es como si estuvieras gritando. No recurras a abreviaturas arbitrarias ni combines mayúsculas con minúsculas porque das una apariencia infantil.

E) La red la formamos todos ¿qué quieres aportar para mejorarla?

Todos tenemos una cara que nos genera conflicto, podemos caer en ser clasistas, sexistas, etc., o con tendencias políticas. Es preferible no abusar de esta apariencia, no se trata de ser hipócrita; se trata de ser amable mostrando y compartiendo contenido útil a nuestra audiencia.

La riqueza de Internet es que se está construyendo con contenido que se trasmite de boca en boca. Si te gustó tal película coméntalo; si hay tráfico en tal calle compártelo. Estamos construyendo una sociedad con información de ida y de vuelta, que sea útil, práctica y responsable. Es mejor que aporte contenido que frases o críticas agresivas o vacías.

F) El respeto al muro ajeno es la paz

Respeta la intimidad de otras personas, no etiquetes arbitrariamente o escribas en el perfil de otra persona. Porque estás invadiendo su privacidad; si quieres compartir o comunicarte con tu contacto, mejor escribirle un mensaje directo.

G) Las redes sociales son una arma de doble filo

Es importantísimo no propagar rumores. Es conveniente buscar y apoyarse en fuentes confiables y tener mesura en reaccionar en contra de una persona. Se daña mucho cuando se actúa sin control. Se ha afectado la imagen pública de personajes en las redes y esa reputación ya no regresa. Es mejor construir que destruir.

H) Planifica tu imagen digital, no debe tomarse a la ligera

La configuración de tu perfil en red social es el primer paso. Escoge un usuario que te identifique, ya sea tu nombre o tu marca personal. Que sea fácil de recordar. Piensa cómo quieres ser reconocido. Pregúntate si esta es la imagen que quieres proyectar a tus amigos o clientes. En tu información o descripción analiza qué mensaje estás dando y por qué quieres que te sigan o que te agreguen a su círculo.

1.4. Cultura digital

 La **cultura digital** es la forma en la que las personas se relacionan a través de mediación tecnológica.

Esta se diferencia de la cultura análoga y de la manera más tradicional de comunicarnos en los siguientes aspectos:

1. En la cultura digital se enfatiza más el sentido y el propósito de la comunicación que la construcción del mensaje.

2. En una cultura digital se desdibujan las funciones de emisor y receptor, que en las formas más tradicionales de la comunicación son claramente diferentes. Esta característica de la cultura digital es especialmente importante en el campo cultural porque ofrece la posibilidad de convertir a los ciudadanos en productores de contenidos y no solo en consumidores de información.

3. La cultura digital ofrece enormes posibilidades de innovación y productividad a la sociedad, mientras que la forma análoga de asumir las tecnologías, nos relega en el plano del desarrollo y la competitividad a nivel internacional, pues nos asigna el papel de consumidores de contenidos de Internet.

4. Una cultura digital exige el desarrollo de nuevas destrezas, de nuevas formas de lectura no solo de textos, sino de iconos, imágenes y signos.

1.5. Identidad digital

 La **identidad digital o 2.0** es el rastro que cada usuario de Internet deja en la red como resultado de su interrelación con otros usuarios o con la generación de contenidos, es decir, es una consecuencia de la comunicación 2.0.

Así pues, la identidad digital es el conjunto de métodos para generar una presencia en la web de una persona o empresa en Internet. Esa presencia podría reflejarse en cualquier tipo de contenido que se refiere a la persona o negocio. Esto incluye noticias, la participación en blogs y foros, sitios web personales, presencia en social media, imágenes, vídeo, etc.

 Todos alguna vez hemos buscado nuestro nombre en Google u otros buscadores. Como resultado obtenemos información sobre nosotros que en algún momento hemos publicado. También podemos encontrar contenido que otros han colgado. Comentarios en un blog, imágenes, vídeos, menciones en una noticia, la publicación de una sanción en el BOE, los resultados de una oposición, un trabajo de la universidad... Quizá también haya contenido que prefiriésemos no estuviera...

Si no estás en la red **no existes,** así que cuanto antes empieces a tener y gestionar correctamente una **identidad digital** mucho mejor.

Ese **rastro que conforma la identidad digital** está formado por una serie de impactos de distinta procedencia.

Algunos de ellos son los siguientes:

⇨ **Perfiles personales**. Redes sociales generales y profesionales y portales de búsqueda de empleo.

⇨ **Comentarios**. En foros, blogs, portales de información, redes sociales, YouTube....

⇨ **Contenidos digitales**. Fotos en redes sociales, vídeos en Vimeo, presentaciones o documentos publicados en webs, una web personal, un blog...

⇨ **Contactos**. Nuestros amigos, contactos profesionales, seguidores y a quienes seguimos...

⇨ **Las direcciones de correo electrónico**.

⇨ **La mensajería instantánea**. WhatsApp, Messenger, Irc...

Hay quienes son reticentes a estar en redes sociales. Temen por su privacidad, pero no debemos temer ni a Facebook, ni a YouTube ni a cualquier otra Web 2.0. Lo peligroso no es el medio. El **peligro está en la utilización que de él se haga**, y de ello somos todos responsables.

▶ **¿Qué rasgos definen nuestra identidad?**

La fecha de nacimiento, el lugar donde nacimos, la hora, etc. Sin embargo nuestra identidad es mucho más completa. Esto incluye nuestros gustos, aficiones,... también la define todo aquello que nos gusta, como el tipo de música, nuestras películas favoritas, el tipo de comida; todo ello confecciona un mapa de quienes somos.

▶ **¿Por qué debo tener una identidad digital?**

Los especialistas en marcas (branding) dirán que todos somos marcas. Internet nos permite estar 24 horas online, ofreciendo nuestros productos o servicios. Imagina que eres un escritor o artista y tus libros u obras están a la venta durante 24 horas, los 7 días de la semana. ¡Fantástico!, ¿verdad? Tener una identidad digital también es rentable por el hecho de que cada vez más nos buscan por Internet.

▶ **¿Para qué debo tener una identidad digital?**

Entre los principales objetivos está maximizar nuestra presencia y ofrecer referencias online positivas sobre una persona o empresa específica, dirigidas no solo a los usuarios que buscan activamente a esa persona en cualquier motor de búsqueda, sino también a los que eventualmente pueden llegar a hacer referencia a una persona mientras navega por la web.

1.6. Reputación

 La **reputación online** es el reflejo del prestigio o estima de una persona o marca en Internet. No está bajo el control absoluto del sujeto o la organización, sino que la "fabrican" también el resto de personas cuando conversan y aportan sus opiniones. Esto es especialmente importante en Internet, donde resulta muy fácil y barato verter información y opiniones a través de foros, blogs o redes sociales. Por tanto, la reputación online está estrechamente vinculada con la reputación de marca puesto que la reputación se genera desde los climas de opinión online de los consumidores en su despliegue social, tanto en el contexto online como offline.

La reputación online suele medirse mediante sistemas de votación. Aunque no siempre es así. Muchos portales web proporcionan una medida de la reputación basada en el tipo de servicios que ofrecen.

No obstante la reputación online no depende de sistemas de votación parciales, sino que para identificarla es necesaria una **metodología empírica**: monitorización (esto es, rastreo del clima de opinión alrededor del tema, marca, persona, etc.).

Y un segundo paso que es, propiamente, la **investigación** de la reputación online.

Además de una aproximación cuantitativa para medir el clima de opinión es imprescindible una **aproximación cualitativa**.

1.7. Los internautas en España

1.7.1. Introducción

Los internautas utilizan Internet diariamente para, entre otras cosas:

Acceder a buscadores: como Google, YouTube o Flickr.

1. Interactuar en redes sociales.

2. Acceder a contenidos de otros medios: periódicos, blogs, etc.

3. Consultar fuentes de información: como, por ejemplo, Wikipedia.

4. Utilizar el e-commerce: Amazon o eBay son dos ejemplos de páginas web dedicadas a la compraventa de productos.

5. Leer el correo.

6. Por diversión, accediendo a páginas de diversas actividades o juegos online.

1.7.2. El auge del móvil

El uso de smartphones no ha disminuido, a pesar de que ya hace tiempo que aparecieron y nos hemos acostumbrado a su uso.

El número de usuarios de smartphones supone actualmente más de la mitad del total de usuarios de teléfonos móviles en el mundo.

En España, el desarrollo es similar al resto de países. Marcas como Xiaomi, Samsung o Apple son las más elegidas.

El smartphone se ha convertido en el método de conexión a Internet favorito para los usuarios.

La media diaria de uso es de 5 horas y un minuto durante el último año.

En el último año, más del 94% de la población accedió a Internet desde un smartphone.

2. Gestión, producción y mantenimiento de una comunidad virtual

2.1. ¿Cómo crear una comunidad virtual?

 Una **comunidad virtual** es un "grupo de personas con intereses similares que comparten e interactúan con otras en el entorno de la red, desarrollando un sentido de pertenencia y lealtad con la comunidad y persiguiendo la ganancia de valor en un sentido amplio".

Según estos conceptos, queda clara la necesidad de **crear una comunidad virtual en torno a nuestro proyecto**.

Una de las labores más delicadas y complejas de un community manager es precisamente la **creación y la gestión de una comunidad virtual**. Vamos a ver algunos puntos que habrá que tener en cuenta a la hora de crear una comunidad virtual.

⇨ **Apoyo y compromiso de los departamentos implicados**

El primer paso es asegurarse de que se cuenta, puertas adentro, con el apoyo y el compromiso adecuado por parte de todos los departamentos implicados de la empresa, basado en una relación de confianza. Es necesario contar con departamentos o personal comprometidos y conscientes de la importancia de la misión. Parte de los esfuerzos del community manager irán encaminados a conseguir este compromiso.

⇨ **Coordinación**

En segundo lugar, será fundamental contar con una buena coordinación con los responsables de marketing y comunicación.

⇨ **Diálogo**

Una comunidad tiene como objetivo final el diálogo. A través de él llegarás a la consecución de tus objetivos.

⇨ **Orientación horizontal**

La comunidad debe orientarse de forma horizontal entre empresa y usuarios, escuchando y respondiendo a sus inquietudes y comentarios en tiempo real. Honestidad, transparencia y lenguaje adecuado son imprescindibles para lograr una comunidad verosímil.

⇨ **Participación activa**

La participación activa de los usuarios va más allá de la estrategia de marketing de la empresa. Habrá que saber adaptarse a ellos, estudiar sus comportamientos, gustos, necesidades y particularidades como comunidad.

⇨ **Participación valorada**

Cada usuario tiene que sentir que su participación es valorada. Y, además, interactúa con otros usuarios afines y obtiene información interesante. El usuario ya no es únicamente espectador y pasa a ser actor protagonista.

⇨ **Lenguaje y tono**

El lenguaje y el tono deben responder a los de sus usuarios. Así se percibe la comunidad como cercana y comprensible. Establecer el lenguaje y el tono inicialmente depende de la estrategia de la empresa que quiere crear una comunidad a su alrededor (habiendo estudiado primero a quién se dirige y cómo se comporta) pero a continuación hay que se capaz de adaptarse a los hábitos que la propia comunidad presente.

⇨ **El contenido es el rey**

Es la clave para conseguir interés inicial y para mantenerlo después. A través de él conseguiremos la participación, pero debe ser original y adaptado al medio.

⇨ **Figura fundamental**

El responsable de la comunidad, el community manager, es una figura fundamental. Debe ser capaz de comunicar, dinamizar, escuchar, conversar, investigar, analizar y sacar conclusiones que le ayuden a actuar correctamente en beneficio de la comunidad (que no únicamente de la empresa).

Es la voz de la empresa dentro de la comunidad y la voz de la comunidad dentro de la empresa.

⇨ **Comunicación**

Una comunidad no tiene que ver, en principio, con qué canales la forman sino con la escucha, la conversación, la interacción... en una palabra, la comunicación.

⇨ **Trabajo constante**

Una vez puesta en marcha es cuando comienza el trabajo de verdad. La comunidad no crecerá ni se consolidará sola. No existen los trucos ni los milagros, sino trabajo constante.

⇨ **El tamaño no importa**

Tendemos a pensar que cuanto más grande, mejor. No tiene por qué.

⇨ **Ciclo de vida**

Las comunidades virtuales tienen uno **ciclo de vida** más o menos establecido según estudió Bruce Tuckman, que pueden resumirse en:

- **Constitución**: puesta en marcha. Los usuarios buscan valor.

- **Formación**: las relaciones entre los usuarios y con la comunidad se establecen.

- **Disolución**: la comunidad ha alcanzado sus objetivos. Cabe la posibilidad de que una comunidad, una vez alcanzados sus objetivos, desaparezca. Esto puede suceder en casos de acciones concretas o iniciativas específicas. Pero el objetivo de una comunidad en torno a una empresa o marca será su mantenimiento en el tiempo. Habrá que tener en cuenta que todas las comunidades tienen sus crisis de crecimiento y de consolidación. De nuevo, saber adaptarse será la clave.

⇨ **Plataformas y herramientas adecuadas**

Es fundamental seleccionar y elegir las plataformas y herramientas adecuadas para la creación de la comunidad.

 Analizaremos en profundidad la figura del community manager en la siguiente unidad.

2.2. Pilares fundamentales

Una comunidad virtual se asienta sobre dos pilares fundamentales.

En primer lugar, hay que tener claro que una comunidad, real o virtual, nace de un interés común y de un deseo de relación entre los miembros. De esta forma, se debe buscar aquellos aspectos susceptibles de crear comunidad. Además, hay que valorar si los usuarios no solo disponen de ese interés común sino también si están dispuesto a compartirlo.

Pongamos un ejemplo. Una empresa como Imaginarium, una de las mayores empresas jugueteras españolas, dispone de una clientela que comparte un interés común: la salud, la educación y el entretenimiento de los niños. De esta forma, esta empresa puede crear comunidad alrededor de ese interés. Además, los padres están dispuestos a hablar entre ellos sobre este tema (deseo relacional).

El segundo pilar de la comunidad ya ha sido anticipado: la comunicación. Una comunidad existe si hay un interés común y un deseo de compartirlo, pero con eso no es suficiente, porque además del interés y del deseo debe existir la posibilidad, es decir, debe proponerse una infraestructura que facilite la comunicación, y ahí es donde entra la red, porque facilita mucho este trabajo. En definitiva, estos son los pasos que deben darse para crear una comunidad virtual:

1. Delimitar el valor, concepto, producto, marca, etc., que constituya un interés común susceptible de crear comunidad entre clientes, entre empleados, etc.

2. Delimitar si los miembros potenciales de la comunidad virtual están dispuestos a relacionarse entre ellos.

3. Definir la estructura de la comunidad virtual, esto es, la forma en la que los miembros quieren relacionarse.

¿Puede crearse siempre una comunidad virtual? La respuesta es rotundamente no. La comunidad virtual se creará si existe un interés común suficientemente significativo y un deseo relacional. De lo contrario, como mucho podremos conseguir que nuestros clientes se relacionen esporádicamente, pero no crear una comunidad. Todo lo demás, será un simple foro basado en la red a través del cual se relacionen los individuos, pero una comunidad es una forma social, una estructura íntima y poderosa que solo nacerá en ciertos casos.

En este sentido, existen productos más susceptibles de crear comunidad, como aquellos relacionados con aspectos íntimos de la persona, como su salud, la familia, y en general con cuestiones que hagan sentirse vulnerable al individuo. Pensar que alrededor de la fabricación de tuercas pueda crearse una comunidad virtual es muy temerario. Podremos crear una estructura online de carácter transaccional en la que nuestros clientes puedan hablar entre sí y compartir ideas, pero no crearemos una comunidad, sociológicamente hablando.

2.3. Aspectos adicionales

1. Medir el éxito

Una comunidad virtual tiene éxito cuando cumple su propósito, esto es, cuando sus miembros se encuentran implicados en la misma. El problema surge en cómo valorar esto. Podríamos aplicar valoraciones como el grado de compromiso o de confianza existente hacia la comunidad virtual, aunque se trata de mediciones de poca utilidad práctica. Por ello, es más recomendable hacer uso de mediciones más tangibles como el nivel de participación en los debates, el número de comentarios a un determinado producto, la calidad de las intervenciones, etc. Un buen gestor de comunidades virtuales debería hacer uso de una batería de indicadores, que controlará periódicamente para analizar la evolución de la comunidad.

2. Fortalecer el sentimiento de comunidad

Existen comunidades virtuales con unos lazos de unión más fuertes que otras. Esta intensidad depende del valor que los individuos le den a la pertenencia. Por ello, en algunos casos, cuando la pertenencia no sea suficientemente valorada se pueden realizar acciones para intensificar el compromiso de los miembros, como por ejemplo:

- Organizar encuentros físicos entre los miembros.

- Asociar la comunidad virtual a causas justas, por ejemplo, los miembros pueden colaborar con una ONG que envíe ayuda a países necesitados.

- Crear redes internacionales de comunidades virtuales.

3. Analizar necesidades

La comunidad virtual debe crearse y gestionarse de acuerdo con las necesidades de sus miembros, y no las de un empresario, unos anunciantes o cualquier otro colectivo ajeno a la comunidad.

4. **Fomentar la autogestión**

Si es técnicamente posible, debe favorecerse que parte de los contenidos de la comunidad virtual sean generados y publicados directamente por los miembros de la misma. Ello crea mayor compromiso y obligación de pertenencia de los individuos.

5. **Minimizar el control**

Una comunidad ha de ser libre. Establecer mecanismos de control sobre la forma en la que los miembros se relacionan es muy temerario. En primer lugar, no puede forzarse a utilizar un sistema de comunicación. Si la gente quiere usar un foro, no se les debe obligar a usar un chat, por muchas funcionalidades que posea. En segundo lugar, deja cierta libertad en los contenidos de las conversaciones y mensajes que aparezcan en la web de la comunidad virtual. Evidentemente, filtra aquellos que resulten más ofensivos, pero no establezcas un control excesivo. La propia comunidad creará sus reglas internas y expulsará a aquellos participantes que no aporten valor al grupo. De hecho, puede ser interesante crear un espacio en el cual los miembros puedan hablar de lo que quieran, aunque no tenga nada que ver con el objetivo primario de la comunidad.

6. **Especializar papeles**

Dentro de la gestión de la comunidad virtual puede ser recomendable crear funciones específicas. Por ejemplo:

- Social weaver: es uno o varios individuos que introducen a nuevos miembros en la comunidad.

- Moderador: debe ser un miembro respetado que actúe como moderador de los debates.

- Gestor de conocimiento: sería un individuo encargado de valorar y buscar recursos de utilidad para la comunidad.

- Líder de opinión: miembro respetado de la comunidad virtual que define las tendencias ideológicas de la misma. El establecimiento de un sistema de puntuaciones a los comentarios que cada miembro realiza en la comunidad, es una posibilidad interesante para que sea el grupo quien defina quién es líder y quién no.

- Instigador: miembro de la comunidad que de forma voluntaria y respetuosa propone temas controvertidos para la discusión, motivando así la participación.

2.4. Moderar una comunidad virtual

En una comunidad virtual es necesario que reine el buen ambiente para facilitar la interacción entre sus miembros y permitir una comunicación fluida de la que obtener resultados beneficiosos.

Moderar una comunidad virtual es una tarea llena de retos y satisfacciones. Los moderadores tienen la responsabilidad principal de mantener la comunicación fluyendo en la comunidad. Quizás la tarea más visible y obvia en cualquier comunidad virtual para un moderador es determinar si un mensaje es apropiado para darle paso a su publicación o de otro modo, solicitarle al emisor del mismo que modifique el mensaje o rechazar su publicación por considerarlo inapropiado para la comunidad.

El flujo de la comunicación es la vida de una comunidad virtual. Una comunidad virtual, para que exista, requiere un fluir continuo de intercambios entre sus miembros. Esa es la médula de la comunidad y es la tarea principal de su moderador. En el descargo de esa autoridad que le concede la comunidad a uno de sus miembros, se le confía la aplicación del buen juicio, el liderato y la sensatez que requiere dicha posición. Esto es así porque una comunidad mal moderada o moderada caprichosamente puede apagarse rápidamente, sobre todo si los conflictos que usualmente surgen no son manejados adecuadamente.

De la misma forma en que surgen conflictos en los grupos y comunidades presenciales y donde quiera que existan personas colaborando, también en las comunidades virtuales surgirán situaciones conflictivas. El manejo de estas se facilita si previamente se han establecido acuerdos de participación claros y en los que participaron los miembros de la comunidad.

Los acuerdos de participación, sin embargo no evitarán que, en ocasiones, el moderador tenga que lidiar con situaciones en las cuales se incomode algún participante. Las decisiones de los moderadores al intervenir en un conflicto o disputa entre miembros de la comunidad deben regirse por los acuerdos de participación y el bienestar de la comunidad. Obviamente en ocasiones alguien se incomodará lo suficiente para abandonar la comunidad y esto es inevitable. Lo importante es que los moderadores tengan clara su función y la ejerzan con sensatez.

 El objetivo de la moderación no es censurar sino mejorar la calidad del intercambio.

2.5. Herramientas existentes para la creación de comunidades virtuales

A continuación veremos cuáles son las diferentes herramientas existentes para la creación de comunidades virtuales:

⇨ **Foros de discusión**

Los foros de discusión son una herramienta, sustentada en una base de datos alojada en un servidor, que permite a los usuarios que se conecten a la misma, mediante el uso de su navegador, leer los mensajes incluidos por el resto de miembros de la comunidad, elegir el tema de interés (de forma que se puedan filtrar los mensajes) e incluir si se desea una respuesta a los mensajes visualizados.

El tipo de base de datos que se utilice, o mejor dicho, el software que gestiona la base de datos y que publica los mismos en la web, determinará la forma en la que los usuarios visualizan los mensajes. En este sentido, algunos programas publican los mensajes de forma cronológica, mientras que otros agrupan los mensajes por tema, creando así "árboles" que facilitan el seguimiento de un debate.

Por último, debe señalarse la necesidad de que estos sistemas incluyan la posibilidad de hacer llegar a los participantes los mensajes añadidos el mismo día o la última semana, o bien un resumen de los mismos a través del correo electrónico. Algunos de ellos, incluso incluyen la posibilidad de avisar al individuo cuando alguien ha contestado a un mensaje publicado previamente.

⇨ **Email y email groups**

La herramienta de comunicación más antigua en el desarrollo de comunidades virtuales es seguramente el email, ya que se trata de una de las primeras tecnologías que se generalizaron en Internet. Normalmente, las comunidades virtuales organizadas mediante email utilizan email groups o listas de correo, es decir, un sistema de software, más o menos complejo (list-bot), a través del cual los mensajes enviados por un miembro de la comunidad virtual son reenviados al resto.

Actualmente, el uso de listas de correo como herramienta exclusiva en la gestión de comunidades virtuales es poco habitual. Lo normal es que se encuentre asociado a una página web que sirve de soporte y mecanismo promocional a la comunidad. En todo caso, existen algunos colectivos cuya única fuente de contacto es el email, como por ejemplo ciertos grupos de investigación.

Existen miles de listas de correo, y en muchas ocasiones, suelen estar asociadas al envío de boletines (newsletter). Además, cabe señalar la conveniencia de que estas listas posean algún tipo de mecanismo de seguridad que impida:

- Que se inscriban en las mismas individuos cuyo perfil no sea el adecuado.

- Que terceros añadan a otros en las listas sin su permiso (una posibilidad es utilizar email de confirmación).

Por último, indicar que en muchas ocasiones estas listas necesitan de la moderación para evitar mensajes indeseados como el spam.

⇨ **News groups**

Similares a los foros de discusión en su filosofía, la diferencia existente con estos es que los mensajes pueden ser descargados automáticamente al ordenador del usuario mediante un software específico (como Outlook). De esta forma se facilita la lectura y respuesta de los mensajes.

Es una de las herramientas más antiguas de la red, especialmente gracias a los foros de Usenet, que actualmente pueden consultarse en la web de Google, e incluso incluir mensajes (post) directamente en la web (groups.google.com/), sin necesidad de usar software adicional.

⇨ **Chats**

Un chat es una herramienta que permite a un grupo de individuos conversar mediante mensajes de texto y en tiempo real. Estos sistemas tienen dos variantes fundamentales. Por un lado, existen los chats dispuestos en una página web, y por otro, se encuentran sistemas basados en software específico, como IRC. La filosofía de ambos es la misma, aunque IRC ofrece más funcionalidades.

Adicionalmente, debemos hacer referencia a la mensajería instantánea. Estos sistemas son una evolución de los chats, con la diferencia fundamental de que se trata de mecanismos mucho más privados. En este sentido, los sistemas de mensajería instantánea no funcionan por canales, como los chats, sino que el usuario determina -da permisos- a personas de su confianza para poder charlar con él. De esta forma, con estos sistemas se crean canales privados. Además, estos sistemas tienen funcionalidades adicionales, como la conversación de voz y la videoconferencia, o la transmisión de archivos multimedia.

⇨ **MUD**

Un MUD (Multiple User Dimension, Multiple User Dungeon, or Multiple User Dialogue) es un sistema que permite a sus usuarios convertirse en el personaje que deseen y visitar mundos imaginarios en los que participan junto a otros individuos en juegos u otro tipo de actividad.

Coca-Cola creó una comunidad virtual bajo MUD, en la que los miembros autorizados, aquellos que tenían un código (disponible en las botellas del refresco), podían elegir un personaje y personalizarlo a su gusto, para después participar en juegos en tiempo real con otros jugadores.

⇨ **Gestores de contenido**

Un gestor de contenido es un software que facilita la gestión de un sitio, en especial, en lo que hace referencia a la publicación de los contenidos en el mismo, tarea muy tediosa de tener que realizarla mediante programación convencional. La ventaja de estos programas es que permiten gestionar con gran comodidad, no solo la publicación de contenidos, sino otras herramientas como plataformas de e-commerce, foros de discusión, chats, etc. Además, en algunos casos se ofrece la posibilidad de otorgar permisos a los usuarios, por ejemplo para publicar noticias, por lo que son una herramienta muy útil para crear comunidades autogestionadas por sus propios miembros. En este sentido, pueden diferenciarse las comunidades virtuales cuya infraestructura es gestionada por una determinada organización promotora, y aquellas que son gestionadas, al menos parcialmente, por sus propios miembros. Según algunos expertos, es más recomendable buscar una combinación de ambas posibilidades, ya que con ello se garantiza una mínima estabilidad y fiabilidad de la estructura tecnológica, a la vez que los miembros de la comunidad virtual se sienten más implicados en el desarrollo de la misma.

Existen multitud de programas en el mercado que gestionan los contenidos de los sites. Algunos de ellos se venden como paquetes estándar, mientras que otros son propiedad de empresas diseñadoras de sitios web y no son accesibles al público en general, sino que los utilizan para realizar y gestionar sus proyectos propios. Asimismo, existe la posibilidad de utilizar sistemas gratuitos (licencia GNU), entre los que destaca Zikula.

⇨ **Sistemas peer to peer**

Se trata de soluciones de software que permiten a los individuos compartir archivos de gran tamaño. Este tipo de soluciones suelen incluir funcionalidades adicionales como mensajería instantánea o chats, y además poseen sus propias comunidades virtuales vía web, en las que sus usuarios pueden encontrar los recursos que precisan para hacer un uso más eficaz de la herramienta.

Aparte de las implicaciones legales que tenga el uso de este tipo de software, queda claro que son unas herramientas que contribuyen enormemente al desarrollo de comunidades virtuales. Por ejemplo, los fans de los Beatles pueden intercambiar material como MP3, fotos, letras de canciones, etc. El principal problema que plantean es su control. En este sentido, resulta muy difícil para una empresa controlar el desarrollo de una comunidad virtual sustentada en una red peer to peer, por lo que su uso no es muy recomendable, al menos en la mayor parte de los casos.

2.6. El contenido es la clave del éxito

2.6.1. Introducción

La clave del éxito de una comunidad virtual está en la generación de contenido útil e interesante para los miembros de la comunidad virtual. La generación de contenido es la que hace que se produzca la conversación que da sentido a la comunidad.

Cuanto más rica e interesante sea esta conversación mayor interés tendrán los miembros de la misma en participar y quedarse en la comunidad, e incluso recomendarla a otros usuarios fuera de la comunidad.

Los cuatro ejes principales que el gestor de la comunidad debe tener presente para conseguir una comunidad participativa son:

⇨ Crear contenidos de interés para incentivar a los miembros a participar en la aportación sus propios contenidos.

⇨ Fomentar la conversación y participación activa de los miembros del grupo.

⇨ Hacer captación de nuevos miembros, bien a través de la recomendación de los miembros actuales o actuando en otros canales.

⇨ Hacer una comunidad que aporte valor, con el fin de fidelizar a los miembros existentes. Cuanto más claro sea el objetivo de la comunidad y más claro lo tengan los miembros, más fácil será centrarse en aportar valor a los miembros, ya que todos los esfuerzos se centrarán en el objetivos y expectativas de todos.

2.6.2. Formatos para generar contenido

Los formatos disponibles para generar contenidos en cualquier canal de Internet son el texto, el gráfico, el audiovisual y los enlaces a otras páginas. Según la herramienta utilizada se usarán unos formatos y otros, o una combinación de varios:

⇨ **Formato textual**: es el más habitual, ya que no requiere esfuerzo, puesto que no requiere generar contenidos gráficos y subirlos.

⇨ **Formato gráfico o fotográfico**: la información visual puede llegar a ser más impactante que la textual, lo recomendable es combinar ambas para completar el mensaje que se desea transmitir.

⇨ **Formato audiovisual**: se trata de la generación de vídeos, formato que puede generar viralidad si se hace bien. Se puede utilizar para generar notoriedad de marca, para apoyar la salida al mercado de un producto. También resulta útil para facilitar al usuario la comprensión de la información a través de tutoriales de ayuda o, simplemente puede servir para evitar al usuario leer largos textos explicativos. Aquí Incluimos el audio como lectura de noticias, audiobooks, música, etc.

⇨ **Formato enlaces**: los enlaces a blogs, sitios de vídeos, sitios de fotos, etc., permiten completar la información que los usuarios comparten en la comunidad y también completar la que la administración del sitio está interesada en difundir.

2.6.3. Creación y gestión de contenido

Crear y gestionar contenidos no es fácil. La frase de que "el contenido es el rey" no solo es cierta sino que los buscadores se están aplicando, a base de modificar sus algoritmos, para darle prioridad en sus resultados.

"Cuanto más útil y más interesante sea el contenido que ofreces a tus visitantes más importante y más 'apetitosa' será tu pagina, además si estás agregando constantemente más contenidos relevantes a tu nicho de mercado, bien sea en forma de artículos, noticias o aquello que tus visitantes necesiten, ofreciéndole contenidos actualizados periódicamente, tus visitantes estarán atados a ella y desearán visitarla continuamente".

Así que está claro que necesitas generar contenidos.

Pueden ser de varios **tipos**:

⇨ Artículos relacionados con tu producto o servicio.

⇨ Novedades del sector.

⇨ Ofertas y promociones.

⇨ Boletines informativos.

⇨ Newsletters.

⇨ Tutoriales.

⇨ Vídeos o imágenes.

⇨ Consejos sobre…

Elige el que mejor se adapte a tus necesidades y a las de tu comunidad. Si lo que ofreces es interesante, tus visitantes volverán y participarán activamente, llegando a ser ellos los que los generen por voluntad propia.

No te olvides de:

⇨ **Qué** quieres contar.

⇨ **Cómo y cuándo** lo vas a contar: periocidad, método de difusión, etc.

⇨ **Dónde** lo vas a contar: en la web, en el blog, en las redes sociales, etc.

⇨ De qué **recursos** dispones, materiales y humanos.

⇨ Cómo vas a **adaptar** esos contenidos a cada plataforma.

2.6.4. Contenido y método

El contenido debe ser:

1. **Original**. Si lo que cuentas ya lo han contado otros muchos perderá relevancia. No copies/pegues.

   Si no cuentas con contenido original, siempre puedes citar a otros autores. No te olvides de citar adecuadamente las fuentes utilizadas y añadir el enlace correspondiente.

2. **Actualizado**. Tienes que estar al día.

3. **Interesante**. Debes aportar valor a tu web con los contenidos.

4. **Comprensible**. ¿Está dirigido a especialistas o al público en general?

5. **Didáctico**. No des por hecho que tus visitantes y usuarios conocen toda la terminología que usas. Explícala. Usa un lenguaje adecuado a tus usuarios. Ponte en su lugar.

6. **Cuida la expresión**: gramática, ortografía...

7. **Ameno**. No todos tenemos el don de la elocuencia. Imágenes adecuadas y bien puestas siempre son de ayuda.

8. **Relevante**. No te vayas por las ramas ni intentes abarcar muchos temas a la vez.

9. **Exclusivo**. Si nadie más lo ofrece, llegarán a ti.

10. **Enlazable**. Url propia, amigable, semántica que permita referenciarlos y distribuirlos en foros, redes sociales, email, agregadores de noticias ...

Sigue un método

⇨ Planificación. Qué quiero contar. Esquema inicial, búsqueda de información, fuentes, tono general del texto (humor, análisis...). Ten a mano todo lo necesario.

⇨ Organiza el texto. Cómo lo quiero contar. Capítulos, secciones, método inductivo o deductivo, extensión, ¿Necesito imágenes complementarias?

⇨ ¿Añadirás enlaces?

⇨ ¿Te falta algo? Corrige y reestructura lo necesario.

⇨ Redacta. Y hazlo bien: ortografía, sintaxis, semántica; cuidado con las frases eternas. Signos de puntuación.

⇨ Antes de darle a "publicar", revisa todo.

2.6.5. Cómo redactar los contenidos

1. **Estructura clara del contenido mediante títulos y subtítulos**: nuestra manera de revisar la información contenida en un resultado o página web a la que hemos ingresado (luego de dar clic a algún resultado entregado por Google), es mediante un "escaneo" superficial de la información. Nuestro cerebro básicamente determina en unos cuantos segundos si la página contiene la información que buscamos, por lo que una manera de facilitarle esa rápida exploración es mediante el uso de títulos y subtítulos que ofrezcan una idea global de la temática y la estructura de la información.

2. **Extensión del contenido entre 250 y 1500 palabras**: tanto para los humanos como para los robots de búsqueda, se debe establecer un balance que genere confianza y a su vez cuente con los suficientes elementos o variables para ser un texto optimizado para web. Un texto demasiado corto dará una percepción de poca profundidad en la información, mientras que uno demasiado largo, hará desistir al lector de querer finalizarlo.

3. **Títulos en lo posible con 65 caracteres máximo**: la razón es muy sencilla, y es que, 65 son los caracteres que Google visualiza en el título de un resultado de búsqueda. Todo lo que sobrepase ese número llevará 3 puntos suspensivos (...) dejando incompleta la información para el usuario. 65 caracteres deberían ser suficientes para plasmar en el título, el mensaje principal de la temática abordada en el contenido. De no ser así, utilice el párrafo introductorio para completar la idea. Este último será visible en el fragmento descriptivo del contenido de dicho resultado, por lo que podrá ayudar a que el resultado se componga de las palabras claves o términos de búsqueda en los que quiere enfocar el posicionamiento.

4. **Uso de la palabra clave o el término de búsqueda**: en este punto se trata de lo que se ha denominado como densidad de palabras clave. La recomendación es no exceder el uso de la palabra clave más de 4 veces por cada 250 palabras. Está palabra o término de búsqueda debe estar presente en el nombre o título del artículo. También tenga en cuenta las etiquetas meta. Al menos deberá contar con la meta descripción y las meta etiquetas, que resumen para las "arañas de Google", de qué se trata el artículo. Se ha dicho mucho acerca de si se debe o no incluir estas etiquetas. Lo cierto es que siguen siendo importantes y mientras no exista una determinación radical al respecto por parte de Google, lo mejor será continuar usándolas. Tal vez no sobre mencionar que el texto y título del artículo debe coincidir con dichas etiquetas meta.

5. **Utilice la negrita pero no abuse**: utilice las negritas para resaltar las palabras clave, pero sin hacer un uso excesivo del recurso. Algunos mensajes del contenido pueden ser resaltados mediante otro tipo de etiquetas como las de encabezado (H1, H2, H3,.. H6) y la etiqueta parágrafo.

Ten en cuenta que los usuarios realizan búsquedas y que a través de ellas podemos obtener mayor presencia.

Un buen contenido optimizado animará a tus seguidores y miembros de la comunidad a compartirlo y a interactuar con él.

2.6.6. Las fuentes de información

Uno de los aspectos más importantes que debemos tener en cuenta a la hora de generar contenidos es la selección de las **fuentes de información**.

Estas fuentes pueden ser básicamente de **dos tipos**:

1. **Internas**

   Ya hemos hablado de que es fundamental una buena coordinación de todos los departamentos de la empresa, que facilite la obtención de información relevante y fidedigna, que dé respuesta a las necesidades de los usuarios y miembros de la comunidad.

   El community manager debe conocer en profundidad la empresa, la marca, sus objetivos, y es la pieza clave para que la información dentro de la empresa fluya adecuadamente: habla con las personas adecuadas, pregunta, hace de transmisor de la comunidad hacia la empresa y habla en nombre de la empresa.

2. **Externas**

   Las referencias disponibles en la red respecto a un tema dado. Pero... ¿son todas válidas?

   Es necesario seleccionar adecuadamente las fuentes de información.

Otra forma de clasificar las fuentes de información, más adecuada desde el punto de vista del contenido, es dividirlas en **primarias y secundarias**.

⇨ **Primarias**

Son las fuentes documentales que se consideran material de primera mano relativo a un fenómeno que se desea investigar. Contienen información original no abreviada ni traducida.

Son aquellas que contienen información nueva y original y cuya disposición no sigue ningún esquema predeterminado.

Sus **características** son:

- No son forzosamente más fiables o precisas que las fuentes secundarias.

- Ofrecen un testimonio o evidencia directa sobre el tema o acontecimiento.

- Son escritas durante el tiempo en el que sucede el evento o por la persona envuelta directamente en él.

- Ofrecen un punto de vista desde dentro del evento.

- Documentos originales, discursos, fotografías, entrevistas, diarios, cartas.

⇨ **Secundarias**

Son las que contienen datos o informaciones reescritos, reelaborados, sintetizados o interpretados de alguna forma.

Sus **características** son:

- Interpretan, referencian y analizan fuentes primarias.

- Implican análisis, síntesis, evaluación, interpretación u opinión.

- Obras de crítica, enciclopedias (incluida wikipedia), biografías...

- Un artículo periodístico puede no ser fuente primaria si está recogiendo informaciones ya publicadas por otras fuentes.

Ni que decir tiene que lo ideal es siempre **acudir a la fuente primaria** para obtener de primera mano los datos necesarios para nuestro trabajo.

Y en el caso de las comunidades virtuales y redes sociales, una buena fuente primaria son nuestros usuarios y sus interacciones y necesidades.

La **validez de las fuentes secundarias** dependerá lógicamente de la fiabilidad de quienes las recogen e interpretan: instituciones, especialistas, investigadores, periodistas, community manager.

No se trata de alertar de los "peligros" de Internet a la hora de obtener y contrastar información, sino de la importancia de la habilidad del community manager a la hora de seleccionar las fuentes que considera fiables para no verse involucrado en rumores, inexactitudes o en la tentación del sensacionalismo.

Una vez encontrada una **fuente de información**, sea esta primaria o secundaria, es fundamental citarla y referenciarla adecuadamente para atribuir a cada uno el mérito que le pertenece.

2.6.7. Algunas consideraciones sobre cómo citar las fuentes

Citar correctamente las fuentes siempre ha sido una "obligación" en el terreno académico. Se supone que un investigador conoce (casi) todo lo que se ha escrito sobre determinado tema y, con ese bagaje y su investigación, elabora su propia tesis.

Por eso cita aquellos materiales que le sirven para conocer, complementar, demostrar; o enfrentar, discutir o contradecir sus planteamientos o experiencias.

Citar puede parecer una actividad tediosa pero es absolutamente necesaria para otorgar a cada uno el mérito que le corresponde.

A veces la relación de fuentes sobre un determinado tema es ya de por sí una investigación en toda regla.

Pero el plagio ha existido siempre. Hay casos en ciencia, literatura, arte, cine, Internet.

Los **blogs, redes sociales y comunidades virtuales** han dado la posibilidad a muchos usuarios y empresas de volcar en la red opiniones, creaciones, investigaciones, curiosidades, fotos, bromas... para que sean fácilmente accesibles.

La **facilidad de uso y de acceso** a las herramientas necesarias ha facilitado enormemente la expansión de esta forma de comunicación.

Hay una serie de **normas** para hacerlo correctamente. Las hay académicas y las hay más de "andar por casa"; las hay para textos impresos o específicas para la red; pero todas son de inexcusable cumplimiento para que el mérito de cada uno quede claro: creador o mero transmisor.

Veamos cómo citar adecuadamente (sin ánimo de profundizar):

⇨ **Libro**: APELLIDO, Nombre; Título de la obra; ciudad, editorial y año de publicación.

⇨ **Revista**: APELLIDO, Nombre; "Título del artículo"; cabecera de la revista; número y fecha; páginas.

⇨ **Prensa**: APELLIDO, Nombre; "Título del artículo"; periódico; ciudad, fecha.

Estas normas fueron acuñadas para la impresión convencional en papel y quizá pueden parecer excesivas o muy rígidas para Internet.

Puede ser suficiente con el poner el "Titulo del post" concreto del blog, o el "título del artículo" citados, pero **SIEMPRE** debe añadirse el hipervínculo/link correspondiente. No a la cabecera del blog citado o a la portada del diario mencionado sino al artículo concreto. Y en el caso de que esté firmado, también es de agraceder citar el nombre del autor.

En ningún caso sirve un "lo vi por ahí"; o un texto escrito con "Fuente: archivo de la corona" sin enlace.

Los motivos de no citar o citar deficientemente son:

⇨ Esconder una intención manipuladora, de apropiación de valor intelectual.

⇨ Temor a revelar las fuentes y que otros también puedan consultarlas directamente.

Si queremos que nuestra comunidad nos respete, debemos comenzar nosotros por respetarla a ella.

Recuerda que recopilar o "encontrar" puede ser una forma de creación. Ese es el mérito.

1. Internet proporciona a los usuarios varias maneras de comunicación. Hoy en día, existen más maneras para llegar a las personas que eran tradicionalmente difíciles de contactar.

2. La comunicación por Internet es masiva, convirtiéndose Internet en el canal por donde el emisor envía un mensaje pudiendo recibir o no respuestas.

3. Las comunidades virtuales son espacios en Internet destinados a facilitar la comunicación entre los miembros del grupo al que pertenecen y que se encuentran en distintos puntos geográficos.

4. Los integrantes colaboran a través de medios de comunicación como listas de distribución, grupos de noticias, canales de chat, mensajería instantánea y otros recursos compartidos como bibliotecas, juegos, documentos, etc.

5. En una comunidad virtual es necesario que reine el buen ambiente para facilitar la interacción entre sus miembros y permitir una comunicación fluida de la que obtener resultados beneficiosos.

6. La clave del éxito de una comunidad virtual está en la generación de contenido útil e interesante para los miembros de la comunidad virtual. La generación de contenido es la que hace que se produzca la conversación que da sentido a la comunidad.

7. Cuanto más rica e interesante sea esta conversación mayor interés tendrán los miembros de la misma en participar y quedarse en la comunidad, e incluso recomendarla a otros usuarios fuera de la comunidad.

UNIDAD DIDÁCTICA 5

Perfil del gestor de comunidades virtuales

Contenido & Objetivos

Los **objetivos** de esta unidad son:

1. Definir el perfil profesional del community manager.

2. Identificar los aspectos a tener en cuenta en la planificación, gestión y moderación de una comunidad digital.

3. Entender los principios de la dinamización en redes sociales.

Introducción

La necesidad de las empresas de gestionar su presencia online ha creado la oportunidad de contar entre sus colaboradores, bien externos bien en plantilla, con un nuevo perfil profesional: el community manager o responsable de comunidad.

La gestión de la presencia online abarca muchas parcelas, actividades y responsabilidades diferentes que veremos en esta unidad.

1. El community manager

1.1. ¿Qué es un community manager?

El gestor de una comunidad virtual o community manager es un gestor de comunidades virtuales o medios de interacción social como lo son Facebook, X, etc. Se convierte en un canal o medio de comunicación entre la empresa y los usuarios de esas redes sociales.

 Según José Antonio Gallego: "Es quien se encarga de cuidar y mantener la comunidad de fieles seguidores que la marca o empresa atraiga, y ser el nexo de unión entre las necesidades de los mismos y las posibilidades de la empresa. Para ello debe ser un verdadero experto en el uso de las herramientas de social media".

Dicho de otra manera: "aquella persona encargada o responsable de **sostener, acrecentar y, en cierta forma, defender las relaciones de la empresa con sus clientes en el ámbito digital**, gracias al conocimiento de las necesidades y los planteamientos estratégicos de la organización y los intereses de los clientes. Una persona que conoce los objetivos y actúa en consecuencia para conseguirlos".

Las principales tareas del community manager son:

⇨ Escuchar.

⇨ Extraer lo relevante.

⇨ Transmitir.

⇨ Explicar.

⇨ Conversar.

⇨ Compartir.

⇨ Conectar.

⇨ Colaborar.

⇨ Analizar.

1.2. ¿Cuáles son las tareas de las que se encarga un community manager?

1. **Elaboración de un plan de social media**

Esta tarea está directamente relacionada con el marketing.

En el plan de social media hay que definir la estrategia, los objetivos, los recursos que se van a destinar, tanto materiales como humanos, las acciones que se van a desarrollar, cómo, dónde y por qué y, por supuesto, cómo se van a analizar y a evaluar.

2. **Análisis web**

El community manager no se encarga del diseño web propiamente dicho o de la programación de la página. Pero sí son de su responsabilidad el adecuado análisis de la web corporativa para su adecuación a los objetivos del plan de social media, en conceptos tan amplios como:

*   Usabilidad.

*   Optimización SEO.

*   Contenidos.

*   Análisis de tendencias.

*   Situación previa o actual de la presencia de la marca en Internet.

*   Análisis de las estadísticas.

3. **Diseño multimedia**

Otra parcela que incorpora el community manager es la del diseño multimedia.

La Web 2.0 permite utilizar este tipo de materiales. No solo lo permite, sino que es parte de su esencia. De ahí que haya que tenerlos en cuenta desde el principio.

De nuevo, en función del tamaño de la empresa, esta parcela podrá estar incluida en un departamento de informática o en manos de programadores, pero las especificaciones que deben cumplir estos materiales para optimizarlos y adecuarlos a los objetivos y a las diferentes plataformas (y su supervisión) son responsabilidad del community manager.

4. **Marketing digital**

El plan de social media habrá contemplado acciones de marketing digital. Pueden ser complementarias a las que se hagan offline (prensa, radio, TV, vallas, folletos…) o estrictamente destinadas a los medios sociales digitales.

Unos conocimientos adecuados de marketing adaptado a Internet serán, obviamente, de gran ayuda.

El análisis de los resultados obtenidos por estas acciones es fundamental para evaluar su idoneidad y, en consecuencia, implementar, corregir, adaptar…

El marketing digital tiene que aprovechar tendencias, segmentación de público, hábitos de consumo, presencia en redes sociales, comportamientos de los usuarios en Internet… Pero para poder aprovecharlas tiene que conocerlas.

5. **Comunicación digital**

Ya no es suficiente con generar y redactar contenidos optimizados y adecuados. Hay que saber comunicarlos, cómo y dónde.

Ahora se trata de gestionar la información disponible, tanto lo que generamos como la que recibimos, estar alerta, escuchar los mercados y los usuarios.

A esto hay que añadir las funciones básicas de moderar y gestionar una comunidad, sobre todo cuando se llega a un número de usuarios suficiente que haga que se creen conversaciones, mensajes y contenidos que no provienen de la propia empresa sino de los clientes o usuarios.

6. **Community manager**

Según *Un Community Manager* "es el encargado de dinamizar la comunidad de usuarios de una marca o empresa. Debe saber dialogar, dar respuesta, escuchar a sus clientes o potenciales clientes en nombre de su empresa. Es quien mejor conoce a su comunidad de usuarios, dónde participan y qué es lo que les gusta o esperan".

1.3. Habilidades, aptitudes y actitudes del community manager

Veamos qué habilidades debe reunir un community manager para el desempeño de sus funciones, tal y como las describe AERCO-PSM:

1. **Aptitudes técnicas**

- **Conocimiento sectorial.** Tiene una cierta "expertise" en el sector en el que la empresa desempeña su función, para afianzar la credibilidad y la reputación.

- **Conocimientos de marketing, publicidad y comunicación corporativa**. Para entender objetivos de negocio y alinear su actividad con los mismos.

- **Redacción**. Debe escribir bien y le debe gustar hacerlo.

- **Un punto geek**. Pasión por las nuevas tecnologías, por Internet y la Web 2.0. Probar aplicaciones y servicios nuevos es el pan suyo de cada día.

- **Creatividad**. En la economía de la atención y de la sobreabundancia de la información, las mentes creativas tienen más posibilidades de ganar cuota de atención.

- **Experiencia en comunicación online**. Conoce los canales más adecuados y tiene buenos contactos en Internet.

- **Cultura 2.0**. Existen unos valores y normas de conducta descritos en el apartado sexto, que deben ser interiorizados.

2. **Habilidades sociales**

- **Buen conversador**. Buen comunicador en general y buen conversador en particular: saber escuchar, saber responder.

- **Resolutivo**. Da respuesta de forma rápida y adecuada.

- **Agitador**. Incentiva la participación, para hacer de la comunidad un espacio vivo y dinámico.

- **Empático**. Para ser capaz de ponerse en el lugar de los demás.

- **Asertivo**. Tiene carácter y personalidad propios, defendiendo sus opiniones frente a los demás, cuando llega el caso.

- **Comprensivo**. Valora las opiniones del resto de participantes en la comunidad.

- **Trabajo en equipo**. Coordinar, colaborar, compartir.

- **Cabecilla**. Lidera desde la participación y sabe encontrar líderes dentro de la comunidad.

- **Moderador**. Se esfuerza por mantener un ambiente cordial entre todos los usuarios. Relajando tensiones, pero manteniéndose firme a la hora de cortar malos modos.

- **Incentivador**. Plantea incentivos a los usuarios y detecta las carencias en la comunidad.

3. **Actitud**

- **Útil**. Un buen compañero, al que le gusta servir y ser de ayuda a los demás.

- **Abierto**. Entiende y aprecia la diversidad. Evita ser categórico; entiende que en Internet hay gente que sabe más que uno mismo, y está dispuesto a darle voz a esos conocimientos, sin querer sentar cátedra a toda costa.

- **Accesible**. Es cercano en el trato.

- *Always on*. Vive con conexión permanente o frecuente a la red.

- **Conector**. Detecta y facilita oportunidades, conectando a miembros de la comunidad entre sí.

- *Early adopter*. Le gusta estar a la última, se podría denominar cazador de tendencias.

- **Evangelista**. Es un apasionado de la marca, de la empresa y de la vida.

- **Defensor de la comunidad**. Representa a los clientes y usuarios ante la empresa. Le gusta la gente.

- **Transparente**. En las normas y en la igualdad entre los usuarios.

Para finalizar, conviene recordar que el community manager debe someterse a la **legislación** vigente y sus actividades estar dentro de la legalidad a todos los efectos. Cada país tiene las suyas. Las principales que afectan a España son la **Ley Orgánica de Protección de Datos Personales y garantía de los derechos digitales y la Ley de Servicios de la Sociedad de la Información y de Comercio Electrónico, además del Reglamento General de Protección de Datos a nivel europeo.**

1.4. Funciones del community manager

Las funciones se pueden dividir en tres bloques:

1. **Tareas mensuales**

- **Documentarse**. Estar informado de todo lo que acontece en el día a día de su cliente y de su sector. Redactar la **agenda de contenidos** en función de los objetivos definidos.

167

- **Planificar** las **campañas de publicidad online**.

- Proponer unas **acciones de valo**r: encuentro bloggers, acciones promocionales, etc.

- **Gestionar** estas acciones propuestas.

- Estar **al tanto de** cuantas **novedades** se den en el mundo social media.

- **Formarse en su trabajo** (tendencias, nuevas herramientas, etc.).

- Analizar qué están haciendo las marcas de la **competencia**.

- Realizar el **informe** del trabajo realizado.

2. **Tareas semanales**

- **Buscar y saber seleccionar contenidos** relevantes que aporten valor a su comunidad en blogs, foros, portales de actualidad, canales de YouTube, etc.

- **Crear los contenidos** de valor a publicar en función de la agenda de contenidos.

- Hacer **seguimiento** de las campañas de publicidad online activas.

- **Programar** los distintos **posts** en cada una de las redes sociales en función de sus características propias.

- Realizar semanalmente el **estatus de resultados**, realizando una valoración cuantitativa y cualitativa de los datos.

- **Monitorizar** qué se dice de la empresa en las redes sociales para prever posibles crisis.

- Buscar, seleccionar y generar **sinergias con aquellos usuarios más influyentes** de nuestra comunidad.

3. **Tareas diarias**

- **Revisar, dar respuesta e interactuar con los usuarios en cada red social**: mensajes privados, comentarios, menciones en foros, blogs, etc.

- Fomentar el **engagement** de los usuarios con las publicaciones.

- **Revisar** que los posts programados se hayan publicado correctamente.

- **Incentivar la conversación e interacción** de los usuarios en redes sociales: Facebook, Instagram, etc.

- **Escuchar de forma activa** qué dicen los usuarios en la red sobre los temas que competen a la empresa.

1.5. Cómo es el día a día de un community manager

Su día a día puede ser complejo y variado. Pero puede (y debe) contener todos o algunos de estos **elementos**:

⇨ Revisar la prensa para estar al día de la actualidad general. Es importante estar bien informado.

⇨ Programación y servicios informáticos.

⇨ Detectar posibles temas de interés para nuestra comunidad.

⇨ Revisar nuestras suscripciones a webs relacionadas con nuestro proyecto.

⇨ Chequear las redes sociales en busca de conversaciones e interacciones.

⇨ Atender el correo electrónico.

⇨ Hablar con los demás departamentos implicados en busca de novedades, problemas, temas de interés...

⇨ Generar contenido y programar su publicación en los diferentes medios.

⇨ Participar en la comunidad para contestar sugerencias, dudas, preguntas, comentarios...

⇨ Asimismo, intervenir en la comunidad para generar interés y mantener abierto el diálogo.

⇨ Trasladar la información relevante obtenida a los departamentos correspondientes.

⇨ Revisar lo sucedido en la comunidad y en los canales en busca de actualizaciones y novedades.

⇨ Repaso con los departamentos implicados de las novedades.

⇨ Control y seguimiento de los resultados del proyecto en marcha: analítica, contacto con los miembros y búsqueda de nuevos.

⇨ Preparación de informes.

⇨ Gestión y planificación de la estrategia del día siguiente.

Todas estas tareas pueden ser diarias, semanales, mensuales... lo que está claro es que tienen que ser **periódicas y estar planificadas de antemano** para no perder de vista nunca los objetivos.

1.6. Por qué es necesario un community manager

Estamos viendo que, debido a los cambios en la forma de publicitarse, relacionarse, hacerse ver, etc., provocados por el avance de las nuevas tecnologías y de Internet, se hace necesaria una figura como el community manager.

Es así porque:

1. Mejora la imagen de marca en las redes sociales.

2. Adapta el contenido a lo que tu negocio necesita.

3. Ayuda en el servicio y atención al cliente consiguiendo que sea más personalizada.

4. Contribuye a aumentar la reputación online de tu negocio.

5. Entiende, interpreta, analiza y mejora los resultados.

6. Construye comunidad de marca, haciendo que se haga familiar para usuarios, ayudando así a aumentar la popularidad.

En definitiva, entre otras, estas funciones llevadas a la práctica por la persona adecuada harán que tu negocio gane clientes y aumente su popularidad en el mundo de Internet y las redes sociales, tan importante hoy en día.

1.7. Consejos para futuros gestores de comunidad

Para un gestor/moderador de una comunidad, algunos **consejos específicos**:

1. Céntrate en los objetivos de la comunidad.

2. No actúes nunca en caliente.

3. Respeta las opiniones negativas y conviértelas en oportunidades de mejora.

4. Responde siempre a las críticas.

5. Busca apoyos en usuarios destacados y afines y piensa de qué forma puedes recompensar su actividad.

6. No elimines nunca contenidos o comentarios de terceros, a menos que infrinjan la legalidad vigente. Si lo haces, podrás aparecer como censor y tu actividad resultar contraproducente.

7. Orienta las conversaciones, pero no las controles ni impongas.

8. Permite y estimula que sean los propios usuarios los que moderen la comunidad.

9. Reconoce los errores y no añadas "leña al fuego".

10. Ten preparado un plan de contingencia en caso de crisis. Te ayudará a afrontar cada caso sin improvisaciones.

2. Estrategias de comunicación a través de las comunidades virtuales

2.1. Planificación previa

Toda acción de comunicación exige una **estrategia**, una **planificación previa**:

1. Fijar objetivos, realistas y medibles.

2. Evaluación de la situación actual/previa.

3. Diseño general del plan de acción: dónde, cómo, cuándo, por qué.

4. Asignación de medios materiales y humanos necesarios.

5. Definición de acciones concretas.

6. Configuración de un planning.

7. Elaboración de un plan de acción en caso de crisis.

8. Establecer sistemas de medición, analítica y seguimiento.

Todos estos puntos se pueden establecer respondiendo a las preguntas que desarrollamos a continuación.

2.2. Qué

Es la **primera pregunta que hay que plantearse y responder**. La más importante, aunque parezca de respuesta obvia.

Con mucha frecuencia las respuestas a esta pregunta suelen realizarse con mucha rapidez, partiendo de ideas preconcebidas, de prejuicios, de lo que hemos oído o de lo que otros nos han contado.

Lo que a unos les ha funcionado no es necesariamente lo que nosotros necesitamos.

171

Comencemos por hacer un **análisis realista** del punto de partida:

⇨ **Qué tengo**

Partamos de la premisa de que lo que ya tenemos está bien. Es decir: tanto si hay mucho o poco o nada no debemos comenzar echando por tierra el trabajo ya realizado. Puede que las conclusiones finales a las que lleguemos obliguen a tirar a la basura el esfuerzo previo. Pero eso solo podrá suceder después de terminar todo el proceso de reflexión y una vez demostrada la ineficacia de lo que ya existe.

Hasta ese momento, cautela. Pero sin olvidar que la presencia y comunicación en Internet tienen su lenguaje propio, a veces complementario, a veces único, respecto a la comunicación tradicional en medios: prensa, radio, TV, vallas y mupis...

Aprovechemos lo ya hecho y pongámoslo a nuestro servicio. Con mucha frecuencia, las propias organizaciones no son conscientes de todo lo que tienen ya realizado y que pueden aprovechar y poner a su servicio: asistencia a ferias, patrocinios de todo tipo, colaboraciones con otras empresas, campañas publicitarias previas, ofertas estacionales o puntuales...

Paso previo de obligado cumplimiento:

Conocer en qué situación estamos en la red. Para ello habrá que realizar un estudio previo de presencia, impacto, repercusión, qué dicen de nosotros, dónde lo dicen, en qué términos...

⇨ **Qué quiero**

"Estar en Internet" no es una respuesta válida. A estas alturas ya creemos que es necesario "estar en Internet". Pero se podría dar la paradoja de que, una vez realizado todo el análisis previo, la conclusión sea que no queremos estar en Internet. Es poco probable, pero no descartéis esta posibilidad.

Hay empresas que, por la propia naturaleza del producto/servicio que ofrecen o de la red de distribución que tienen no quieren/pueden tener presencia propia para no entrar en conflicto con sus clientes, a los que eventualmente harían competencia.

No obstante, todos tenemos algo que vender.

⇨ **Qué "vendo"**

Ya hemos visto que todos tenemos algo que vender o promocionar: un producto, un servicio, una iniciativa, una imagen de marca... o todas ellas.

No será la misma estrategia la de una tienda online que la de una institución; la de una multinacional que la de una tienda local; la de una empresa industrial que la de un distribuidor.

También se puede dar el caso de que se estime conveniente promocionar un único producto/servicio o solo aquellos que consideramos estratégicos. De nuevo es la propia organización la que debe hacer este esfuerzo definitorio.

⇨ **Qué necesito**

Si las respuestas a las preguntas previas ya han definido adecuadamente nuestra situación, es el momento de empezar a concretar.

2.3. Por qué

Quizá creamos que contestar al "qué" ya nos ha aclarado el camino.

Ahora bien; el siguiente paso es preguntarse "por qué".

Es el momento de **definir objetivos**:

1. Aumentar ventas.

2. Aumentar tráfico/visitas; mejorar presencia online.

3. Mejorar la imagen de marca.

4. Competir en un mercado saturado.

5. Lanzamiento de productos y/o servicios.

Los objetivos deben cumplir **dos requisitos fundamentales**:

⇨ **Ser realistas**

Conseguir el número 1 en los resultados de búsqueda en Google no es un objetivo realista, por la cantidad de factores que influyen en su consecución. Aunque no hay por qué no aspirar a él. Sí es realista una expectativa de aumento de ventas, pero con los pies en el suelo. No conviene engañarse a uno mismo. Los objetivos "inconfesables" deben quedar claros desde el primer momento.

⇨ **Ser medibles**

Todos los objetivos deben poder evaluarse en función de los resultados obtenidos. Solo una adecuada analítica de los resultados nos permitirá corregir, modificar o añadir.

Todos los objetivos deben ser **cuantificables y monetizables**. Esto no significa que todos lleven implícito un beneficio económico, pero sí una conclusión sobre si se ha conseguido o no.

Cada objetivo debe incluir el análisis de **Para qué** sirve: a quién va dirigido, a qué va dirigido y a qué está destinado.

De esta forma nos obligaremos a segmentar el público objetivo, el medio necesario y a elegir las herramientas necesarias, desestimando las superfluas.

2.4. Cómo

Si ya sabes qué quieres hacer y los objetivos que persigues con todo ello, es el momento de decidir cómo lo quieres hacer.

⇨ **¿Qué lenguaje vas a usar?**

Si hablamos de programación, Flash no, a menos que sea únicamente como complemento visual.

Si hablamos de lenguaje hablado y escrito, ya sabes que no es lo mismo un público juvenil que uno adulto; no se habla igual sobre productos para bebés que de gadgets informáticos; algunos medios tienen una limitación de espacio establecida...

⇨ **¿Vas a usar una homepage, un CSS, gestor de contenidos, perfiles sociales? ¿Cuáles?**

⇨ **¿Vas a crear contenidos con regularidad?**

2.5. Quién

¿Quién manda en todo este proceso? ¿El diseñador, el programador, el cliente, el que paga, el visitante, el responsable del SEO, el community manager...?

Manda el resultado. Y a él deben estar supeditadas todas las acciones y decisiones que tomemos.

¿A quién vas a encargar el proyecto? ¿A tu sobrino que está todo el día en Internet, al becario, a la secretaria...?

Quien esté al cargo del proyecto, de su mantenimiento, seguimiento, evaluación y revisión debe ser alguien que:

⇨ Tenga claros los objetivos.

⇨ Tenga acceso a la información relevante que la empresa genera.

⇨ Sepa redactar contenidos de forma optimizada y con una visión amplia.

⇨ Tenga capacidad de comunicación interdepartamental fluida y permanente o interlocutores cualificados.

⇨ Esté presente, en la medida de lo posible, en los foros donde se tomen las decisiones.

⇨ Tenga capacidad didáctica para explicar sus funciones y su importancia.

⇨ Tenga el sentido común y la "mano izquierda" necesarios para desenvolverse y encontrar puntos de acuerdo cuando surjan diferencias internas o para gestionar una posible "crisis".

⇨ Sepa "monetizar" las acciones de forma que se vea su idoneidad y su utilidad.

> Este perfil lo puede desempeñar alguien de dentro de la empresa o un consultor externo.
>
> En los dos casos, la permanente coordinación con los diferentes departamentos de la empresa es fundamental.

2.6. Dónde

Es el momento de establecer dónde vas a realizar esta tarea. Evidentemente, lo primero que vas a hacer es **optimizar tu sitio web**. Este es el primer paso.

⇨ **Si vas a crear contenidos**

¿Dónde lo vas a hacer? ¿En la propia web en las secciones correspondientes? ¿Son ofertas? ¿En un blog asociado en el que tratar temas y noticias relacionados con tu sector de actividad? ¿En las redes sociales?

¿Qué vas a hacer luego con esos contenidos? ¿Qué pretendes con ellos? Evalúa los resultados.

⇨ **Perfiles sociales**

¿Cuáles? Hay redes generalistas, profesionales, agregadores de noticias más o menos específicos, foros, servicios de alojamiento para fotos, vídeos, presentaciones; no hay por qué estar en todos estos lugares, pero sí decidir cuáles se adaptan mejor a nuestro perfil de empresa, a los objetivos perseguidos, a los productos/servicios que vendemos y al perfil del público al que nos dirigimos.

Cada una de estas redes sociales tienen su propia idiosincrasia y su lenguaje propio. Pero para todas ellas tendrás que seguir los conceptos básicos del SEO.

⇨ **Gestión de las cuentas sociales**

Sabemos que una gestión inadecuada de estos perfiles puede resultar contraproducente. No olvides tener un plan de contingencia previsto de antemano en caso de "crisis".

2.7. Cuánto

¿Con qué recursos cuento?

El siguiente paso es considerar los recursos disponibles y los necesarios, tanto materiales como humanos:

⇨ **Definir adecuadamente el perfil del puesto**

Quizá necesites a alguien que se dedique específicamente a ello; quizá tengas un departamento de marketing o comunicación que asuma estas funciones o necesites un consultor externo. Sea como fuere, define y concreta el perfil del puesto, sus tareas, los plazos de ejecución y el alcance de sus responsabilidades y obligaciones. Solo así podrás evaluar el desempeño y la consecución de objetivos.

⇨ **Personas asignadas a estas funciones**

Si has definido bien el perfil no te será difícil establecer el número de personas necesarias para desarrollar estas tareas. Lógicamente, dependerá del tamaño de la empresa y de lo ambicioso del proyecto. Pero la jerarquía debe quedar establecida claramente.

⇨ **Recuerda algunos recursos materiales**

Algunos recursos materiales parecen evidentes. No está de más recordar los siguientes:

• Además de acceso a Internet y ordenador vas a necesitar herramientas de uso y análisis, algunas de las cuales, aun siendo gratuitas, exigen un determinado tipo de cuenta de usuario o de correo.

• Separa claramente las cuentas corporativas de las personales.

• Algunas herramientas (o las versiones "pro" de algunas gratuitas) son de pago. Considera la necesidad de una asignación presupuestaria para ello. Estar al día y el software libre te serán de gran ayuda.

⇨ **Si el proyecto lo vas a externalizar**

Seguro que querrás estar adecuada y periódicamente informado de los progresos. Establece de antemano cómo se va a realizar esta comunicación.

⇨ **Si eres tú el que realiza el trabajo para una empresa**

Todo lo anterior también te aplica, sobre todo a la hora de proporcionar a la empresa una propuesta de trabajo.

⇨ **Duración del proyecto**

En temas de comunidades virtuales hay que tener:

- **Paciencia**: si has definido objetivos realistas, sabrás que no los conseguirás en un día.

- **Constancia**: aun cuando veas progresos de forma inmediata, solo con constancia conseguirás mantenerlos y consolidarlos.

- **Sistemática**: prueba, mide, evalúa, analiza y corrige. Y vuelta a empezar.

- **Flexibilidad**: lo que funcionó un día puede no funcionar al siguiente. Si observas las 3 cosas anteriores, sabrás ser flexible y adaptarte a las nuevas circunstancias y, seguramente, sabrás detectarlas.

Establece desde el principio si tus acciones están encaminadas a un momento puntual, con fecha de caducidad (como los perfiles sociales de muchos políticos, que quedan desatendidas o cerradas pasado el período electoral de turno, o una campaña de lanzamiento de un producto específico) o si pretenden mantenerse en el tiempo como estrategia corporativa.

Si la opción elegida es la segunda, tendrás que asignar recursos de forma permanente.

2.8. Conclusiones

1. No tengas prisa por comenzar. Piensa antes de actuar.

2. Una buena planificación te servirá de guía en todo el proceso. No pierdas de vista los objetivos.

3. No des nada por supuesto. Las máquinas no piensan; y los usuarios no forzosamente piensan o actúan como nosotros. De hecho, rara vez lo hacen. Esfuérzate en comprender sus pautas de consumo y de búsqueda y en detectar sus necesidades. Allí es donde deberás estar tú para satisfacerlas.

4. Hay que estar al día sobre tendencias y novedades. Invierte tiempo en informarte.

5. Estudia lo que hace tu competencia. Pero no te limites a copiar lo que hace. Si quieres ser mejor que ellos, tendrás que diferenciarte en algo, aunque compitas en el mismo sector y con el mismo producto.

6. No confíes en la suerte. Detrás de las campañas "virales" más famosas hay una enorme planificación y despliegue de medios.

7. No tengas miedo de experimentar. El sistema de ensayo y error es de gran utilidad. No sabrás si una idea habría funcionado si no la pones en práctica.

8. Busca un objetivo de conversión para cada acción que emprendas. Solo así podrás evaluarla.

9. Rescata tus apuntes de Lengua del colegio y repasa la ortografía y la gramática.

3. Dinamización de las comunidades virtuales

3.1. Introducción

En el contexto de las nuevas tecnologías de la información y la comunicación enfocadas a las redes y comunidades virtuales nace la necesidad de dinamizarlas para cumplir con los objetivos y propósitos establecidos en su creación.

En este sentido, se puede denominar **dinamizar** a una serie de acciones que permiten facilitar las interacciones que realizan los participantes de estos escenarios de innovación digital, con el fin de darle importancia a los contenidos, a los aportes de los participantes y a la generación de estrategias que potencien la interacción entre participantes de la comunidad y su entorno, creando mayor desarrollo, imprimiéndole rapidez e intensidad al acto comunicativo, teniendo siempre como base la intención para la que fue creada la comunidad.

De esta manera, se crea la necesidad de establecer un conjunto de acciones que acompañen y asistan los procesos que realizan los participantes; las acciones deben estar enmarcadas en unas actividades que orientan, motivan, animan y facilitan el desarrollo de interacciones entre: usuario – usuario, usuario – interfaz, así como también, la gestión, la publicación y actualización de contenidos, y el aprovechamiento de los recursos con los que cuentan estas comunidades; a este conjunto de acciones se le denomina dinamización.

 Dinamizar comunidades virtuales y redes sociales es una acción que precisa herramientas y planificación.

3.2. Perfil del dinamizador

El dinamizador debe poseer conocimientos en el desarrollo de entornos web, en el desarrollo gráfico, en la edición de audio y vídeo y, sobre todo, en gestión del entorno virtual.

Veamos a continuación las competencias que debe tener un dinamizador:

⇨ **Entorno web**

- Html y php básico.

- Diagramación web.

- Distribución de contenidos.

- Hojas de estilo.

- Herramientas de gestión y creación de sitios web.

⇨ **Desarrollo gráfico**

- Tratamiento de imágenes digitales.

- Diagramación y edición gráfica.

- Retoque fotográfico.

- Desarrollo objetos hipermediales básicos.

⇨ **Edición audio y vídeo**

- Tratamiento básico.

- Competencia pedagógica (orientación – motivación).

- Comprensión de audio y vídeo.

⇨ **Gestión entorno virtual**

- Competencia comunicativa (lenguaje claro, directo y conciso).

- Codificación audio y vídeo.

- Competencia administrativa (apoyo técnico en el entorno virtual).

- Manejo avanzado de los recursos y actividades de entorno virtual, así como también la integración de nuevos complementos.

179

3.3. ¿Cómo dinamizar?

Dinamizar una comunidad supone aplicar las reglas básicas del juego de la comunicación tradicional al mundo online, salvando las distancias, obviamente. Teniendo esto en cuenta, si queremos plantear una buena estrategia de dinamización no deberíamos olvidar:

a) **No aburrir.**

No hay nada peor que hacer que un salón de congresos se duerma en pleno, ni nada que ponga más nervioso a un ponente que ver que su público se levanta y se va de la sala. En medios sociales pasa lo mismo. Si aburres, la gente no te sigue, los fans no participan y pueden llegar a borrarse. Tu misión es entretener en base al tema que sea, no lo olvides.

b) **Hacer que el público participe.**

No hay nada más satisfactorio que hacer que el público se involucre en lo que contamos. Las preguntas directas, crear debate o hacer que la audiencia cuente experiencias hacen que el público colabore y se relaje. Es una forma muy sencilla de incitar a la participación. En medios sociales una comunidad en la que no hay colaboración de los fans es una comunidad muerta.

c) **Contenidos interesantes.**

Al igual que ocurre en el mundo real, en muchas ocasiones entretener e informar van cogidos de la mano. De nada sirve ser muy ameno y llamar la atención de nuestros fans, si no les damos algo que sustente lo que decimos. Hay que recordar que el público no es tonto y si realmente queremos tener un público fiel es fundamental darles contenidos interesantes. No basta con que el público se divierta, debe volver. Si no hay un sustento de interés puede que les llamemos la atención una vez y que se rían con nosotros, pero seguramente no volverán.

d) **Actualización constante, pero sin pasarse.**

Todos somos conscientes de que es necesario actualizar nuestros perfiles en las distintas redes sociales, ya que si no, es muy probable que nuestros fans nos olviden o que estemos tan anticuados que ni aparezcamos en los resultados de búsqueda. Ahora bien, como reza un famoso dicho castellano "lo poco agrada y lo mucho enfada". No podría tener más razón. A todos nos satura recibir spam en el correo o recibir cartas constantes de un club al que pertenecemos ¿Por qué no nos iba a saturar recibir actualizaciones constantes de un perfil de X o Facebook? Todo, en exceso, es perjudicial, y los medios sociales no son una excepción.

e) **No vender motos.**

Es importante tener claro que crear comunidad en medios sociales está en las antípodas de disponer de una tienda online. No puedes pretender vender productos en medios sociales como si estuvieras en una tienda. Las tiendas son las tiendas y las comunidades las comunidades. ¿Acaso no nos sentaría mal que nos uniéramos a un club de senderismo que solo tratara de vendernos botas, tiendas de campaña y sacos sin hablar un ápice de la montaña?

f) **Un lenguaje cercano.**

Un tono relajado y cercano es vital. Un tono empresarial agresivo aleja a los públicos. Nos metemos en redes sociales para hablar con nuestros amigos y subir fotos de un viaje, no para recibir "spam" de las marcas.

g) **No censurar.**

Algo importante que conviene recordar, es que entrar en redes sociales supone, al igual que hablar ante una gran audiencia como orador, estar expuesto a las opiniones de tu público. No hay forma humana de controlar lo que han dicho, dicen o dirán de ti. Por lo tanto, hay que tener claro que deberemos aceptar todo lo que llegue, incluido los comentarios malos. Intentar censurar, borrar o excluir a alguien de tu perfil porque te esté poniendo a caldo, provocaría un efecto totalmente contrario al que queremos conseguir. No hay nadie más activo que un internauta enfadado.

La conclusión de todo esto es que, al fin y al cabo, seguimos siendo los mismos fuera y dentro de Internet. Si algo nos sienta mal en la vida diaria, seguramente también nos siente mal en la red. Nuestro instinto y sentido común es algo que no debemos olvidar. Nosotros no hemos cambiado, solo han variado los instrumentos con los que nos comunicamos, nada más.

1. La figura del community manager ha emergido con fuerza en los últimos tiempos ante la necesidad de contar con profesionales conocedores del nuevo medio que es Internet, de sus particularidades y herramientas y de sus posibilidades para explotar los beneficios que las comunidades virtuales pueden aportar a las empresas.

2. Pero estos beneficios son de doble dirección: los miembros de una comunidad deben obtener algo a cambio, tangible o no, que haga que les motive para seguir siéndolo.

3. El community manager es el responsable de saber qué, dónde, cuándo, cómo y por qué.

UNIDAD DIDÁCTICA 6

Herramientas de producción y recursos adicionales

Contenido & Objetivos

Introducción

1. **El trabajo colaborativo en red**

2. **Buscadores colaborativos**

3. **Las redes sociales y su uso profesional**

4. **Acceso y navegación por las redes sociales**

Resumen

Los **objetivos** de esta unidad son:

1. Analizar el aprendizaje colaborativo y cómo se desarrolla en entornos virtuales.

2. Explorar las posibilidades que ofrecen las redes sociales como entornos de trabajo colaborativos.

3. Conocer las principales características de Google Drive, su interfaz y el uso básico de algunas de las funciones que ofrece.

4. Explorar las características y las posibilidades de las redes sociales como modernas comunidades virtuales de interacción.

Introducción

En esta unidad veremos cómo en la Web 2.0. el trabajo colaborativo es fundamental, siendo "compartir" el concepto clave. Se comparten documentos y archivos que a su vez son modificados y mejorados por otros, en un modelo de comunicación muy diferente al de hace unos años. Para ello vamos a prestar especial atención a Google Drive, la herramienta que más claramente promueve este mismo espíritu, y a las redes sociales, tanto personales como profesionales, que también promueven la interacción entre sus participantes.

1. El trabajo colaborativo en red

1.1. Características

Cuando hablamos de trabajo colaborativo, normalmente, pensamos en un trabajo en grupo o en un trabajo en equipo, pero debemos clarificar el concepto, ya que resulta habitual que pensemos en trabajo en equipo, en trabajo de grupo e, incluso, en trabajo cooperativo, pero ¿realmente estamos hablando de lo mismo? Podemos establecer que no, que no es lo mismo hablar de trabajo colaborativo que de trabajo cooperativo, aunque en los dos se trabaja en grupo, hay matices que los diferencian.

Así pues, el trabajo colaborativo se caracteriza por:

1. La meta es común al grupo/equipo, lo que une a sus componentes.

2. La responsabilidad individual es necesaria para alcanzar la meta.

3. El grupo es heterogéneo en su composición.

4. El logro de objetivos para conseguir la meta es a partir de la realización de tareas.

5. El trabajo colaborativo exige habilidades comunicativas y sociales.

1.2. Definición

Si a todos estos aspectos le añadimos que esté supervisado por una persona encargada, por lo tanto, con unas normas específicas y claras y con unas tareas delimitadas, estaremos hablando de trabajo cooperativo. Por ello es necesario realizar dichas apreciaciones.

 De esta manera, definiremos el **trabajo colaborativo** como el conjunto de capacidades, procedimientos y actitudes por parte de un grupo de personas que interactúan entre ellas de forma positiva, para conseguir una meta común, de manera que cada componente desarrolla una tarea que beneficia al grupo para conseguir la meta.

Ahora bien, el grupo de trabajo colaborativo queda definido de la siguiente manera:

Grupo de trabajo colaborativo	
Sujetos	Grupos heterogéneos.
Liderazgo	Compartido por todos los componentes del grupo.
Responsabilidad del trabajo y/o aprendizaje	Compartida por todos los componentes del grupo.
Objetivo final	De colaboración, relación y de aprendizaje.
Rol del supervisor/Tutor	Escasa intervención: observación y retroalimentación sobre el desarrollo de la tarea. Función asesora.

1.3. Aprender colaborando o cooperando

Sintetizando y relacionando el tipo de trabajo colaborativo con el aprendizaje colaborativos, proponemos el siguiente audiovisual:

Pasemos entonces a ocuparnos del trabajo colaborativo 2.0. Siguiendo lo desarrollado hasta el momento, diremos que el trabajo colaborativo 2.0 seguirá las características establecidas del trabajo colaborativo pero de forma online, es decir, el entorno de trabajo no será ni presencial ni en el mismo momento, de manera que el grupo colaborará desde distintos espacios y desde distintos tiempos, respetando así las condiciones de ubicuidad y de asincronía que facilita la Web 2.0, por lo que los entornos o espacios de trabajo o puntos de encuentro serán en la propia Web 2.0, a partir de herramientas que favorezcan dicho trabajo.

1.4. Google Drive

1.4.1. Qué es

Para realizar el trabajo colaborativo en red se utiliza Google Drive. Se trata de la opción más usada a la hora de apelar a los documentos compartidos.

Google Drive es un **servicio de almacenamiento** de archivos en línea gratuito, que además funciona como suite ofimática online pues ofrece edición colaborativa de documentos, hojas de cálculo, presentaciones, etc.

Google Drive fue introducida por Google en 2012 como heredera de Google Docs.

Para utilizar Google Drive debemos acceder mediante el navegador a la dirección *http://drive.google.com*

Cada usuario de Google Drive cuenta con 15 gigabytes de espacio gratuito para almacenar sus archivos (espacio compartido con el servicio de correo Gmail y Google Fotos) ampliables mediante pago. Google Drive dispone además de aplicaciones para iOS y Android que permiten editar documentos y hojas de cálculo.

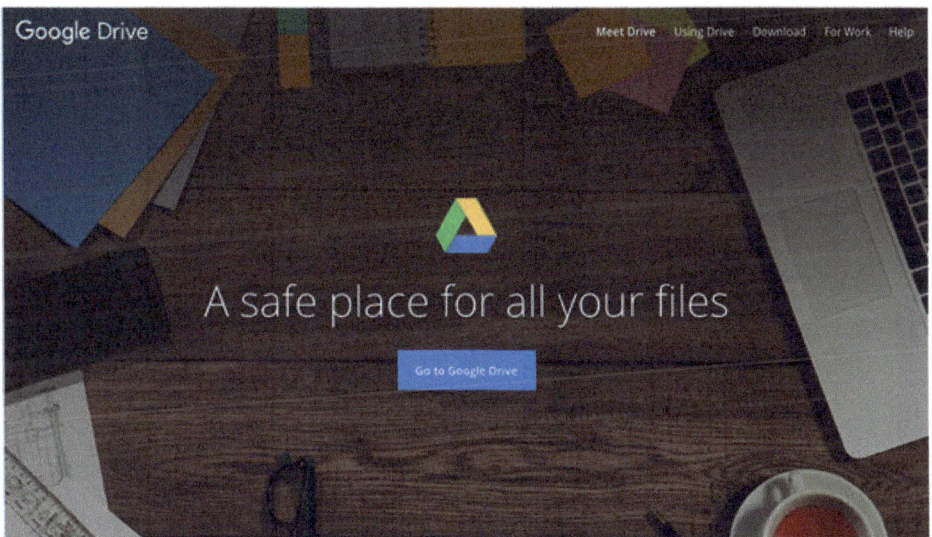

1.4.2. Características

Permite un acceso seguro al contenido. Se puede utilizar desde dispositivo móvil, tablet u ordenador.

Con Drive el compartir archivos es una tarea segura, ofrece acceso cifrado y seguro a tus archivos.

Se integra con Documentos, Hojas de cálculo y Presentaciones, aplicaciones de colaboración que permiten crear contenido y colaborar en tiempo real.

Drive permite trabajar con la tecnología que tengas en tu equipo, pudiendo trabajar con archivos de Microsoft Office sin tener que convertirlos.

Incorpora las capacidades de búsqueda de Google, ofreciendo también su velocidad y fiabilidad.

1.4.3. Interfaz

Desde la pantalla de inicio de Google Drive se pueden realizar la mayoría de gestiones referentes a la creación, ordenación, eliminación y compartición de documentos.

1. Desde el botón **Nuevo** podremos crear nuevos documentos y carpetas, así como subir archivos y carpetas que tengamos en nuestro equipo. Nos aparecen los tipos de archivo más utilizados en Drive: Documentos de Texto, Hojas de Cálculo, Presentaciones. Desplegando el menú Más podremos crear otros documentos de Google menos utilizados.

    Si desde el botón Nuevo escogemos la opción Subir archivos podremos subir a la nube una copia de los archivos que tenemos en nuestro equipo.

2. El botón **Mi unidad** nos muestra todos los documentos que hemos creado o subido desde nuestro equipo, así como aquellos que nos habían compartido otra persona y hemos importado a Google Drive. Estos documentos están organizados en carpetas y podemos visualizarlos en formato de lista o bien en vista previa o de cuadrícula. Para ver los documentos en un formato u otro pulsaremos los iconos de la barra superior, a la derecha.

3. El botón **Compartido conmigo** muestra los documentos que otros usuarios han compartido con nosotros. Si hacemos clic en el botón de los tres puntos nos aparecen las opciones disponibles.

4. El botón **Reciente** muestra un histórico de los últimos documentos con los que hemos trabajado o hemos abierto.

5. El botón **Destacados** muestra los documentos que hemos marcado como importantes mediante una estrella.

6. El botón **Papelera** nos muestra los documentos que hemos enviado a la papelera. Desde aquí podemos Eliminar para siempre un documento o bien Restaurarlo.

7. El botón **engranaje o rueda dentada** nos permite cambiar la configuración de la cuenta de Google Drive, manejar las aplicaciones conectadas o cambiar la interfaz.

8. El **cuadro de búsqueda** nos permite buscar por palabras los documentos de nuestra cuenta. Pulsando la flecha situada en la parte derecha del cuadro de búsqueda podemos filtrar entre los resultados por tipo de archivo, propietario, etc.

1.4.4. Configuración

Antes de poder utilizar Google Drive es necesario disponer de una cuenta de Google, con la que podremos acceder además al resto del universo de aplicaciones Google, como YouTube, Gmail, Blogger, Google Maps, Google Play, etc.

Si somos antiguos usuarios de Gmail o de alguno de los servicios mencionados ya disponemos de una cuenta de Google. En caso contrario podremos crear una cuenta de forma gratuita accediendo a *http://accounts.google.com/signup*

Ahora para utilizar Google Drive solamente hay que acceder a la URL *http://drive.google.com* y pulsar el botón azul **Ir a Google Drive**.

 En el caso de que estemos validados accederemos directamente a la Pantalla de Inicio de Google Drive. En el caso de que no estemos validados deberemos Iniciar sesión con los datos de nuestra cuenta de Google.

2. Buscadores colaborativos

2.1. Introducción

La Web 2.0 está modificando los hábitos de búsqueda de información en la red. Para ello es importante tener en cuenta que en un buscador tradicional el sistema de búsqueda se basa en escribir una cadena de texto para obtener resultados. Un ejemplo de ellos es Google.

Existen otra clase o tipos de buscadores que también es importante mencionar. Entre ellos se encuentran los buscadores temáticos y especializados, que son herramientas que organizan la búsqueda en la red de aquellos documentos que cumplen determinados criterios. Suelen estar mantenidos por personas especializadas, lo que proporciona mayor fiabilidad en los resultados de la búsqueda.

Con los buscadores especializados se pueden comparar precios y servicios, buscar información académica, localizar información sobre ocio, búsqueda de trabajo, etc.

Uno de los grandes problemas de los buscadores tradicionales es que para búsquedas muy comunes o de gran actividad comercial, los primeros resultados están copados por páginas que muchas veces no aportan gran interés real a la búsqueda.

Esto se produce debido al gran trabajo de posicionamiento en buscadores realizado por las empresas mediante unos especialistas denominados SEO, y genera mucha insatisfacción entre los usuarios que quieren informarse con rapidez.

De hecho, este comienza a ser uno de los principales problemas de Google; a medida que la red se hace más popular, y por tanto comercial, el buscador pierde eficiencia real por causa de las estrategias de optimización.

Los buscadores de Internet ordenan la lista de entradas basándose en varios criterios. Algunos de estos criterios son el análisis de las arañas que ellos mismos mandan, las palabras que aparecen en la página principal de una web concreta, de las palabras que aparecen en los titulares, el número de visitas a esa web y otros factores, todo ello ordenado según un algoritmo (de ahí que se hable a menudo del famoso algoritmo de Google). Se trata de dar el mejor servicio al usuario, es decir, al internauta que está buscando algo. Dicho de otra forma, que cuando alguien busca algo, lo encuentre en las primeras posiciones de la lista, a poder ser en la primera (el "Voy a tener suerte" de Google).

Pero, aunque es verdad que se prima el servicio a los usuarios, no es menos cierto que los profesionales de posicionamiento web, los encargados en una empresa de que su web alcance las primeras posiciones, conocen y utilizan trucos para que la web de la empresa para la que trabajan suba posiciones y aparezca en la primera página de los principales buscadores. Dicho de otra forma, estos responsables, aunque sea con métodos legales, lícitos, varían la lista que ofrece el buscador. Es parte del negocio.

Un buscador colaborativo ofrece la opción de que los usuarios mejoren los resultados de manera colaborativa introduciendo enlaces sobre lo que ellos creen que debería mostrar una búsqueda determinada. El objetivo es mejorar el rango de búsquedas en la red. Se pretende cambiar la forma en que los usuarios se relacionan con los buscadores, haciendo que estos sean más transparentes y con un nivel mayor de calidad.

2.2. Ejemplo de buscador colaborativo: Wonowo

Un ejemplo de buscador colaborativo es Wonowo, una empresa fundada en mayo de 2015 en Madrid por Guillermo Contreras y Jesús Mora, dos jóvenes ingenieros informáticos que han creado un buscador colaborativo dirigido al sector turístico.

Es una aplicación disponible para diferentes sistemas operativos y permite ver las opciones de viaje compartido y las distintas alternativas de alojamiento y ocio.

Es una aplicación que te lo pone muy fácil y cómodo a la hora de organizar tus viajes turísticos en la península. Se trata de un buscador que conecta más de 130 ciudades españolas y que pone a tu alcance una atractiva gama de alojamientos, transporte colaborativo y actividades de ocio. Puedes encontrar alojamiento en casas de particulares.

Wonowo, que es además una empresa emergente española, comenzó ofreciendo sus servicios en Madrid y en poco tiempo han ampliado su campo de acción.

En tres sencillos pasos podrás organizar tu viaje y encontrar las mejores ofertas gracias a las comparativas previamente filtradas que ofrece el buscador.

3. Las redes sociales y su uso profesional

3.1. Características de las redes sociales

3.1.1. Comunidad virtual

A) Definición

 Una **comunidad virtual** es un grupo de personas que se conectan en línea para compartir contenido, interactuar entre sí y participar en actividades. Estas comunidades se pueden formar en sitios web, redes sociales, foros, chats, etc. Las comunidades virtuales permiten a los usuarios compartir sus ideas, opiniones y sentimientos de manera segura y anónima.

Las comunidades virtuales suponen el primer paso hacia la Web 2.0.

La idea de comunidad es el corazón de Internet desde sus orígenes. Lo que comenzó como un intercambio científico e investigador ha alcanzado finalmente a todos los usuarios que exploran Internet para satisfacer necesidades de todo tipo, desde las meramente comerciales a las personales y afectivas.

El mundo en Internet se comporta a menudo de la misma manera que el mundo real.

Se forman, de manera más o menos espontánea, grupos de personas. Así que tienden a formarse comunidades con el objetivo principal de "interactuar para satisfacer sus necesidades o llevar a cabo roles específicos".

Comunidad y comunicación son términos que van **indisolublemente unidos**:

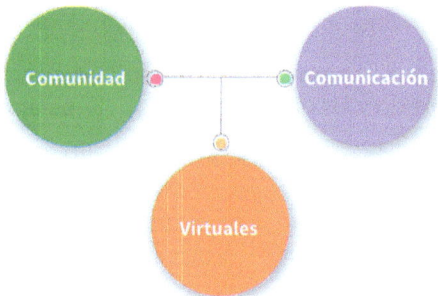

"Lo virtual es la cualidad de aparentar lo real al simular sus efectos, pero sin serlo. En otras palabras, lo virtual es la cualidad de lo hiperreal".

Aquí tienes algunos ejemplos sobre algunas de las comunidades virtuales con más usuarios de Internet.:

- Reddit: es un sitio web de discusión donde los usuarios pueden compartir contenido, interactuar entre sí y participar en actividades.

- Twitch: es una plataforma de streaming donde los usuarios pueden ver y compartir vídeos en vivo, interactuar entre sí y participar en actividades.

- Discord: es una aplicación de mensajería donde los usuarios pueden compartir contenido, interactuar entre sí y participar en actividades.

- Stack Overflow: es un sitio web de preguntas y respuestas donde los usuarios pueden compartir contenido, interactuar entre sí y participar en actividades.

B) Objetivos

Los objetivos de las comunidades virtuales incluyen compartir información, intercambiar ideas, discutir temas, aprender, colaborar, crear contenido, conocer gente nueva, etc. Las comunidades virtuales también pueden ayudar a las personas a conectar con otros usuarios que comparten sus intereses y experiencias. Esto puede ayudar a las personas a sentirse parte de una comunidad y a desarrollar un sentido de pertenencia.

Sus **objetivos** más elementales son:

1. Ofrecer apoyo (empatía, expresar emoción).

2. Conversar y socializar de manera informal a través de la comunicación simultánea.

3. Debatir, normalmente a través de la participación de moderadores.

4. Intercambiar información (obtener respuestas).

C) Tipos de comunidades virtuales

⇨ **Comunidades de redes sociales (crear lazos sociales)**: existen comunidades virtuales que no tienen un objetivo más que el de crear lazos sociales; para esto las redes sociales, como Facebook, Instagram, LinkedIn, X, entre otros, gestionan este tipo de interacciones.

⇨ **Blogs (base al contenido escrito)**: existen también comunidades con base al contenido escrito a través de artículos y blogs que permiten la interacción y retroalimentación de personas relacionadas con el tema. Una de las plataformas para crear un blog es WordPress.

⇨ *Multiple User Dialogue* **(MUD) (espacios virtuales)**: las comunidades virtuales son sistemas y espacios virtuales que permiten a los usuarios navegar, interactuar, participar, conversar, jugar y aprender en tiempo real, creando comunidades. Ejemplo: el sistema de chat en Clash Royale, un videojuego de estrategia.

⇨ **Comunidad virtual de investigación (recolectar información)**: una comunidad virtual de investigación te permite recolectar información haciendo uso de herramientas como sondeos, encuestas, foros de discusión, focus group, entre otros. Una ventaja importante es que la plataforma permite intercambiar información en cualquier momento y de forma continua. Un focus group es un grupo de personas que se reúnen para discutir un tema en particular. Estos grupos se utilizan para recopilar información sobre un tema específico. Se pueden utilizar para recopilar información sobre el comportamiento de los consumidores, las opiniones sobre un producto o servicio, las tendencias de la industria, etc. Esta información se puede utilizar para mejorar los productos y servicios de una empresa.

Como se ve, los consumidores tienen la necesidad de agruparse y al hacerlo y participar aportan valor a esas comunidades.

194

La consecuencia directa de este fenómeno es la toma en consideración por parte de las empresas de la importancia de estas comunidades y el cambio en su estrategia de comunicación, basada a partir de ahora en explorar y explotar estas características, siguiendo una serie de **líneas de actuación**:

1. Establecer relaciones con los miembros de la comunidad.

2. Estudiar el lenguaje específico, sus normas, etc., para optimizar la comunicación y extraer conclusiones.

3. Evitar el engaño.

4. Identificar tipos de usuarios y establecer la estrategia en función de ellos y de sus necesidades.

5. Adaptación de las técnicas de marketing a esta nueva realidad.

D) ¿Qué beneficios aporta?

Las comunidades virtuales pueden aportar varios beneficios a las empresas, como la recopilación de información sobre el comportamiento de los consumidores, el aumento de la lealtad de los clientes, el aumento de la visibilidad de la marca, la mejora de la calidad de los productos y servicios, la reducción de costes, etc. Estos beneficios pueden ayudar a las empresas a mejorar sus productos y servicios y a aumentar sus ingresos.

1. Permiten fortalecer el sentimiento de pertenencia a una comunidad.

2. Mejoran la imagen de marca.

3. Permiten medir el éxito de un producto o campaña.

4. Reducen costes.

5. Permiten analizar necesidades.

6. Minimizan el control.

7. Permiten segmentar el mercado y ganar nuevos clientes.

3.1.2. Red social

A) ¿Qué es una red social?

"En sentido amplio, una red social es una estructura social formada por personas o entidades conectadas y unidas entre sí por algún tipo de relación o interés común."

Antropólogos británicos Alfred Radcliffe-Brown y John Barnes

Una red social es un servicio en línea que permite a los usuarios crear un perfil personal, interactuar con otros usuarios y compartir contenido, como fotos, vídeos, textos, etc. Las redes sociales se utilizan, principalmente, para conectarse con amigos y familiares, compartir intereses y opiniones, y para fines de comunicación y marketing.

Algunos ejemplos populares de redes sociales incluyen Facebook, Instagram, X, TikTok o LinkedIn. Cada red social tiene una función y una audiencia específicas, lo que las hace más adecuadas para un tipo de contenido o uso en particular. Por ejemplo, Facebook es adecuado para compartir contenido personal y mantenerse en contacto con amigos y familiares, mientras que LinkedIn se utiliza, entre otras cosas, para conectarse con contactos profesionales y buscar empleo.

Las redes sociales pueden aportar varios **beneficios**, tanto a las personas como a las empresas:

⇨ **Para las personas**

1. **Conectividad**: permiten a las personas conectarse y comunicarse con amigos, familiares y otras personas con intereses similares, independientemente de su ubicación geográfica.

2. **Expresión personal**: ofrecen a las personas una plataforma para compartir sus pensamientos, opiniones y experiencias con una audiencia amplia.

3. **Entretenimiento**: ofrecen una amplia variedad de contenido, desde vídeos hasta juegos, para entretener a los usuarios.

⇨ **Para las empresas**

1. **Marketing**: ofrecen a las empresas una plataforma para promocionar sus productos o servicios a una audiencia amplia y segmentada.

2. **Análisis de datos**: proporcionan a las empresas una gran cantidad de datos sobre sus clientes, lo que les permite entender mejor sus necesidades y preferencias.

3. **Comunicación con los clientes**: permiten a las empresas interactuar directamente con sus clientes, recibir retroalimentación y resolver problemas.

4. **Relaciones públicas**: son una forma efectiva de mejorar la imagen de marca y reforzar la relación entre una empresa y sus clientes.

Sin embargo, es importante tener en cuenta que las redes sociales también tienen sus **desventajas**, como el ciberacoso, la exposición a contenido inapropiado y la privacidad. Es importante usar las redes sociales de manera consciente y responsable.

- **¿Qué premisas debe cumplir una red social?**

1. **Conectividad**: deben permitir a los usuarios conectarse entre sí y comunicarse de manera efectiva.

2. **Perfiles de usuario**: deben permitir a los usuarios crear un perfil personal en el que puedan compartir información sobre sí mismos, como sus intereses, experiencias y contactos.

3. **Compartir contenido**: deben permitir a los usuarios compartir diferentes tipos de contenido, como texto, imágenes, vídeos, etc.

4. **Interacción social**: deben permitir a los usuarios interactuar entre sí, ya sea a través de comentarios, mensajes privados, reacciones, etc.

5. **Personalización**: deben permitir a los usuarios personalizar su experiencia de usuario, como configurar sus preferencias de privacidad o elegir qué contenido ver.

6. **Comunidad**: deben tener una comunidad activa de usuarios que interactúan entre sí.

7. **Crecimiento**: deben ser capaces de atraer y retener a un gran número de usuarios.

8. **Servicios adicionales**: pueden ofrecer servicios adicionales como juegos, aplicaciones, etc.

9. **Seguridad**: debe tener medidas de seguridad para proteger la información personal de los usuarios.

B) La teoría de los seis grados de separación

La teoría de los seis grados de separación es una idea que sugiere que cualquier persona en el mundo puede ser conectada a cualquier otra persona en el mundo a través de una cadena de conocidos con un máximo de seis intermediarios. La teoría fue propuesta por primera vez, en 1929, por el escritor húngaro Frigyes Karinthy en un cuento de ciencia ficción titulado Chains. Aunque la teoría ha sido objeto de debate y crítica, ha sido popularizada en la cultura popular a través de la literatura, el cine y la televisión.

Pues hay estudios que han demostrado que con la aparición y uso de las redes sociales esos seis grados de separación se han llegado a reducir, en algunos casos, a solo tres:

1. Un estudio realizado en 2011 por Facebook y la Universidad de Milán, utilizando información de 721 millones de usuarios activos de Facebook, encontró que la distancia media entre dos usuarios era de 4,74 intermediarios (amigos en común).

197

2. Un estudio realizado en 2007 por el matemático y físico estadounidense Duncan J. Watts, utilizando información de instantáneas de una red social en línea, encontró que la distancia media entre dos usuarios era de 5,28 intermediarios.

3. Un estudio realizado en 2014 por el matemático estadounidense Tyler Volk, utilizando información de una red social en línea, encontró que la distancia media entre dos usuarios era de 4,74 intermediarios.

Resumiendo, las redes sociales se basan en las **3 C's**:

1. Comunicación (nos ayudan a poner en común conocimientos).

2. Comunidad (nos ayudan a encontrar e integrar comunidades).

3. Cooperación (nos ayudan a hacer cosas juntos).

C) Uso de las redes sociales

A nivel mundial, los usuarios pasan muchas horas conectados a redes sociales a lo largo del día:

⇨ La irrupción de las redes sociales en la vida de las personas ha cambiado por completo el panorama actual.

⇨ Las personas residentes en España pasan un promedio de 6 horas y 4 minutos diarios conectadas a Internet. De todo ese tiempo, 1 hora y 53 minutos la dedican a navegar por las redes sociales.

⇨ Piensa en tu día a día: la tele, la radio o las revistas han pasado, posiblemente, a un segundo plano, no te imaginas ya tu vida sin Internet y sin redes sociales.

⇨ Las redes sociales tienen un público muy diverso. Algunas plataformas como Facebook están muy enfocadas a los intercambios con amistades y familiares y promueven, constantemente, la interacción a través de funciones como compartir fotos, estados y juegos sociales. Otras redes, como Tumblr o X, tienen que ver con la comunicación rápida y se conocen como microblogs. También existen plataformas que se centran en la comunidad, mientras que otras destacan y muestran contenido generado por el usuario.

D) Características y funcionalidades

Las principales características de las redes sociales en su conjunto radican en que permiten **muchas y variadas funcionalidades**:

1. **Conectividad**: permite a los usuarios conectarse entre sí, ya sea mediante amistad, seguimiento o unión a grupos.

2. **Compartir contenido**: los usuarios pueden compartir diferentes tipos de contenido, como texto, imágenes, vídeos, etc.

3. **Interacción social**: los usuarios pueden interactuar entre sí, ya sea a través de comentarios, mensajes privados, reacciones, etc.

4. **Personalización**: los usuarios pueden personalizar su experiencia de usuario, como configurar sus preferencias de privacidad o elegir qué contenido ver.

5. **Comunidad**: debe tener una comunidad activa de usuarios que interactúan entre sí.

6. **Servicios adicionales**: puede ofrecer servicios adicionales como juegos, aplicaciones, etc.

7. **Seguridad**: debe tener medidas de seguridad para proteger la información personal de los usuarios.

8. **Análisis de datos y publicidad**: algunas redes sociales proporcionan herramientas de análisis de datos y publicidad para ayudar a las empresas a llegar a su público objetivo.

9. **Funciones de mensajería y videollamadas**: algunas redes sociales también ofrecen funciones de mensajería y videollamadas para comunicarse con amigos y familiares.

10. **Servicios de e-commerce**: algunas redes sociales han comenzado a ofrecer servicios de compra y venta directamente en la plataforma.

¿Conoces Instagram Shopping?

Instagram Shopping es una característica de Instagram que permite a las empresas etiquetar productos en sus publicaciones y stories, y proporciona a los usuarios la capacidad de comprar esos productos directamente en la plataforma. Con Instagram Shopping, las empresas pueden vincular su catálogo de productos a su cuenta de Instagram y etiquetar productos específicos en sus publicaciones y stories. Los usuarios pueden ver el precio, la descripción y otra información relevante sobre el producto directamente en la publicación o el story.

Las ventajas de Instagram Shopping incluyen: mayo visibilidad del producto, mejora del proceso de compra, mayor alcance, mayor transparencia, mayor eficiencia y mayor seguridad.

E) El contagio social

La estructura de la red social parece ser una de las claves que explican el mecanismo de contagio social a través de sus componentes. Los elementos básicos que conforman la estructura de toda red social se fundamentan en el principio de homofilia (homophily) por el cual el usuario tiende conectarse con otros individuos con los que compartimos una serie de características y en el principio del vínculo débil (weak tie), según el cual en ocasiones formamos conexiones con individuos que nos permiten acceder a redes de contactos a las que, de otro modo, sería poco probable tener acceso ya que se encuentran alejadas de nuestros círculos sociales habituales.

El **principio de homofilia** se refiere a la tendencia de las personas a interactuar, relacionarse y formar grupos con personas similares a ellas en términos de características demográficas, intereses y opiniones. En el contexto de las redes sociales, esto significa que las personas tienden a seguir, amigarse e interactuar con otras que comparten sus mismos intereses y opiniones.

Este principio tiene un gran impacto en el uso de las redes sociales, ya que puede contribuir a la creación de burbujas, en las que las personas solo ven y escuchan contenido y opiniones de acuerdo a sus propias creencias. Esto puede dificultar la exposición a perspectivas diferentes y aumentar la polarización en las discusiones políticas y sociales.

Es importante tener en cuenta que algunas redes sociales tienen algoritmos y funciones diseñados para mostrar contenido relevante para el usuario, basado en sus intereses y preferencias. Esto puede reforzar aún más la homofilia y la formación de burbujas de contenido en línea.

El **principio del vínculo débil** se refiere a la idea de que los contactos más valiosos en una red social son aquellos que están conectados a una persona a través de un grado de separación, es decir, aquellos con los que una persona tiene una relación menos cercana o estrecha. Estos contactos, también conocidos como "vínculos débiles", pueden proporcionar información, recursos y oportunidades que no están disponibles a través de los contactos más cercanos o "vínculos fuertes".

En el contexto de las redes sociales, el principio del vínculo débil puede afectar de varias maneras:

1. **Ampliación de la red**: los vínculos débiles pueden ayudar a ampliar el alcance de una red social, ya que permiten a las personas conectarse con personas fuera de su círculo de contactos cercanos.

2. **Oportunidades de trabajo**: los contactos débiles pueden proporcionar oportunidades de trabajo y carrera que no están disponibles a través de los contactos cercanos.

3. **Acceso a nueva información**: los vínculos débiles pueden proporcionar acceso a nueva información y perspectivas que no están disponibles a través de los contactos cercanos.

4. **Diversidad de contenido**: pueden proporcionar una mayor variedad de contenido que el obtenido de los contactos cercanos.

Sin embargo, también es importante tener en cuenta que el principio del vínculo débil no siempre es beneficioso, ya que también puede contribuir a la exposición a contenido y opiniones extremistas o engañosas debido a que los vínculos débiles están menos sujetos a la influencia de las relaciones cercanas o de confianza.

3.2. Cómo hacer un uso profesional de las redes sociales

3.2.1. Introducción

Los avances tecnológicos han puesto en nuestras manos algunas herramientas muy útiles en nuestro trabajo, si sabemos cómo sacarles provecho. Hablamos de las redes sociales, estructuras que nos permiten relacionarnos e interactuar en tiempo real con personas y organizaciones de todo el mundo para compartir intereses, experiencias o iniciativas.

A menudo suele confundirse el uso de las redes sociales, de ahí que se mezclen contenidos personales y privados con cuestiones meramente profesionales, actitud errónea que, a veces, puede traer como consecuencia la ruptura de relaciones o la pérdida de clientela.

Se deben establecer diferencias claras entre la cuenta personal y la profesional, entre la actividad de una y otra.

Se aconseja:

a) **Separar la esfera privada de la profesional**. Además, es importante distinguir entre "íntimo" y "personal". Se puede dar una opinión personal, pero no queda bien difundir contenidos de ámbito estrictamente privado o íntimo.

b) **Elige tu red (o redes)**. Hay más de un centenar de redes sociales para todo tipo de sectores: redes de interés general como Facebook, para compartir fotografías como Flickr o Instagram, de estilos de vida como Buzznet, de turismo como Wayn, para móviles como Cellufun, de vídeo como YouTube o Stickam, de reuniones como MyLife o de negocios como LinkedIn. Puedes abrir cuenta en cada una de ellas, pero no te servirá de mucho. Seguro que obtendrás mejores resultados concentrando ese ingente esfuerzo en una sola. Elígela bien y trabájala con tesón e inteligencia.

c) **Crea comunidad y fidelízala**. Ten presente el concepto "red social" y no olvides que sin los demás no somos nadie. No es fácil construir comunidad, que no es lo mismo que tener seguidores y "amigos". Las comunidades se interrelacionan, conversan, intercambian... Escucha, observa y participa cuando creas que debes hacerlo. Luego, trabaja para mantenerla y ampliarla. El objetivo es lograr que tu comunidad sienta tu marca como suya.

d) **Crea imagen de marca, gánate el favor del público y atrae tráfico web**. Desde un punto de vista profesional, cada uno de estos apartados requiere al menos de una estrategia. Las redes sociales pueden destruir en minutos el prestigio ganado durante años. Tal es su fuerza, que puedes aprovechar para ganar notoriedad como marca y atraer público a tu negocio, es decir, a tu página web.

e) **Difunde contenidos**. Seas profesional de lo que sea, seguro que tienes algo que decir, algo que mostrar, algo que enseñar. Utiliza tu web para contarlo y luego difúndelo en tus redes sociales. El retorno, al menos en tráfico, es inmediato. Por eso es importante que tengas una buena página web, segura y bien engrasada.

f) **No seas pesado/a**. No se trata de compartirlo todo, de difundirlo todo, de comentarlo todo ni de llenar la pantalla de contenidos propios o de estar presente a todas horas. El ruido ensordece y ahuyenta a las audiencias.

g) **Mira más allá de ti**: los demás también son buenos profesionales. Un error muy común en la gestión de redes, que cometen los aficionados, es creer que la plataforma está a su servicio y al de su empresa. Las personas tenemos distintos intereses, muchos de ellos dispares, pero a todos nos gusta la información que aporta valor, por mínimo que sea. Por eso, haces bien en compartir contenidos generados por otros, porque estarás aportando valor a tu comunidad.

3.2.2. Primeros pasos

El principio de las redes sociales profesionales es el de ayudarte a multiplicar tus contactos gracias a los contactos de tus contactos.

Gracias a este mecanismo se puede tener acceso a muchas más personas de lo que podríamos imaginar y de cualquier parte del mundo.

 No hay que estar en las redes sociales profesionales simplemente por estar allí: es importante la credibilidad y la calidad de tus contactos y su participación.

El principal temor que comparten muchos profesionales es el que se trate de una pérdida de tiempo. Las redes sociales profesionales tienen la reputación de consumir mucho tiempo, ya que es necesario enriquecer el perfil, agregar contactos, conservar la red.

Para paliar este riesgo, fíjate un límite de tiempo a respetar: de 15 a 20 minutos diarios para comenzar. Si consideras que tu presencia es eficaz puedes pasar un poco más de tiempo.

Ten en mente que, gracias a un buen uso de las redes sociales profesionales, la búsqueda de nuevos colaboradores, clientes o socios se hará más rápido. No deberás pasar por intermediarios para encontrar a la persona idónea.

- **¿Qué es lo que hay que hacer?**

Es simple, tan solo hay que:

1. Inscribirse.

2. Crear tu perfil.

3. Buscar otros miembros de acuerdo a tus intereses comunes.

4. Entrar en contacto con los otros miembros.

3.2.3. El uso correcto de las redes sociales profesionales

1. **Enriquecer el perfil**

   - Para incitar a los otros miembros a contactarte, es indispensable que crees bien tu perfil: trayectoria profesional, competencias, especialidades, etc.

Se recomienda poner una foto: las fichas con una foto son 4 veces más consultadas que las fichas sin fotos.

- Si dominas otros idiomas, crea un segundo perfil en inglés, francés, alemán u otro idioma.

- No dudes en incluir enlaces hacia su: blog, artículos, comentarios, etc.

- Solicita a tus contactos que redacten un comentario acerca de tu perfil.

2. **Ubica a tus contactos y contacta con ellos**

Las redes sociales profesionales disponen de motores de búsqueda para facilitar la búsqueda de miembros con similares centros de interés profesional.

- Encuentra a un miembro al que le interese.

- Consulta su perfil para saber más acerca de él, de dónde es, qué busca, lo que él puede aportarte y lo que tú puedes aportarle.

- Contacta con la persona vía la plataforma, para intercambiar información, tips y, por qué, no encontrar un campo de entendimiento para tus negocios.

- Si se concreta un negocio, vuelve a la forma clásica de toma de contacto: teléfono, cita.

3. **Cantidad y calidad de tu participación**

Los beneficios que sacarás de tus intervenciones en las redes sociales profesionales dependerán de cuánto participes y de la calidad de estas. Es necesario tener una participación activa, de búsqueda y toma de contacto. Para esto, se recomienda inscribirse en los grupos de discusión o crear uno.

4. **Intercambio y confianza mutua**

La noción de intercambio es esencial en las redes sociales profesionales. Tú proporcionas recomendaciones, las recibes, también consejos, proposiciones... Este intercambio favorece la creación de un clima de confianza, que facilitará la toma de contacto y la negociación.

Lo que no debes hacer: interesarte en las redes sociales cuando estás necesitado. Se recomienda utilizar las redes sociales profesionales cuando no tienes necesidad, así el día en que estés buscando nuevas oportunidades, las personas a las que ayudaste te ayudarán, sabiendo que cuantos más contactos tengas, mayor será tu credibilidad.

3.2.4. Qué redes profesionales elegir

Las redes sociales profesionales son aquellas enfocadas, principalmente, a los negocios y actividades comerciales. En ellas se busca establecer conexiones profesionales y no personales, y sus objetivos van desde hacer la función de un portal de empleo, hasta poner en contacto a posibles socios, inversores o partners de negocio.

Estas plataformas funcionan de diferente manera a las redes sociales tradicionales, como Facebook o X, pues el tono que se utiliza, así como la foto de perfil y las publicaciones, deben ser mucho más formales. Formal, pero no aburrido. Ten en cuenta que estas redes son el escaparate perfecto para ti, como profesional, y para tu negocio. Es importante estar activo en ellas si se quiere obtener buenos resultados y para ello es imprescindible interaccionar y compartir artículos y contenidos de interés con otros usuarios.

⇨ Las redes sociales exclusivamente profesionales: LinkedIn, Viadeo, Xing.

⇨ Las redes sociales para el público en general, con la posibilidad de uso profesional: Facebook, X, Instagram.

⇨ Para un uso profesional internacional, la red social más adaptada es LinkedIn.

3.2.5. Las redes sociales profesionales más usadas en España

Seguro que lo primero que se te viene a la cabeza si piensas en redes sociales profesionales es LinkedIn. Y es normal, pues es la más importante dentro de su ámbito, pero no es la única.

⇨ **LinkedIn**

Si hablamos de redes sociales profesionales tenemos que hablar de LinkedIn. Con más de 1000 millones de usuarios a nivel mundial, 11 de ellos en nuestro país, se ha posicionado como la red social profesional por excelencia.

LinkedIn es mucho más que un CV online. Es una red que te permite contactar con personas con las que de otra manera sería imposible. Con LinkedIn podrás conseguir más clientes, empleo, mejorar la imagen de marca de una empresa, hacer contactos profesionales, encontrar talento, hacer networking y mucho más.

LinkedIn es el lugar idóneo para encontrar y ser encontrado por quien te interesa.

⇨ **Viadeo**

Es una red social fundada en el año 2004. Es la segunda red social profesional, después de LinkedIn. Entre los miembros de esta red social se encuentran profesionales de varios sectores, propietarios de negocios, empresarios y una multitud de empresas de todo el mundo.

En Viadeo también se puede mostrar el CV online, participar en grupos de antiguos alumnos, emprendedores, etc. Existe un apartado de anuncios clasificados para ofrecer y buscar empleo.

Al igual que ocurre con LinkedIn, no vale solo con estar; pues para conseguir resultados en esta red social es importante ser activo. Su propio Director de Marketing hace hincapié en la importancia de ser activo en la red: "Hay que ser proactivo y tomarse la molestia de utilizar todas las posibilidades, todas las funcionalidades permitidas por Viadeo para encontrar socios. Hay que saber dar antes de querer recibir, esto producirá sus frutos".

⇨ **Xing**

Los mejores éxitos son los compartidos. Este es el lema de Xing, una red social profesional que, aunque pueda sonarte a chino, se creó en Alemania en el año 2003, bajo el nombre de OpenBc; pero tres años después cambiaron el nombre al actual. Cuenta con más de 22 millones de usuarios. También se denomina plataforma de networking online. Su principal utilidad es la de gestionar contactos y establecer nuevas conexiones entre profesionales de cualquier sector.

Incluye grupos temáticos y foros para plantear cuestiones e intercambiar información u opiniones sobre temas específicos. También cuenta con ofertas de empleo, páginas de empresa y una sección para ver y publicar eventos. Como muchas otras redes sociales profesionales, Xing tiene una versión gratuita y otra Premium. Pese a la hegemonía de LinkedIn a nivel mundial, Xing sigue luchando día a día por ganar más terreno fuera de las fronteras germanas.

⇨ **About.me**

Esta red social profesional difiere en uso a las otras que hemos comentado. Funciona como una especie de tarjeta de presentación online. Unifica en una misma URL todos los vínculos a tus perfiles en redes sociales y otros sitios webs, como blogs, enlaces a un post, etc. About.me te permite personalizar tu perfil al detalle (URL, colores, foto, fuentes…). De esta forma podrás organizar en un solo lugar toda tu información profesional. About.me te ofrece una buena oportunidad de mejorar tu reputación online. Y, de paso, ir consolidando tu propia imagen de marca.

⇨ **Bebee**

Se define a sí misma como una Affinity Networking, una red social de afinidad. Y a pesar de que la jerarquía de esta red se compone de colmenas (grupos de diferente índole), abejas (miembros activos) y miel (tu actividad), es seria y profesional.

Es una red social que no solo te permite encontrar trabajo o reclutar, sino que te permite interactuar con los miembros de la colmena que elijas y automáticamente tendrás todo su contenido en tu muro para que sea mucho más fácil interactuar para generar engagement.

- **Abejas**: miembros de la red social. Puedes seguir hasta 11 millones de abejas y no hace falta enviar invitaciones, esta red social segmenta por ti y te ofrece contenido y perfiles que son de tu interés, únicamente tienes que hacer clic en el sector que te interese.

- **Colmenas**: grupos desde RR. HH., Marketing e IT, hasta música y deportes. Y no te preocupes por no tener seguidores o publicar inmediatamente, todo aquel que esté en tu colmena verá tus contenidos automáticamente.

- **Miel: tu actividad**. Esta red social te irá premiando según vayas compartiendo contenido de otras abejas y propio pero, sobre todo, premiará los post largos y con enlaces.

5. **Womenalia**

Womenalia, fundada en septiembre de 2011 por María Gómez del Pozuelo, Elena Gómez del Pozuelo, Juan José Azcárate y Concha Mayoral, es la primera red social mundial de networking para mujeres profesionales, que pone en contacto a perfiles de mujeres con intereses y necesidades afines.

Su objetivo principal es aumentar la visibilidad del talento femenino en el terreno empresarial, incrementando el emprendimiento y aumentando el acceso a puestos ejecutivos e impulsando a cualquier mujer profesional a alcanzar las metas profesionales que se proponga. Para ello pone a disposición de sus usuarias una amplia red de contactos profesionales, eventos de networking, el Consejo Internacional de Expertos, un portal de empleo, contenidos, blogs y todo esto englobado en una amplia red profesional.

4. Acceso y navegación por las redes sociales

4.1. Facebook

4.1.1. Introducción

Facebook es una red social creada por Mark Zuckerberg mientras estudiaba en la universidad de Harvard. Su objetivo era diseñar un espacio en el que los alumnos de dicha universidad pudieran intercambiar una comunicación fluida y compartir contenido de forma sencilla a través de Internet. Fue tan innovador su proyecto que con el tiempo se extendió hasta estar disponible para cualquier usuario de la red.

Facebook fue fundada en 2004; sin embargo, tardó unos años en hacerse público y recién a partir del 2007 comenzaron a desarrollarse versiones en español, portugués, francés, alemán y otros idiomas.

El funcionamiento de Facebook es similar al de cualquier otra red social, aunque esta oración deberíamos formularla al revés, ya que es esta la red social que marca los antecedentes y las condiciones que deben cumplir las demás.

4.1.2. Características

Después de crearse una cuenta, el sistema te dirá quiénes de tus contactos de tu libreta de correo electrónico tienen ya un perfil en Facebook. Selecciona aquellos que quieras que estén en tu red de amigos. Facebook les enviará un mail para que confirmen la solicitud de amistad. A continuación, Facebook te sugiere que invites al resto de tus contactos que aún no tengan perfil, a que se lo creen.

También puedes localizar tus amigos mediante su dirección de correo electrónico, su nombre o su apellido e invitarlos a apuntarse.

Una vez que tus amigos te han "aceptado", tú tendrás acceso a ver su perfil y la información pública que en él hayan dispuesto, y ellos podrán hacer lo propio con el tuyo.

Ya tienes la cuenta, ya tienes los amigos, el siguiente paso es completar tu perfil.

Algunas de las principales herramientas que ofrece Facebook al usuario son:

⇨ El perfil, que es lugar donde el usuario pone las fotos que lo identifican y sus datos personales (lugar y fecha de nacimiento, institución en que estudió, lugar de trabajo, intereses, etc.).

⇨ El muro, que es un espacio en la página del perfil del usuario que permite tanto al usuario como a los amigos de este escribir mensajes o publicar fotografías, vídeos y enlaces en él.

⇨ Notificaciones, donde aparecen interacciones y diferentes acciones de todos los contactos.

⇨ Eventos, donde se puede invitar a todos los amigos a un evento o una actividad en particular.

⇨ Mensajería instantánea o chat y videollamadas, servicio que permite hablar en tiempo real con los amigos conectados.

⇨ Botones de interacción (me gusta, me encanta, me divierte, me asombra, me entristece y me enfada), que son las diferentes opciones para interactuar con los contenidos publicados por otros usuarios en la red.

⇨ Aplicaciones para dispositivos móviles, que facilitan la visualización y la accesibilidad de los usuarios en teléfonos móviles, teléfonos inteligentes o smartphones y tablets.

4.2. Instagram

4.2.1. Introducción y ventajas

Instagram es una red social que originalmente se creó como una aplicación nativa para móviles, que funciona a partir de una aplicación gratuita, tanto para los sistemas operativos de iPhone como para los que usen Android. Mediante esta aplicación se pretendía crear **fotografías o vídeos y editarlos** de manera sencilla para publicarlos y compartirlos con el resto de personas, ofreciendo una imagen del producto final cuidada y de calidad.

Instagram destaca por ser una red social básicamente fotográfica, aunque también permite colgar vídeos, lo que la convierten en un **fenómeno visual** que ha sabido ganar terreno aprovechando, por un lado, la existencia de los móviles con cámaras cada vez mejores y, por otra, modas como la de los selfies, además de explotar conceptos como el de las "stories". Cada vez más, las personas se comunican a través de las imágenes y por medio de conceptos volátiles, e Instagram es la plataforma ideal para ello.

Pero Instagram, también, es una herramienta muy eficaz para dar **visibilidad** a las empresas, que podrán compartir fotografías o vídeos relacionados con su sector y, de esta forma, aumentar el número de clientes potenciales.

Instagram permite capturar vídeos de varios segundos y aplicarles filtros increíbles, así como borrar fotogramas. Se escoge una foto atractiva de portada y se pueden incluir herramientas de foco. Los vídeos son los contenidos que mejor llegan al usuario en Instagram. Deben ser cortos, con impacto, con subtítulos y llegar desde el primer segundo.

Las historias son los contenidos que comparten los usuarios y cuya vida útil es muy corta. De hecho, este es el principal atractivo de las historias de Instagram, que no perduran. Estas historias pueden ser tanto imágenes como vídeos (largos o cortos) y pueden incluir texto, emoticonos, la hora, el tiempo… En resumen, lo tienen todo.

Son espontáneas, caducan al poco tiempo, permiten que el usuario tenga mayor cercanía con sus seguidores, pues es una forma de conocerse entre ellos. Tienen una audiencia masiva, provocan curiosidad pues, aunque no queramos, siempre acabamos "cotilleando" que están haciendo los demás.

Instagram permite crear un perfil de **empresa** y más de 5 millones de empresas de todo el mundo cuentan su historia en esta red. Los anuncios de Instagram permiten aumentar la notoriedad de las empresas y despiertan el interés por sus productos o servicios. Para crear un anuncio en Instagram utilizamos el administrador de anuncios de Facebook. Entre las ventajas de los anuncios en esta red social están:

⇨ El clic al sitio web es muy barato.

⇨ Si el anuncio está bien segmentado se consiguen muchos seguidores.

⇨ La tasa de engagement es muy buena. El usuario tiende a dar a "me gusta" con más facilidad que en Facebook.

En cuanto al uso general:

1. **Instagram Stories**: permite vídeos y fotos que desaparecen después de 24 horas, como Snapchat.

2. **Instagram Live**: permite transmitir vídeo en vivo, pero desaparece después de detener la transmisión.

3. **Perfil para empresas**: permite a las marcas acceder a los análisis y crear publicaciones publicitarias dentro de la aplicación.

Las tendencias de Instagram son:

1. Cada vez más empresas ven más a Instagram como una herramienta de negocio.

2. Uso cada vez mayor de **Instagram Direct** que permite mandar mensajes dentro de la app.

3. El uso de **Instagram Shopping** para comprar productos sin salir de la aplicación.

4. Cada vez más opciones de vídeo.

Algunos **consejos y trucos en Instagram**:

1. Si manejas una cuenta de una empresa, cambia el estado del perfil.

2. Aprender a contar historias en Instagram Stories.

3. Revisa periódicamente las estadísticas de tu perfil de empresa para valorar: el día y la hora de mayor audiencia para publicar; qué publicaciones tienen "mayor éxito" (analiza el tipo de contenido publicado). Con estos datos podemos planificar un calendario de acciones teniendo en cuenta el tipo de publicaciones que generan mayor interés y conversión por parte de nuestros seguidores.

4.2.2. Funcionamiento

El funcionamiento de Instagram es muy sencillo. Cada vez que se publica una foto o un vídeo, se mostrará en tu perfil, es decir, que otras personas que te sigan verán tus publicaciones en su propio muro. Del mismo modo, esa persona verá las publicaciones de otras cuentas a las que ha decidido seguir. Por lo tanto, Instagram es una red creada básicamente para **compartir** imágenes.

Al igual que otras redes sociales, puedes **interactuar** con las otras cuentas no solo siguiéndolas o siendo seguido por ellas, sino, también, comentando su actividad, dándole likes a sus fotos y haciendo comentarlos, etiquetando y enviando mensajes privados o, incluso, guardando las fotos que más te gusten.

Como ya sabes, Instagram está diseñado para ser utilizando desde el teléfono móvil, pero también te permite acceder desde un dispositivo de sobremesa. Aunque más adelante comprobarás cómo usar la aplicación móvil, en las próximas pantallas usaremos la versión web porque para su uso profesional es más cómodo.

Aunque Instagram es una aplicación nativa para iPhone creada en 2010, su impresionante crecimiento le permitió en 2012 sacar la versión para Android, ser adquirida por Facebook ese mismo mes y ofrecer una versión web para los navegadores a finales de ese mismo año. Aprenderemos a crear una cuenta desde la versión del navegador como un primer acercamiento a todas las utilidades de esta red social.

⇨ **Inicio**

Las imágenes de entrada a la web de Instagram ya te indican que esta red es para disfrutar desde un teléfono inteligente, aunque nos permita empezar desde el navegador. Todo lo que necesitas para identificarte es un correo electrónico y una contraseña con los que acceder a tu cuenta.

En la página inicial puedes comprobar que, una vez hayas creado tu cuenta, te permitirá acceder a ella por medio de tus datos de Facebook, ya que a finales de 2012 Facebook compró Instagram por 1.000 millones de dólares.

Además, en la parte inferior puedes comprobar que te anima a que te descargues la versión móvil, tanto para iPhone desde Apple Store o para dispositivos Android desde Google Play.

⇨ **Registro**

Los datos iniciales que te solicitan para acceder son un número de teléfono o un correo electrónico, tu nombre completo, tu nombre de usuario y una contraseña. Al lado del nombre de usuario aparece un botón con el que puedes comprobar que el que elijas no está siendo utilizado por nadie más. Pulsando en él, Instagram te ofrecerá alternativas. Piensa que este nombre de usuario es con el que se te va a reconocer dentro de la red social. Por lo tanto, es importante que sea único dentro de esta.

Por supuesto, no dejes de consultar las condiciones de uso de esta red social. De hecho, antes de continuar, Instagram te pide tu edad para saber cómo debe tratar tus datos personales.

⇨ **Notificaciones**

A continuación, Instagram solicita permiso para activar tus notificaciones, es decir, para avisarte de cuando algo sucede en tu cuenta. Las personas que desean darse de alta en Instagram para tener una cuenta personal suelen activar esta opción. Se recomienda no activarla para no sufrir del síndrome de dependencia del móvil. En cualquier caso, puesto que vas a aprender a seguir con regularidad las estadísticas que ofrece Instagram, tampoco las necesitas.

⇨ **Sugerencias**

Lo primero que te sugiere Instagram al crear tu cuenta es escoger a aquellas otras a las que desees seguir. Esto es porque hasta que no sigas a nadie no puede mostrar nada en tu muro. Además, con tus elecciones, Instagram se hace una idea de cuáles son tus gustos e intereses para poder seguir haciéndote sugerencias y mostrándote publicidad que te sea útil.

Las cuentas iniciales que te ofrece, al no tener datos sobre ti, son las de personajes famosos, deportistas y marcas populares, por ser estas las que más seguidores tienen. Pero puedes buscar aquellas otras que te interesen a ti con el buscador que te ofrece en la parte superior. Puedes, por ejemplo, buscar cuentas relacionada con tu ciudad o buscar personas en concreto.

4.3. X

Es la red de microblogging por excelencia.

Al crear una cuenta, podrás hacerlo usando el correo electrónico o el teléfono.

La dinámica consiste en seguir a otros usuarios y que otros usuarios nos sigan a nosotros.

El propio X propone a quién seguir.

Inicialmente, propondrá perfiles populares para a continuación permitir explorar categorías temáticas en las que poder buscar según nuestros gustos o afinidades.

Al igual que Facebook, por ejemplo, también te permite buscar gente que conoces dentro de los contactos de tus cuentas de correo electrónico o tu teléfono.

• **¿Qué permite X?**

1. Configurar el perfil y la privacidad de forma que quien te quiera seguir tendrá que solicitar permiso y tú, aceptarlo.

2. Crear y seguir listas.

3. Recibir y enviar mensajes directos.

4. Explorar categorías temáticas.

5. Buscar amigos.

6. Ver recomendaciones.

7. Seguir, buscar y participar en tendencias globales: los Trending Topic a través de los hashtags (palabras clave precedidas de un signo # que sirven para etiquetar nuestros tweets y facilitar su asimilación a un tema).

8. Conocer las interacciones que ha habido con tus contenidos o tu perfil: quién te sigue, quién ha retuiteado algo que dijiste, si te han añadido a listas.

9. Conversar con otros usuarios a través de las menciones directas que aparecerán como interacciones.

10. Configuracion en el teléfono móvil.

11. Vinculación con otras redes, como Facebook o LinkedIn.

Conviene añadir que los contenidos de X se indexan en los motores de búsqueda, por lo que, además de las funcionalidades propias del medio, lo convierten en una excelente herramienta para una estrategia de social media.

4.4. LinkedIn

LinkedIn es la red profesional con más usuarios en el mundo. La utilizan para aumentar sus redes de contacto, mostrar su trayectoria profesional y encontrar nuevas oportunidades de trabajo.

- **Conocer LinkedIn**

  ⇨ 700.000 compañías utilizan LinkedIn para hacer reclutamiento.

  ⇨ 61 millones de usuarios revisan ofertas de empleo cada semana.

  ⇨ El 40% de los usuarios de Internet de entre 46 y 55 años utilizan LinkedIn.

  ⇨ El 16,2% de los usuarios de LinkedIn acceden a esta plataforma de forma diaria y el 35,4% de forma mensual.

  ⇨ El 60,1% de los usuarios de LinkedIn están entre 25 y 34 años, seguido del 19,2% entre 18 y 24 años y del 10,3% entre 35 y 54 años.

Permite perfiles personales y páginas de empresa. Los perfiles personales están destinados a introducir datos profesionales de cada usuario: formación, experiencia profesional, habilidades, méritos, intereses... Permite introducir un CV completo.

213

Asimismo, al estar concebida como **red social**, permite:

1. Añadir contactos.

2. Enviar mensajes privados.

3. Crear grupos de trabajo y discusión (y unirse a ellos y participar).

4. Recomendar a otros usuarios.

5. Dispone de bolsa de empleo.

6. Es posible realizar búsquedas avanzadas por perfiles profesionales o por empresas y cuenta con un servicio de preguntas y respuestas para que los expertos puedan aportar sus conocimientos.

7. También se pueden crear páginas de empresa en las que es posible personalizar la información, ofrecer servicios, vincular trabajadores y colaboradores y visualizar estadísticas.

8. Además, es posible vincular la cuenta con X.

Como siempre, conviene **comprobar y revisar la configuración de la cuenta de usuario** y completar adecuadamente los apartados del perfil que nos interese.

LinkedIn es una excelente plataforma para llevar a cabo acciones de **visibilidad y marketing**, además de servir para acciones de reclutamiento y de búsqueda de talento.

4.5. YouTube

YouTube es un sitio web filial de Google destinado a **compartir vídeos**. Permite a los usuarios cargar, ver, calificar, compartir, agregar a listas de reproducción, informar, comentar vídeos y suscribirse a los canales. Ofrece una amplia variedad de vídeos corporativos y personales que incluye videoclips, clips de programas de televisión, vídeos musicales, cortometrajes y documentales, grabaciones de audio, avances de películas, transmisiones en vivo y otros contenidos como blogs de vídeos, vídeos originales cortos y vídeos educativos.

YouTube no solo es uno de los sitios web más grandes por popularidad y contenido, sino que es tanto una red social, como un motor de búsqueda como, por supuesto, un proveedor de vídeo. En estos botones puedes encontrar diversos datos estadísticos de YouTube recopilados por Statista para que te hagas una idea de su importancia como plataforma de marketing:

a) El número de usuarios mensuales activos es de 2,5 millones.

b) El número de horas vistas por día es de más de 1 billón.

c) En España, aproximadamente un 32% de los usuarios de redes usa YouTube a diario.

d) Alrededor del 12% de la audiencia son hombres de entre 25 y 34 años, mientras que las mujeres de la misma edad son de poco más del 9% del total.

e) Por su parte, los usuarios mayores de 64 años supusieron menos del 5% del total en ambos casos.

- **Crear una cuenta de YouTube para empresas**

Antes de empezar, el primer paso es abrirse una cuenta de marca en Google. Es más recomendable crear este tipo de cuenta porque cuando creas tu canal de YouTube utilizando una cuenta normal, solo una persona, el titular de la cuenta de Google, puede iniciar sesión en ese canal. Creando tu canal de YouTube con una cuenta de marca, múltiples cuentas autorizadas de Google pueden iniciar sesión simultáneamente, lo que para trabajar en la misma es mucho más cómodo, sobre todo si necesitas ayuda en estos primeros pasos. Pulsando en las flechas laterales puedes aprender a crear este tipo de cuenta.

4.6. Flickr

Su uso gratuito está limitado a 1.000 imágenes, pero la versión Pro es asequible e ilimitada.

Ventajas principales:

1. Permite almacenar el contenido de imágenes en un servidor ajeno a nuestra web o blog, enlazando desde ellos a Flickr, lo que aligera considerablemente el peso de nuestras webs.

2. Cuenta asimismo con numerosas posibilidades de vinculación con otras redes sociales, de enlazar desde otras herramientas y es posible subir imágenes desde cualquier dispositivo, incluido el teléfono móvil.

3. Permite contactos, etiquetas y sus contenidos son indexados muy bien por Google, lo que facilita su presencia en Internet, sobre todo si orientamos el uso de Flickr a asuntos profesionales.

4.7. Pinterest

Pinterest es una plataforma que permite compartir imágenes o vídeos (pines) entre los usuarios para crear y administrar, en tableros personales temáticos, colecciones de pines relativas a eventos, intereses y hobbies.

Los usuarios pueden buscar otros 'pinboards' (conjuntos de pines) o 're-pinear' imágenes para sus propias colecciones (agregar una imagen de otro usuario).

El objetivo de Pinterest es "conectar a todos en el mundo, a través de cosas que encuentran interesantes".

Cualquier usuario puede crear o acceder a una cuenta al vincular Pinterest a un perfil de Facebook o de X.

Cuando un usuario decide republicar o "repinear" una imagen a su propio tablero, dispone de la opción de notificarlo a sus seguidores de X y Facebook, gestionándolo desde la página de configuración.

Desde 2014 Pinterest ofrece sus servicios también a empresas y dispone de opciones para realizar campañas de publicidad, ofrecer estadísticas sobre el comportamiento de las publicaciones o integrarlo en un sitio web.

1. La transición de la Web 1.0 a la 2.0 viene marcada por las nuevas necesidades de comunicación e interacción; necesitamos formar parte de algo, y no solo consumir lo que nos viene dado de fuera. En la sociedad actual, interactuamos continuamente con los que nos rodean, bien sea por asuntos profesionales o en la esfera personal. Es en este nuevo contexto donde nociones como trabajo colaborativo, aplicado al campo de la informática, o buscadores colaborativos ganan importancia. La herramienta más utilizada para realizar este trabajo colaborativo en red es Google Drive, de la que hemos visto sus principales características.

2. Asimismo, si algo ha cambiado de forma radical nuestra forma de comunicarnos han sido las redes sociales, de enorme importancia para afianzar nuestro negocio y poder llegar de forma satisfactoria a nuestros potenciales clientes. Entre estas las hay personales y profesionales, si bien, utilizadas convenientemente, todas pueden ayudar a crear "imagen de marca" y atraer clientes a nuestros negocios.

UNIDAD DIDÁCTICA 7

Wikis, blogs colaborativos y documentos compartidos

Contenido & Objetivos

Introducción

1. **Wikis**

2. **Blogs colaborativos**

3. **Documentos compartidos**

Resumen

Los **objetivos** de esta unidad son:

1. Conocer qué es una wiki, sus características y morfología.

2. Entender el impacto que el fenómeno blog ha tenido en Internet.

3. Conocer las herramientas de Google Drive.

Introducción

Los hábitos de consumo de información y el modo de generar y presentar dicha información han cambiado con la introducción y universalización de Internet como canal de comunicación.

Wiki es un concepto que se utiliza en el ámbito de Internet para referirse a las páginas web cuyos contenidos pueden ser editados por múltiples usuarios a través de cualquier navegador.

El fenómeno blog es la respuesta a estos cambios. Y el blog corporativo la herramienta de las empresas para adaptarse a estos cambios.

Los documentos compartidos facilitan mucho el trabajo en equipo. La opción más usada a la hora de apelar a los documentos compartidos es Google Drive, una de las aplicaciones del buscador.

1. Wikis

1.1. Definición y características

Una wiki es un sitio web que permite a sus usuarios agregar y editar contenido, lo cual la transforma en una fuente de información que no está en manos de una sola persona o de pocas, dado que está abierta a un público más amplio.

El resultado es un sitio web público corregido, con el mínimo control top-down posible.

La wiki más conocida es Wikipedia.org, una enciclopedia en línea que permite que todos los usuarios registrados mejoren sus artículos.

Las wikis tienen cuatro características:

⇨ Cualquiera puede cambiar cualquier cosa (añadir, borrar o modificar el contenido) abierto a aportaciones e intervenciones de cualquier persona que lo desee.

⇨ Las wikis usan un sistema de marcas hipertextuales simplificadas.

⇨ No es necesario saber HTML o utilizar un editor de páginas para colaborar, ya que las wikis eliminan los elementos no imprescindibles del HTML y los reducen a lo esencial.

⇨ Una wiki no tiene una estructura predefinida, ya que cualquiera puede crear nuevas páginas y vincularlas a cualesquiera otras páginas existentes. Permiten la construcción colaborativa y progresiva de espacios hipertextuales complejos de información.

⇨ Las páginas de las wikis están libres de egos, de referencias temporales y nunca terminadas. El concepto de autor se difumina en las wikis en la medida en que cualquier página ha sido realizada por muchas personas que añaden, borran, enmiendan, comentan, etc.

1.2. Ventajas y desventajas

La **ventajas** son:

⇨ Su uso es sencillo. Poseen una estructura flexible y por tanto pueden usarse para una amplia gama de aplicaciones.

⇨ El contenido se actualiza instantáneamente cuando cualquiera de los colaboradores realiza un cambio. El formato es muy flexible.

⇨ El trabajo de todos es valorado, no hay distinción entre los contenidos aportados por los colaboradores, ya que lo que se hace es agregar contenidos nuevos o cambiar en función de lo que se va actualizando.

⇨ Pueden participar personas de diferentes ubicaciones geográficas.

⇨ Es sencilla la revisión del trabajo antes de la publicación.

⇨ Son de sencillo mantenimiento y no implican mucho costo, muchos formatos son gratis.

⇨ El contenido puede ser escrito en varios idiomas, lo que las hace muy versátiles.

⇨ Se pueden revisar las versiones anteriores de los documentos, después de un cambio ya que se guardan los historiales.

⇨ Permiten el seguimiento en la ejecución de proyectos y la organización de reuniones.

⇨ Es muy útil en el área educativa porque permite la incorporación de contenidos en un solo formato. Estimula el trabajo en equipo y el interés de los estudiantes porque combina el aprendizaje con el uso de la tecnología.

Y las **desventajas**:

⇨ A consecuencia de que son sistemas abiertos y cualquiera puede entrar y modificar la información (a menos que existan controles) puede haber el riesgo de que la información no sea veraz, adecuada o correspondiente con el tema que se trata. Riesgo de spam y vandalismo.

⇨ Es muy difícil definir la propiedad intelectual de los contenidos. Están sujetas a la subida de contenido plagiado.

⇨ No existe o se hace muy difícil la supervisión de los contenidos.

⇨ Puede existir el riesgo de que la información no siga una estructura organizada por la participación de mucha gente.

Diferencias entre un blog y una wiki:

Blog	Wiki
Organizado por entradas.	Organizada por páginas.
Carácter más estático.	Carácter más dinámico, participativo.
Organización cronológica.	Organización atemporal.

1.3. Morfología de una wiki

Una wiki consta de una o más páginas web vinculadas entre sí. Cada página web individual de una wiki se denomina página wiki, mientras que el conjunto de páginas, normalmente interconectadas entre sí mediante hipervínculos (enlaces web o links), es el (sitio) wiki o el wikiwikiweb. Cada texto o página wiki tiene un título único.

Si se escribe el título de una página wiki en algún otro lugar de la wiki, esta palabra se convierte automáticamente en un enlace a la página wiki a la que hace referencia, de modo que en toda la wiki existe "una red" de referencias cruzadas que facilita la navegación hipertexto a través de la misma.

Por ejemplo, en una página wiki de un sitio wiki sobre "Educación" pueden existir palabras como "conocimientos" o "valores" que estén marcadas como palabra perteneciente al título de otra página wiki. La mayor parte de las implementaciones de wikis indican en el URL de la página (la dirección web) el propio título de la página wiki (en Wikipedia ocurre así: *es.wikipedia.org/wiki/Educación*, facilitando el uso y comprensión del enlace fuera del propio sitio web. Además, esto permite formar en muchas ocasiones una coherencia terminológica, generando una ordenación natural de los contenidos.

La wiki permite escribir artículos de forma colectiva mediante un editor de "wikitextos" (por analogía con un editor o procesador de textos habitual) utilizado mediante el navegador web. Un procesador de wikitextos consiste esencialmente en un lenguaje de marcación sencillo, específico de cada sitio wiki (un lenguaje que utiliza marcas para codificar la estructura y el formato del documento). No existe un estándar que defina la sintaxis (las reglas) de dicho lenguaje (como ocurre con el lenguaje HTML de las páginas web, que está regulado por unas reglas establecidas), sino que depende del software wiki que se emplee (esto no es diferente de lo que ocurre con los procesadores de texto que utilizamos habitualmente en nuestro ordenador). Esto suele facilitar al usuario no experto la edición del texto, sin obligarle a utilizar un conjunto de etiquetas crípticas que debería conocer de antemano, y ayudándole mediante la utilización de menús y botones de atajo similares a los utilizados en los procesadores habituales.

La mayor parte de las wikis conservan un historial de cambios que permite recuperar fácilmente cualquier estado anterior y conocer el usuario que ha llevado a cabo cada cambio, lo cual facilita enormemente el mantenimiento conjunto y el control de usuarios destructivos.

1.4. Elementos de una wiki

Los diferentes elementos de una wiki pueden variar según la wiki específica de que se trate, pero, esencialmente, son los siguientes:

⇨ **Logo**

Una imagen representativa de la wiki que aparece en la zona superior izquierda, seleccionable por el usuario.

⇨ **Panel de navegación**

Que permite el recorrido por las diferentes páginas wiki; está compuesto por:

- El índice de páginas, una lista de los nombres de las diferentes páginas wiki; cada nombre es en realidad un enlace web a la correspondiente página. La página principal de la wiki, aquella a la que se accede cuando en el navegador se escribe la dirección web del sitio wiki, se suele denominar Home o Portada.

- Un campo de búsqueda (Search), que permite localizar contenidos en la wiki a través de una búsqueda mediante palabras clave.

⇨ **Páginas**

En la zona central de la wiki se muestra el contenido de la página que se selecciona haciendo clic en el índice de páginas.

⇨ **Edición de la página**

Este botón permite iniciar el procesador de wikitextos para modificar el contenido de la página actualmente mostrada (podría aparecer también como una pestaña en la cabecera de página en lugar de un botón).

⇨ **Cabecera**

Donde figuran varias pestañas:

- Visualización de la página (page) actualmente seleccionada.

- Registro histórico de modificaciones de la página actual (history); permite comparar los cambios producidos entre versiones y recuperar una versión anterior.

- Zona de debate (discussion). Es similar a un foro.

- Notificación de novedades (notify me), donde se puede configurar el envío de una notificación por correo electrónico cada vez que un usuario realice una modificación en la wiki.

⇨ **Panel de administración**

Donde figuran las herramientas principales de la wiki:

- Creación de una nueva página (New page).

- Acceso al histórico de cambios recientes en la wiki (Recent Changes).

- Acceso a la configuración de la wiki (Manage Wiki), donde se encuentra el listado de páginas para eliminar, renombrar, etc., los usuarios miembros de la wiki, los permisos, la posibilidad para adjuntar ficheros, etc.

De cada página wiki existen, por lo general, tres representaciones:

- Una plantilla que define la estructura y elementos comunes de todas las páginas de la wiki.

- El "código fuente" de la página, editable por los usuarios. Se trata del formato almacenado localmente en el servidor de Internet donde se aloja la wiki. Normalmente es texto plano (texto sin caracteres especiales y de control), solo es visible para el usuario cuando realiza la operación "Editar esta página".

- El código HTML (el que es capaz de interpretar un navegador web), generado a tiempo real por el servidor a partir del código fuente cada vez que un usuario solicita la visualización de la página.

1.5. El éxito de la Wikipedia

Wikipedia es un ejemplo de ejercicio responsable de creación colectiva que se gana día a día la confianza de sus colaboradores y usuarios en general.

Es importante hacer mención de este caso de éxito para conocer cómo estas herramientas se ganan su credibilidad entre los usuarios y por qué pueden ser utilizadas en entornos profesionales y científicos sin suspicacias.

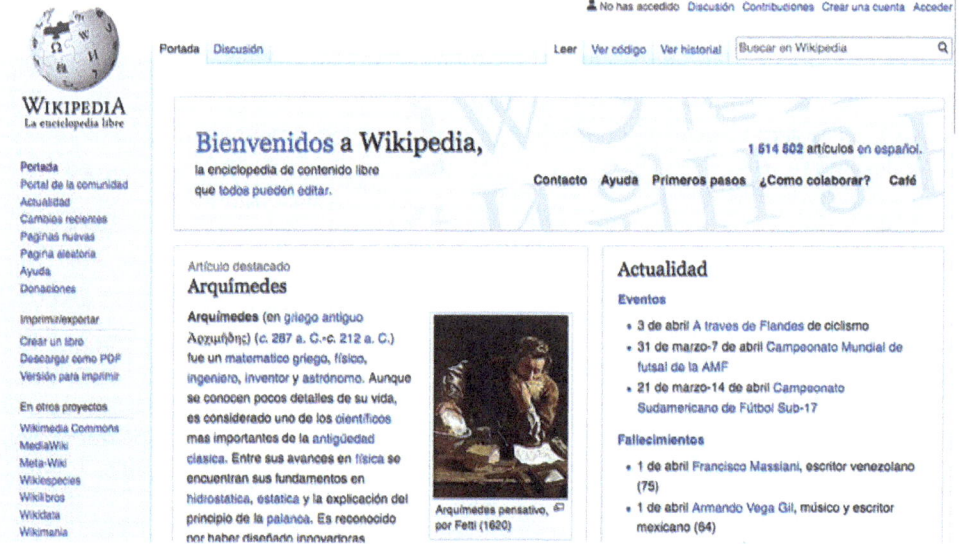

1.6. Cómo funciona una wiki

Vamos a tomar el ejemplo de Wikipedia y vamos a ser capaces de editar en su sección de pruebas. Wikipedia usa el motor Mediawiki. Es muy fácil editar una página wiki. Simplemente hay que hacer clic en la pestaña "Editar" ubicada en la parte superior de todas las páginas de Wikipedia. El hacer esto nos llevará a una página con una caja de texto que contiene el texto editable de esa página. Ahora se trata de escribir y después presionar "Mostrar previsualización" cuando el texto esté listo. Entonces se puede revisar si ha quedado bien, corregir lo que esté mal o no nos guste hasta que quede bien. Cuando uno queda satisfecho se guarda la edición pulsando "Grabar la página". Los cambios serán inmediatamente visibles para otros usuarios.

Cada página de una wiki tiene un menú lateral izquierdo compuesto básicamente por 3 cajas:

1. **Navegación**: acceso a la portada, portada de la comunidad, actualidad, cambios recientes, página aleatoria, ayuda.

2. **Buscador**: con introducir un término nos lleva a las páginas que lo contienen. La mayoría de wikis permite al menos una búsqueda por títulos, a veces incluso una búsqueda por texto completo. La escalabilidad de la búsqueda depende totalmente del hecho de que el motor de la wiki disponga de una base de datos o no: es necesario el acceso a una base de datos indexada para hacer búsquedas rápidas en wikis grandes. En Wikipedia también se pueden usar motores de búsqueda externos, tales como el de Google, para encontrar información.

3. **Herramientas**: lo que enlaza aquí (muestra enlaces a todas las páginas que enlazan con la actual), seguimiento de enlaces (muestra los cambios ocurridos recientemente a páginas que enlazan la actual), subir archivo (permite subir contenido multimedia, páginas especiales, versión para imprimir, enlace permanente, citar este artículo).

La parte central se reserva para el contenido de cada artículo compuesto por texto, enlaces internos y externos y también contenidos audiovisuales. Cada artículo tiene varias pestañas con enlaces a:

⇨ **Discusión**: permite introducir observaciones y comentarios al texto.

⇨ **Edición/ver código fuente**: permite participar creando o modificando el contenido. Si la página está protegida solo permite ver el código fuente.

⇨ **Historial**: registra su inclusión y todas las modificaciones que ha venido experimentando desde entonces, con indicación de quién las realizó. Además, permite visualizar las versiones anteriores a cada contribución.

2. Blogs colaborativos

2.1. Introducción

 El blog es un sitio web caracterizado por ofrecer contenidos de forma periódica, ordenados cronológicamente con la opción de permitir que los usuarios puedan dejar sus comentarios. Es además uno de los elementos clave para el marketing 2.0 de la empresa, puesto que ofrece la posibilidad de publicar contenidos relevantes y útiles para los usuarios de forma constante.

Aunque la empresa tenga su sitio web oficial, un blog es un recurso fundamental para alcanzar una presencia destacada en el sector de mercado donde se actúa. A la vez que mejora la marca de la empresa, permite un contacto directo y una conversación con los clientes actuales o potenciales, y sirve de vehículo de entrada de muchas visitas a la web de la empresa.

Actualmente es muy común usar los blogs para fortalecer la reputación online de las empresas. Son muchas las que utilizan este medio a través de diferentes plataformas, como por ejemplo, WordPress, que permite crear blogs bastante eficaces y de mucha utilidad.

Un blog es un medio de promoción e información, que tiene un nicho de mercado muy interesante, y cuenta con la ventaja de que en Internet, podemos comunicarnos en diferentes horarios y sin límites geográficos, logrando un mayor alcance en todo el mundo.

¿Cuáles son las razones por las que una empresa debería crear un blog?

1. Fideliza clientes y crea confianza para comprar sus productos o servicios.

2. Mejora la calidad de su tráfico web.

3. Logra llegar a más audiencia captando potenciales clientes.

4. Aumenta las posibilidades de conversiones a su sitio.

5. Incrementa la búsqueda orgánica en Google.

6. Fortalece la reputación online de la marca.

7. Su contenido es compartido en medios sociales.

8. Reduce los gastos en la inversión publicitaria online.

9. Puede obtener visitas reales y de calidad.

10. Notoriedad hacia la marca.

Las **mejores opciones para crear un blog** son:

1. **Blogger**: es una de las primeras plataformas para crear blogs y su vinculación con Google proporciona herramientas útiles.

2. **WordPress**: es una de las herramientas más usadas para crear blogs y páginas web simples. Su formato es fácil de usar y permite manejarlo sin problemas.

3. **Weebly**: cuenta con un servicio de pago y otro gratuito. Usa estilo de formato Widget, haciendo que la creación de páginas se haga en pocos pasos y sencilla para el usuario.

4. **Joomla!**: es un sistema de gestión de contenidos de código abierto y fácil manejo.

5. **Drupal**: el contenido textual de las páginas y otras configuraciones son almacenados en una base de datos y se editan utilizando un entorno web.

Estos son algunos ejemplos destacados, pero hay muchísimos más que el usuario puede encontrar y utilizar según sus necesidades.

2.2. WordPress

¿Sabías que WordPress es, actualmente, el gestor de contenidos más utilizado para crear sitios web?

Como ves, el CMS WordPress está muy por encima, en construcción de sitios web, de editores HTML profesionales como Adobe Dreamweaver. Y sobre otros CMS populares de código abierto como Joomla, Drupal y TYPO3. Con casi 18 millones de sitios web en el mundo, WordPress es el CMS de código abierto más popular y utilizado del mercado. En un principio fue concebido como un sistema de gestor de contenidos dedicado al desarrollo de blogs personales y empresariales, pero sus características y funcionalidades le permiten la implementación de extensiones y módulos adicionales que lo convierten en un gestor de contenidos versátil y potente, capaz de cubrir las necesidades de cualquier sitio web.

Para la creación y desarrollo de contenidos, el CMS de WordPress cuenta con utilidades destacadas:

1. Herramienta de aprobación antes de la publicación de contenidos o de comentarios sobre las publicaciones.

2. Encriptación SSL, según la normativa de la Unión Europea, que además cumple con los requisitos del buscador Google para indexar el sitio web.

3. Gestión del rol de usuario.

4. Verificación por correo electrónico.

5. Notificación automática de problemas a través del back-end y sistema de alerta al correo electrónico.

6. Herramienta de seguridad CAPTCHA, contra el spam y para la protección del sitio web.

¿Sabías que WordPress cuenta con dos versiones adaptadas a cada tipo de necesidad?

Automattic, es la empresa propietaria de WordPress y ofrece dos opciones a la hora de utilizar su CMS, wordpress.com permite utilizar el servicio online sin necesidad de descarga e instalación en un servidor y wordpress.org como una herramienta que se instala en un servidor.

Las diferencias entre son:

⇨ Wordpress.com

⇨ Wordpress.org

La velocidad de carga del sitio web depende de muchos factores, algunos de los factores que intervienen directamente con la velocidad de carga de la web son, la elección del hosting, el peso de los elementos multimedia que incluye la web, como vídeos, imágenes, la cantidad de plugins o extensiones instalados en el CMS, etc. La velocidad de carga de la web es un factor que Google tiene en cuenta a la hora de posicionar nuestro sitio web en el ranking de resultados de búsqueda. Por ello es importante medir la velocidad de carga de nuestra web y aplicar las medidas correctoras en caso de que el tiempo de carga supere los 3 segundos. Una herramienta que Google pone a nuestra disposición para medir la velocidad de carga del sitio web es PageSpeed Insights.

2.3. Blogger

Blogger es un **servicio web de Google para crear blogs**. Su característica principal es su facilidad de uso, lo que permite un desarrollo sencillo y rápido, así como una administración asequible a cualquiera. Es una herramienta que, por su sencillez y facilidad de uso, es ideal para aquellos neófitos que quieren emprender un proyecto de un blog básico y apenas cuentan con conocimientos técnicos, ni disponen de presupuesto para realizar una inversión en un hosting.

Sus características son:

⇨ **Múltiples blogs**: permite la creación de varios blogs con un solo registro en Blogger.

⇨ **Idiomas**: el back-end se puede configurar en varios idiomas para el administrador.

⇨ **Gmail**: necesitas una cuenta de correo electrónico de Gmail para registrarte.

⇨ **Integración con Google**: no necesitas realizar una instalación externa, ya que el blog se aloja en el servidor de Google. Al pertenecer a Google, integra todas las herramientas de analítica web, como Analytics, AdSense, Google Docs, Google Fotos y YouTube.

⇨ **Gadgets**: es posible integrar gadgets para dotar al blog de nuevas herramientas y funcionalidades.

⇨ **Dominio propio**: aunque es un servicio gratuito, Blogger permite la configuración de un dominio propio.

⇨ **Tamaño archivos multimedia limitado**: permite que el tamaño de los archivos de imagen sea de hasta 8 MB cada uno. Permite que el tamaño de los archivos de vídeo sea solo de 100 MB cada uno.

El back-end y la configuración de Blogger es muy similar a la de wordpress.com. Sin embargo, existen algunas diferencias entre los servicios de Blogger y las dos opciones de WordPress. ¿Quieres conocer cuáles son?

⇨ **Blogger**

- Plantillas ilimitadas y sencillez a la hora de editarlas.

- Editor de entradas y páginas intuitivo y visual.

- Es gratis.

- Permite la instalación de Gadgets como complementos.

- Poco orientado al SEO.

- Se puede monetizar.

- Suscripción habilitada a través de un simple botón.

- El dominio gratuito tiene la extensión blogspot.com

⇨ **Wordpress.com**

- Plantillas limitadas y no permite su edición.

- Editor de entradas sencillo y práctico.

- Es gratis.

- No permite la instalación de plugins como complementos.

- Orientado al SEO.

- No permite la monetización.

- Suscripción habilitada a través de un simple botón.

- El dominio gratuito tiene la extensión wordpress.com.

⇨ **Wordpress.org**

- Plantillas ilimitadas, permite la instalación de temas de pago.

- Editor de entradas con funcionalidades más completas y complejas.

- Descarga gratis, pero requiere estar alojado en un servidor y poseer un dominio.

229

- Permite la instalación de plugins como complementos que le permiten ser escalable.

- Muy orientado al SEO.

- Se puede monetizar y convertirlo en una tienda online a través del plugin WooCommerce.

- La suscripción se realiza a través del correo electrónico.

- El dominio es personalizado, sin extensiones de Wordpress.org.

- Ahora que ya conoces las diferentes características entre estas tres opciones, en el siguiente vídeo podrás ahondar en sus funcionalidades y te ayudará a comprender porque existen tres servicios tan parecidos y para qué finalidad se aplica cada uno.

3. Documentos compartidos

Una de las principales herramientas para compartir, como ya estamos viendo, es Google Drive.

Accederemos a compartir con el botón derecho en el archivo que quieres compartir y haciendo clic en Compartir > Copiar vínculo.

Otra herramienta es Google Docs que ofrece un conjunto de herramientas inteligentes de edición y estilización que dan a los equipos el poder de crear documentos significativos y de alta calidad.

También, Dropbox que a compartir e intercambiar en un espacio unificado. Permite crear tareas, asignar otras, etc.

Muy utilizado es, también, Office 365, que contiene todas las aplicaciones de Office, además de otras como Teams, muy útil para realizar videollamadas y compartir información.

Otra herramienta disponible es Notion donde resulta muy fácil crear y compartir contenido, con una interfaz intuitiva y de fácil manejo.

Por último, destacaremos SharePoint que facilita multitud de recursos y plataformas para compartir. Permite acciones adicionales como visualizar en el escritorio, mensajería instantánea, etc.

1. Wiki es un tipo de sitio web que permite la cooperación (abierta al público, dentro de una compañía o de un grupo) permitiendo que la gente corrija libremente todo su contenido.

2. Las wikis tienen cuatro características: cualquiera puede cambiar cualquier cosa; usan un sistema de marcas hipertextuales simplificadas; no tienen una estructura predefinida; están libres de egos, de referencias temporales y nunca terminadas.

3. Un blog es un sitio web periódicamente actualizado que recopila cronológicamente textos o artículos de uno o varios autores, apareciendo primero el más reciente, donde el autor conserva siempre la libertad de dejar publicado lo que crea pertinente.

4. Existen numerosas herramientas de creación y mantenimiento de blogs, muchas de ellas gratuitas y que no requieren de conocimientos técnicos avanzados para gestionarlo.

5. Cuando un blog se escribe por varios autores se denomina blog colaborativo. Detrás de un blog corporativo nos encontraremos una marca, por tanto, el trabajo no dependerá de una sola persona, al menos su planteamiento. Lo primero que define un blog corporativo es un plan de acción.

6. Los documentos compartidos facilitan mucho el trabajo en equipo. La opción más usada a la hora de apelar a los documentos compartidos es Google Drive. Google Drive es un servicio de almacenamiento de archivos en línea gratuito, que además funciona como suite ofimática online pues ofrece edición colaborativa de documentos, hojas de cálculo, presentaciones, etc.

7. Los documentos se pueden compartir con otros usuarios y permite la edición por parte de los que comparten dicho acceso al documento.

UNIDAD DIDÁCTICA 8

Facebook y X

Contenido & Objetivos

Los **objetivos** de esta unidad son:

1. Analizar los aspectos más importantes de la red social Facebook.

2. Presentar las particularidades y lo que te permite hacer la red social X.

3. Establecer las recomendaciones indispensables para un uso seguro de las redes sociales.

Introducción

Hay muchas redes sociales. Cada una con sus particularidades. Veremos las más importantes y veremos cómo se han convertido en un medio de promoción y difusión publicitarla.

1. Facebook

1.1. Introducción

Hablar de redes de contactos, es sinónimo de Facebook. Desde 2004, es el gran espacio de conexión para los internautas.

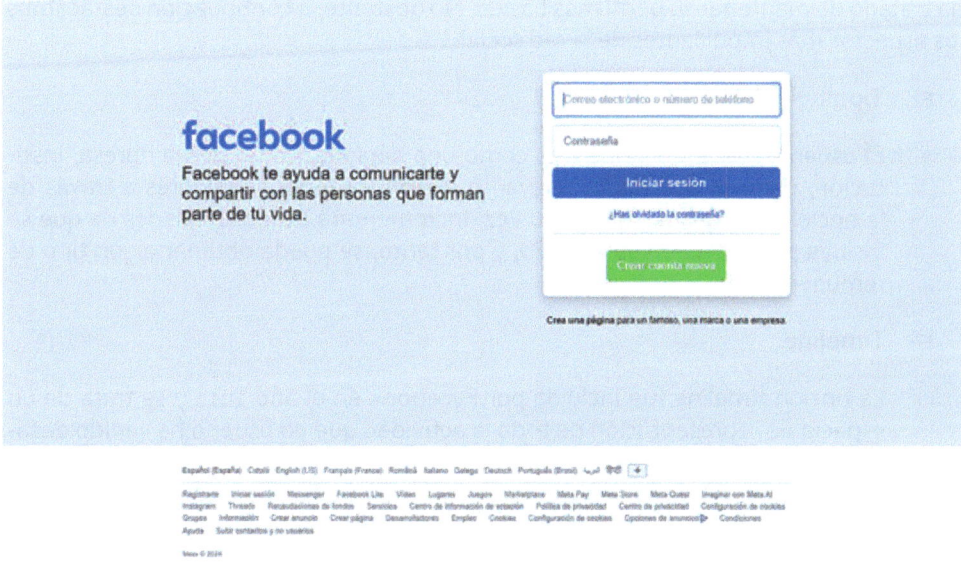

Concebido con un concepto muy visual, está dotado de **características de usabilidad y sencillez**, que permiten que sea utilizado con facilidad por usuarios de nivel básico, o de experiencia escasa en el ámbito de Internet.

Y es que el éxito de Facebook radica en algunos aspectos muy concretos: **sencillez, facilidad de uso y un aspecto** (interfaz) con el que resulta sencillo familiarizarse.

En un principio, fue creado para la interconexión de los estudiantes de la Universidad de Harvard y, poco a poco, fueron añadiéndose otras Universidades de EE. UU. En el año 2006, se implementó la traducción a la lengua castellana y comenzó su expansión sin límites, por el momento.

Facebook proporciona lo que los psicólogos denominan "vida paralela". Una irrealidad que crece y se nutre de la información que nosotros aportamos a nuestro perfil, y de la cantidad de contactos o seguidores que logremos atraer.

Desde el punto de vista personal, Facebook, permite:

⇨ Crear nuevos contactos y conocer nuevas personas.

⇨ Retomar la relación con personas que hace tiempo salieron de nuestras vidas (compañeros de colegio, contactos profesionales, etc.).

1.2. Aspectos más importantes de Facebook

Su aspecto y forma de uso han ido variando y adaptándose con el tiempo, si bien ha tratado de mantener su perfil más básico. No obstante, a continuación destacamos los aspectos más importantes de la red social:

⇨ **Tipología del perfil**

El usuario puede darse de alta como una persona, como una empresa, institución, o como una figura relevante. Permitirá tener seguidores a través de la opción "Me gusta", que, a su vez, incrementará las posibilidades de que se incluya publicidad en su espacio, y por tanto, se pueda obtener algún tipo de remuneración.

⇨ **Timeline**

La opción timeline fue incluida por Facebook en el año 2011 y se trata de un espacio de representación de toda la actividad que un usuario ha venido desarrollando (actualizaciones, pensamientos, fotos, eventos, adscripción a página o servicios, etc.). Permite visualizar de forma rápida la andadura realizada en esta red social, ya se trate de una persona o una institución.

⇨ **Amigos**

El gran éxito de Facebook es la búsqueda y consecución de amigos. El usuario puede buscar a otros usuarios y solicitarles amistad o puede ser consultado por otros usuarios para conectar con ellos. Con los amigos pueden compartirse informaciones, mensajes, fotografías, eventos, etc.

⇨ **Grupos**

Facebook ofrece la posibilidad de generar grupos, que pueden ser creados por cualquier usuario, y poseer diferentes niveles de apertura. Pueden ser grupos abiertos, o privados, en los que los nuevos usuarios deben ser autorizados. Este último caso resulta de interés para el intercambio de información o las relaciones interpersonales, ya que proporcionan mayor nivel de privacidad entre los usuarios del mismo.

La pertenencia a grupos es configurable y pueden recibirse mensajes de alerta sobre las publicaciones del mismo. Un usuario puede pertenecer al mismo tiempo a varios grupos.

⇨ **Aplicaciones**

Se trata de pequeñas aplicaciones que desarrolla el propio Facebook o que pueden haber desarrollado usuarios simples.

⇨ **Privacidad**

Facebook ha cambiado en varias ocasiones la forma en la que los usuarios administran la privacidad de sus publicaciones, comentarios, fotografías, etc. En general, lo más destacado de su control de privacidad es el exhaustivo trabajo que debe hacer el usuario para lograr que cada contenido que incorpore a su perfil, cuente con las normas de seguridad que desee en cada momento.

Facebook propone una privacidad, por defecto, prácticamente nula, en la que toda la información del usuario queda abierta a la libre consulta y visualización por parte del público. Sin embargo, ha generado herramientas de control de privacidad que permiten administrar de un modo seguro la información que se comparte obligando para ello al usuario a revisar cada sección o apartado y activar los controles de seguridad en cada uno de ellos. Se trata, en general, de una labor tediosa, que, normalmente, no llegan a hacer la mayoría de los usuarios, y que, por tanto, dejan gran cantidad de información sensible a disposición de cualquiera que quiera indagar.

Es muy importante dedicar tiempo a establecer los parámetros de privacidad que deseamos en Facebook, para asegurar qué información publicamos y a quién permitimos verla.

1.3. Perfil personal, páginas y grupos

Cuando se usa Facebook de forma adecuada en la estrategia de social media marketing, se logra generar un importante tráfico de audiencia de valor para la marca hacia el sitio web, que es donde vendemos.

El crecimiento de esta red social obliga a los responsables de las redes sociales en las empresas a incluirla en las estrategias de social media marketing.

⇨ Perfil personal

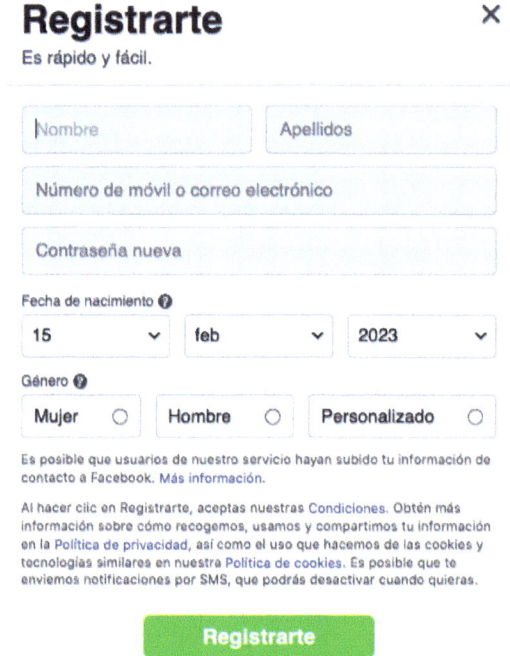

Una vez completado el formulario de registro, Facebook envía un correo electrónico a la dirección proporcionada. Solo tienes que hacer clic en el enlace de confirmación para completar el proceso de registro.

Características del perfil personal:

1. Permite relaciones personales, contactos, amistades, fotografías, vídeos, enlaces...

2. Configuración de la privacidad del perfil.

3. Es necesario aceptar las solicitudes de amistad.

4. El número de amistades para un perfil personal está limitado a 5.000.

5. Los perfiles personales están orientados a personas reales. A Facebook no le gustan las empresas que aparacen como perfiles personales y puede llegar a cerrar la cuenta. Para eso están las páginas de fans. Si tu empresa tiene un perfil personal hay que migrarlo a página de empresa.

6. Permite añadir mucha información personal en el perfil, como intereses, relaciones o formación académica.

⇨ **Página**

Las páginas:

1. Están destinadas a empresas, personajes públicos, organizaciones, instituciones...

2. Pueden ser públicas o privadas.

3. No tienen límite de seguidores.

4. En función de la configuración, todo el contenido es visible sin necesidad de hacerse fan, aunque quedan restringidas algunas opciones de interacción y participación.

5. Proporcionan estadísticas.

6. Permiten invitar a tus amigos a que indiquen que les gusta tu página.

7. Permiten añadir aplicaciones.

8. Pueden tener múltiples administradores.

9. Permiten introducir mucha información en el perfil de la empresa.

⇨ Grupo

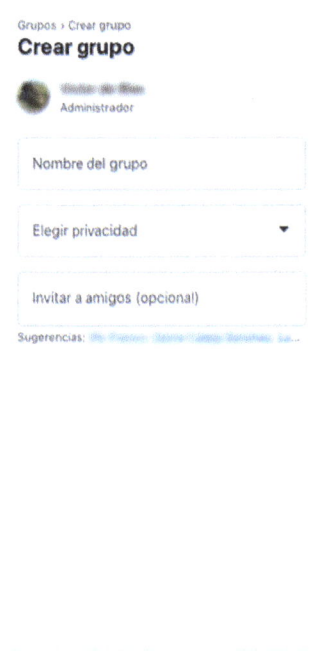

Es necesario tener un perfil personal para poder crear un grupo:

- Están destinados a usuarios con intereses comunes.

- Pueden ser públicos o privados.

- Permiten crear eventos e invitar a usuarios a ellos.

- Permiten enviar mensajes a todos los miembros.

 En todos los casos hay que configurar el perfil y añadir cuanta información consideremos importante y relevante para nuestros seguidores y amigos.

1.4. Campañas de publicidad en Facebook

Uno de los aspectos más interesantes de Facebook desde el punto de vista corporativo es que permite crear **campañas de publicidad en Facebook**.

¿Cómo podemos crear un anuncio en Facebook?:

1. **Elige el objetivo**. Para elegir el objetivo publicitario adecuado, pregúntate cuál es el resultado más importante que quieres obtener con este anuncio. Puede ser ventas en tu sitio web, descargas de tu app o un mayor reconocimiento de marca.

2. **Elige el público**. Aprovecha la información que tienes sobre las personas a las que quieres llegar (como la edad o dónde viven, entre otros detalles) y elige los datos demográficos, intereses y comportamientos que representen mejor a tu público.

3. **Elige dónde publicar el anuncio**. A continuación, elige dónde quieres publicar el anuncio: en Facebook, Instagram, Messenger, Audience Network o en todas estas plataformas. En este paso, también puedes elegir publicar anuncios en determinados dispositivos móviles.

4. **Define el presupuesto**. Indica tu presupuesto diario o del conjunto de anuncios, así como el período durante el cual quieres que se publiquen tus anuncios. Estos datos fijan unos límites que garantizan que nunca gastarás más de lo que se acomode a tus circunstancias.

5. **Elige el formato**. Elige tu formato de anuncio entre seis opciones muy versátiles diseñadas para funcionar a la perfección en cualquier dispositivo y con todas las velocidades de conexión. Puedes mostrar un solo video o una sola imagen, o elegir un formato más amplio que incluya varias imágenes.

6. **Realiza el pedido**. Una vez enviado, el anuncio avanza a la subasta de anuncios, lo que ayuda a que llegue a las personas correctas.

7. **Administra el anuncio y mide su rendimiento**. Una vez publicado el anuncio, podrás hacer un seguimiento de su rendimiento y editar la campaña en el administrador de anuncios. Comprueba si una versión del anuncio funciona mejor que otra, o si este no se entrega de forma eficaz, y realiza las modificaciones oportunas.

1.5. Consejos para escribir en Facebook

⇨ **Escribe con un lenguaje cotidiano y familiar, evitando tecnicismos**

No sabes exactamente a quién te diriges. Tus fans pueden ser de diferente condición y a la gente no le gusta sentirse estúpida intentando descifrar lo que compartes. Haz fácil lo difícil.

241

⇨ **Escribe contenido de calidad**

El contenido debe ser siempre actual y de calidad. Ello aumentará las posibilidades de que el usuario comparta tu escrito con otras personas (efecto viral). Piensa siempre en aportar valor.

⇨ **Contesta a los comentarios de tus seguidores**

Esto es importantísimo en todas las redes sociales, ya que hace que la gente se sienta escuchada y participe con más aportaciones. Mantén una actitud positiva cuando escribes, y no te tomes las críticas como un ataque personal.

⇨ **Evita en la medida de lo posible temas muy personales**

Publicando problemas familiares, creencias religiosas o políticas, incluso afición a un determinado equipo de fútbol puedes hacer que se sientan ofendidas personas con ideas diferentes o en caso de criticar, dar una imagen muy pobre de tu persona. Pero eso sí, dota los post de autenticidad y dale un "toque humano" a los mismos.

⇨ **Encuentra el ritmo de tu público**

Es preciso observar a los fans para identificar sus horarios. No escribas o compartas enlaces más que una vez al día (a nadie le gusta ver su muro saturado por mensajes de una misma persona y corremos el riesgo de que oculten nuestras publicaciones).

Mantén la página actualizada y trata bien a tus fans. Agradéceles sus visitas y sus "me gusta", envía notas personalizadas a aquellos fans que más aporten, recompensa a los más activos con descuentos u ofertas atractivas, etc.

⇨ **¿Cuándo escribir?**

- Cuando más actividad hay es en los días laborables, de lunes a viernes, los sábados y domingos cae mucho la actividad.

- Los artículos que se suben por la mañana son los que generan una mayor cantidad de comentarios e interacciones.

- Hay tres grandes picos de actividad en Facebook los días laborables: a las 11 h., a las 15 y a las 20.

- Cuando menos actividad se produce son los domingos entre las 14 y las 18 h.

- Parece que los días de la semana que más comentarios e interacciones se producen son los miércoles, seguidos del martes y del jueves.

- Los lunes son perfectos para llegar a los usuarios con más deseos de saber de tu sector o especializados, ocupan este día para saber qué es lo que está pasando y qué cosas nuevas van a pasar durante la semana.

⇨ **Lo bueno, si breve, dos veces bueno**

Para llamar la atención de los usuarios funcionan mucho mejor los textos breves. Un post de Facebook no debería contener más de 80 palabras.

⇨ **Alimenta el debate**

El diálogo abierto entre tú y tus fans, o entre ellos, es una de las grandes ventajas de Facebook.

⇨ **Incluye material multimedia**

A veces una imagen vale más que mil palabras, por lo que es recomendable que los post incluyan fotografías, infografías, gráficos y vídeos.

⇨ **Apuesta por la variedad**

No te cierres al típico post de texto plano. Escribe mensajes de estado, notas de prensa, tutoriales en vídeo, imágenes, links de interés, etc.

⇨ **Involucra a los fans en la toma de decisiones**

Publica encuestas, realiza preguntas abiertas, etc.

⇨ **Analiza con periodicidad las estadísticas de Facebook**

Número de fans, número de visitas o números de "están hablando". Post más comentados o más compartidos, etc. Esta monitorización te servirá para aprender de tus aciertos y de tus errores, con el fin de conseguir un contenido de calidad más acorde con lo que esperan tus fans de ti.

1.6. Seguridad en Facebook

1. Existen diferentes medidas de seguridad en Facebook que puedes incluir:

   Lo primero es aprender a usar los accesos directos de privacidad y configuración para poder conectarte y compartir contenido de forma cómoda y segura.

2. Debes tener en cuenta:

   a) No compartas tu contraseña.

   b) Piensa antes de publicar.

c) Define tu configuración de privacidad y revísala con frecuencia por si tienes que actualizarla.

d) Si algo te parece sospechoso, repórtalo.

2. X

2.1. Introducción

1. Su difusión y alcance radica precisamente en su originalidad.

2. A diferencia de otras redes sociales, basa su estructura y difusión en la brevedad de los mensajes que emite.

3. Se obliga al usuario a ser sintético, efectivo y muy dinámico.

4. Sus usos han sido múltiples, pero a diferencia de otras redes como Facebook, sus objetivos son algo diferentes.

5. No se trata de crear una red de contactos, sino de generar un usuario significativo, que sea "seguido" y obtenga un número muy alto de *followers* o seguidores.

6. A mayor número de seguidores, mayor éxito en la red social.

7. Estas características han favorecido que su uso esté muy vinculado a la difusión del perfil profesional y a estrategias de marketing personal o institucional.

8. La forma de uso es sencilla para el usuario, si bien su uso activo y habitual, requiere conocer algunas fórmulas y estrategias de difusión, propias de esta red concreta.

Para registrarte solo te pedirá un nombre de usuario, un correo electrónico y una contraseña.

- ¿Qué permite X?

  ⇨ Configurar el perfil y la privacidad de forma que quien te quiera seguir tendrá que solicitar permiso y tú, aceptarlo.

  ⇨ Crear y seguir listas.

  ⇨ Recibir y enviar mensajes directos.

  ⇨ Explorar categorías temáticas.

  ⇨ Buscar amigos.

  ⇨ Ver recomendaciones.

⇨ Seguir, buscar y participar en tendencias globales: los Trending Topic a través de los hashtags (palabras clave precedidas de un signo # que sirven para etiquetar nuestros posts y facilitar su asimilación a un tema).

⇨ Conocer las interacciones que ha habido con tus contenidos o tu perfil: quién te sigue, quién ha reposteado algo que dijiste, si te han añadido a listas.

⇨ Conversar con otros usuarios a través de las menciones directas que aparecerán como interacciones.

⇨ Configuración en el teléfono móvil.

⇨ Vinculación con otras redes, como Facebook o LinkedIn.

2.2. Un lenguaje propio

A continuación, veremos cuáles son los principales términos que se originan con esta red social y que se han modelado a través del uso de los usuarios.

⇨ **Posts**: mensajes que se envían a través de la red social.

⇨ **Número de caracteres**: 280 como máximo. Normalmente los enlaces o URL que se incorporan al texto ocupan buena parte del espacio, por lo que es recomendable utilizar un acortador de URL (Xurl, bitly.com,...).

⇨ **Followers o seguidores**: personas que siguen a un usuario y reciben sus mensajes.

⇨ **Timeline**: listado de mensajes de las personas a las que sigues, junto con los propios, ordenados de forma cronológica.

⇨ **Hashtag**: según la definición de la Wikipedia "una etiqueta o hashtag (del inglés hash, almohadilla o numeral y tag, etiqueta) es una cadena de caracteres formada por una o varias palabras concatenadas y precedidas por una almohadilla o gato (#). Es, por lo tanto, una etiqueta de metadatos precedida de un carácter especial con el fin de que tanto el sistema como el usuario la identifiquen de forma rápida. Se usa en servicios web tales como X, FriendFeed, identi.ca, Facebook o en mensajería basada en protocolos IRC para señalar un tema sobre el que gira cierta conversación".

Los hashtags nos permiten etiquetar temas y crear conjuntos de "mensajes" relacionados entre sí. Es una forma de organizar la información y vincular a los usuarios a través de temas comunes.

⇨ **Trending Topic**: se trata de las palabras o frases más repetidas en **X** en un momento determinado. Son clasificados por la cantidad de veces que son emitidos, y por la novedad temática que representan en la red.

Se determinan en función de la zona o lugar donde se estén emitiendo post.

Existen evidentes diferencias de intereses entre los usuarios de distintas zonas del mundo, pero también es cierto que **X tiene la capacidad de aunar opiniones** y distribuir la información de una forma muy rápida a nivel mundial, como sucedió con acontecimientos como la Primavera Árabe (hashtag #Egypt), el Movimiento 15 M (hashtag #15M, #indignados, #nolesvotes, #acampadasol, #democracia-realya, #nonosvamos) o el Terremoto de Haití (hasthag #SomosHaití).

2.3. Particularidades

El **microblogging** o **nanoblogging** es un formato que permite a cualquier persona publicar textos cortos, enlaces a sitios web, fotos o clips de audio, los cuales pueden ser vistos por el público deseado por ella (cualquier visitante –un microblog público– o un grupo restringido).

La limitación de caracteres del formato obliga a que su redacción sea tan exigente como la creación del titular de una noticia, de un post de un blog, o del asunto de un boletín digital. Este límite de caracteres permite su reutilización en dispositivos móviles a través de SMS o WhatsApp.

No tendrían mucho sentido los microblogs si se tuvieran que publicar desde un ordenador y un navegador web, como los blogs tradicionales. Pero estos pueden ser publicados desde distintos dispositivos y aplicaciones, como un teléfono móvil (a través de un mensaje de texto o SMS), un teléfono inteligente (desde el navegador web, el correo electrónico o aplicaciones especiales), etc.

Gracias a ello, los microblogs brindan la inmediatez y libertad de movimiento soñados por cualquier periodista o persona que quiera estar totalmente actualizada.

Las siguientes son unas simples pautas para poner en marcha un microblog, pero recuerda que su éxito depende de la **calidad de los contenidos** más que de las herramientas:

⇨ **¿Qué pretendes con tu microblog?**

¿Va a ser tu microblog tu único medio de comunicación o por el contrario servirá de apoyo a una web o a un blog? Define tus objetivos.

⇨ **Regístrate en X y rellena completamente tu perfil de usuario**

Si incluyes tu avatar (la imagen que te identifica) y un diseño personalizado permitirás a tus visitantes que te conozcan más y se sientan más motivados a suscribirse a tu microblog.

⇨ **Aprende de otros**

Antes de iniciar tu propio microblog, conviértete en seguidor (follower) de varios microblogs que te sirvan de inspiración y te guíen hacia lo que les gusta.

⇨ **Integra X con Facebook y similares**

Así, por lo menos, nada más comenzar tendrás de seguidores a tus amigos de estas redes sociales.

⇨ **Debate y contesta a los comentarios**

El microblog es más rico si en lugar de ser un medio de un autor, se convierte en un espacio para el diálogo y la discusión. Lee los comentarios que hacen a tus "microentradas" y responde a ellos cuando sea pertinente.

⇨ **Cuidado con los errores de los microblogueros novatos**

a) No te tomes a pecho o como algo personal las críticas o comentarios de los seguidores.

b) No estés pendiente de mirar a cada minuto las nuevas suscripciones o los abandonos que ha sufrido tu cuenta.

c) No te suscribas a todo microblog que caiga en tus manos con el único fin de que el otro se haga seguidor tuyo.

d) No utilices X como un chat de a dos.

e) No actualices cada hora, pero tampoco una vez a la semana.

f) Si no te vas a enfocar en una temática en concreto al menos debes buscar un estilo propio.

2.4. Pautas para la redacción en X

No existen fórmulas magistrales de éxito en esto del microblogging pero sí podemos seguir unas pautas y evitar algunos errores comunes:

⇨ **Piensa siempre en titulares**: solamente tienes 280 caracteres para crear una frase atractiva, informativa y que genere una reacción en tus seguidores.

⇨ **Diversifica los tipos de titulares**: utilizando ironías, juegos de palabras, metáforas o humor. La clave es que el seguidor se interese por seguir el enlace que le has puesto al final del post.

⇨ **Sé creativo**: "¿Qué es poesía? ¿Qué es poesía?, dices mientras clavas en mi pupila tu pupila azul. ¡Qué es poesía! ¿Y tú me lo preguntas? Poesía eres tú", tiene solo 138 caracteres.

⇨ **No escribas en dos post**: una idea que piensas que no cabe en un solo post. Simplemente piensa un poco más.

⇨ **Evita el uso de abreviaturas**: un microblog no es un SMS, ni un WhatsApp, ni el Messenger. Escribe cortito, pero escribe bien.

⇨ **Ni se te ocurra hacer esto en X**: "K acs n tu kasa?", "oie, stoi n casa, q kieres?"

⇨ **Aprovecha los enlaces**: para añadir información a tu post. No te preocupes por los caracteres del enlace, X los acorta automáticamente.

⇨ **¡Sé breve!**: al principio te costará. El decir en pocas palabras una idea y que se entienda exige un esfuerzo mental… pero la práctica hace maestros. Revisa posts anteriores y piensa si podrías haber expresado aquello de una manera mejor.

⇨ **Utiliza frases cortas**: es mejor cuatro frases de 70 caracteres que una de 280.

⇨ **No uses palabras largas**: seguro que existe una corta que signifique lo mismo.

⇨ **Usa la exclamación**: pero sin abusar.

2.5. Seguridad en X

Al igual que en el caso de Facebook, X ofrece diversas opciones de seguridad para el usuario, si bien, las opciones básicas o de inicio, permiten que la información del usuario quede desprotegida en muchos aspectos.

Aspectos a tener en cuenta:

⇨ **¿Quién puede leer los posts de un usuario?**

Pueden ser leídos exclusivamente por los usuarios que se determinen, o bien por todo el público. Dependerá del tipo de mensajes que lance el usuario, así como de la privacidad que quiera mantener en estos. Es evidente que si X es utilizado como herramienta de marketing o branding personal, la opción más lógica es permitir la lectura al público general.

⇨ **¿Debe activarse la geolocalización?**

Es una opción del usuario, pero debe ser tenida en cuenta, ya que indica una importante información privada, que nos sitúa espacialmente en todo momento.

⇨ **¿Puedo controlar el spam que me remite el propio X?**

Sí, existe una opción que permite no recibir la publicidad que la aplicación nos envía según nuestras preferencias.

⇨ **¿Puede mostrarse contenido sensible en los posts?**

Sí, pero es conveniente que indiques en tus preferencias, que tu cuenta puede publicar ese tipo de información o material gráfico.

⇨ **¿Puedes borrar posts una vez escritos?**

Sí, pero no es seguro que desaparezcan de inmediato de la red.

2.6. Gestión de listas en X

X permite crear listas de usuarios, o bien suscribirte a listas que hayan creado otros.

De esta forma puede mostrarse exclusivamente la cronología de posts de los usuarios seleccionados.

1. **Facebook**: su éxito radica en algunos aspectos muy concretos: sencillez, facilidad de uso y un aspecto (interfaz) con el que resulta sencillo familiarizarse. Facebook proporciona una irrealidad que crece y se nutre de la información que nosotros aportamos a nuestro perfil, y de la cantidad de contactos o seguidores que logremos atraer. En un principio fue creado para la interconexión de los estudiantes de la Universidad de Harvard, y poco a poco fueron añadiéndose otras Universidades de EE. UU.

2. **X**: conocida como la red "de los 280 caracteres", su difusión y alcance radica precisamente en su originalidad. No se trata de crear una red de contactos, sino de generar un usuario significativo, que sea "seguido" y obtenga un número muy alto de los denominados followers o seguidores. La limitación de caracteres del formato obliga a que su redacción sea tan exigente como la creación del titular de una noticia, de un post de un blog.

UNIDAD DIDÁCTICA 9

El posicionamiento en web

Contenido & Objetivos

Introducción

1. **Objetivos básicos del marketing y del posicionamiento en buscadores**

2. **Funcionamiento de los motores de búsqueda y sus tecnologías**

3. **Conceptos sobre programación y diseño web**

4. **Buen uso de las nuevas tecnologías de la Ley de Protección de Datos**

5. **Enlaces, herramientas, recursos útiles y de interés para un mejor posicionamiento**

Resumen

Los **objetivos** de esta unidad son:

1. Diferenciar marketing digital y tradicional.

2. Entender cuáles son las funciones de los motores de búsqueda.

3. Analizar cómo ven la página los buscadores y cómo funciona el algoritmo.

4. Introducirnos en el lenguaje de programación y el diseño web.

5. Conocer qué es un dato personal e identificar su tratamiento, los derechos de sus titulares y su aplicación práctica.

6. Establecer el alcance de la analítica web.

7. Describir cómo realizar analítica en las redes sociales.

8. Conocer herramientas útiles.

Introducción

La universalización de la Web 2.0 y la aparición y éxito de las redes sociales ha modificado la visión tradicional del marketing, que pasa a basarse en la comunicación. En consecuencia, la forma de afrontar la estrategia debe adaptarse a las nuevas características y lenguaje propios del nuevo medio en el que se va a desarrollar.

Veremos, a modo de introducción, algunos conceptos generales sobre SEO, qué son y cómo funcionan los buscadores, por qué nos centraremos sobre todo en Google y algunos aspectos sobre los sitios webs y sus características.

También se afrontarán los conceptos contextuales que permitirán al alumno el acercamiento a la analítica web. El análisis web es un método, disciplina u orientación profesional dirigida a poder recopilar datos sobre un sitio web con el objetivo de definir estrategias, obtener conclusiones y orientar acciones de mejora sobre la orientación de dicho sitio web y su alineación hacia los objetivos para los cuales fue creado.

Además, vamos a conocer la Ley Orgánica de Protección de Datos de Carácter Personal (LOPD). Su objetivo principal es regular el tratamiento de los datos y ficheros, de carácter personal, independientemente del soporte en el cual sean tratados, los derechos de los ciudadanos sobre ellos y las obligaciones de aquellos que los crean o tratan.

En el mundo del posicionamiento controlar las tendencias es decisivo, ya que es un mundo en el que las cosas cambian muy rápido y saber qué es lo que quieren en cada momento los consumidores es crucial.

1. Objetivos básicos del marketing y del posicionamiento en buscadores

1.1. El concepto de marketing

1.1.1. Qué es

El marketing es un término que nos resulta familiar por lo extendido del término en el ámbito social actual.

El "inventor" del término moderno es **Philip Kotler**:

Economista estadounidense que comenzó estudiando las ciencias del comportamiento para terminar definiendo el marketing como "la técnica de administración empresarial que permite anticipar la estructura de la demanda del mercado elegido, para concebir, promocionar y distribuir los productos y/o servicios que le satisfagan y/o estimulen, maximizando al mismo tiempo las utilidades de la empresa".

253

Su definición, a pesar de ser bastante acertada, a día de hoy ha quedado un poco incompleta porque "tiene que evolucionar a algo mucho más acorde con nuestro tiempo en el que la inmediatez de la información y la segmentación total han cambiado completamente nuestros hábitos de compra".¿Puede mostrarse contenido sensible en los tuits?

1.1.2. El marketing tradicional

⇨ Prensa.

⇨ Radio.

⇨ Televisión.

⇨ Telemarketing.

⇨ Mailings.

El marketing tradicional, basado principalmente en prensa, radio, televisión, telemarketing, mailings, ha saturado completamente al consumidor que, víctima de los excesivos impactos publicitarios a los que se ve sometido a diario, desconfía e incluso rechaza la publicidad en sus formas tradicionales: cambia de canal, pasa las páginas con anuncios, marca como spam los correos comerciales e incluso se declara a favor de limitar o incluso eliminar la publicidad en muchos ámbitos.

El nuevo reto es afrontar el marketing desde el punto de vista que ofrece Internet y las plataformas de comunicación que se han desarrollado en torno a él, y las herramientas que pone a nuestra disposición.

No obstante, ser digital es más que ser una empresa en Internet. Es aprovechar los medios digitales. Ante ello se pueden hacer muchas cosas aprovechando los medios actuales.

1.2. Ideas clave del marketing digital

Veamos los **principios del nuevo marketing digital**:

1. *Customer Centricity* (**Centrado en el cliente**): el marketing digital debe centrarse en las necesidades y deseos de los clientes y proporcionarles valor a través de la creación de ofertas personalizadas y relevantes.

2. *Data Driven* (**Basado en datos**): el marketing digital se basa en la recopilación y análisis de datos para informar la toma de decisiones y mejorar la eficacia de las campañas.

3. *Interactivity* (**Interactividad**): el marketing digital permite una interacción en tiempo real con los clientes a través de los medios digitales, lo que permite

una retroalimentación constante y la oportunidad de ajustar las estrategias en función de las respuestas del cliente.

4. *Omnichannel* **(Omnicanal)**: el marketing digital se realiza a través de múltiples canales digitales, lo que permite una experiencia de marca consistente y una comunicación más efectiva con los clientes. También se conoce como marketing 360º.

5. *Speed* **(Velocidad)**: el marketing digital permite la rápida implementación de nuevas estrategias y la capacidad de responder a los cambios en el mercado y las preferencias de los clientes de manera más eficiente.

Pues bien, el marketing digital es aquel que aplica estos principios pero a los nuevos canales de comunicación digital, fundamentalmente los basados en Internet, desde el posicionamiento en buscadores hasta el uso de las redes sociales como herramienta.

Aunque también puede incluir otros elementos como la televisión y radio digitales, telefonía móvil o campañas de anuncios en buscadores o páginas.

1.3. Aplicación de las claves del marketing directo en el marketing digital

El marketing mix se puede definir como **el uso combinado (mezcla: mix) de las diferentes herramientas de marketing para alcanzar los objetivos empresariales**. Fue McCarthy quien, a mediados del siglo XX, lo denominó la **teoría de las cuatro P´s**, ya que utiliza cuatro variables, cuyas iniciales en inglés empiezan por P.

1. *Product*: Producto.

2. *Place*: Distribución - Punto de venta.

3. *Promotion*: Promoción.

4. *Price*: Precio.

Sin embargo, **el marketing relacional ha transformado las "4 P's" en "4 C's"** como se puede ver en este esquema:

Marketing de masas				Monólogo
Producto	Precio	Promoción	Punto venta	
▼	▼	▼	▼	▼
Cliente	Características	Comunicación	Comercialización	
Marketing relacional				Diálogo

Para ello debemos tener en cuenta que el marketing social no debe considerarse como un fragmento del marketing tradicional sino como un elemento nuevo que añadir al plan de marketing. Y para explotar sus beneficios y obtener resultados debemos tener en cuenta una serie de herramientas y tecnologías inherentes al marketing social basado en Internet:

a) **Sitios especializados**: genera contenidos y servicios en Internet que apoyen las campañas de publicidad, tanto si estas son offline como exclusivamente online o una mezcla de las dos.

b) **Actualidad**: los contenidos que generes deben estar actualizados y destinados tanto a los clientes como a la propia empresa.

c) **Eventos online**: explora nuevos formatos que te hagan aparecer dentro de las tendencias actuales: entrevistas, seminarios web, conferencias...

d) **Respuestas**: establece una herramienta de respuestas online para los clientes y usuarios.

e) **Enlaces**: busca enlaces con otras empresas o colaboradores en busca de sinergias. Si sabes algo de SEO sabrás de la importancia de los enlaces.

f) **Email marketing**: un uso adecuado de esta herramienta puede ser muy beneficioso a la hora de transmitir información relevante.

g) **Redes sociales**: explora y explota las posibilidades que ofrecen las redes sociales.

1.4. Ventajas del marketing digital

Podemos citar las siguientes **ventajas**:

⇨ **El bajo coste**: es menor que el del resto de medios tradicionales.

⇨ **La elevada efectividad**: se llega a los clientes concretos que quieras.

⇨ **La inmediatez**: el destinatario del anuncio puede acceder al producto al instante (con solo hacer un clic en el enlace).

Las herramientas de marketing digital **nos permiten**:

1. Potenciar la imagen del producto.

2. Generar clientes potenciales.

3. Segmentar a los usuarios.

4. Crear bases de datos.

5. Conseguir tráfico hacia una web.

6. Ofrecer nuestros productos.

7. Desarrollar promociones.

8. Crear fidelidad hacia una marca.

9. Apoyar el lanzamiento de un producto.

10. Generar experiencias de consumo con un producto.

11. Comentar sobre un producto.

1.5. La investigación comercial como aspecto clave en el marketing digital

En toda estrategia de marketing, uno de los aspectos principales es la investigación comercial, conocer el mercado, para poder presentarnos en él con más posibilidades de éxito.

Con esta investigación, además de conocer a nuestros competidores, conocemos al consumidor: sus gustos, sus comportamientos, etc. Para conseguir resultados válidos en esta investigación debemos:

1. Definir bien los objetivos y el problema.

2. Aplicar la técnica de investigación adecuada.

3. Recabar información acorde al problema y al tema concreto que nos afecta, conseguir la información de fuentes fiables.

4. Colaborar con el cliente en todo lo que consideremos tras realizar esta investigación.

5. Interpretar los resultados utilizando las herramientas necesarias.

6. Mantener un control posterior de la información para saber si nuestras decisiones y estrategias funcionan.

1.6. El marketing se hace infinito en Internet

El **marketing viral** es un término empleado para referirse a las **técnicas de marketing** que intentan explotar redes sociales y otros medios electrónicos para producir incrementos exponenciales en "reconocimiento de marca" *(brand awareness)*, mediante procesos de autorreplicación viral análogos a la expansión de un virus informático. Se suele basar en el boca a boca mediante medios electrónicos; usa el efecto de "red social" creado por Internet y los modernos servicios de telefonía móvil para llegar a una gran cantidad de personas rápidamente.

También hace referencia a **campañas de marketing** más o menos encubiertas, basadas en lo anterior. El objetivo de estas campañas es aumentar exponencialmente su cobertura a través de los medios sociales.

La **viralidad** se basa en la idea de que serán los mismos potenciales consumidores los que harán difusión y compartirán aquellos contenidos que les resulten relevantes. Es publicidad que se transmite a sí misma.

1.7. Marketing one to one

La personalización de las acciones del marketing convencional o de masas aplicando técnicas especialmente relacionales, como las basadas en el uso intensivo de las nuevas tecnologías y más específicamente de Internet, que permiten identificar y gestionar las características personales de los consumidores o clientes, hace que se utilice el término marketing uno a uno (marketing one to one; Peppers y Rogers, 1993).

 El **marketing one to one** significa una personalización aún mayor que la conseguida con el marketing directo. Se trata de modificar determinados parámetros del marketing convencional para pasar a considerar a cada consumidor como un segmento, es decir, considerar que las acciones de marketing deben ser aplicadas a cada persona de forma individualizada.

Internet es el instrumento ideal para este tipo de personalización extrema del marketing.

Internet es un medio con un potencial enorme para hacer llegar **mensajes a las masas** pero provocando la sensación de estar específicamente creado para cada usuario concreto. En Internet el contacto con el usuario es **realmente directo**, el usuario accede de manera individual al medio, de modo que un mensaje puede llegar hasta él como si fuese un destinatario privilegiado.

Además, se trata de un medio interactivo, donde el usuario ejerce un papel **enormemente activo** y en el que la respuesta del usuario es fácilmente **medible y almacenable** en las bases de datos de usuarios.

El marketing one to one, basado en el uso de las nuevas tecnologías, está siendo utilizado a nivel empresarial desde distintas aproximaciones. A continuación recogemos algunas de ellas:

a) Mediante tecnologías web (focalización del comportamiento, por ejemplo: Microsoft, Ikea, Amazon,...).

b) Mediante telefonía móvil.

c) Mediante videojuegos.

d) Basado en avatares, como en los mundos virtuales.

1.8. Permission marketing

El **email marketing** es una herramienta muy eficaz porque implica el **consentimiento y la predisposición del usuario** a conocer más información sobre los productos, servicios, novedades, promociones, etc., del anunciante. Es decir, siempre que se usa esta tecnología, implica que se dispone del consentimiento del usuario para conocer información.

Sin embargo, ha aparecido una polémica alrededor del envío de emails porque existen agentes que los envían a **usuarios que no han dado su consentimiento**.

Este tipo de actividad ha recibido el nombre, en el argot de Internet, de spam o correo basura. Debe remarcarse que no hay que confundir la acción de enviar emails a usuarios que han dado su consentimiento de forma expresa y previa, con la acción de enviar emails indiscriminadamente.

 El **permission email marketing** es una herramienta que parte del **consentimiento** del usuario.

Esta acción, la del spam, está duramente castigada por la legislación europea y española, y se recomienda la denuncia de esta práctica a la Administración Pública, en el caso español, a la Agencia Española de Protección de Datos (AEPD).

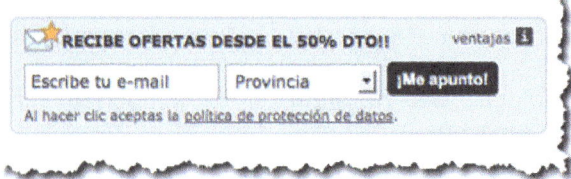

❝ Observa el ejemplo de Atrapalo.com. Fíjate la recompensa que ofrecen en su formulario de suscripción (opt-in form). "Recibe ofertas desde el 50% de descuento". Todas las empresas, grandes o pequeñas, incluso los particulares que tengan presencia online, deberían estar captando emails de sus potenciales clientes. Piensa qué recompensa podrías ofrecer tú a los visitantes de tu web para que dejen su email.

El **permission marketing** es un concepto desarrollado por Seth Godin, exvicepresidente de marketing de Yahoo!, en su libro del mismo nombre (*El Marketing del Permiso*, Ed. Granica, 2001), y supone un concepto verdaderamente original y que entronca con la filosofía del *Customer Relationship Management* (CRM).

Piensa en el nivel de permiso que tienes como cliente con respecto a las compañías a las que compras habitualmente bienes o servicios. O piensa en tu propia compañía, y en las cosas que los clientes te permiten hacer y las que no: está claro que, mientras a algunas compañías les están permitidas unas confianzas impresionantes que llegan incluso a que los productos o servicios sean enviados al cliente sin que este lo solicite, otras empresas no pueden hacer nada que exceda la prestación del servicio o la entrega del producto sin que ello se considere una invasión de la privacidad o una intromisión molesta.

Pensemos, por ejemplo, en clubes de libros, vinos o música que escogen una selección para sus asociados y se la envían directamente, o en el nivel de permiso que damos a nuestro banco a la hora de manejar nuestros datos o decidir si pagar o no un recibo determinado, o si enviarnos una tarjeta de crédito oro cuando teníamos una normal. En contraste, pensemos en la infinidad de mailings masivos que recibimos de compañías que no conocemos de nada, o en las que jamás hemos depositado nuestra confianza: ¿por qué será que los niveles de respuesta en esos casos se miden por décimas de punto porcentual?

 Se trata de intentar mantener una relación con nuestro cliente que nos permita obtener de él **un nivel de permiso determinado**, que dé lugar a un desarrollo provechoso para ambas partes. Esto es más o menos posible en función del tipo de producto o servicio, de la intensidad de la relación, de la percepción de valor, etc., pero lo que es evidente es que tiene por necesidad una **orientación a largo plazo**.

1.9. Marketing de atracción

Genera visitas y repetición de visitas.

Esta estrategia se pone normalmente en marcha con acciones de presencia en buscadores y motores de búsqueda, campañas de publicidad online y generación de tráfico por programas de afiliación, intercambio de enlaces, captación de visitas como resultado de intervenciones en foros online y acciones offline.

1.10. Marketing de retención

Crear motivos para que el visitante y el cliente permanezcan en el website. Esta estrategia implica tener en cuenta básicamente tres elementos importantes: los contenidos del website (dinamismo, actualización y adaptación al target), la *usability* (arquitectura, estructura y criterios de navegabilidad) y las promociones internas.

Permanecer más tiempo permite conocer más a fondo el website, acceder a más información y familiarizarse con su uso, lo que se transforma normalmente en un alto poder de fidelización.

1.11. Marketing de recomendación

Conseguir que el cliente satisfecho actúe como prescriptor y dé comienzo al nuevo ciclo.

Esta estrategia se apoya normalmente en estrategias de marketing viral, es decir, en formas estudiadas de generación de red por parte de nuestros usuarios y/o clientes.

1.12. El marketing digital desde el punto de vista del marketing tradicional

Veamos las diferencias del marketing tradicional y el marketing relacional:

261

⇨ **Marketing tradicional**

Está enfocado a las ventas, centrando su acción en el producto o servicio que ha generado, para rentabilizar el negocio y agilizar las existencias, dejando en segundo plano la relación con el cliente. Otras características:

- Basado en la publicidad directa y masiva.

- La comunicación es de una sola dirección: empresa →cliente.

- En definitiva, orientado al intercambio económico.

⇨ **Marketing digital o relacional**

Es la gestión estratégica de relaciones de colaboración con clientes y otros actores, con el fin de distribuir valor de forma equitativa. Peculiaridades:

- La opinión del cliente es importante y constante, especialmente cuando ha hecho uso del producto o servicio.

- El producto o servicio se va desarrollando en función de las necesidades del cliente.

- Busca el win-win, yo gano-tú ganas.

- En definitiva, está orientado al intercambio de valor.

1.13. Características de Internet que afectan al marketing

Esas características son las siguientes:

⇨ **Interactividad**: la comunicación ya no es unidireccional sino que es bidireccional.

⇨ **Personalización**: los servicios de información y comunicación online no solo se orientan a targets con perfiles demográficos, profesionales o económicos similares, sino que se orientan a individuos. La Red permite responder a las demandas de información específicas de cada usuario en particular. En este sentido, es multinivel.

⇨ **Multimedia**: Internet es capaz de integrar todos los formatos existentes de información en un mismo soporte: texto, sonido, imagen, vídeo...

⇨ **Hipertextualidad**: permite la relación de un texto o contenido con otro a través de enlaces. Esta característica es la que nos permite "navegar".

⇨ **Actualidóno**: permite la inmediatez en la generación y consumo de contenidos. Tanto a unos como a otros se puede acceder en tiempo real.

⇨ **Abundanciao**: no hay límites a la cantidad de información y medios accesibles. En este sentido se produce una ruptura del espacio temporal, porque el acceso a la información no está condicionado por la extensión propia de cada medio, sino por la capacidad de lectura del receptor.

⇨ **Mediación**: la red permite el acceso directo del público a las fuentes de información al margen de los editores de los medios tradicionales.

Internet suma la particularidad y la capacidad de **combinar**, por un lado, que es un canal de distribución para los medios tradicionales y, por otro, proporcionar un espacio de expresión para emisores emergentes de diversa índole: por ejemplo, las empresas.

Esto supone que es un canal que puede ser utilizado por cualquier individuo o corporación en las mismas condiciones y con las mismas ventajas que los medios tradicionales.

De hecho, han surgido numerosos proyectos nativos digitales que han explotado estas características y han encontrado en ellas su nicho de mercado y de actividad. Un ejemplo claro son las redes sociales o los periódicos estrictamente digitales.

1.14. El marketing digital y sus aportaciones al marketing tradicional

 El marketing online hace referencia a la **estrategia de marketing más "tradicional" en Internet**, es decir, a la **utilización de la propia web** como herramienta de marketing y a la inserción de determinados formatos publicitarios en páginas web.

De los banners se ha pasado a la actual existencia de un gran número de formatos distintos, que incluyen algunos específicos y característicos para la nueva web de las redes sociales.

El marketing online es un tipo de estrategia de marketing en constante evolución y que experimenta rápidos cambios en la forma en que se desarrolla y en sus elementos tácticos.

Constantemente surgen nuevas y sorprendentes tácticas, e incluso es posible utilizar las estrategias anteriormente comentadas en aplicación específica al espacio web:

1. Botones.

2. Rascacielos (como el banner, pero vertical).

3. Robapáginas.

4. Enlace de textos.

5. Formatos flotantes.

6. Pop-ups.

7. Pop-under.

8. Capas o layers.

9. Cortinillas o intersticiales.

1.15. Líneas estratégicas y aspectos críticos del marketing digital

1.15.1. Integración de Internet en la estrategia de marketing

En el caso de Internet, el principal elemento que cambia es el canal. Es por eso que definimos a Internet como un canal de comunicación, más que como un medio en sí mismo.

Este nuevo canal de comunicación ha abierto nuevas vías de difusión tanto a los medios de comunicación tradicional como a las empresas.

Pero este nuevo canal tiene algunas **características** que le son propias y casi exclusivas, en relación a los canales ya existentes:

1. **Es universal**: es un canal multimedia, capaz de soportar el tráfico generado por todos los medios de comunicación y de dar cabida y absorber todos los demás canales.

2. **Es omnifuncional**: conecta, distribuye y recolecta: 1 a 1, uno a muchos y de muchos a uno. Por ello es personalizable.

3. **Es bidireccional e interactivo**.

4. **Su alcance es ilimitado**.

Estas características han eliminado las limitaciones propias de los medios tradicionales, estáticos y de alcance limitado.

Internet supone comunicación personalizada: es decir, el mensaje llega de uno a uno, al tratarse de un acto sujeto a la demanda individual.

A esto hay que añadir que la **actitud del receptor** (usuario, consumidor, cliente...) es activa. Es el usuario el que decide si sigue recibiendo información, en qué momento y a través de qué medio.

1.15.2. Aspectos clave en la estrategia de marketing digital

El Dr. Ralph Wilson, un consultor en comercio electrónico, enumeró 6 elementos o principios básicos del marketing. No es necesario aplicar todos estos elementos, pero cuantos más principios se apliquen, mayor será el poder de esta estrategia.

⇨ **Regalar productos o servicios**

Este es el primero y más básico principio de marketing viral. Cuando una persona oye la **palabra "gratis"**, suscitará su interés y seguro que aprovechará ese producto o servicio gratuito. Ofrecer productos más baratos o de bajo coste también puede funcionar, pero la sola palabra "gratis" te dará resultados mucho más rápido.

La paciencia es importante en el marketing viral. Al dar productos de forma gratuita no se ven los beneficios de inmediato, pero si el negocio llega a desarrollar una base de clientes ofreciendo algo gratis, no tardará mucho en generar ingresos.

⇨ **Fácil de transferir a otras personas**

El medio utilizado para llevar el mensaje de marketing a otras personas debe ser relativamente fácil. El marketing viral ha tenido mucho éxito en Internet debido a la facilidad de comunicación que ofrece esta tecnología. **Mensajes de email, sitios web, sitios de descargas de software**, son solo algunos ejemplos de los medios que pueden ser utilizados en el marketing viral.

Además, es mejor que el **mensaje sea corto y fácil de copiar** para su transmisión. Lo mejor es que sea simple y breve, pero directo al grano, al igual, por ejemplo, que la publicidad de Hotmail en la parte inferior de cada correo electrónico enviado.

⇨ **Escalabilidad de poco a mucho**

Cuando se utiliza este estilo de marketing, lo mejor es que la empresa esté preparada para un rápido crecimiento. En los casos de aumento de tráfico web a través de publicidad viral, el propietario del sitio debe asegurarse que **el servidor esté suficientemente preparado** para soportar el aumento previsto de tráfico en un corto período de tiempo.

Esto no debería darse por hecho, de lo contrario se frustraría el propósito de hacer marketing viral. Una vez que la gente nota que el sitio tarda mucho en cargar, simplemente se irá y se olvidará de él. Eso significa una pérdida automática de clientes potenciales.

⇨ **Explotar la motivación y el comportamiento**

Tener una estrategia de marketing que se basa en la motivación y el comportamiento de las personas para su transmisión es una ventaja. A la gente le encanta ser popular. Esta motivación los conducirá a comunicar a más y más gente para ser conocidos.

⇨ **Utilizar las redes existentes**

Según los científicos sociales, una persona promedio tiene alrededor de **8 a 12 miembros en su red de familiares, amigos y colegas**. Por otra parte, Internet da paso a la creación de un círculo más grande de la red. Aprender a usar estas redes existentes en el marketing viral dará mejores resultados.

⇨ **Aprovechar otros recursos**

Para el marketing viral no es necesario **consumir todos nuestros recursos**. Con el uso de otros sitios web de publicación de artículos, por ejemplo, se conseguirá llegar a un gran número de personas sin la necesidad de crear nuestro propio sitio web.

1.15.3. El planteamiento estratégico de marketing

El planteamiento estratégico ofrece lo siguiente:

⇨ **Fácil de ejecutar**

Existen varios métodos de envío de contenidos virales o mensajes, todos ellos fáciles de realizar. Algunos de estos métodos son:

- Enviar correos electrónicos.

- Mensajería instantánea.

- Uso de los sitios web, entre otros.

Enviar mensajes virales a través de estos medios de comunicación no requiere mucho esfuerzo, ni tiempo.

⇨ **Bajo coste**

En comparación con el envío de correos directo, el marketing viral resulta ser más barato y un método más rentable. Con tan solo una pequeña inversión en publicidad viral, su poder puede llegar incluso a cientos de miles de personas. Esto se debe a que el único dinero o trabajo requerido es solo para el conjunto inicial de contenidos virales, después, reenviar o reproducir el mensaje no incurriría en más gastos adicionales.

⇨ **Público objetivo adecuado**

Con el marketing viral, existe una probabilidad enorme de que el mensaje llegue a las personas que estén interesadas en él. Dado que su concepto es, esencialmente, la transmisión de un mensaje de un usuario a otra persona, lo más probable es que el usuario lo pase a una persona que sabe que está interesada. De esta manera, el porcentaje de publicidad perdida, es decir, enviar el mensaje equivocado, será menor.

⇨ **Tasa de respuesta alta y rápida**

Ya que con el marketing viral se llega a un buen número de personas interesadas, también existe una gran posibilidad de obtener un volumen de ventas elevado. Incluso si la respuesta no se convierte inmediatamente en beneficios, seguirá generando un tráfico enorme que es lo que más quieren los propietarios de sitios web.

1.15.4. Críticas al marketing digital

La reacción a que la publicidad en Internet esté cada vez más estrechamente orientada al usuario, es que cada vez hay más usuarios que están optando por bloqueadores de anuncios como Privacy Badger, Disconnect

Es un hecho, además, que las redes sociales han provocado que:

⇨ La privacidad de los individuos se haya reducido notablemente, en muchos casos por voluntad propia, pero en otros de forma forzada.

⇨ Actualmente las posibilidades de recibir emails y contactos desconocidos no deseados, ha aumentado en exceso.

1.16. Posicionamiento en buscadores

1.16.1. ¿Qué es SEO?

A) Cuestiones previas

Antes de lanzar un sitio web hay que plantearse algunas preguntas y responderlas. Las respuestas nos abrirán algunas puertas y cerrarán otras.

⇨ ¿Qué quiero?: un sitio web.

⇨ ¿Por qué?: imagen de marca, hay que estar... definir objetivos.

⇨ ¿Para qué?: A quién y a qué va dirigido y está destinado.

⇨ ¿Cómo?: Dominio, alojamiento, lenguaje, plantilla, flash... contenidos.

⇨ ¿Quién?: ¿Mi sobrino que sabe mucho?

⇨ ¿Con qué recursos cuento?: Materiales y humanos.

⇨ ¿Lo voy a mantener?: contenidos.

Algunos consejos iniciales:

1. Un dominio **fácil** de recordar es un buen dominio.

2. Un dominio **verbalizable** es un buen dominio.

3. Un domino **con contenido semántico** es un buen dominio.

4. Decántate por un nombre de dominio **corto** frente a uno más largo.

5. Si el dominio contiene de forma natural *keywords* relevantes en el nombre es una ventaja de cara a la indexación en los motores de búsqueda.

6. **Escalabilidad**.

7. **Usabilidad**.

B)   ¿Por qué Google?

Porque en España se lleva más del 90% de las búsquedas.

Un buscador es un sistema informático que devuelve resultados a páginas que contienen información sobre los términos buscados.

Que los resultados de las búsquedas sean relevantes depende de **qué** buscamos, **cómo** lo buscamos, **para qué** y, sobre todo, de cómo esté realizada la página web y cómo la indexa el buscador.

Las búsquedas en los navegadores han evolucionado con los años y se han hecho más complejas. Ya no se busca un único criterio o palabra sino que se introducen frases o conjuntos de palabras.

El buscador recibe del usuario las palabras introducidas en la caja de búsquedas: las que describen su necesidad de información. A partir de ahí, realiza una serie de consultas en el índice para identificar las páginas en que están presentes dichas palabras.

Por eso la página debe estar optimizada para facilitar el trabajo al buscador.

Un **buscador web** es un sistema informático que devuelve a sus usuarios listas con referencias a páginas que contienen información sobre los términos que estos introducen.

C)   ¿Qué es?

El SEO persigue ayudar al buscador a encontrarnos e indexarnos adecuadamente para que nuestra web aparezca en los resultados de búsqueda.

Para ello, nuestra página debe estar optimizada.

La optimización para buscadores afecta únicamente a los resultados de búsqueda orgánicos, no a los resultados pagados o patrocinados.

Google ha reiterado en numerosas ocasiones que el hecho de realizar campañas de anuncios a través de Ads no afecta a los resultados naturales que ofrecen las búsquedas. Pero esto no quiere decir que una campaña de anuncios eficaz no consiga influir en un mejor posicionamiento posterior, o que no haya que tener en cuenta las técnicas de SEO a la hora de generar los anuncios y optimizar la campaña.

Google no ve la página: lee el código:

▶ Títulos.

▶ Colores.

▶ Negritas.

▶ Nombres de imágenes.

▶ Enlaces.

▶ Textos.

▶ Descripción.

▶ Etiquetas.

▶ Textos alternativos.

1.16.2. Breve historia sobre el SEO

El SEO es, a nivel de comunicación, una herramienta o canal del marketing digital a través del cual nos comunicamos con clientes objetivos, proveedores, precursores e influencers dando una imagen de marca en Internet que puede aportarnos muchos beneficios si se realiza de la forma adecuada.

Ampliemos lo que ya hemos visto sobre el método de trabajo que seguiremos en la exposición, que está basado en responder a las preguntas:

1. **Qué**: concretamente, qué quiero conseguir (ventas, suscriptores, registros en mi web, donaciones...).

2. **Cómo**: qué estrategia voy a seguir o cómo debería comunicarme con mi público y con qué herramientas o recursos cuento.

3. **Cuándo**: en Internet el cuándo es clave, la rapidez con la que se distribuyen los mensajes en la red es sorprendente por lo que actuar en tiempo es esencial.

4. **Dónde**: qué formatos voy a incluir en mi estrategia, no solo existe el factor interno (mi propia web), además de comunicar a través de nuestra web, podemos relacionarnos con otras webs del sector, foros de opinión y otra serie de espacios donde damos a conocer nuestro producto o servicio.

5. **Por qué**: como en cualquier estrategia, es importante tener claro por qué se está trabajando en esa línea, es decir, tener unos objetivos numéricos, alcanzables y definidos, que a nivel digital son mucho más medibles y controlables gracias a herramientas que nos muestran datos concretos. Es decir, hay que tener claros nuestros KPIs digitales.

6. **Quién**: definir el público objetivo es clave para comunicar en la dirección y en el código correcto. No es lo mismo un eslogan para millennials que para mayores de 60 años o un artículo en nuestro blog corporativo que dirigimos a compradores de una determinada zona geográfica que para otra.

A través de ellas, y de la adecuada reflexión a que nos obliga cada una, podremos optimizar nuestro trabajo y las técnicas y recursos necesarios, tanto materiales como humanos.

En el caso del SEO, los elementos que cambian son fundamentalmente el código, el canal y el contexto. Pero para que el SEO funcione debe cumplir con estos requisitos.

1.16.3. Ya sabemos qué es SEO, ¿pero qué es SEM?

El **marketing en buscadores web** (**SEM** por sus siglas en inglés, *Search Engine Marketing*) es una forma de marketing en Internet que busca promover los sitios web mediante el aumento de su visibilidad en los resultados de las búsquedas en buscadores (**SERPS**, *Search Engine REsults Page* o página de resultados del buscador).

Son métodos SEM:

1. La optimización de la web para obtener un buen posicionamiento natural (o SEO).

2. El pago por la colocación de anuncios en los resultados de búsqueda (en el caso de Google esto equivale a realizar **Campañas de Ads** de pago por clic). A estos anuncios pagados también se les denomina **enlaces patrocinados**.

 Aunque no es del todo correcto, cada vez se utiliza más el término SEM solamente para indicar las estrategias de posicionamiento basadas en el pago por clic, en contraposición a la estrategia de posicionar la web de forma natural u orgánica (según los resultados naturales que ofrece la fórmula de Google) que recibe el nombre de SEO.

Los resultados de un buscador (SERP) son el listado de páginas web devuelto por un motor de búsqueda en respuesta a una consulta de palabras clave. Los resultados normalmente incluyen una lista de páginas web con los títulos, un enlace a la página y una breve descripción mostrando dónde las palabras clave buscadas han igualado el contenido de la página. El término SERP puede hacer referencia a una página de enlaces devueltos o para el conjunto de todos los vínculos devueltos por una consulta de búsqueda.

Casi todos los buscadores tienen una zona de enlaces patrocinados donde se puede contratar la aparición de tu empresa estableciendo unos costes por cada clic que los usuarios hagan en tu enlace y que les llevarán a la web de tu empresa o a una página de aterrizaje (landing page) con una oferta o campaña de tu empresa.

Además de establecer un coste por cada clic que te hagan y la participación en una subasta con otras empresas por situar tu enlace más visible (a mayor pago por clic el enlace aparece más visible) también podrás establecer un **presupuesto máximo diario**.

De forma que, si los usuarios del buscador han realizado tantos clics en tu enlace como para consumir tu presupuesto, simplemente no aparecerás más en los resultados del buscador hasta el día siguiente.

Google también te ofrece la oportunidad de que tus anuncios aparezcan no solamente en los resultados del buscador sino en sitios web con los que tienen acuerdos. A este conjunto de sitios web donde se muestran los anuncios patrocinados de Google Ads (webs, foros, blogs, etc.) se le llama **red de contenido**.

La red de contenido de Google se encuentra en constante crecimiento a través de los programas en línea como **Google AdSense**. Los sitios web que participan deben cumplir con las normas de Google AdSense.

⇨ **Ventajas y desventajas del pago por clic (Google Ads)**

▶ **Ventajas**

- Los resultados son inmediatos. A las pocas horas de configurar una cuenta de Ads nuestros anuncios ya son visibles.

- Se puede segmentar la campaña con precisión, sobre todo para localizarla geográficamente de una forma específica.

- Puedes medir con mayor precisión los resultados (clics, visitas, conversión, etc).

- Puedes hacer cambios en tu estrategia de marketing de una forma más fácil y rápida (variando el contenido de los anuncios, eliminando los anuncios que no están dando resultados, etc.).

- Puedes empezar por comenzar tu campaña con un presupuesto bajo y conforme veas resultados ir aumentando este presupuesto.

▶ **Desventajas**

- El coste por clic en función del término y la competencia, puede ser demasiado elevado como para obtener rentabilidad.

- Siempre tenemos que estar invirtiendo, en cuanto dejamos de pagar, el anuncio desaparece.

- Existe una tendencia por parte del usuario del buscador a hacer clic en los resultados naturales por encima de los resultados de pago.

⇨ **Ventajas y desventajas del posicionamiento natural u orgánico (SEO)**

▶ **Ventajas**

- No tendrás que pagar por los clics que hagan los usuarios. Aparecerás siempre en los resultados de búsqueda sin tener que preocuparte de si se ha acabado tu presupuesto diario.

No confundamos calidad del contenido con calidad de la empresa. Las primeras posiciones en los resultados naturales no tienen por qué indicar que las empresas que aparecen sean las mejores por sus productos o servicios, sino que el contenido que ofrece su web es el mejor en base a los principios de Google, o bien que muchas otras webs enlazan con ella (o una combinación de ambas).

- Los usuarios utilizan más los resultados naturales al proporcionales una mayor confianza que los de pago por clic (PPC) ya que cualquiera puede estar en el pago por clic sea cual sea la calidad del contenido que ofrece.

- Si tenemos nuestra web bien optimizada podremos mantener la posición un tiempo duradero (especialmente si estamos posicionados para unas palabras clave poco competidas).

▶ **Desventajas**

- Los resultados no son inmediatos, requieren mucho tiempo y dedicación. Para sectores competidos el tiempo se mide en meses. Para sectores muy competidos se podría medir en años y un esfuerzo económico muy importante.

- Nadie te puede garantizar (para posicionamientos competidos) resultados basados en una posición determinada que vas a alcanzar o un tiempo determinado en que lo vas a conseguir. Mucho menos si te ofrecen *"Tu web en la primera posición de Google por 100 € en 30 días"*. A no ser que quieras posicionar "Cultivo de caracoles de monte rayados en Calatayud", en cuyo caso no hace ni falta que hagas SEO porque bastaría comprar el dominio *www.caracolesmonterayadoscalatayud.com* para posicionarse, debes comprender que el posicionamiento natural conlleva un trabajo, que no se realiza de un día para el otro, que el trabajo del SEO depende de un algoritmo de Google que no es totalmente conocido, que varía con el tiempo y que la única forma de garantizarnos aparecer rápidamente en los resultados de Google es pagarle a Google una campaña de Ads.

 Hay que comprender que para aparecer en los primeros resultados de la búsqueda "fachadas Madrid" hay que desbancar a muchas empresas que antes que tú han apostado por realizar un trabajo de posicionamiento (SEO) y han gastado unos recursos en tiempo y en dinero para ello.

1.16.4. Los buscadores de Internet

A) Los buscadores o motores de búsqueda

 Un buscador es un sistema en el que escribiendo una o varias palabras en su cuadro de texto, devuelve como resultado un listado de direcciones web que estima pueden interesar al usuario al tratar temas relacionados con los términos que ha empleado en su consulta. Hoy en día, los buscadores son utilizados por los usuarios a diario, tanto en el trabajo como en casa.

Se calcula que hay más de 1700 millones de portales, de los cuales 200 millones están activos, por lo que no podríamos encontrar la información si no fuera gracias a los buscadores.

Existen multitud de buscadores (algunos temáticos especializados en un sector o tipo de web) pero los dos más utilizados en España son Google y Bing.

El 96% de las búsquedas en España se realizan en Google, por este motivo casi todas las pautas y enseñanzas que veremos se referirán a este buscador.

Aunque hay que destacar que Google no es el líder en todos los países del mundo, por lo que si deseamos posicionar una web en otro país debemos comprobar cuál es el buscador más utilizado en el mismo (por ejemplo, Yahoo! en Japón, Baidu en China o Yandex en Rusia).

Los **buscadores**:

⇨ Recopilan información de las páginas que encuentran.

⇨ La almacenan.

⇨ La catalogan en sus índices.

⇨ Y aplican una fórmula para ordenar los resultados cuando un usuario realiza una búsqueda.

Si nuestra web aparece en el resultado 86 para una determinada búsqueda (**está indexada en la posición 86**) concluiremos que la web está mal posicionada, porque es difícil que un usuario no encuentre la información que necesita en los 85 resultados anteriores. De modo que nunca, o muy pocas veces, llegará hasta nuestra página y la visitará.

Es esencial, por tanto, si queremos recibir visitas desde los buscadores estar **bien posicionado** y eso quiere decir: estar entre los 20 e incluso entre los 10 primeros resultados de una búsqueda.

Google además organiza los resultados de la búsqueda en **bloques de 10 resultados**, por lo que deberemos intentar estar entre los 10 primeros resultados, es decir, en la primera página de resultados.

A diario se realizan millones de consultas en buscadores. Si logramos estar entre los primeros resultados con los términos que describen nuestro producto o servicio multiplicaremos la posibilidad de captar nuevos clientes para nuestro negocio. Es más "fácil" conseguir un cliente que ha realizado una búsqueda en Internet, que un cliente que ha visto nuestro anuncio en la trasera de un autobús, puesto que el cliente que realiza una búsqueda está realmente interesado en ese momento en un determinado producto o servicio.

B)   ¿Qué mira el usuario al realizar la búsqueda?

En 2005 se realizaron estudios (por Enquiro, Eyetools y Didit) sobre la actividad y seguimiento ocular de los usuarios al consultar los resultados de una búsqueda. Mediante un mapa de calor se pudo conocer en qué zonas de la página de resultados pasaba más tiempo concentrada la atención de los usuarios y el resultado fue una zona en forma de F o de triángulo a la que se llamó triángulo de oro.

Básicamente lo que nos indica el estudio es que el triángulo delimita una posición estratégica comprendida entre la primera y la quinta posición de resultados en la que debería aparecer nuestra web para tener una presencia efectiva en la red.

Esto se traduce en que solo los tres primeros resultados tenían un alto porcentaje de clics, mientras que los restantes tenían porcentajes mucho más bajos. La razón a esto se debe a la manera en que los usuarios consultan la página de resultados: leen el título completo y la descripción de los tres primeros resultados, y luego el título y una parte de la descripción de los resultados próximos. De los últimos resultados en ocasiones no llegan ni a leer el título completo.

Si el usuario encuentra la información que busca dentro de estos primeros resultados, ya no tendrá necesidad de seguir buscando y nunca llegará a leer los resultados del final. Es más, la mayoría de los usuarios que realizan una búsqueda solo miran la primera página, y si no encuentran lo que buscan en esta primera página, modifican la consulta y vuelven a buscar en lugar de pasar a la segunda página.

C) ¿Qué sucede cuando hay problemas?

a) Sitemap

Es una lista de las páginas de un sitio web accesibles por parte de los buscadores y los usuarios. Puede ser tanto un documento en cualquier formato usado como herramienta de planificación para el diseño de una web como una página que lista las páginas de una web (ya realizada), organizadas comúnmente de forma jerárquica. Esto ayuda a los visitantes y a los bots de los motores de búsqueda a hallar las páginas de un sitio web.

¿Tiene la página sitemap? Verifica que así sea usando cualquiera de las herramientas online disponibles para ello. Si no lo tienes, Google te indica cómo generarlo: https://support.google.com/webmasters/answer/183668?hl=es

b) Flash

Los robots de los buscadores tienen problemas con flash.

Evítalo en la medida de lo posible o úsalo como complemento.

c) Frames

Los robots de los buscadores tienen problemas con los frames. Evítalos.

d) También **popups**, **java** o **ID de sesión** pueden dar problemas.

Si, pese a todo, Google no indexa tu sitio, pueden pasar, además, todas estas cosas:

1. Tu sitio web está indexado bajo un dominio con o sin www.

2. Google no ha encontrado tu sitio todavía.

275

3. Tu sitio web tiene errores de rastreo.

4. El sitio o la(s) página(s) web están bloqueadas por el archivo robots.txt.

5. Tu sitio web tiene contenido duplicado.

6. Has activado los ajustes de Privacidad.

7. El sitio web está bloqueado por el archivo .htaccess.

8. El sitio web tiene NOINDEX en la meta etiqueta.

9. Tu sitio web tarda mucho en cargar.

10. El alojamiento (hosting) de tu sitio web está caído, a veces.

11. Tu sitio web ha sido desindexado.

1.16.5. Errores comunes en SEO

Igual que a los buscadores hay "cosas" que les gustan mucho a la hora de indexar las páginas y mostrarlas en los resultados de búsquedas, hay "cosas" que no les gustan nada.

⇨ **Contenido duplicado**

Ya hemos visto en los redireccionamientos que conviene que no haya contenido duplicado. Eso puede confundir al buscador.

Y si, además, plagias a otros, Google lo puede llegar a saber.

⇨ **Piensa en los usuarios, no en buscador**

Genera buenos contenidos y asegúrate de que son accesibles para el buscador, pero:

1. No insertes excesivas palabras clave, y menos si no son relevantes para el tema del que hablas.

2. Ni introduzcas bloques de texto que no ofrezcan valor.

⇨ **Cloaking. No engañes al buscador**

Cloaking es un término inglés para denominar ciertas técnicas ilícitas de posicionamiento web con el fin de engañar a los motores de búsqueda y mejorar la posición en los resultados.

1. **Cuidado con los colores**. A los robots no les gustan los colores poco contrastados. Pueden indicarles que quieres engañarles introduciendo palabras o textos poco visibles pero indexables.

2. No pongas **texto escondido**, invisible a los usuarios pero visible para los buscadores. Detectarán la treta.

3. **Enlaces ocultos.**

4. **Abuso de palabras clave.**

5. **Spam** en comentarios, blogs, foros, etc.

6. **Compraventa de enlaces.**

1.16.6. Herramientas SEO

Los buscadores de ANTES	Los buscadores de AHORA
• Eran directorios de páginas web. • Debías dar de alta tu página web en el directorio del buscador. • Debías indicar cuáles eran las palabras clave por las que deseabas ser encontrado. • Tú redactabas la definición de tu página web.	• Una araña visita tu página web. • La araña lee el contenido de tu página web. • La araña lleva toda la información a una central donde un sistema la procesa y la almacena. • El sistema crea un índice con las palabras que utilizas en tu web y las ordena por relevancia. • El sistema intenta descubrir si eres una buena página o no (comprueba cuánta gente recomienda tu web y cuán importante es esa gente). • Cuando alguien realiza una búsqueda, el sistema muestra todas las webs que contienen la palabra o frase buscada.

⇨ **Suites de herramientas SEO**

Estas suites de herramientas merecen un apartado especial, ya que realizan múltiples tareas SEO y constituyen en sí mismas todo un arsenal que te ayudará a acelerar tu posicionamiento con resultados de calidad.

Por ejemplo:

1. Mangools SEO suite.

2. SEO Powersuite.

3. Serpstat.

4. SE Ranking.

⇨ **Keywords (palabras clave)**

Construir una buena lista de palabras clave es una de las actividades más impor-tantes del posicionamiento SEO, y que determinará en gran medida el éxito o el fracaso de tus esfuerzos.

Estas son las herramientas quete pueden ayudar a construir un buen mapa de palabras clave, con posibilidades de poderlas posicionar, y conseguir visitantes cualificados:

1.   Planificador de palabras clave de Google.

2.   Keyword Tool (keywordtool.io).

3.   KWFinder de Mangools.

4.   Semrush.

⇨ **Velocidad de carga**

La velocidad de carga de tus páginas es importante por partida doble: como factor de posicionamiento y porque tus visitantes volverán más veces si tu página carga rápido. A nadie le gusta esperar, y muchos visitantes abandonan una web lenta antes de que termine de cargar.

Estas herramientas te ayudarán a analizar la velocidad de tu página, a descubrir qué la hace más lenta y a solucionar este problema:

1.   GTmetrix.

2.   WebPageTest.

⇨ **Análisis de tráfico y conversión (Analytics)**

Para obtener el máximo rendimiento necesitas analizar datos de tus visitas, saber desde dónde llegan, cómo interactúan con tu web, qué contenidos les atraen más, etc.

Con esta información te será mucho más fácil optimizar tu web y hacerla lo más útil posible a tus visitantes, lo que te ayudará en el posicionamiento y las conversiones.

Puedes utilizar, por ejemplo, las siguientes herramientas:

1.   Google Analytics.

2.   Yandex.Metrica.

⇨ **Análisis de backlinks y de la competencia**

El análisis del perfil de los enlaces es muy importante, para asegurarte de que no corres riesgo de ser penalizado. Y también para saber qué está haciendo tu competencia, y poder adaptar tu estrategia.

Hace unos años no existían herramientas fiables para poder realizar un estudio a fondo de los enlaces de una web, por suerte ahora contamos con opciones muy potentes:

1.   Ahrefs.

2.   SEO SpyGlass de SEO Powersuite.

3.   Majestic.

4.   LinkMiner de Mangools.

⇨ **SEO técnico y auditorías**

Es importante que te asegures de que todas las páginas de tu sitio web disfrutan de "buena salud", que no tengan errores y que sus contenidos estén lo más optimizados posibles.

Estas herramientas te ayudarán a diagnosticar tu web y mantenerla en buenas condiciones:

1.   Google Search Console.

2.   Bing Webmaster Tools.

3.   Visual SEO Studio.

4.   Website Auditor de SEO Powersuite.

5.   URL Profiler.

6.   Screaming Frog.

⇨ **Rankings y monitorización de keywords**

Cuando estás persiguiendo posicionarte por varias keywords **es necesario monitorizar sus posiciones en los resultados de búsqueda** (SERPs).

Hacerlo de forma manual, buscando cada palabra clave y apuntando en qué página y posición aparece, es un proceso largo y tedioso que puedes ahorrarte gracias a estas herramientas:

1.   SERPWatcher.

2. Rank Tracker de SEO Powersuite.

3. SEObox.

4. SERPWoo.

⇨ **Automatización de tareas**

Seguramente ya te has dado cuenta de que el posicionamiento suele robar mucho tiempo y por ello **es importante buscar formas de automatizar las tareas siempre que se pueda**.

Estas herramientas son unas de las mejores para ayudarte a conseguirlo:

1. If this, then that (IFTTT).

2. Zapier.

1.17. El valor de la marca y el posicionamiento en Internet

1.17.1. Definición

La aplicación de técnicas SEO suele ser más intensa en sitios web con mucha competencia y lo que se pretende con su aplicación es el posicionarse por encima de los competidores por determinadas palabras clave.

Las técnicas SEO pueden ser desmedidas y afectar los resultados naturales de los grandes buscadores por lo que si incumplen las cláusulas y condiciones de uso de los mismos pueden ser consideradas, en algunos casos, como una forma de spam, el **spamdexing** y penalizadas por el mismo buscador.

El posicionamiento involucra al código de programación, al diseño, a los contenidos y al trabajo de **linkbuilding** (conseguir que otras páginas enlacen con la nuestra mediante las palabras clave que nos interesan) y **linkbaiting** (colocar contenido "cebo" muy interesante en nuestra web para que nos enlacen otras webs).

• **Leyendas urbanas del posicionamiento**

1. El SEO es cosa de hackers. Existen técnicas secretas para posicionar que solo unos iniciados conocen = Falso.

2. Las empresas que más pagan son las que están arriba en los resultados = **Falso a medias**. Las empresas que aparecen arriba no le pagan a Google para aparecer bien posicionadas en el listado de resultados, pero han invertido dinero o tiempo en conseguir una web bien estructurada, con una buena arquitectura de la información, con un buen contenido, con una campaña de enlaces, etc.

Ningún SEO tiene acuerdos con Google para poder posicionar a sus clientes.

3. Cuantas más visitas tenga mi sitio web, más arriba estaré en los resultados de las búsquedas = **Falso**.

Estas y otras leyendas son las que tenemos que evitar para llegar a comprender mínimamente el funcionamiento de los buscadores y el trabajo de SEO. Solo de esa manera seremos capaces de contratar al profesional adecuado y evitar los timos y estafas que circulan por Internet. Como consejo deberemos desconfiar de aquellos SEO o empresas de SEO que ofrecen resultados fantásticos a un bajo coste, que dicen tener contactos personales con Google o un software especial automático que realiza perfectamente la función de SEO. Una buena optimización de posicionamiento natural en buscadores debe ser manual y personalizada.

1.17.2. El trabajo del SEO

El trabajo del SEO consta de tres partes principales:

1. Debe tener los **conocimientos para crear un contenido de su web que sea atractivo y usable** para el visitante (**usabilidad**). Y deberá tener presente aspectos del diseño que consiguen una mejor experiencia por parte del usuario.

2. Pero al mismo tiempo, debe conseguir que este contenido sea **amigable** para el buscador (técnicas **onpage**).

3. Y además tendrá que ser conocedor de técnicas que nada tienen que ver con el contenido de su web (técnicas **offpage**) pero que ayudarán a posicionarla.

1.17.3. Factores que influyen

Los algoritmos utilizados por Google y otros buscadores para el cálculo de los resultados de búsqueda pueden cambiar en cualquier momento, por lo que generalmente evitan citar detalles específicos con respecto a los motores de búsqueda y en particular a sus algoritmos.

Cada vez que se cambian estos algoritmos se producen cambios en las **SERPs** o listados de resultados. Algunas webs suben, otras bajan, otras desaparecen de las primeras posiciones, lo que en general hace poca gracia a los SEO.

Aproximadamente una vez al mes Google recalcula el PageRank (valor de la importancia que Google le da a una página) de cada página web y, por lo tanto, modifica los resultados de las búsquedas.

La **"Google Dance"** es el periodo que transcurre entre el comienzo y el fin de esta actualización. Suele tardar unos 4 días y, durante ese tiempo, se obtienen diferentes resultados en cada uno de los servidores de Google.

 Así, los factores que influyen en el posicionamiento también han variado con el tiempo. Factores en su día importantes como los metadatos (información en el código de la página, visible por Google, pero no por el usuario) relativos a palabras claves o descripción, o la densidad de las palabras clave del contenido de la página han quedado obsoletos y tienen prácticamente una nula influencia en el posicionamiento.

Los factores que actualmente tienen importancia se pueden clasificar en:

⇨ Factores **onpage** visibles.

⇨ Factores **onpage** invisibles.

⇨ Factores basados en el tiempo.

⇨ Factores externos u **offpage**.

 Los factores onpage (aquellos que tienen que ver con el código o el contenido de la página) han sido mucho más importantes antiguamente y su importancia ha decrecido con el tiempo debido a que son los más fácilmente manipulables.

Es fácil, por ejemplo, simplemente con el uso de **hojas de estilo CSS**, mostrar un contenido al usuario y otro distinto al navegador (que nos beneficie en el posicionamiento). Esta técnica por supuesto es penalizable.

1.17.4. Factores onpage visibles

1. **Título de la página**

   El **título de la página** es una cadena de texto visible tanto en la **barra de título de una ventana del navegador**, así como por ser el titular de un resultado de búsqueda. Técnicamente se define por el contenido del elemento <title> en la sección head del documento HTML.

   No te preocupes ahora si no entiendes el código HTML. Actualmente, los gestores de páginas web, como WordPress, permiten introducir fácilmente el título y el resto de elementos de código que veremos, sin necesidad de programar.

Podría decirse que es uno de los factores más importantes tanto en el posicionamiento como para mejorar la tasa de clics, ya que es lo primero que leerá el usuario sobre nuestra empresa en los resultados de búsqueda.

Uno de los mayores errores que se pueden hacer es poner el mismo título en todas las páginas del sitio web y que este título no contemple las palabras claves para las que queremos estar posicionados. En el mejor de los casos el sitio estará mal posicionado, en el peor incluso el buscador nos podría penalizar por contenido duplicado.

Si, por ejemplo, tenemos un taller de Audi en Valencia que se llama Ortega un buen título podría ser Taller Audi Valencia Ortega. Un mal título podría ser Ortega, somos los mejores.

Aunque al escribir los títulos es aconsejable insertar algunas palabras clave específicas no debes perder de vista que un título es también una llamada a la acción y lo primero que leerán los usuarios cuando nos encuentren en el buscador, así que podría ser más efectivo de cara a la tasa de clic un título del tipo: Taller Oficial Audi Valencia Ortega–Reparación y venta segunda mano.

No hay que olvidar tampoco que muchas veces las páginas externas nos enlazarán por nuestro título, de ahí la importancia de las palabras clave en el mismo.

También habría que evitar el uso de un título demasiado largo con un número excesivo de palabras clave.

2. Encabezados de página

Los encabezados de las páginas web se construyen con los elementos <h1>...<h6> y son textos generalmente de un tamaño mayor que el que se utiliza como título interno de las distintas secciones de la página. Sirven al usuario para navegar rápidamente por el sitio porque resumen el contenido de la sección a la que preceden. Por ello Google les da más importancia que al resto del contenido de la página y por ello es conveniente poner en forma de titular las palabras clave que queremos posicionar.

Siguiendo con el ejemplo anterior, si tenemos una sección de la web que trata de nuestro servicio de venta de coches de segunda mano la podemos titular: Venta de coches de segunda mano, pero un título como: Su empresa en **Valencia** de venta de **Audi** de **segunda mano**, seguro que ayuda más a la hora de posicionarnos.

3. **Contenido de la página**

Para ofrecer una buena optimización es esencial ofrecer un contenido de calidad, actualizado frecuentemente y estructurado de una forma adecuada.

Después de haber fijado los objetivos y las palabras clave que queremos posicionar, estas palabras clave **deben aparecer en el contenido de la web**. Cuanto más al principio mejor.

Los buscadores no posicionarán su web si no encuentran una relación entre su contenido y las palabras clave.

Una **densidad de palabras clave** adecuada puede ser del 3 al 5% (es decir, repetir la palabra clave 3 veces de cada 100 palabras) siempre que el texto tenga sentido y no sea incómodo de leer.

Siguiendo con el ejemplo anterior a nadie le gustaría leer:

"Bienvenido a talleres Ortega de Audi en Valencia donde podrá reparar su Audi en Valencia o bien comprar un Audi de segunda mano en Valencia".

Hay que intentar siempre que las palabras clave se inserten con naturalidad. La técnica de llenar el contenido de palabras clave (key stuffing) está penalizada.

Mucho mejor es aprender sobre Seo Copywriting, técnica que trata de optimizar el contenido de la web para satisfacer las necesidades del usuario, teniendo en cuenta la importancia de incluir sus palabras clave en el documento.

Imaginemos el texto de bienvenida en el ejemplo anterior:

"Taller Ortega es una empresa con 10 años de experiencia en la venta de coches usados y reparación. Ello nos ha llevado a ser uno de los negocios más valorados del sector con clientes que confían plenamente en nosotros".

Este texto de bienvenida lo podríamos cambiar por otro plenamente legible y motivador pero que incluya las palabras clave.

"10 años en Valencia reparando Audi y vendiendo los Audi de segunda mano más valorados del sector han convertido al Taller valenciano Ortega en una empresa ejemplar y plenamente afianzada". En el ejemplo anterior las palabras resaltadas en negrita no son una cuestión puramente de diseño, pues Google también da más importancia a las palabras y frases resaltadas en negrita (etiquetas <b> y <strong>).

4. **Enlaces salientes**

Los motores de búsqueda evalúan los vínculos a páginas externas que contenga el documento.

Enlaces a otras webs que están relacionadas con nosotros o nuestras palabras clave son valiosos porque le indican a Google que no ha llegado a una web que es un "pozo sin fondo", sino que a partir de ella el usuario puede seguir navegando.

Sin embargo, los vínculos a webs con contenido totalmente irrelevante o spam, o listas interminables de enlaces salientes, o intercambios abusivos de enlaces pueden dañar el ranking de una página.

Palabras clave en las URL y nombre de dominio

Sin embargo, este factor también es cada vez menos relevante para Google.

Es beneficioso de cara al posicionamiento incluir en el dominio y en las URL internas del sitio web las palabras clave.

Así por ejemplo para el caso anterior sería un mal dominio talle-resortega.com y sería un buen dominio talleraudivalencia.com. Cuál de los dos dominios es mejor de cara a la confianza del usuario es algo que se podría discutir, pero si un usuario está buscando un taller para reparar su Audi, el ver lo que está buscando en el dominio de la web tiende a ser beneficioso.

Lo mismo ocurre para las páginas interiores de la web. La página de servicios de la web anterior podría ser servicios.php, pero de cara al posicionamiento es mucho mejor venta_reparacion_audio_valencia.php.

También son importantes las llamadas **URL amigables o semánticas** (direcciones web entendibles por el usuario). Las URL amigables se utilizan especialmente en webs dinámicas que ofrecen páginas montadas a partir de los datos de una base de datos.

 Si, por ejemplo, la web anterior tuviera un catálogo online que ofreciera información sobre los coches usados de los que dispone el taller y de cada coche tuviéramos, entre otros datos, la información sobre la referencia, el modelo y el año del mismo, la página web se podría montar dinámicamente con una página catálogo.php?ref=1254 que recibiera el dato de la referencia del coche y, a partir de ella, buscara en la base de datos la información del mismo.

Pero de cara al posicionamiento (y también al usuario) se puede mejorar la dirección URL transformándola en una del tipo /catalogo/1254/audi_a4_tdi_143_ano_2001.html.

5. **Estructura de enlaces internos y anchors**

Como consejos a la hora de realizar enlaces entre distintas partes del sitio web hemos de tener en cuenta:

a) No utilizar una paginación simple del tipo *<anterior><posterior>* sino realizar enlaces a todas las páginas de manera individual *<anterior> 1 2 3 4 5 6 <posterior>*

a) Es conveniente utilizar un **mapa del sitio (sitemap)** desde el que se pueda acceder fácilmente a todo el contenido de la web con un simple clic.

a) Nos debemos asegurar que **no existen enlaces erróneos** a páginas de nuestro sitio web, páginas externas o archivos (imágenes, pdf, etc.).

1.17.5. Factores onpage invisibles

1. **Meta Description**

Actualmente el contenido de la etiqueta <meta name="description"> no es un factor decisivo en el posicionamiento de una página.

Tiene su importancia porque Google suele utilizarlo como descripción de la página en los resultados de búsqueda (SERPs) y por tanto será lo que el usuario verá de nuestra web junto al título de la misma e influirá a la hora de que haga clic en nuestro enlace.

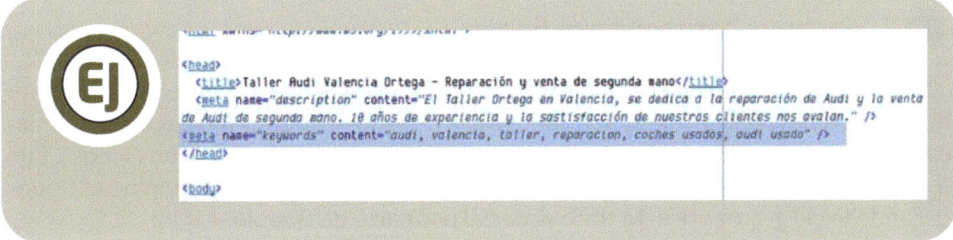

```
        "http://www.w3.org/TR/xhtml1/DTD/xhtml1-strict.dtd">

<html xmlns="http://www.w3.org/1999/xhtml">

<head>
  <title>Taller Audi Valencia Ortega - Reparación y venta de segunda mano</title>
  <meta name="description" content="El Taller Ortega en Valencia, se dedica a la reparación de Audi y la venta
de Audi de segunda mano. 10 años de experiencia y la sastisfacción de nuestros clientes nos avalan." />
</head>

<body>
```

2. **Meta Keywords**

En general, se mantiene que el meta keywords o meta "palabras clave" no tiene ninguna importancia en el posicionamiento, pues es totalmente invisible y, por ende, perfectamente manipulable. Si incluso así queremos usarlo, colocaremos en el mismo las palabras clave de la página web en cuestión separadas por coma.

```
<html xmlns="http://www.w3.org/1999/xhtml">

<head>
  <title>Taller Audi Valencia Ortega - Reparación y venta de segunda mano</title>
  <meta name="description" content="El Taller Ortega en Valencia, se dedica a la reparación de Audi y la venta
de Audi de segunda mano. 10 años de experiencia y la sastisfacción de nuestros clientes nos avalan." />
  <meta name="keywords" content="audi, valencia, taller, reparacion, coches usados, audi usado" />
</head>

<body>
```

3. Optimización de las imágenes

Es conveniente que el nombre de la imagen incluya en la medida de lo posible las palabras clave objetivos.

En el ejemplo anterior, si hay una imagen junto al texto de bienvenida, en lugar de llamarla bienvenida.jpg sería mejor llamarla talleraudivalencia.jpg. Esto es más importante si cabe cuando las imágenes son al mismo tiempo enlaces.

Conviene, así mismo, **etiquetar** las imágenes mediante el atributo alt que provee un texto alternativo a las imágenes cuando estas no se pueden visualizar o para que personas con un defecto visual puedan conocer el contenido de la imagen.

287

Cuando las imágenes enlacen con una página interna de nuestro sitio web sería conveniente que el atributo alt tuviera las palabras clave de la página destino.

 Así, por ejemplo, si en la Home de nuestra web hay un banner gráfico que enlaza con el catálogo de Audi de nuestra web pondremos un atributo alt de la forma: <img src="ruta.imagen" alt="catalogo audi usado valencia">.

4. Consideraciones acerca de la estructura de la página

Los buscadores utilizan los elementos de bloque como por ejemplo <div> o <p> para agrupar textos relacionados. El uso de estos bloques de manera indiscriminada y artificiosa, para el diseño y maquetación de la web, puede ser perjudicial.

1.17.6. Factores basados en el tiempo

Al igual que las personas acumulan conocimientos y experiencia con la edad, por analogía, los buscadores tienden a conceder a los sitios antiguos (que acumulan enlaces y contenido con el tiempo) un crédito especial, los considera "buenos vinos". Ello ha hecho que, en muchos casos, se hayan realizado compras de dominios antiguos buscando exclusivamente este trato especial por parte de Google.

Los factores basados en el tiempo que se utilizan como factores de clasificación son:

⇨ **La edad de la página**

La edad de la página se contará a partir de que hay contenido de la página indexado por el buscador, no a partir del momento en que se registra el dominio.

Un sitio web que ha existido durante muchos años puede clasificar mejor porque durante este tiempo ha ido recibiendo enlaces externos y porque con el tiempo ha ido creando nuevos contenidos. De hecho, la actividad, el "contenido fresco", es también bien valorado por Google.

⇨ **La edad de los enlaces a la página**

Los enlaces que están presentes en otras webs apuntando a nuestro sitio web adquieren más valor con el tiempo, del mismo modo que las páginas de donde proceden también lo adquieren.

⇨ **El tiempo para el que se registra el dominio**

Los buscadores pueden ver un registro de los nombres de dominio y el número de años para los que se registran.

Google considera un dominio estable, un proyecto sólido, a aquel que se registra por varios años. Esto es debido a que un dominio registrado por un solo año puede pertenecer a un proyecto pasajero o a una estrategia de marketing online temporal.

Así que, un buen consejo es registrar el dominio por varios años.

1.17.7. Factores offpage

A) Introducción

Los factores offpage para el posicionamiento son los que no dependen de la estructura, etiquetas o contenido de la página pero que afectan **considerablemente** a su posicionamiento en buscadores. De hecho, a menudo encontraremos posicionados websites que no cumplen prácticamente ningún criterio de los vistos anteriormente pero cuyos factores externos están perfectamente optimizados.

Los factores externos tratan de lo **importante** o **popular** que es la página web. Y Google colocará más arriba su sitio cuanto más "popular" sea.

Y no se trata de intentar conseguir enlaces a lo loco. Será más importante conseguir enlaces de páginas que nos beneficien, es lo que se llama **enlaces de calidad**.

El valor del **PageRank**, que representa un valor numérico del 0 al 10, indica la importancia en Internet de una página (obviamente, según Google). El valor del PageRank es logarítmico, lo que significa que cuesta menos pasar de un PageRank de 1 a 2, que pasar de un PageRank 4 a 5.

Si queremos conocer el PageRank de nuestro sitio web existen muchos servicios online que lo ofrecen, así como extensiones para los principales navegadores.

Si utilizamos el navegador Google Chrome tendremos a nuestra disposición extensiones para conocer el PageRank, los enlaces entrantes a la web y para el trabajo de SEO en *https://chrome. google.com/webstore/search/pagerank?hl=es.*

B) PageRank

Google asigna el valor de PageRank a una página en función del **número de enlaces** que recibe y de la **popularidad de las páginas que le enlazan**. Así pues, para conseguir popularidad **deberemos conseguir muchos enlaces de páginas con un elevado PageRank**.

Además hay que tener presente que no todo el PageRank de una página se transmite a otra. Existe un factor de debilitamiento a tener en cuenta. Además el PageRank se divide entre todos los enlaces salientes de la web. Todo esto quiere decir que cuantos más enlaces salientes tenga una web menos PageRank transmitirá a las páginas con las que enlaza. Dicho de otra forma: deberemos conseguir muchos enlaces de páginas con un elevado PageRank que además nos enlacen a nosotros solos o en su defecto a nosotros y a otras pocas webs.

Antiguamente tener un PageRank alto significaba inmediatamente estar bien posicionado, pero con el auge de los blogs y directorios y la posibilidad de conseguir fácilmente gran cantidad de enlaces **Google primó la calidad de los enlaces sobre la cantidad**.

De todas maneras el valor del PageRank puede dar siempre una idea aproximada de si estamos realizando correctamente la labor de SEO offpage.

Si después de realizar durante meses un linkbuilding (búsqueda de enlaces que enlacen con nuestra web) el PageRank sigue siendo o, algo se está haciendo mal, o no se han conseguido enlaces de calidad o se ha sufrido algún tipo de penalización por parte de Google.

Popularidad = Número de enlaces + calidad y relevancia de los mismos que enlazan desde webs externas a tu web

A Google (aparte de que le contraten campañas de Google Ads) le interesa que nuestra página se haga popular de forma natural por la calidad de su contenido. Cuando el contenido es muy bueno pero a las demás webs no se lo parece y no nos enlazan, no nos queda más remedio que emplear una estrategia de **linkbuilding**, es decir tratar de **conseguir enlaces para mejorar nuestro posicionamiento**.

C)   Linkbuilding y linkbaiting

El linkbuilding hay que hacerlo los más **"natural"** posible, de lo contrario nos podrían penalizar.

Imaginemos que queremos posicionar nuestro taller. De forma natural, distintas webs con distintos PageRank nos irían enlazando con distintas frases como "taller AUDI", "taller ortega", "venta de AUDI segunda mano", etc. Un día nos enlazarían 3 webs, al día siguiente nadie, el siguiente 10 webs más.

Pero nosotros queremos posicionarnos solamente para "taller AUDI Valencia" y se nos podría ocurrir comprar 2.000 enlaces todos con PageRank > 2 y enlazarlos todos el mismo día y con la misma frase: "taller AUDI Valencia".

Entonces, pasamos de no existir para Google, a ser los más populares al día siguiente.

Pero esto lleva consigo el riesgo de acabar penalizados por el buscador y que tardemos en posicionarnos mucho más que si hubiéramos hecho las cosas bien.

Los enlaces para poder realizar el linkbuilding los podemos conseguir de diversas formas:

a) **Dándonos de alta en directorios gratuitos**

Es fácil, pero es muy laborioso. Para encontrar los primeros basta con buscar términos como: "añadir url", "submit url", "directorio gratuito" o buscar en foros de SEO donde los participantes suelen publicar listados de directorios filtrados por PageRank. En cualquier caso estos directorios generalistas suelen tener a su vez una categoría donde se anuncian otros directorios gratuitos, con los que en un momento tendremos a nuestra disposición cientos de webs donde conseguir un **enlace que apunte a nuestra web con las palabras clave que queremos posicionar**.

- Convienen más los directorios con mayor PageRank y cuyos enlaces no sean nofollow (que no transmiten PageRank).

- Conviene darse de alta en una categoría que tenga que ver con nuestro sitio web para que el enlace sea de mayor calidad.

b) **Conseguir enlaces en foros temáticos que tengan que ver con nuestra web**

Tras registrarnos, en nuestra firma, o incluso en las opiniones que realicemos en el foro (sin que parezca spam), podemos añadir enlaces a nuestra web.

291

Lo mismo lo podemos realizar en páginas que nos permitan realizar comentarios como algunos **blogs** (preferentemente si son blogs que tratan de temáticas semejantes a nuestra web).

c) **Intercambiando enlaces con otras webs**

Es conveniente que el intercambio se realice con webs de calidad de la misma temática que la nuestra. Los simples enlaces recíprocos (A enlaza a B y B enlaza a A) pueden ser fácilmente descubiertos por el buscador y perjudicarnos o al menos no beneficiarnos.

Algunos webmasters enlazan de forma triangular para tratar de solventar este problema (A enlaza a B, B a C y C a A).

En cualquier caso no es conveniente enlazar con portales o webs que puedan ser susceptibles de estar penalizados (webs con escaso contenido pero multitud de enlaces, webs que usan técnicas ilegales o masivas de enlazado, webs que vendan enlaces, etc.).

d) **Compra de enlaces**

Aunque Google está en contra de las compras de enlaces (a no ser que sean de Google Ads) existen empresas muy bien posicionadas y que compran enlaces.

La compra de enlaces entraña un riesgo, pero en ocasiones puede dar buen resultado.

 No compres enlaces a webs que se dedican exclusivamente a la venta de enlaces.

e) **Analizar la competencia**

Una buena táctica para saber quién te puede enlazar es ver quién enlaza a las webs que están en las primeras posiciones para las palabras clave que quieres posicionar.

Existen diversas herramientas que nos mostrarán algunos de los links de la competencia (**backlinks**), como las mencionadas Semrush o Ahrefs.

Es muy importante intentar conseguir enlaces de **calidad**: de webs fiables con alto PageRank y con una **temática relacionada**.

 Para nuestro ejemplo del taller se podría llegar a acuerdos con otros talleres semejantes que no sean competencia, o con proveedores de piezas para AUDI, etc.

La calidad de los enlaces depende de varios factores. Así, es conveniente que nos enlacen webs que cumplan con determinadas **características:**

a) Antigüedad.

b) Pocos enlaces salientes.

c) El mismo idioma que el nuestro.

d) Extensiones de dominio .com, .edu, .org, etc.

e) Que el **texto de los enlaces entrantes (anchor text)** contenga las palabras clave relacionadas con nuestro contenido y que queremos posicionar. Para que Google interprete estos links como naturales deben variar un poco las palabras del anchor text.

f) Que nos enlacen desde la parte superior del documento web o bien en el texto principal del contenido. No es interesante que nos enlacen desde un pie de página repleto de enlaces.

g) Que nos enlacen a distintos documentos de nuestro sitio web (los más relevantes) y no solamente a la Home.

h) Que nos enlacen con enlaces permanentes, que no vayan a desaparecer a los pocos meses.

i) Si puede ser, que el texto próximo al enlace tenga que ver con el text anchor del enlace.

j) Que el formato del enlace sea de texto.

Pero el **linkbaiting** es la forma más efectiva a la hora de hacer popular nuestra web, aunque también es una de las más complicadas. Consiste en **crear contenido de gran interés para el resto de internautas y hacer que estos enlacen a nuestra página de forma natural sin necesidad de que lo solicitemos**. Este contenido puede ser un buen artículo, un manual técnico, noticias, software gratuito de nuestro sector (por ejemplo un programa de facturación para talleres de reparaciones gratuito), etc.

D) Black Hat SEO

Existen técnicas de posicionamiento denominadas **Black Hat**, que no se corresponden con una mejora del contenido de la web y cuya única razón de ser son las de engañar a los buscadores para lograr el posicionamiento de una forma más rápida. Si estas técnicas son detectadas por el buscador, tu web puede ser penalizada, así que desconfía de cualquier SEO que te prometa resultados rápidos utilizando técnicas del estilo de:

⇨ **Texto oculto**

Se trata de ocultar texto (plagado de palabras clave) al usuario de la web pintándolo, por ejemplo, del mismo color que el fondo de la web. Para el usuario el texto será prácticamente invisible pero no para el buscador, que lo leerá en el código fuente de la página.

⇨ **Cloaking**

Esta técnica consiste en mostrar a los robots del buscador un contenido y al usuario otro con los términos que se quieren posicionar.

⇨ **Keyword Stuffing**

O relleno de palabras clave. Consiste en repetir constantemente las palabras clave sin ningún sentido.

⇨ **Doorways**

O páginas traseras. Consiste en crear páginas distintas al sitio web original para optimizarlas para buscadores y, una vez conseguido su posicionamiento, redirigir su tráfico, enlaces y PageRank hacia la página real. Es una técnica muy utilizada aún por los webmasters.

2. Funcionamiento de los motores de búsqueda y sus tecnologías

2.1. ¿Cuáles son las funciones de los motores de búsqueda?

Los motores de búsqueda son necesarios para localizar, almacenar y clasificar el valor de la información que hay en la web. Los motores de búsqueda populares como Google, Yahoo! y Bing encuentran información relevante y la presentan a los usuarios.

Las principales funciones de los motores de búsqueda son las siguientes:

⇨ **Rastreo**

El rastreador, o tela de araña, es un componente de software vital del motor de búsqueda. En esencia, revisa Internet para encontrar direcciones de sitios web y el contenido de un sitio web para su almacenamiento en la base de datos del motor de búsqueda. Este puede escanear la nueva información en Internet o puede localizar los datos más antiguos. Los rastreadores tienen la capacidad de buscar una amplia gama de sitios web al mismo tiempo y recogen grandes cantidades de información de forma simultánea. Esto permite que el motor de búsqueda encuentre contenido actual cada hora. La tela de araña se arrastra hasta que no se pueda encontrar más información en un sitio, como otros enlaces a páginas internas o externas.

⇨ **Indexación**

Una vez que el motor de búsqueda haya rastreado el contenido de Internet, indexa ese contenido sobre la base de la aparición de frases de palabras clave en cada página web individual. Esto permite que una búsqueda o tema en particular se encuentre fácilmente. Las frases de palabras clave son el grupo particular de palabras utilizadas por un individuo para buscar un tema en particular.

La función de indexación de un motor de búsqueda excluye primero los artículos innecesarios y comunes como "la", "a" y "un". Después de la eliminación de texto común, almacena el contenido de una manera organizada para un acceso rápido y fácil. Los diseñadores de motores de búsqueda desarrollan algoritmos para buscar en la web de acuerdo con las palabras clave y frases de palabras clave específicas. Los algoritmos hacen coincidir palabras clave generadas por el usuario y frases de palabras clave para contenido que se encuentran dentro de un sitio web en particular, mediante el índice.

⇨ **Almacenamiento**

El almacenamiento de contenido web dentro de la base de datos del motor de búsqueda es esencial para la búsqueda rápida y fácil. La cantidad de contenido disponible para el usuario depende de la cantidad de espacio de almacenamiento disponible. Los grandes motores de búsqueda como Google y Yahoo! son capaces de almacenar cantidades de datos que varían en los terabytes, ofreciendo una mayor fuente de información disponible para el usuario.

⇨ **Resultados**

Los resultados son los hipervínculos a sitios web que aparecen en la página del motor de búsqueda cuando se consulta una determinada palabra clave o frase. Cuando se escribe un término de búsqueda, el rastreador se ejecuta a través del índice y coincide con lo que has escrito con otras palabras clave. Los algoritmos creados por los diseñadores de motores de búsqueda se utilizan para proporcionar los datos más relevantes primero. Cada motor de búsqueda tiene su propio conjunto de algoritmos, por lo que devuelve resultados diferentes.

Se pueden establecer una serie de criterios para que una página web pueda ser indexada de forma automática.

⇨ Definir las palabras clave con las que se pretende identificar el sitio.

295

⇨ Incluir las palabras clave en el título de la página y en el contenido.

⇨ Incluir la dirección URL (Uniform Resource Locator) entre las palabras clave.

⇨ Incluir metadatos.

⇨ Incluir información relevante dentro de las primeras líneas de la página, entre ellas las palabras clave.

⇨ Incluir un archivo: robots.txt en el directorio raíz (se trata de un archivo de texto que indica a los robots qué páginas no se desea indexar).

⇨ Intentar que desde otras páginas se creen enlaces que referencien a la página.

⇨ Incluir un gran número de enlaces.

⇨ Registrar la web en los principales motores de búsqueda.

⇨ Una vez que se adquiere una buena clasificación en el ranking o alineamiento, algunos motores de búsqueda tienen en cuenta los clics de ratón que los usuarios hacen sobre los resultados, con el fin de determinar la calidad de la página y aumentar o disminuir el nivel alcanzado.

2.2. Descripción del funcionamiento de los motores de búsqueda

Los motores de búsqueda utilizan un programa automático denominado "spider" o "rastreador (crawler)" para moverse por Internet y recopilar datos de sitios. Un rastreador registra el texto y la ubicación del texto en el sitio. Además, sigue los vínculos del sitio a las páginas de destino de esos vínculos, donde vuelve a iniciar el proceso en la nueva página. Los datos recopilados por el rastreador se agregan a la base de datos del motor de búsqueda, donde se indizan.

Cuando un usuario inicia una búsqueda, el motor de búsqueda consulta en su base de datos los sitios que contienen los términos proporcionados por el usuario. Esos sitios se clasifican según el algoritmo del motor de búsqueda y se proporcionan al usuario en una página de resultados.

Cuando un spider del motor de búsqueda rastrea el sitio, recopila texto de los siguientes elementos de página:

⇨ La etiqueta <title>.

⇨ La etiqueta <meta name="description">.

⇨ La etiqueta <meta name="keywords">.

⇨ Las etiquetas de título (de <h1> a <h6>).

⇨ Hipervínculos (etiquetas <a>).

Los rastreadores también recopilarán texto de párrafo, aunque ese texto no aparezca entre los primeros cinco tipos de etiquetas de la página de resultados.

Puede usar las siguientes herramientas de sitios para especificar las páginas y víncu- los que no debe recopilar un rastreador:

⇨ Robots.txt, un archivo que enumera las páginas web que deben omitir los rastreadores.

⇨ Un atributo noindex, que indica a los rastreadores que omitan la página que contiene el atributo noindex.

⇨ Un atributo nofollow, que indica a los rastreadores que omitan la página de destino del hipervínculo que contiene el atributo nofollow. (Si se puede llegar a esa página de destino desde otro vínculo que no contenga un atributo nofo- llow, la página de destino se indizará).

Los distintos motores de búsqueda utilizan diferentes algoritmos de clasificación de contenido. Generalmente, los factores siguientes determinan la clasificación de una página en la página de resultados.

⇨ **Peso**

Los motores de búsqueda utilizan los siguientes factores para determinar el peso de cada instancia de un término de búsqueda:

- **Ubicación**: se refiere al lugar en el que aparece un término en una página. Si un término de búsqueda específico está en la etiqueta <title> de una página del sitio, los motores de búsqueda normalmente darán por supuesto que la página es muy relevante con respecto al término.

- **Frecuencia**: se refiere al número de veces que aparece un término en una página. Si un término de búsqueda específico aparece más de una vez en una página, los motores de búsqueda probablemente darán a la página una puntuación de relevancia más alta.

Combinando los factores de ubicación y frecuencia, los motores de búsqueda pueden determinar el peso de cada instancia del término de búsqueda para definir la relevancia de la página. Por ejemplo, un término puede aparecer varias veces en una página, pero únicamente en el texto de cuerpo. Dado que el término no aparece en la etiqueta <title> ni en ninguna etiqueta de título, un motor de búsqueda puede dar por supuesto que el término no es lo más rele- vante de la página y puede asignar un peso menor a dichas instancias.

⇨ **Prestigio**

El prestigio se refiere a la relevancia concedida por otros sitios. Si la página tiene una puntuación de relevancia alta para un término, la clasificación de la página es mayor si las páginas de otros sitios con puntuaciones de relevancia altas tienen vínculos a la página.

Los usuarios de motores de búsqueda también conceden el prestigio. Cuanto mayor es el número de personas que selecciona el sitio en la página de resultados del motor de búsqueda (lo que a menudo se conoce como "click-through"), mayor es el prestigio que el motor de búsqueda concede a la página.

2.3. Arquitectura de un buscador

La arquitectura de un buscador se basa en 4 elementos fundamentales:

1. **Robot**

   Las bases de datos de los buscadores se suelen construir utilizando robots, esto es, programas que recorren la web y recuperan los documentos de forma automática. Normalmente los robots comienzan con un listado de URLs preseleccionadas y visitan periódicamente los documentos en ellas referenciados. Los robots utilizan algoritmos para seleccionar los enlaces a seguir, determinar la frecuencia de las visitas, etc.

2. **Indexador**

   Se trata de un programa que recibe las páginas recuperadas por un robot (muchas veces el robot y el indexador son el mismo programa), extrae una representación interna de la misma y la vuelca en forma de índice en una base de datos. Existen varias técnicas para extraer la información del documento, algunos indexadores sencillos almacenan los títulos HTML, otros los primeros párrafos, etc. Pero los más avanzados utilizan técnicas complejas:

   - **Extracción avanzada de vocabulario de términos**:

     ⇨ Listas de stop (o listas de palabras vacías): son listas de palabras muy habituales que no aportan significado y que no deben aparecer en el vocabulario. Por ejemplo: preposiciones, artículos, etc.

     ⇨ Extracción de raíces: consigue un término único para el vocabulario que representa distintas palabras de significado parecido, por ejemplo: plurales, tiempos verbales, etc.

   - **Medidas de la calidad según la frecuencia de aparición** de cada palabra en cada documento.

3. **Motor de búsqueda**

Programa que se encarga de analizar una consulta de usuario y buscar en el índice los documentos relacionados. Los motores de búsqueda suelen estar implementados mediante alguna de las tecnologías que permiten a los programas interactuar con los datos enviados sobre HTTP. Un buen motor de búsqueda será capaz de ordenar los resultados de manera que aparezcan antes las páginas más relevantes atendiendo a varios indicadores, entre otros:

- **Localización**

  Hace que dentro del resultado aparezcan antes aquellos documentos donde existen ocurrencias de todas las palabras utilizadas en la consulta. La relevancia de los documentos es mayor cuanto más al comienzo de los mismos aparecen las palabras buscadas. Por ejemplo, si todas las palabras utilizadas en la consulta aparecen en el título del documento, este será muy relevante y aparecerá antes en la respuesta que ofrece el motor de búsqueda.

- **Frecuencia de aparición**

  A mayor número de apariciones de los términos de la consulta en una página, más relevante será esta para el resultado. Algunos motores utilizan un valor de frecuencia máxima y descartan los documentos que superan ese valor. Con esta política se consiguen evitar documentos spam, que intentan subir posiciones en el listado de respuesta sin tener un valor real.

- **Popularidad**

  Algunos motores son capaces de medir la popularidad, es decir, el número de enlaces que apuntan a una página. Una página a la que se hacen muchas referencias suele ser mejor que otra a la que se hacen menos.

- **Precio**

  En buscadores comerciales, se están implantando servicios de pago que permiten que una página aparezca antes en los resultados en función de la cantidad de dinero pagada.

4. **Interfaz**

La interfaz más utilizada es la basada en páginas web con formularios:

- **Formularios**

  El mecanismo de entrada de datos de las páginas web son formularios normalmente basados en una caja de texto (en donde el usuario introduce la palabra o frase buscada) y un botón de envío (al pinchar sobre él se envía la consulta). Existen otras soluciones que permiten búsqueda más avanzadas con formularios más complejos que permiten, por ejemplo, introducir varias palabras, buscar en un idioma concreto, buscar por proximidad, etc.

- **Páginas web de resultados**

    Los resultados se muestran en una página web en grupos de ítems. Cada ítem contiene una pequeña descripción, el contexto en el que se ha encontrado y el enlace. Existen también soluciones más avanzadas que permiten la traducción automática, etc.

Del funcionamiento de un buscador podemos extraer la conclusión de que existen dos procesos distintos para hacer posible la búsqueda de información: la recopilación de información (que incluye el rastreo, análisis de las páginas, indización y clasificación de las mismas), y la recuperación en sí misma. La recopilación puede ser manual (en algunos casos se incluyen las páginas en el índice del motor de búsqueda previo pago), pero los potentes motores de búsqueda actuales llevan a cabo la recopilación de información de forma automática por medio de robots y agentes y atendiendo a factores diversos como la popularidad de las páginas, haciendo uso de los metadatos embebidos en los documentos, extrayendo palabras del propio contenido, etc.

 Los robots no son más que programas que rastrean la estructura hipertextual de la web, recogen información sobre las páginas, indizan la información, la clasifican y conforman una base de datos que es a la que posteriormente acudirán los motores para buscar la información. Los robots o herramientas que recopilan las páginas web para formar los índices de los motores de búsqueda han adoptado distintas y variadas denominaciones, pero todas ellas tienen que ver con la metáfora de la World Wide Web como telaraña o espacio a recorrer y en la cual los robots se mueven y diseminan como virus: "crawlers" (orugas), "spiders" (arañas), "worms" (hormigas), "walkers" (paseantes), etc.

2.4. ¿Qué tecnología utilizan las páginas web y los motores de búsqueda?

Las nuevas tecnologías nos sirven como puntos de partida para obtener las herramientas necesarias que nos facilitan el reconocimiento de los datos. Además, gracias a la innovación tecnológica podemos investigar y profundizar más en aquellas materias que nos interesan, creando y poniendo a nuestro alcance productos de última generación. Por eso, a continuación, te vamos a dar ejemplos de tecnologías utilizadas en páginas web y los motores de búsqueda de Internet.

Tipos de tecnología utilizada en webs:

▶ **HTML** es un elemento que se utiliza en la creación de una página web, determinando el contenido web, pero no la funcionalidad, es decir, los elementos más básicos de la web. Esta herramienta es muy fácil de usar para desarrollar cualquier tipo de texto y la información se divide en dos bloques: la cabecera y el cuerpo.

▶ Las hojas de estilo **CSS** *(Cascading Style Sheets)* son un tipo de fichero que define los aspectos de una página web, es decir, las etiquetas de cada categoría que determinan la web. También se indica el estilo de la presentación de cada etiqueta: márgenes, bordes, fuentes, posición, color, etc.

▶ **JavaScript** es un lenguaje de la programación cuyo código se puede utilizar para construir sitios web, lo que permite ampliar las posibilidades de interacción de las páginas web.

▶ **PHP** *(Hypertext Preprocessor)*, al igual que JavaScript, es un lenguaje de códigos para el desarrollo de webs. Está orientado también a usuarios principiantes, por su extrema simplicidad, y te ofrece la creación de páginas web dinámicas.

Además, existen herramientas que se utilizan en las webs, como el chat gratis, que facilita enormemente la información a los usuarios. Sirve, especialmente, para resolver dudas sobre temas variados. El chat gratis ha proliferado mucho en multitud de webs, incluidas las páginas de contactos, debido a su gran utilidad.

 Algunos de los motores de búsqueda más conocidos, como Google, Yahoo!, Ask o Bing, utilizan también el lenguaje de la **programación**; cuyo código puede ser HTML, JavaScript, PHP, etc. Los buscadores no solo utilizan un tipo de tecnología, sino que también encajan distintas técnicas de programación, que hacen que estos grandes buscadores tengan características peculiares en cada una de sus páginas. El desarrollo de cada característica de estos lenguajes hace que estos motores de búsqueda sean capaces de ejecutar en el servidor, como un servidor web.

2.5. Algoritmo de Google: PageRank y TrustRank I

Google es de los pocos motores de búsqueda que ha hecho público el funcionamiento de su sistema y el algoritmo (PageRank) con el que lleva a cabo su ranking de resultados. Este motor de búsqueda no solo tiene en cuenta los enlaces incluidos dentro de una página web, sino también los enlaces que apuntan hacia esa página desde el exterior. Así pues, Google hace uso de la conectividad, una de las principales características de la hipertextualidad de la web para calcular el grado de calidad e importancia de cada página.

Este motor de búsqueda se compone de dos módulos que llevan a cabo la indización: un indexador y un clasificador. El primero lee las páginas y los enlaces, los analiza y selecciona; y el segundo resume el documento en un conjunto de palabras y le otorga un orden de posicionamiento, alineamiento o PageRank.

Aunque el Google ha anunciado que el PageRank no se actualiza desde hace muchos meses, y parece ser que la idea es no volver a actualizarlo, conviene entender cómo funciona, y conocer las alternativas que existen.

No es fácil conocer en toda su extensión cómo funciona el algoritmo de Google.

El propio Google va dando pistas a través de sus canales de comunicación específicos, por ejemplo el blog para webmasters *https://developers.google.com/search/blog?hl=es*

▶ **PageRank**

 El PageRank es un valor numérico de 1 a 10 que representa la importancia que una página web tiene en Internet.

PageRank realiza una medición objetiva de la importancia que tienen las páginas web. Para ello, resuelve una ecuación que contiene más de 500 millones de variables y 2.000 millones de términos. En lugar de contar los vínculos directos, PageRank interpreta un vínculo de la Página A a la Página B como un voto que recibe la Página B de parte de la Página A. PageRank evalúa, de esa manera, la importancia que tiene una página determinada al contar la cantidad de votos que recibe.

PageRank también considera la importancia de cada página que emite un voto, dado que a los votos procedentes de determinadas páginas se les otorga un valor mayor, incrementando así el valor de la página vinculada. Las páginas importantes reciben una valoración de PageRank más alta y aparecen en la parte superior de los resultados de búsqueda. La tecnología de Google emplea la inteligencia colectiva de la web para determinar la importancia de una página. Los resultados se obtienen sin ningún tipo de participación humana; por este motivo, los usuarios han llegado a confiar en Google como fuente de información objetiva, libre de la manipulación que se genera cuando los sitios pagan por ocupar determinada posición en los resultados.

Vamos a explicar brevemente en qué consiste el PageRank.

El **PageRank** es un valor que se genera de forma más o menos automática.

La fórmula es compleja:

Donde:

- PR(A) es el PageRank de la página A.

- d es un factor de amortiguación que tiene un valor entre 0 y 1.

- PR(i) son los valores de PageRank que tienen cada una de las páginas i que enlazan a A.

- C(i) es el número total de enlaces salientes de la página i (sean o no hacia A).

Visto lo visto, el valor de PageRank de una página da idea de su relevancia, atendiendo a múltiples variables.

No obstante, no hay que obsesionarse con este dato. Si nuestra página responde claramente a los objetivos definidos, está optimizada, generamos contenidos e insistimos en la búsqueda de enlaces apropiados, es cuestión de tiempo que ese valor aumente.

Los intentos más o menos exitosos de manipulación del valor de PageRank dieron como resultado el concepto de **TrustRank**.

 Google PageRank (PR): qué es y qué métricas alternativas puedes utilizar *https://ninjaseo.es/google-pagerank-pr-que-es-como-calcularlo-y-mejorarlo/*

▶ **TrustRank**

 El TrustRank valora la calidad de los enlaces y en consecuencia parte del algoritmo de posicionamiento.

Surgió como consecuencia de las malas prácticas realizadas por algunos para mejorar (indebidamente) los resultados de sus páginas en el buscador.

Se basa en la **credibilidad** y **confianza** que posee un sitio web y pretende eliminar del algoritmo las páginas inútiles, intentando acabar con el spam de la red.

Pretende identificar, mediante revisiones realizadas por humanos, aquellos sites que centran su actividad en el spameo. Una vez detectados, a partir de sus enlaces salientes es posible seguir el rastreo a un universo mayor, evitando al máximo nivel, dentro de las limitaciones que supone la revisión humana, manipulaciones que puedan incurrir en resultados irrelevantes dentro del ranking de Google.

De hecho si detectamos que el PR baja, es importante revisar todas las acciones utilizadas, ya que podríamos estar sufriendo una penalización por prácticas poco éticas de black hat o por alguna relación con webs marcadas por los trabajadores de Google.

El nuevo algoritmo de Google da mayor relevancia a la originalidad y la calidad de los contenidos. Por eso la introducción de este nuevo valor para combatir las malas prácticas.

2.6. Los valores y puntuaciones de Google

¿Qué valora Google?:

⇨ Que hablen de ti.

⇨ Que te enlacen, backlinks.

⇨ Autoridad de tus backlinks, líderes de opinión en el tema.

⇨ Credibilidad "trust" buenos vecinos.

¿Cuáles son sus puntuaciones?:

▶ **PageRank**: 0-10 depende de la cantidad y calidad de los enlaces que recibes (back links). Cada vez menos importante debido al mercadeo.

▶ **Alexa Rank**: Mide el tráfico web, pero no es fiable del todo < 100.000 bien valorado.

▶ **TrustRank**: para reducir el spam.

2.7. Aplicación y uso del Google Ads para el posicionamiento de la web

Las campañas de publicidad de Ads funcionan mediante anuncios y términos clave asociados a estos anuncios. Estas campañas requieren de un análisis de objetivos previo y de un seguimiento de su rendimiento para no gastar dinero sin obtener ningún beneficio.

En principio deben estar gestionadas por un experto en marketing online de la misma empresa o por una empresa externa especializada en el sector.

Solamente con pagarle a Google no vamos a obtener buenos resultados económicos.

Para que nuestros anuncios aparezcan por encima de nuestros competidores sin necesidad de gastar una gran cantidad de dinero y conseguir tener el máximo de nivel de calidad hay que tener en cuenta:

▶ **El CTR**

Es el número de clics que un anuncio recibe, dividido por el número de veces que se muestra en la red de Google.

CTR= clic del anuncio/nº de veces que se muestra en la red de Google

Para conseguir que el CTR sea alto elaboraremos anuncios directos y que tengan una gran relación con las palabras clave para las que queremos activar nuestro anuncio. Si el CTR de su anuncio es bajo habrá que plantearse optimizar el anuncio, o bien modificar su término clave para adaptarlo correctamente.

▶ **Elegir unos términos clave que sean rentables**

Esto lo podremos hacer mediante la herramienta Planificador de palabras clave de Google Ads (debemos crearnos primero una cuenta de Google Ads). En principio debemos eliminar de nuestra lista de términos clave términos demasiado genéricos o con una sola palabra, puesto que podrían generar muchas impresiones para muy pocos clics.

▶ **Hacer anuncios llamativos**

Es importante que se diferencien de la competencia.

Incluye frases directas que animen al cliente a llevar a cabo una acción inmediata. Se puede incluir precio u ofertas, ya que además de llamar la atención del usuario, este conocerá previamente los costes y solamente hará clic si está verdaderamente interesado.

▶ **Relevancia de la página de destino o landing page**

Si se puede, seleccionaremos apropiadamente una página de destino individualizada y optimizada para cada anuncio.

Si el anuncio trata de un producto de nuestra empresa lo llevaremos a la página de nuestro website que habla de ese producto y no a la Home del website.

El tiempo de carga de la página de destino también influye en el nivel de calidad del anuncio así que hay que cuidar este factor.

2.8. Cómo contratar una campaña SEM con Google Ads

Para poder crear una cuenta de Ads debemos tener previamente una cuenta de Google/Gmail. Para acceder a la página de creación de Ads escribiremos en la barra de direcciones la URL: ads.google.com. Para crear una campaña pulsaremos en "Empezar ahora".

Lo primero que tenemos que indicar es cuál es el objetivo publicitario principal, y podemos elegir entre:

1.   Recibir llamadas telefónicas.

2.   Recibir más visitas en el establecimiento físico.

3.   Obtener más ventas o suscripciones en el sitio web.

Posteriormente debemos describir nuesta empresa, indicando el nombre y la dirección de la web.

En la siguiente pantalla es donde verdaderamente comenzamos a conformar la campaña de Ads. Primero tenemos que seleccionar dónde están nuestros clientes y definir una zona, ya sea alrededor de la empresa u en otro lugar.

Posteriormente tendremos que definir el producto o servicio, indicando el idioma y los términos relacionador con nuestros servicios.

Ahora tenemos que redactar nuestro anuncio. Podemos ver en todo momento una vista previa de cómo se verá. También nos dejará poner imágenes.

Posteriormente tendremos que definir el presupuesto. Primero nos pregunta cuál es el presupuesto diario que queremos gastara. Es aconsejable siempre comenzar con un presupuesto bajo que nos podamos permitir y ver los resultados de la campaña. Estos datos siempre se pueden cambiar más adelante.

Y para finalizar, nos pedirá rellenar los datos de pago.

El pago es automático, para lo que tenemos que añadir una tarjeta de crédito o débito.

Posteriormente accederemos al panel de administración de nuestra cuenta.

Por defecto los anuncios se ponen en marcha automáticamente, si queremos parar los anuncios para que no nos cobren tendremos que ir a la opción Campañas situada en la parte superior (junto a Inicio) y, a continuación, en la pestaña Campañas. En la columna del icono de estado se muestra un icono que indica el estado de cada una de sus campañas. Podemos pausar la campaña o directamente eliminarla.

3. Conceptos sobre programación y diseño web

3.1. Plataforma: el proceso de construcción de un sitio web

Para el diseño de una tienda online o una página web, encontramos hoy en día una amplia gama de posibilidades que podremos decidir en función de los servicios que queramos a cambio y el precio que estemos dispuestos a pagar por ello.

Podemos encontrar opciones cuya inversión es insignificante e incluso en ocasiones gratuitas, y otras que requieren una inversión inicial considerable. En cualquier caso ambas opciones son resolutivas, solo hemos de pensar qué es lo que necesitamos nosotros.

Para poner en marcha nuestra web, tanto si incluye una tienda online como si no, lo primero es decidir la plataforma (el software) sobre el que la vamos a construir. Las opciones que tenemos son:

▶ **Desarrollo propio**

Requiere que la propia empresa tenga conocimientos y capacidad tecnológica para crear e implantar una solución propia de web y comercio electrónico por sus propios medios, o bien que lo contrate a un desarrollador externo según sus requisitos.

Es una solución aplicada generalmente por grandes empresas que cuentan con recursos económicos y humanos para llevarla a cabo.

Ventajas:

⇨ Máxima personalización, tanto en diseño como en funcionalidades a medida.

⇨ Mayor seguridad y control sobre la plataforma.

Desventajas:

⇨ Más costoso y lento.

⇨ Más difícil de mantener. Generalmente, van a requerir constantemente de los programadores para realizar cualquier cambio.

⇨ Menos ágiles a la hora de actualizar a nuevas tecnologías o estándares.

▶ **Plataforma comercial**

Recurrimos a esta opción a la hora de implantar una web y/o tienda online cuando buscamos una solución fiable, económica y rápida de implantar. Existen multitud de soluciones software y proveedores que nos ofrecen plataformas que facilitan enormemente el desarrollo y mantenimiento de una web/tienda online, como WordPress/WooCommerce, WiX, Prestashop, Shopify, etc.

Ventajas:

⇨ Más económico.

⇨ Más rápido de implantar.

⇨ No requiere contratar programadores. El mantenimiento lo puede hacer cualquier persona gracias a sus sencillos interfaces para administradores (casi como usar Word).

⇨ Se actualizan automáticamente a los cambios tecnológicos y estándares.

⇨ Hay una gran comunidad de usuarios, lo que hace más fácil resolver cualquier problema o contratar especialistas si queremos alguna funcionalidad muy específica.

⇨ Se puede contratar a multitud de empresas que conocen la plataforma y nos pueden ayudar a desarrollar contenidos y acciones de marketing.

Desventajas:

⇨ No permiten el absoluto nivel de personalización que podemos conseguir con un desarrollo propio, aunque actualmente prácticamente todas estas plataformas cuentan con cientos de módulos adicionales (plugins) que podemos añadir para dotarlas de prácticamente cualquier funcionalidad.

⇨ Muchas de estas plataformas son de código abierto, es decir, que cualquiera puede ver cómo están programadas, lo que, en principio, podría suponer un problema de seguridad. Sin embargo, la mayoría de ellas cuenta con el soporte de una empresa o grupo de desarrolladores que trabajan constantemente para solucionar cualquier posible problema de seguridad.

3.2. Front-office y back-office

Ahora ya podemos determinar los elementos que componen una web comercial en función de si pertenecen al front-office o al back-office.

Los términos de front-office y back-office se utilizan, generalmente, para describir las partes del sistema, según si son visibles por el usuario final o no.

⇨ **Front-office**

El front-office se refiere a la parte de la web que es visible a los clientes. Toda aquella información, contenidos y funcionalidades a los que los visitantes pueden acceder a través de su navegador.

⇨ **Back-office**

El back-office se refiere a todas las partes del sistema de información a las que el usuario final no tiene acceso. Las plataformas tienen generalmente un apartado de administración, al que solamente pueden acceder los miembros del equipo de desarrollo y mantenimiento de la web mediante usuario y contraseña. Desde el back-office, se pueden realizar tareas como añadir nuevos contenidos o modificar el existente, contestar preguntas o comentarios, añadir funcionalidades a la web, aceptar un pedido, cambiar un precio, actualizar el software, etc.

3.3. Fases proceso de construcción de un sitio web

⇨ **Identificación de objetivos**

Comprender en profundidad los problemas del usuario y definir los objetivos compartidos. Las preguntas que entran en juego son:

- ¿Quién es el público objetivo?

- ¿Qué deben esperar cuando llegan a nuestro sitio web?

- ¿Cuál es el objetivo principal del sitio web?

- ¿Qué mensaje hay que transmitir?

- ¿Qué hacen los competidores, si los hay, y cómo debemos diferenciarnos?

- ¿Cómo se medirán estos objetivos?

⇨ **Definición del alcance**

Una vez que conocemos los objetivos del sitio, podemos definir el alcance del proyecto. Es decir, qué páginas web y características necesita el sitio para cumplir el objetivo, y el calendario para construirlas.

Este calendario debe mostrar el tiempo que llevará cada paso del proceso. Puede que las fechas cambien a medida que se desarrolle el proceso, pero unos objetivos claros ayudan a establecer unos plazos realistas y alcanzables.

⇨ **Creación de un mapa del sitio y de un esquema**

Con el alcance bien definido, podemos empezar a profundizar en el mapa del sitio (sitemap), definiendo cómo se interrelacionarán el contenido y las características que definimos en la definición del alcance. Veremos más sobre esto más adelante.

⇨ **Creación de contenidos**

Ahora que tenemos una imagen más amplia del sitio en mente, podemos empezar a crear contenido para las páginas individuales, siempre teniendo en cuenta la optimización para motores de búsqueda (SEO) para ayudar a mantener las páginas centradas en un solo tema. Es vital tener contenido real con el que trabajar para nuestra siguiente etapa.

⇨ **Los elementos visuales**

Con la arquitectura del sitio definida y los primeros contenidos desarrollados, podemos empezar a trabajar en el diseño visual. Puede que nuestra empresa ya tenga bien definida la identidad visual, e incluso una guía de estilo, pero también es posible que se defina el estilo visual desde el principio en este proceso. Las herramientas como las hojas de estilo (CSS), los moodboards y los collages de elementos pueden ayudar en este proceso.

Asegúrate de que los elementos visuales de tu web son impresionantes, ya que lo harán más profesional y sencillo. Además de eso, los elementos visuales también mejorarán tus textos. Trata de que todas las imágenes añadidas a la web sean atractivas y transmitan el mensaje adecuado.

⇨ **Prueba**

A estas alturas, ya tienes todas tus páginas y has definido cómo se muestran al visitante del sitio, así que es hora de asegurar que todo funciona bien. Puedes empezar probando manualmente la navegación del sitio en los dispositivos y navegadores más usados, o usar rastreadores automatizados del sitio para identificar todo, desde problemas de experiencia del usuario hasta simples enlaces rotos. Por ejemplo, puedes probar con https://www.woorank.com/es/

⇨ **Puesta en marcha**

Una vez que todo funcione a la perfección, es el momento de planificar y ejecutar el lanzamiento del sitio. Esto debería incluir la planificación del calendario de lanzamiento y las estrategias de comunicación, es decir, cuándo se lanzará y cómo se hará saber al mundo que existe.

⇨ **Marketing y promoción**

Crear un sitio web brillante es inútil si nadie sabe acerca de él. Con millones de sitios, captar la atención de los navegantes es un reto. Por eso, necesitaremos realizar todas las acciones de marketing online que podamos para generar tráfico a nuestra web. Acciones que, como ya sabemos, pueden ser: SEO, SEM, email marketing, publicidad online, etc.

3.4. Seleccionar un modelo de hospedaje o alojamiento web

3.4.1. Registrar un nombre de dominio

El dominio es un **nombre alfanumérico único que se usa para identificar un sitio web en Internet**. Suele ser una palabra seguida de un sufijo .com (webs comerciales), .org (ONGs), .es (España), etc. Para seleccionar el sufijo deberemos tener en cuenta algunos aspectos como, por ejemplo, ¿cuál va a ser nuestro ámbito de actuación? Por ejemplo, si vamos a distribuir nuestros productos solo en España, nos interesará .es, pero si pensamos en internacionalizarnos, puede ser .com y si pensamos que podríamos crecer, pero no desde el primer momento, nos interesaría tener ambas a la vez, o un sufijo de cada país en el que vayamos a operar. Si somos una ONG o una asociación, fundación, etc., nos interesará .org

Son decisiones estratégicas que hay que tomar desde el inicio, porque si queremos posicionar una marca y no tenemos un dominio con un determinado sufijo que sea muy utilizado en una zona, perderíamos tráfico hacia la web.

Antes de registrar el dominio, debe comprobarse que está libre, y si no es así, ver cuáles lo están.

¿Cómo lo hacemos? Pues, el primer paso sería verificar en la web de cualquier empresa que registre dominios. Por ejemplo, entrando en Dinahosting y tecleando "micomercioelectronico" como dominio a registrar, directamente aparece su disponibilidad con los sufijos elegidos y otros que pudieran interesar.

Una vez hecho esto, **hay que asegurarse de que este nombre no pertenece a ninguna marca registrada**, ya que esto podría traer problemas judiciales por apropiación de una marca registrada.

Posteriormente, se elegirá la empresa donde se va a comprar el dominio y se registrará. Es conveniente que sea de nuestro país, por las cuestiones del **servicio técnico y el idioma**.

3.4.2. Crear y administrar el contenido

A) Introducción a los CMS

Un sistema de gestión de contenidos (CMS, por sus siglas en inglés) es un programa que permite a uno o varios usuarios crear, editar y publicar contenido web (texto, vídeo, imagen) sin conocimientos de programación en una interfaz gráfica de usuario.

Con un CMS puedes crear, gestionar, modificar y publicar contenidos en una interfaz fácil de usar. Puedes personalizar el diseño y la funcionalidad de tu sitio web descargando o comprando plantillas y extensiones (plugins), en lugar de tener que programar.

Permite manejar de manera independiente el contenido y el diseño. Es decir, se trata de una aplicación informática que nos permite crear, editar, gestionar y publicar contenido digital en diversos formatos.

Puedes tener varios usuarios trabajando en el back end de la misma herramienta y mucho más. El CMS permite establecer diferentes niveles de acceso para los usuarios, yendo desde el administrador del portal hasta el usuario sin permiso de edición, o el creador de contenido. Dependiendo de la aplicación podrá haber varios permisos intermedios que permitan la edición del contenido, la supervisión y reedición del contenido de otros usuarios, etc. El gestor de contenidos facilita el acceso a la publicación de contenidos a un rango mayor de usuarios. Permite que, sin conocimientos de programación ni maquetación, cualquier usuario pueda incorporar contenido en el portal.

El CMS controla y ayuda a manejar cada paso de este proceso, incluyendo las labores técnicas de publicar los documentos a uno o más sitios. En muchos sitios con CMS, una sola persona hace el papel de creador y editor, como, por ejemplo, los blogs.

Los costes de gestión de la información son mucho menores, ya que se elimina un eslabón de la cadena de publicación: el maquetador. La maquetación (transformación del diseño en código) se hace al inicio del proceso de implantación del gestor de contenidos y ya no hay que volver a tocarlo.

La actualización, back up y reestructuración del portal son mucho más sencillas al tener todos los contenidos en una base de datos estructurada en el servidor.

Los CMS nos proporcionan el soporte para crear la web, pero nosotros debemos llenarla de contenido, valorando qué información queremos ofrecer a los usuarios y qué es lo que esos usuarios esperan encontrar en una web como la nuestra.

Algunas **características** de los CMS:

⇨ No es necesario tener conocimientos de programación.

⇨ Facilitan la colaboración entre distintos perfiles o equipos para construir y mantener la web.

⇨ Permite crear distintos usuarios y asignarles roles y permisos específicos.

⇨ Incorporan herramientas para optimizar el SEO (nativas o mediante plugins).

⇨ Funciones de seguridad: SSL, parches de seguridad, bloqueo de accesos no autorizados, etc.

⇨ Plantillas prediseñadas que facilitan el comienzo de la construcción de la web.

⇨ Actualizaciones constantes: nuevas funcionalidades, resolución de errores, seguridad, etc.

⇨ Funcionalidad de blog, haciendo sencilla la publicación de nuevo contenido.

⇨ Posibilidad de incorporar ecommerce (nativo o a través de plugins).

B) Los CMS más utilizados para crear páginas web

1. Cada página web que visitas, probablemente, esté hecha con WordPress. De hecho, prácticamente la mitad de Internet está hecha con WordPress.

2. Según w3techs.com, el 43,3 % de las páginas web del mundo están hechas con WordPress. Y si solo nos fijamos en las creadas con gestores de contenidos (o CMS), esa proporción es aún mayor: el 65,3 % de los sitios web hechos con un sistema de gestión de contenidos identificables utilizan WordPress.

3. Muy por detrás se encuentran otros CMS, como Shopify, Wix o Squarespace. CMS que hace unos años eran muy populares, como Joomla o Drupal, prácticamente no se usan en la actualidad.

4. Con este escenario, hoy en día, a la hora de hacer una web la decisión está entre hacer un desarrollo propio o usar WordPress.

C) WordPress

WordPress es la plataforma **más popular** de creación de sitios web gratuita y de código abierto. A nivel más técnico, es un sistema de gestión de contenidos (CMS) escrito en PHP que utiliza una base de datos MySQL. En lenguaje no especializado, WordPress es el constructor de blogs y sitios web más sencillo y potente que existe en la actualidad.

Permite crear una gran variedad de sitios web, como sitios web corporativos, blogs, tiendas online, publicaciones online, etc. WordPress está diseñado pensando en la usabilidad y la flexibilidad, permitiendo crear sitios desde blogs personales hasta webs de grandes multinacionales (por ejemplo Sony Music).

Si estás empezando con WordPress, hay algunas cosas importantes que debes saber. En primer lugar, necesitarás saber la diferencia entre **WordPress.com** y **WordPress. org**.

WordPress.com es la versión alojada (en la nube) de WordPress, donde puedes crear una cuenta de WordPress.com para hacer un blog o sitio web. Simplemente accediendo a WordPress.com puedes crear una cuenta gratuita y empezar a crear tu web. Algunas características son:

⇨ Por defecto, la URL o dominio de tu sitio web incluirá la palabra "WordPress", como miblog.wordpress.com.

⇨ Puedes contratar planes de pago que incluyen un dominio personalizado (como miblog.com), la integración de Google Analytics, más espacio de almacenamiento, la posibilidad de añadir tus propios plugins y temas y mucho más.

⇨ WordPress.com es propiedad de Automattic, una empresa fundada por uno de los creadores originales de WordPress, Matt Mullenweg.

En WordPress.org puedes descargar el software de WordPress para instalarlo en tu propio servidor o cuenta de alojamiento web.

⇨ El software de WordPress es de código abierto, por lo que su descarga y uso son gratuitos.

⇨ Para utilizar la versión de WordPress.org, necesitarás tener un nombre de dominio y un alojamiento web, adquirido a otra empresa de confianza.

⇨ La mayoría de los alojamientos web ofrecen una "instalación rápida" de WordPress o instalaciones de WordPress hechas por ti para ayudarte a empezar si no quieres instalar WordPress tú mismo. El proveedor de hosting Dinahosting, por ejemplo, ofrece planes de hosting con WordPress preinstalado.

⇨ WordPress.org es la fundación sin ánimo de lucro de Automattic.

D)   CMS para ecommerce

Las plataformas CMS de comercio electrónico son similares a los CMS convencionales y te permiten crear y actualizar tu tienda online a través de un editor fácil de usar, en lugar de tener que programar, pero incorporan todas las funcionalidades necesarias para poner en marcha una tienda online: catálogo de productos, carrito de compra, área de usuario, medios de pago, transporte, facturación, etc.

Estas plataformas son muy populares entre los propietarios de pequeñas empresas que no tienen los conocimientos técnicos o los recursos necesarios para diseñar una tienda online desde cero.

Vamos a mencionar a continuación los tres CMS para ecommerce más utilizados en la actualidad:

▶ **WooCommerce**

En realidad, WooCommerce no es un CMS en sí mismo, es un plugin de WordPress que te permite transformar tu página web en una tienda online.

Este plugin es gratis y únicamente pagarás por ciertas extensiones que ofrecen funcionalidades extra.

Ventajas:

⇨ Todas las ventajas de WordPress. Se integra perfectamente con tu web corporativa.

⇨ Es una plataforma de comercio electrónico gratuita y de código abierto.

⇨ Puedes darle a tu tienda un aspecto único gracias a las opciones de personalización.

⇨ Tienes acceso a una cantidad enorme de plugins.

Inconvenientes:

⇨ Tendrás que contratar el alojamiento.

⇨ Dado que WordPress es gratuito, no dispones de soporte técnico exclusivo.

▶ **Shopify**

Shopify es una plataforma CMS específica para tiendas de comercio electrónico. Como resultado, es increíblemente potente y bien equipado. Es una de las mejores plataformas de CMS para ecommerce porque te ahorra mucho tiempo y esfuerzo.

El constructor de sitios de Shopify es lo suficientemente sencillo como para que incluso un novato en informática pueda diseñar su tienda online fácilmente. Hay un montón de plantillas y temas para elegir. Sin embargo, los desarrolladores experimentados de Shopify pueden personalizar enormemente las tiendas de Shopify porque la plataforma les permite editar su código CSS y HTML.

Ventajas:

⇨ Sencilla interfaz.

⇨ Acceso a una enorme biblioteca de extensiones, tanto gratuitas como de pago.

⇨ Los sistemas de pago son fáciles de usar y fiables.

Inconvenientes:

⇨ Al contrario de WooCommerce, Shopify requiere una suscripción de pago mensual.

⇨ Cualquier venta a través de proveedores de pago de terceros conlleva una comisión por transacción.

⇨ La mayoría de los temas de la plataforma no son gratuitos.

⇨ A veces, tendrás que instalar una aplicación para obtener una función que necesitas.

▶ **PrestaShop**

PrestaShop es un CMS ligero y sencillo que, sin embargo, ofrece a los usuarios un gran control sobre la configuración y gestión de su tienda online. Al igual que WordPress, puedes descargarlo gratuitamente e instalarlo en tu propio servidor.

Funciona con un modelo de código abierto, "freemium", lo que significa que puedes utilizar su software básico de forma gratuita, pero tienes que pagar por más funciones. También, tendrás que cubrir tus propios costes de alojamiento.

Si trabajas con un desarrollador web, podrás editar todo el código de PrestaShop. Esto puede dar lugar a diseños de sitios web realmente únicos. Sin embargo, también puedes crear un sitio web tú mismo con su editor What You See Is What You Get (incluso si no eres especialmente experto en tecnología).

Una vez que hayas creado un diseño básico, puedes añadir módulos que amplíen la capacidad de tu tienda. Por ejemplo, puedes utilizar extensiones para vender en Facebook e Instagram, o para optimizar tu SEO.

Ventajas:

⇨ Fácil y económico de poner en marcha.

⇨ Incluye la mayoría de las funciones que necesitas para poner en marcha tu tienda online.

⇨ Amplia comunidad de usuarios y desarrolladores.

Inconvenientes:

⇨ No podrás acceder al servicio de atención al cliente a menos que estés en uno de sus planes premium.

⇨ No tiene tantos módulos de terceros como sus competidores (WooCommerce y Shopify).

⇨ Sus módulos adicionales pueden ser caros.

3.5. Diseñar un sitio web

En los apartados anteriores se han ido dando las pautas para crear un sitio web. Vamos a profundizar ahora un poco en algunas pautas de que nos ayudarán a tener un diseño impactante y orientado a objetivos.

En el caso de que tengamos además una tienda online, es interesante seguir algunos consejos adicionales:

▶ **Diseño adecuado**

⇨ Basado en los contenidos.

⇨ Presencia de escaparates.

⇨ Navegación clara.

⇨ Secciones promocionales.

⇨ Optimización en buscadores.

▶ **Facilidad de uso**

⇨ Catálogo de productos visibles.

⇨ Acceso al catálogo por categorías y escaparates.

⇨ Carrito de la compra visible.

⇨ Proceso de compra claro y rápido.

⇨ Potente buscador.

⇨ Registro de usuario opcional.

⇨ Ficha de producto detallada.

▶ **Accesible para todos**

⇨ Catálogo de productos accesible.

⇨ Producto destacado con diseño especial.

⇨ Tamaño del texto óptimo.

⇨ Acceso a los productos de forma directa.

⇨ Secciones divididas en escaparates.

3.6. Pesentación: el diseño efectivo de un sitio web

3.6.1. La estructura de un sitio web

Es conveniente dibujar un organigrama con todas las partes del sitio web, distribuyendo el texto, los gráficos, los vínculos a otros documentos y otros objetos multimedia que se consideren pertinentes, mediante el cual ir creando la estructura de la página web.

Antes de empezar a desarrollar la página web en el ordenador, deben tenerse muy claros cuáles serán sus contenidos, su estructura, el nombre de la página, etc., que no se deben hacer sobre la marcha para evitar rectificaciones innecesarias, trabajo inútil y pérdidas de tiempo.

Lo que va a determinar la estructura de la web va a ser, en gran medida, los contenidos (aunque también el objetivo que se busca con la web y el público al que va dirigida). Estos contenidos van a indicar qué tipo de estructura es la más adecuada.

La estructura y los contenidos están relacionados, porque debemos tener en cuenta que los segundos han de actualizarse periódicamente para que nuestro sitio web mantenga siempre la última información que interesa a nuestros visitantes, y además indexe bien en los buscadores. Por ejemplo, estas actualizaciones pueden ser en apartados de noticias o novedades, lo que ya está implicando una determinada estructura.

La elección del tipo de estructura va a determinar también el emplazamiento de los archivos y directorios. Esto nos permite organizar la web de una forma lógica, facilitando mucho el trabajo del diseñador, pero también es algo que afecta al visitante ya que solo por la dirección de la página que visita puede hacerse una idea de dónde está.

Para simplificar las cosas es recomendable utilizar en los nombres de archivo y de carpeta solo letras minúsculas, sin caracteres especiales y sin espacios en blanco, además de elegir nombres cortos y representativos. Tengamos en cuenta que según avancemos más en los niveles, la dirección URL tomará los nombres de los directorios que se añaden, por esto han de ser cortos, para que no sea una URL extensa, y representativos, para localizarlos fácilmente y para que el buscador indexe adecuadamente.

Una URL, acrónimo del inglés *Uniform Resource Locator* (localizador de recursos uniforme), es como comúnmente se conoce a una dirección web. Cada página y cada recurso de tu web (PDF, imagen, etc.) tiene una URL asignada.

3.6.2. La estructura jerárquica

Estructura de **árbol o jerárquica**: a partir de una página de bienvenida o portal (raíz) se abren unas secciones (ramas) que a su vez contienen múltiples páginas web (hojas).

Esta estructura está compuesta por una página principal que enlaza con otras páginas de nivel inferior y estas, a su vez, con otras de nivel inferior a las últimas y, así, sucesivamente. Es decir, se agrupan las páginas web por niveles, de tal manera que para llegar del primero al último debe pasarse por todos los intermedios.

Esta estructura permite al visitante conocer en qué lugar de la web se encuentra y se le facilita la navegación mediante botones que ascienden o descienden en la estructura del árbol para alternar entre secciones. Pero si tenemos una web con muchas páginas, se puede hacer pesado porque para ver las páginas de otra rama hay que retroceder hasta la página principal. Una recomendación es no pasar de 3 niveles.

3.6.3. Otras estructuras no jerárquicas

A continuación se desarrollan los tipos de estructuras que se pueden desarrollar en un sitio web.

⇨ **Estructura en lista**

Esta estructura es la opuesta a la jerárquica. En ella no existe página principal, ya que todas están en el mismo nivel. Para llegar a la última página hay que recorrer todas las anteriores. Es una estructuración muy adecuada para la presentación de manuales o aplicaciones donde el usuario deba recorrer forzosamente una serie de páginas web para conseguir su objetivo.

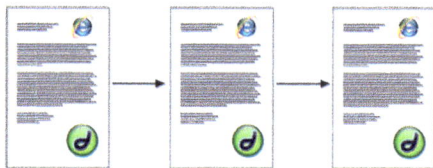

⇨ **Estructura mixta**

Esta estructura es una combinación de las dos anteriores. Las páginas están jerarquizadas en niveles, los cuales a su vez están conectados entre sí en forma de lista. Esta estructura es mucho más navegable y práctica, puesto que permite poder desplazarse de rama en rama sin necesidad de volver a la página principal para hacerlo.

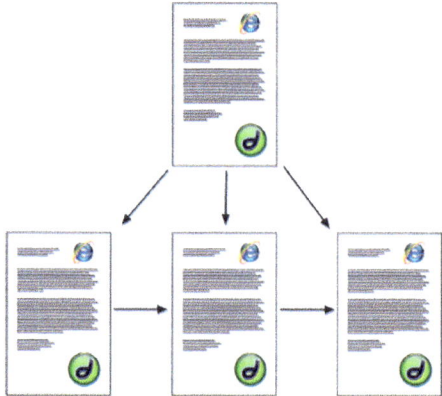

⇨ **Estructura en red**

Esta estructura supone que todas las páginas de la web están conectadas entre sí, por lo que es una estructura más compleja y menos ordenada. Su ventaja es que desde cada página podemos ir a cualquier otra del sitio. No obstante, requiere mucha planificación para evitar ofrecer al visitante un caos de enlaces innecesarios. Sería la estructura más utilizada actualmente (Web 2.0).

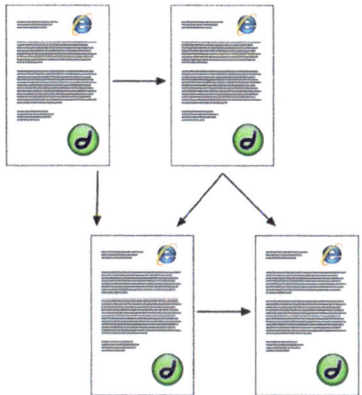

3.7. La página de bienvenida (homepage)

También llamada simplemente home. Es la carta de presentación de nuestra empresa, tienda o producto, por lo que debe ser capaz de informar a la vez que captar la atención y el interés del visitante. Se trata de una página un tanto especial, ya que actúa, a menudo, como presentación e índice de la web, con la información más relevante destacada, así como enlaces a las principales secciones de la web, productos, etc.

La página de inicio es una buena herramienta para mostrar el objeto de la web, algo importante en cuanto a la estructura de la misma y su navegabilidad. Es recomendable, cuando no imprescindible, especificar claramente qué se va a encontrar el usuario al explorar la página.

Por otro lado, algo tan sencillo como incluir un enlace bien visible a la página principal en todas las páginas facilita muchísimo la navegación. En este sentido, actualmente se ha convertido en un estándar "de facto" enlazar el de la cabecera para que apunte a la página de inicio desde cualquier página de la web.

3.8. Las barras de navegación

 Básicamente se trata de listas de enlaces a las diferentes páginas o secciones de la web.

De su **estructuración** dependerá en gran medida que los visitantes encuentren lo que buscan, por lo que es conveniente pensarse dos veces cómo hacerlo antes de implementarlo en la web.

Indicar la posición en la navegación principal del sitio, por ejemplo, dando un color distinto al enlace de la página en la que nos encontramos ahora.

Pueden ser **horizontales o verticales** y su ubicación dentro de la página también es importante: arriba o izquierda son las más comunes.

Para sitios web **con un número pequeño de páginas** puede ser bueno enlazar a todas ellas desde cada página para que el usuario tenga en todo momento a su alcance la información disponible en la web.

Sin embargo, **cuando una web contiene mucha información** este tipo de menús tiene poco sentido, porque entonces tendríamos menús con cientos de enlaces, algo excesivamente largo para ser útil. Lo normal en estos casos es enlazar desde la página principal a las secciones más importantes, y desde cada una de ellas a sus contenidos concretos.

3.9. Los mapas del sitio web

Es fundamental crear un mapa del sitio en el que se muestre de manera práctica cuántas secciones tiene el sitio en desarrollo y cuántos niveles habrá dentro de cada uno. Es decir, generar un diagrama que muestre las zonas principales, secundarias y contenidos finales que se irán incorporando. En definitiva, un sitemap (o mapa del sitio) es una lista ordenada con enlaces a las diferentes páginas que conforman un sitio web.

Existen **dos tipos** de sistemas: aquellos que son creados específicamente para optimizar el posicionamiento del sitio web ante los buscadores y los que se crean pensando en el visitante, ofreciéndole una herramienta para que pueda encontrar información de un vistazo (ambas son compatibles).

Veamos algunas **recomendaciones** para la generación de este mapa:

1. **Secciones**: debe intentarse que sean las menos posibles, con el fin de concentrar las acciones del usuario en pocas áreas. Tener en cuenta que cada una de las áreas a integrar en el árbol requerirá de mantenimiento posterior en contenidos, gráfica y funcionalidad, lo que encarecerá el coste final de operación del sitio.

2. **Niveles**: debe intentarse que el usuario esté siempre a menos de tres clics del contenido que busca. Por ello, no deberían crearse más de tres niveles de acceso. Esto implica una portada, una portadilla de sección y los contenidos propiamente dichos.

3. **Contenidos relacionados**: debe considerarse que habrá funcionalidades que estén presentes en todo el sitio. Entre ellas se incluyen elementos como buscador, preguntas frecuentes y formularios de contacto. Se recomienda que este tipo de elementos quede fuera del árbol y floten sobre este, con el fin de indicar que desde todas las páginas habrá enlaces a ellos.

Una vez que se cuenta con el mapa del sitio, la tarea siguiente consiste en generar los sistemas de acceso a dichos contenidos en el sitio web. A través de estos, los usuarios podrán avanzar por sus diferentes áreas, sin perderse.

3.10. Herramientas de búsqueda y ayudas

Una herramienta de gran ayuda, sobre todo para páginas web con mucho contenido, es la inclusión de un **buscador interno** que permita a los usuarios buscar directamente los temas que le interesan. Por ejemplo, páginas web didácticas, de manuales, etc., que son sitios que tienen mucho contenido distribuido a su vez en muchas páginas. Los buscadores mejoran la experiencia del usuario en el sitio web y le ayudan a ahorrar tiempo en su búsqueda de información. Hay herramientas gratuitas para poner un buscador en tu web. Por ejemplo: Google, Doofiner, etc.

Otra herramienta, ya casi imprescindible, son **Google Analytics** o **Bing Webmaster Tools**, que se indexa fácilmente con el sitio web y nos permite monitorizar una gran parte del tráfico que obtenga la web, incluso permite enlazarlo con campañas de email marketing o en redes sociales y rastrear la navegación de los usuarios y el tráfico hacia la web según la fuente de origen de la campaña que hayamos lanzado.

3.11. Consistencia

La consistencia en el diseño de la página web **permite al usuario sentirse cómodo navegando por ella**. La idea es dar la misma apariencia a todas las páginas del site utilizando esquemas de similares características. Es decir, mismos colores, tamaño de texto, tipografía, etc. Lo que se dice seguir un layout previo para el diseño de todas las páginas, que deben ser coherentes también con la identidad corporativa de la empresa.

La consistencia también es importante en la **navegación de sitio** y en la **simbología** que utilicemos en el diseño. Es decir, se debe mantener una consistencia en la navegación y estructura de contenidos que permita al usuario sentir que tiene el control en la navegación en el sitio.

La consistencia también ha de estar en la navegabilidad y se puede perder si las personas que ya conocemos la web y sabemos lo que queremos, somos las únicas que navegamos a la vez que diseñamos o hacemos un briefing. Es importante que, personas correspondientes con nuestro público objetivo, se vean "frente a frente" con la estructura de la web, para ver si intuitivamente pueden navegar y llegar hacia donde nos interesa que lleguen.

3.12. Rendimiento

Puede que tengamos una web funcionando con todos los requisitos que se han explicado en esta unidad didáctica, pero resulta que no se está sacando el partido que esperábamos, no cumple expectativas. Es decir, no está siendo rentable. ¿Qué podemos hacer?

La rentabilidad se mide por la ratio: **tasa de conversión**. Esta conversión se va a traducir en diferentes indicadores en función de la orientación de la web. Por tanto, lo primero que tenemos que tener en cuenta es el tipo de web que tenemos, ya sea una web corporativa o una web de ventas.

Si nuestra **web es corporativa**, fundamentalmente presencial, lo que buscaremos es atracción de usuarios para que nos conozcan y, por tanto, su rentabilidad se medirá por el número de estos que se suscriban a la newsletter, o de los que solicitan información, o de los que se suscriben a las RSS, etc. Pero si la **web es de ventas**, la tasa de conversión representa el número de visitantes que termina comprando.

Podemos seguir una serie de **recomendaciones** para mejorar la rentabilidad:

⇨ **Descubrir los hábitos de consumo del público**. Conocer los días y las horas en que más se compra resulta útil para fortalecer la atención al cliente y asegurar las existencias de la tienda en línea en esos períodos.

⇨ **Un espacio ordenado y claro**. La versión digital del comercio se ha de actuar como en la tienda física, si se tiene un local bien ordenado, bien iluminado y se atiende con amabilidad, es más fácil que el cliente compre.

⇨ **Una ficha clara y completa**. Los productos deben contar siempre con una ficha clara y completa. En ella, además de las imágenes que muestren en detalle el producto, conviene incorporar un vídeo explicativo y un texto descriptivo.

⇨ **Texto para posicionarse**. El texto sigue siendo indispensable porque sirve para posicionarse en los buscadores, que funcionan rastreando palabras en Internet. El escrito debe contener las palabras más usadas en las búsquedas. Google Trends y Google Keyword Planner son dos herramientas gratuitas que permiten conocer esos conceptos.

⇨ **Información política compra**. Es importante que se incluya también información sobre la política de devoluciones y de reembolso, así como los tiempos y los costes de envío, para que el usuario no se lleve sorpresas cuando vaya a pagar.

⇨ **Proponer una versión superior**. La ficha es el lugar en el que ofrecer al comprador productos similares de mayor categoría y precio, técnica de mercado que se conoce por su nombre en inglés: up selling.

⇨ **Reducir el número de clics**. El usuario sigue un itinerario delimitado desde que entra en la página web hasta que finaliza la adquisición del producto. Cuantos menos trámites haga el cliente dentro de la tienda en línea mayor es la probabilidad de que compre. Por eso es importante que ese recorrido sea lo más sencillo y corto posible.

⇨ **Incentivar la venta cruzada**. En la pantalla del carrito siempre se pueden proponer al comprador productos complementarios, una técnica denominada venta cruzada (conocida por su nombre en inglés, cross selling).

⇨ **Optimizar el buscador y crear un menú por categorías**. Contar con un buscador dentro de la página web ayuda a que los usuarios den con lo que desean con facilidad. Es importante crear un menú que acredite en varias pestañas todo el catálogo. En esta tarea, de nuevo Google Trends y Google Keyword Planner sirven para conocer las categorías más buscadas y crear el menú a partir de ellas.

⇨ **Diversificar los métodos de pago**. El comprador ha llegado al momento del pago. Ya casi ha completado el proceso de compra, pero en este punto, aseguran los expertos, es muy fácil que se marche sin finalizar. No contar con diversas opciones de pago, se ha convertido en un error común. En España, el pago con tarjeta es el más generalizado, pero los consumidores también están familiarizados con PayPal y con Bizum. Conocer los métodos de pago de otros países se vuelve esencial cuando el objetivo es internacionalizar la tienda en línea.

⇨ **No olvidar la opción de financiación**. Hoy es posible financiar la compra y en el mercado existen empresas que proporcionan este servicio a las tiendas en línea.

⇨ La página principal es primordial para centrar y mantener la atención del usuario. Hay que buscar el **equilibrio entre información, usabilidad, velocidad y estética**. Es decir, lo ya referido sobre la consistencia. Por supuesto, las tres primeras deberían tener prioridad sobre la última, en la mayoría de los casos.

⇨ **Las ofertas deben adaptarse al perfil e intereses de los usuarios**. Hay que preguntarles qué les gusta, estudiar su comportamiento. No perder de vista a los grandes: qué venden y cómo lo hacen.

⇨ **Analizar cuidadosamente la categorización de los productos**. Aunque depende del número y variedad, cuantos menos niveles tenga una tienda online, mejor.

⇨ Son necesarias **herramientas estadísticas** que ofrezcan información sobre los hábitos de los usuarios: palabras buscadas, qué términos funcionan en los buscadores y cuáles no, origen del tráfico, etc. Cuanta más información se tenga a mano, más rápido se podrá actuar y mejor podrán planificarse las campañas y ofertas.

⇨ Debe prestarse especial atención a los **productos más visitados** que no se añaden al carro. Analizar la información que se ofrece de estos, comparar su precio con la competencia. Pequeñas mejoras en la conversión pueden multiplicar las ventas.

⇨ No perder de vista los **productos que se añaden al carro pero que no se convierten en ventas**.

⇨ En una tienda con tráfico, donde se añaden productos al carro, pero no se transforman en pedidos, debería prestarse **especial atención al proceso completo**: los costes de envío, los cargos extras por la forma de pago, etc. Cualquier detalle puede ser relevante a la hora de transformar un visitante en cliente.

⇨ Convertir un usuario en comprador es una dura labor, pero una vez conseguido, es infinitamente más fácil lograr que repita si ha quedado satisfecho. Para **reenganchar a los clientes** hay que crear campañas que despierten su atención, mantener una comunicación fluida y sitios que le motiven a volver.

⇨ El objetivo de la web es esencial para que **el rendimiento** sea el adecuado, ya que puede incorporar elementos innecesarios, que aumentan el atractivo en el diseño, pero que hacen que, por ejemplo, tarde mucho en cargar imágenes, cuando estamos buscando un objetivo diferente, o que sea una web llena de contenido, pero dirigida un público que quiere interactuar, etc. Por esto el rendimiento no depende solo de la parte técnica o de arquitectura o de palabras clave y contenido, sino de encaje entre objetivo y estructura de diseño.

3.13. Apariencia

Nos referimos al aspecto de un sitio web. Los usuarios valoran una **apariencia fresca, atractiva y fácil de usar**. Hay que tener en cuenta que estamos leyendo en pantalla y tardamos hasta un 30% más que si leyéramos en papel.

Es fundamental la elección correcta de los colores. No debemos salirnos de la paleta de colores asignados para web: 216 colores comunes a cualquier sistema operativo y navegador utilizado. Usando colores de esta paleta, se asegura que los visitantes vean la página tal como se ha diseñado.

También es importante tener en cuenta el tipo de monitor y en base a esto es recomendable utilizar páginas centradas, con ancho de píxel fijo o en porcentaje. Evitar que aparezcan barras horizontales de desplazamiento cuando el ancho de página supera la del monitor. La navegación es vertical, así que solo debemos colocar barras de desplazamiento vertical. El movimiento horizontal es bastante pesado, para poder leer los laterales. Así que hemos de tener en cuenta las resoluciones de pantalla comúnmente aceptadas, para que eso no ocurra, también evitaremos esto con el desarrollo de la apariencia siguiendo el diseño "Mobile first". El tamaño de las fuentes se adapta a los cambios de pantalla cuando el ancho es en porcentajes. Quizás esta sea la mejor opción si no nos queremos preocupar del tamaño del monitor que tendrá el visitante.

En las páginas realizadas con desplazamiento vertical es más controlable la apariencia horizontal al ser de ancho fijo y se crea una sensación de continuidad que no existe en las páginas de desplazamiento horizontal. Si bien en estas últimas el alto es fijo, es más fácil leer una página de arriba a abajo, que de izquierda a derecha.

En definitiva, debido a la variedad de monitores y sus resoluciones también debemos preocuparnos por el monitor que tendrá quien visita la página.

Una herramienta que podemos utilizar para controlar la apariencia de nuestra web son las CSS u hojas de estilo para especificar la apariencia.

Otra de las formas de comprobar la apariencia es visualizando el sitio web en diversos navegadores (Chrome, Firefox, Bing, Safari, etc.).

▶ **¿Cómo?**

El programador establece en la **hoja de estilo** unas reglas (tipo de letra, tamaño, color, alineación del texto, márgenes, separación, color de los hipervínculos leídos y no leídos, etc.) que se aplicarán automáticamente a las distintas partes del contenido (menús, encabezados, textos, etc.) al renovar este, sin necesidad de especificar dichas reglas en el código HTML cada vez que se introduce contenido nuevo. Es como una especie de plantilla que facilita enormemente la subida de contenidos de cualquier tipo a la web por su propietario, sin necesidad de conocer lenguajes de programación.

3.14. Control de calidad

Para evaluar la calidad de un sitio web tendremos que fijarnos en una serie de indicadores, algunos de los cuales ya se han ido explicando en los apartados previos de esta unidad. Vamos a ver una serie de indicadores necesarios para hacer el control de la web:

▶ **Accesibilidad**

Se refiere a la capacidad de acceso a la web y a sus contenidos por todas las personas independientemente de la discapacidad que presenten o de las que se deriven del contexto de uso (tecnológico o ambiental). Esta cualidad está íntimamente relacionada con la usabilidad.

- Tipografía que se pueda aumentar de tamaño para ayudar a los usuarios con problemas de visión.
- Proporcionar un texto descriptivo de las imágenes para que las personas ciegas puedan entenderlo, utilizando lectores de pantalla.
- Poner voz a los textos.
- Subtítulos en los vídeos para aquellas personas con dificultades de oído.

Los principales **beneficios** que ofrece la accesibilidad web son:

⇨ Aumenta el número de potenciales visitantes de la página web. Es más probable que una página web que cumple los estándares se visualice correctamente en cualquier dispositivo con cualquier navegador.

⇨ Disminuye los costes de desarrollo y mantenimiento: el coste de desarrollar y mantener una página web accesible es menor que el de una no accesible, ya que una página web accesible es una página bien hecha, menos propensa a contener errores y más sencilla de actualizar.

⇨ Reduce el tiempo de carga de las páginas web y la carga del servidor web: al separar el contenido de la información sobre la presentación de una página web mediante CSS se logra reducir el tamaño de las páginas web y, por tanto, se reduce el tiempo de carga.

Existen herramientas para comprobar la accesibilidad de las webs. Algunas son: TAW, Hera, etc.

▶ **Navegación**

La navegación es el proceso de acceso a páginas web utilizando un navegador. La idea es que nuestra web tenga una navegación lo más intuitiva posible, es decir que el usuario encuentre fácilmente lo que busca ya desde la primera pantalla a la que llega, que generalmente es la homepage. También será más intuitiva cuantos menos clics (recordemos que deberían ser 3 o menos) necesite para encontrar eso que busca, la velocidad de despliegue de menús, la aproximación sintáctica en la búsqueda, etc.

▶ **Diseño**

El diseño de una web de calidad debe tener en cuenta una serie de aspectos, tales como navegabilidad, interactividad, accesibilidad, usabilidad, arquitectura de la información y además cómo interaccionan el audio, textos, imágenes y vídeo, en diferentes dispositivos como móviles, tablets, PC e incluso TV.

▶ **Contenido**

Recomendaciones para un contenido de calidad:

⇨ Publicar solo contenido original.

⇨ Citar sus fuentes. Incluir información bibliográfica también es una forma de enriquecer las notas.

⇨ Ser concreto. Qué concepto básico se quiere transmitir.

⇨ Ser correcto. Organizar sus artículos en párrafos y las ideas en oraciones. Tratar de llegar a una conclusión final.

⇨ Cuidar las formas. Gramática y ortografía.

⇨ Pensar en los lectores. Después, ya se pensará en Google, y en cómo el artículo será indexado.

⇨ Estar abierto a las críticas.

⇨ Ser regular. Ser constante. Todo lleva su tiempo, sobre todo lo relacionado con el tráfico y la reputación online.

⇨ Ser constructivo, en lugar de destructivo. Pensar en positivo. Aunque parezca que inicialmente el impacto sea menor, a la larga este tipo de contenidos es más beneficioso.

⇨ Elección de palabras clave. Son términos o frases que las personas utilizan al realizar una búsqueda en Internet. Son la principal pieza a la hora de hacer SEO (Search Engine Optimization), la optimización de tus contenidos para aparecer bien posicionados en los motores de búsqueda.

⇨ Tamaño y formato de los contenidos. Evitar textos innecesariamente largos y complicados o demasiado cortos y vacíos de información. Un buen tamaño para empezar es 500 palabras, adecuado para responder a las dudas y lo suficientemente largo para ser beneficiado por Google, que tiende a favorecer textos más completos. Además, es importante variar en el formato para mantener el engagement de tu audiencia. Ofrece infografías, podcasts y prueba nuevos formatos para ver qué es lo que tiene mayor aceptación por parte de tu persona. Los vídeos son una gran tendencia y suman puntos en el SEO cuando se comparan con los competidores que no ofrecen este tipo de contenido en sus sitios web.

⇨ Escaneabilidad. Trabajar la escaneabilidad es formatear tu texto para que sea atractivo a primera vista. Antes de leer un contenido, todas las personas "pasan el ojo" por él para ver de qué se trata y si vale la pena seguir leyéndolo. Es decir, escanean el texto. Intertítulos, imágenes, listas y negritas son buenos recursos para aumentar la escaneabilidad de un contenido, pues escapan del patrón del texto corrido. Los grandes bloques de texto perjudican la comprensión de dónde comienza y dónde termina una línea de raciocinio.

⇨ Revisión. Un texto lleno de errores de ortografía puede terminar con toda la autoridad que tanto luchaste para construir. Por lo tanto, revisa todo el contenido que produzcas, no solo para encontrar errores, sino también para ver si se ajusta a los estándares citados anteriormente. Lo ideal es esperar algún tiempo después de la redacción para hacer la revisión, pues si la haces enseguida, algunos errores pueden pasar desapercibidos.

⇨ Optimización para los motores de búsqueda (SEO). No basta con publicarlo en la portada de tu blog. Necesitas optimizarlo para que sea encontrado por el usuario. Y es ahí donde entra el SEO, que son las prácticas de optimización para los motores de búsqueda y una de las principales estrategias de la metodología Inbound. Los buscadores como Google y Bing utilizan algoritmos para clasificar todos los contenidos indexados. Es por medio de estos algoritmos que los buscadores definen que el artículo X es más importante que el Y, y, por lo tanto, debe ser el primero colocado en la página cuando una persona busca determinada palabra clave.

▶ **Consideraciones técnicas**

Evaluación de las métricas web principales como el tiempo para renderizar una imagen o el bloque de texto más grande visible dentro de la ventana de visualización, en relación con el momento en que la página comenzó a cargarse (LCP), tiempo desde que un usuario interactúa por primera vez con una página hasta el momento en que el navegador puede comenzar a procesar controladores de eventos como respuesta a esa interacción (FID), mide la ráfaga más grande de las puntuaciones de cambio de diseño para cada cambio de diseño inesperado que se produce durante toda la vida útil de una página (CLS), tiempo que transcurre desde que la página comienza a cargarse hasta que cualquier parte del contenido de la página se representa en la pantalla (FCP), capacidad de respuesta general de una página midiendo todas las interacciones de clic, toque y teclado realizadas con una página (INP), mide el tiempo entre la solicitud de un recurso y cuando comienza a llegar el primer byte de una respuesta (TTFP), errores del servidor, funcionamiento de los enlaces, etc.

▶ **Consideraciones legales**

Se trata de especificar cómo se tratan los datos de los usuarios, qué se debe aceptar para poder navegar libremente por nuestra página, qué servicios de terceros están incluidos y qué datos se recolectan, como así también toda información relevante y relacionada con la privacidad del usuario (LOPD, RGPD y LSSICE).

4. Buen uso de las nuevas tecnologías de la Ley de Protección de Datos

4.1. Introducción

Las nuevas tecnologías de la comunicación, Internet y las redes sociales están transformando los modelos de comunicación y de las relaciones humanas y van haciendo cada vez más pequeño nuestro mundo; desaparecen las distancias y nos sentimos más cerca los unos de los otros; nos hacen interdependientes. Estos medios se han convertido en una plaza pública y abierta en la que las personas comparten ideas, informaciones y opiniones, y donde nacen nuevas relaciones y formas de comunidad.

Ofrecen muchas posibilidades, pero también entrañan peligros.

Los nuevos medios tienen un extraordinario potencial: las familias pueden permanecer en contacto, aunque sus miembros estén muy lejos unos de otros; los estudiantes e investigadores tienen acceso más fácil e inmediato a documentos, fuentes y descubrimientos científicos; la naturaleza interactiva de los nuevos medios facilita formas más dinámicas de aprendizaje y de comunicación que contribuyen al progreso social.

Cuando se utilizan bien, estos espacios favorecen el diálogo y el debate, el intercambio de informaciones y de experiencias.

Un claro ejemplo del buen uso de la tecnología es la medicina moderna, ya que emplea mucha tecnología para curar al paciente o ayudarle a que se mejore. En la actualidad hasta se puede operar al paciente con una computadora, que está sincronizada a unas manos robóticas que el medico controla desde el ordenador.

Sin embargo, también existen peligros y aspectos problemáticos: la velocidad y la abundancia de informaciones dificulta su valoración; la variedad de opiniones puede dejar indefensos ante intereses egoístas; el anonimato puede ser usado para insultar, difamar o inducir al delito; a veces se usan para la difusión de falsas noticias y para manipular en un sentido interesado.

Suelen producir fanatismo, entusiasmo, curiosidad y dependencia en las personas. Su empleo crea variados comportamientos en las personas, lo que puede generar el mal uso de estas tecnologías.

Por todo ello es importante hacer un buen uso de ellas.

4.2. La sociedad de la información. Las nuevas tecnologías de la información y la comunicación

Las nuevas tecnologías están afectando a todo el sistema económico-social en el que nos encontramos. También a la empresa. La aplicación de las nuevas tecnologías es fundamental si una empresa quiere ser competitiva, ya que se basa en el tratamiento de la información. El hecho que favoreció las nuevas tecnologías lo constituyó el ordenador y la aparición de Internet, ya que permite el tratamiento masivo y rápido de gran cantidad información.

Las nuevas tecnologías afectan a la empresa a tres niveles:

⇨ Elaboración y manipulación de los equipos informáticos.

⇨ Las nuevas tecnologías posibilitan la interacción entre varios grupos, lo que supone un incremento en la eficacia de realización de tareas.

⇨ Influye en la organización en su conjunto en la toma de decisiones.

▶ **Ventajas**

La gran ventaja es que con la transmisión de datos se gana tiempo y espacio e, incluso, con las herramientas necesarias, se puede llegar a hablar de una oficina sin papeles.

Las nuevas tecnologías permiten grandes posibilidades en el campo de la comunicación, ya que se produce transmisión de grandes flujos de información entre distintos puntos de la empresa.

▶ **Desventajas**

Comunicaciones automatizadas que eliminan la necesidad del soporte físico que las contenga.

Todos los trabajadores deben conocer estas nuevas tecnologías, lo cual supone una inversión en formación de personal y, también, en equipos.

 Esta aplicación de las nuevas tecnologías puede hacer un nuevo planteamiento en cuanto al formato del trabajo (trabajo a distancia) y plantea distintas posibilidades de uso y empleo, centros satélites, organización de trabajo flexible, trabajo en casa.

4.3. Ley Orgánica 3/2018, de 5 de diciembre, de Protección de Datos Personales y garantía de los derechos digitales

4.3.1. Introducción

Con fecha 7 de diciembre de 2018 entró en vigor la Ley Orgánica 3/2018, de 5 de diciembre, de Protección de Datos Personales y garantía de los derechos digitales.

La ley sustituye a la antigua Ley Orgánica 15/1999, de 13 de diciembre, de Protección de Datos de Carácter Personal y tiene por objeto adaptar el ordenamiento jurídico español al Reglamento (UE) 2016/679 del Parlamento Europeo y el Consejo, de 27 de abril de 2016, relativo a la protección de las personas físicas en lo que respecta al tratamiento de sus datos personales y a la libre circulación de estos datos, y completar sus disposiciones.

De manera que, de ahora en adelante, el derecho fundamental de las personas físicas a la protección de datos personales, amparado por el artículo 18.4 de la Constitución, se ejercerá con arreglo a lo establecido en el Reglamento (UE) 2016/679 y la Ley Orgánica 3/2018.

El objeto de este epígrafe es tratar el nuevo régimen jurídico en materia de protección de datos, remarcando las principales novedades de la Ley Orgánica 3/2018, de 5 de diciembre, en sintonía con el Reglamento UE.

Es muy importante recordar que la ley adapta el ordenamiento jurídico español al reglamento europeo y que la protección de datos se ejercerá con arreglo a lo establecido en el reglamento y la ley, por lo que, dada la relación directa entre la ley y el reglamento europeo, el trabajo que realizaremos en este epígrafe no puede quedar exento de referencias constantes al Reglamento (UE) 2016/679.

4.3.2. Terminología de protección de datos

Para comenzar y antes de entrar en materia es importante relacionar la terminología de protección de datos que irá apareciendo a lo largo de las distintas unidades:

1. Datos personales

   Toda información sobre una persona física identificada o identificable ("el interesado"); se considerará persona física identificable toda persona cuya identidad pueda determinarse, directa o indirectamente, en particular mediante un identificador, como por ejemplo un nombre, un número de identificación, datos de localización, un identificador en línea o uno o varios elementos propios de la identidad física, fisiológica, genética, psíquica, económica, cultural o social de dicha persona.

2. Tratamiento

   Cualquier operación o conjunto de operaciones realizadas sobre datos personales o conjuntos de datos personales, ya sea por procedimientos automatizados o no, como la recogida, registro, organización, estructuración, conservación, adaptación o modificación, extracción, consulta, utilización, comunicación por transmisión, difusión o cualquier otra forma de habilitación de acceso, cotejo o interconexión, limitación, supresión o destrucción.

3. Limitación del tratamiento

    El marcado de los datos de carácter personal conservados con el fin de limitar su tratamiento en el futuro.

4. Elaboración de perfiles

    Toda forma de tratamiento automatizado de datos personales consistente en utilizar datos personales para evaluar determinados aspectos personales de una persona física, en particular para analizar o predecir aspectos relativos al rendimiento profesional, situación económica, salud, preferencias personales, intereses, fiabilidad, comportamiento, ubicación o movimientos de dicha persona física.

5. Seudonimización

    El tratamiento de datos personales de manera tal que ya no puedan atribuirse a un interesado sin utilizar información adicional, siempre que dicha información adicional figure por separado y esté sujeta a medidas técnicas y organizativas destinadas a garantizar que los datos personales no se atribuyan a una persona física identificada o identificable.

6. Fichero

    Todo conjunto estructurado de datos personales, accesibles con arreglo a criterios determinados, ya sea centralizado, descentralizado o repartido de forma funcional o geográfica.

7. Responsable del tratamiento o responsable

    La persona física o jurídica, autoridad pública, servicio u otro organismo que, solo o junto con otros, determine los fines y medios del tratamiento; si el Derecho de la Unión o de los Estados miembros determina los fines y medios del tratamiento, el responsable del tratamiento o los criterios específicos para su nombramiento podrá establecerlos el Derecho de la Unión o de los Estados miembros.

8. Encargado del tratamiento o encargado

    La persona física o jurídica, autoridad pública, servicio u otro organismo que trate datos personales por cuenta del responsable del tratamiento.

9. Destinatario

    La persona física o jurídica, autoridad pública, servicio u otro organismo al que se comuniquen datos personales, se trate o no de un tercero. No obstante, no se considerarán destinatarios las autoridades públicas que puedan recibir datos personales en el marco de una investigación concreta de conformidad con el

Derecho de la Unión o de los Estados miembros; el tratamiento de tales datos por dichas autoridades públicas será conforme con las normas en materia de protección de datos aplicables a los fines del tratamiento.

10. Tercero

Persona física o jurídica, autoridad pública, servicio u organismo distinto del interesado, del responsable del tratamiento, del encargado del tratamiento y de las personas autorizadas para tratar los datos personales bajo la autoridad directa del responsable o del encargado.

11. Consentimiento del interesado

Toda manifestación de voluntad libre, específica, informada e inequívoca por la que el interesado acepta, ya sea mediante una declaración o una clara acción afirmativa, el tratamiento de datos personales que le conciernen.

12. Violación de la seguridad de los datos personales

Toda violación de la seguridad que ocasione la destrucción, pérdida o alteración accidental o ilícita de datos personales transmitidos, conservados o tratados de otra forma, o la comunicación o acceso no autorizados a dichos datos.

13. Datos genéticos

Datos personales relativos a las características genéticas heredadas o adquiridas de una persona física que proporcionen una información única sobre la fisiología o la salud de esa persona, obtenidos en particular del análisis de una muestra biológica de tal persona.

14. Datos biométricos

Datos personales obtenidos a partir de un tratamiento técnico específico, relativos a las características físicas, fisiológicas o conductuales de una persona física que permitan o confirmen la identificación única de dicha persona, como imágenes faciales o datos dactiloscópicos.

15. Datos relativos a la salud

Datos personales relativos a la salud física o mental de una persona física, incluida la prestación de servicios de atención sanitaria, que revelen información sobre su estado de salud.

16. Establecimiento principal

a) En lo que se refiere a un responsable del tratamiento con establecimientos en más de un Estado miembro, el lugar de su administración central en la Unión, salvo que las decisiones sobre los fines y los medios del tratamiento se tomen en otro establecimiento del responsable en la Unión y este último establecimiento tenga el poder de hacer aplicar tales decisiones, en cuyo caso el establecimiento que haya adoptado tales decisiones se considerará establecimiento principal.

b) En lo que se refiere a un encargado del tratamiento con establecimientos en más de un Estado miembro, el lugar de su administración central en la Unión o, si careciera de esta, el establecimiento del encargado en la Unión en el que se realicen las principales actividades de tratamiento en el contexto de las actividades de un establecimiento del encargado en la medida en que el encargado esté sujeto a obligaciones específicas con arreglo al reglamento de protección de datos.

17. Representante

Persona física o jurídica establecida en la Unión que, habiendo sido designada por escrito por el responsable o el encargado del tratamiento, represente al responsable o al encargado en lo que respecta a sus respectivas obligaciones en virtud del reglamento.

18. Empresa

Persona física o jurídica dedicada a una actividad económica, independientemente de su forma jurídica, incluidas las sociedades o asociaciones que desempeñen regularmente una actividad económica.

19. Grupo empresarial

Grupo constituido por una empresa que ejerce el control y sus empresas controladas.

20. Normas corporativas vinculantes

Las políticas de protección de datos personales asumidas por un responsable o encargado del tratamiento establecido en el territorio de un Estado miembro para transferencias o un conjunto de transferencias de datos personales a un responsable o encargado en uno o más países terceros, dentro de un grupo empresarial o una unión de empresas dedicadas a una actividad económica conjunta.

21. Autoridad de control

La autoridad pública independiente establecida por un Estado miembro con arreglo a lo dispuesto en el reglamento.

22. Autoridad de control interesada

La autoridad de control a la que afecta el tratamiento de datos personales debido a que:

a) El responsable o el encargado del tratamiento está establecido en el territorio del Estado miembro de esa autoridad de control.

b) Los interesados que residen en el Estado miembro de esa autoridad de control se ven sustancialmente afectados o es probable que se vean sustancialmente afectados por el tratamiento.

c) Se ha presentado una reclamación ante esa autoridad de control.

23. Tratamiento transfronterizo

a) El tratamiento de datos personales realizado en el contexto de las actividades de establecimientos en más de un Estado miembro de un responsable o un encargado del tratamiento en la Unión, si el responsable o el encargado está establecido en más de un Estado miembro, o

b) el tratamiento de datos personales realizado en el contexto de las actividades de un único establecimiento de un responsable o un encargado del tratamiento en la Unión, pero que afecta sustancialmente o es probable que afecte sustancialmente a interesados en más de un Estado miembro.

24. Objeción pertinente y motivada

La objeción a una propuesta de decisión sobre la existencia o no de infracción del reglamento, o sobre la conformidad con el reglamento de acciones previstas en relación con el responsable o el encargado del tratamiento, que demuestre claramente la importancia de los riesgos que entraña el proyecto de decisión para los derechos y libertades fundamentales de los interesados y, en su caso, para la libre circulación de datos personales dentro de la Unión.

25. Servicio de la sociedad de la información

Todo servicio conforme a la definición del artículo 1, apartado 1, letra b), de la Directiva (UE) 2015/1535 del Parlamento Europeo y del Consejo (1).

26. Organización internacional

Una organización internacional y sus entes subordinados de Derecho internacional público o cualquier otro organismo creado mediante un acuerdo entre dos o más países o en virtud de tal acuerdo.

4.3.3. Objetivos y principales novedades

A) Objetivos de la Ley

Una vez revisada la terminología de protección de datos según el Reglamento (UE) 2016/679, vamos a destacar las principales características de la Ley Orgánica

337

3/2018, de 5 de diciembre, de Protección de Datos Personales y garantía de los derechos digitales.

Tal como hemos reflejado en la introducción, la Ley tiene por objeto adaptar el ordenamiento jurídico español al Reglamento (UE) 2016/679 de manera que, de ahora en adelante, el derecho fundamental de las personas físicas a la protección de datos personales, amparado por el artículo 18.4 de la Constitución, se ejercerá con arreglo a lo establecido en el **Reglamento (UE) 2016/679 y la Ley Orgánica 3/2018**.

B) Principales novedades que afectan a los ciudadanos

Estas son las novedades que afectan a los ciudadanos:

1. Los ciudadanos tienen derecho a conocer la relación de las actividades de tratamiento de datos personales que realizan las organizaciones públicas con las que se relacionan.

2. Los ciudadanos tienen derecho a ser informados del tratamiento de sus datos personales y de las vías para ejercer sus derechos de acceso, rectificación, supresión, derecho a la limitación del tratamiento, así como a la portabilidad y oposición.

3. Los órganos y organismos del Sector Público podrán verificar, sin necesidad de solicitar consentimiento del interesado, la exactitud de los datos personales manifestados por los ciudadanos y que obren en poder del Sector Público.

4. Los órganos y organismos del Sector Público pueden comunicar los datos personales de los ciudadanos a sujetos de derecho privado que lo soliciten:

   • Cuando cuenten con el consentimiento de los ciudadanos.

   • O bien, cuando aprecien que concurre en el sujeto privado solicitante un interés legítimo que prevalezca sobre los derechos e intereses de los ciudadanos concernidos.

5. Tanto el Reglamento General de Protección de Datos como la nueva Ley Orgánica eliminan la necesidad de recabar el consentimiento del ciudadano, ni siquiera tácito, al establecer como base jurídica legitimadora principal del tratamiento de datos personales por órganos y organismos del Sector Público el cumplimiento de una misión en interés público o, particularmente, en el ejercicio de poderes públicos.

6. La nueva Ley impide el uso conjunto de apellidos, nombre y número completo del documento de identificación oficial de los ciudadanos en aquellos actos administrativos que vayan a ser objeto de publicación o notificación por medio de anuncios.

7. El Reglamento General de Protección de Datos y la Ley Orgánica recogen varias bases jurídicas legitimadoras del tratamiento de datos personales por parte de las organizaciones privadas: relación contractual previa que contemple el tratamiento, consentimiento del ciudadano o interés legítimo que prevalezca sobre los derechos de las personas, entre otras. Por tanto, en la actualidad, no resulta necesario que el particular consienta el tratamiento de sus datos personales si existe otra base jurídica que legitime el tratamiento. En los casos en los que el consentimiento del ciudadano sea preciso por no existir otra base legitimadora, la Ley establece que debe ser una manifestación de voluntad libre, específica, informada e inequívoca por la que una persona acepta el tratamiento de sus datos personales, ya sea mediante una declaración o una clara acción afirmativa. Se excluye el consentimiento tácito o por omisión.

8. Las personas vinculadas a un fallecido por razones familiares, o de hecho, o sus herederos pueden solicitar el acceso, la rectificación o supresión de los datos personales de la persona fallecida, salvo que esta lo hubiese prohibido expresamente en vida o así lo establezca una ley.

9. Los ciudadanos podrán ser incluidos en los sistemas de información de solvencia crediticia cuando mantengan una deuda de más de 50 euros con algún prestador de servicios (la ley anterior no establecía ninguna cuantía mínima).

10. Los ciudadanos pueden registrarse en los sistemas de exclusión publicitaria (las conocidas como Listas Robinson) para evitar la publicidad no deseada a través de los canales postal, telefónico o electrónico. Los ciudadanos registrados en las Listas Robinson solo recibirán publicidad de las empresas que hayan autorizado.

11. La Ley garantiza el derecho a la intimidad de los empleados en el lugar de trabajo frente al uso de dispositivos de vídeovigilancia y de grabación de sonidos, así como frente al uso de los dispositivos digitales y sistemas de geolocalización, de los que deberán ser informados de manera expresa, clara e inequívoca.

12. Derecho al olvido en redes sociales: cualquier ciudadano puede solicitar que se supriman los datos que él mismo ha publicado en redes sociales y otros servicios de la sociedad de la información equivalentes.

13. Cuando las organizaciones hubieran designado un Delegado de Protección de Datos (DPD), los ciudadanos podrán, antes de presentar una reclamación ante la Agencia, dirigirse al DPD para que la atienda. El DPD comunicará al ciudadano la decisión que se hubiera adoptado en el plazo máximo de dos meses.

4.3.4. Ámbito de aplicación y excepciones al ámbito de aplicación

A) Ámbitos y tratamientos

Un punto siempre importante en cualquier ley, y a destacar en esta, es el del ámbito de actuación y, sobre todo, las excepciones recogidas en el artículo 2, que pasamos a exponer a continuación:

▶ **Ámbito de aplicación**

Ley orgánica que se aplica a cualquier tratamiento total o parcialmente automatizado de datos personales, así como al tratamiento no automatizado de datos personales contenidos o destinados a ser incluidos en un fichero.

▶ **Excepciones al ámbito de aplicación**

a) A los tratamientos excluidos del ámbito de aplicación del Reglamento general de protección de datos:

- Tratamientos en el ejercicio de una actividad no comprendida en el ámbito de aplicación del Derecho de la Unión.

- Tratamientos por parte de los Estados miembros cuando lleven a cabo actividades comprendidas en el ámbito de aplicación del capítulo 2 del título V del Tratado de la Unión Europea (política exterior y seguridad común).

- Tratamientos efectuados por una persona física en el ejercicio de actividades exclusivamente personales o domésticas.

- Tratamientos efectuados por parte de las autoridades competentes con fines de prevención, investigación, detección o enjuiciamiento de infracciones penales, o de ejecución de sanciones penales, incluida la de protección frente a amenazas a la seguridad pública y su prevención.

b) A los tratamientos de datos de personas fallecidas.

c) A los tratamientos sometidos a la normativa sobre protección de materias clasificadas.

Los tratamientos a los que no sea directamente aplicable el Reglamento (UE) 2016/679 por afectar a actividades no comprendidas en el ámbito de aplicación del Derecho de la Unión Europea, se regirán por lo dispuesto en su legislación específica si la hubiere y supletoriamente por lo establecido en el citado reglamento y en la ley orgánica. Se encuentran en esta situación, entre otros, los tratamientos realizados al amparo de:

⇨ La legislación orgánica del régimen electoral general.

⇨ Los tratamientos realizados en el ámbito de instituciones penitenciarias.

⇨ Los tratamientos derivados del Registro Civil, los Registros de la Propiedad y Mercantiles.

El tratamiento de datos llevado a cabo con ocasión de la tramitación por los órganos judiciales de los procesos de los que sean competentes, así como el realizado dentro de la gestión de la Oficina Judicial, se regirán por lo dispuesto en el Reglamento (UE) 2016/679 y la ley orgánica, sin perjuicio de las disposiciones de la Ley Orgánica 6/1985, de 1 julio, del Poder Judicial, que le sean aplicables.

B) Datos de las personas fallecidas

Según el artículo 3 de la Ley Orgánica, si bien la ley no se aplica a los difuntos, las personas vinculadas a un fallecido por razones familiares, o de hecho, o sus herederos pueden solicitar el acceso, la rectificación o supresión de los datos personales de la persona fallecida, salvo que esta lo hubiese prohibido expresamente en vida o así lo establezca una ley. Más concretamente:

⇨ Las personas vinculadas al fallecido por razones familiares o de hecho, así como sus herederos, podrán dirigirse al responsable o encargado del tratamiento al objeto de solicitar el acceso a los datos personales de aquella y, en su caso, su rectificación o supresión.

Como excepción, las personas a las que se refiere el párrafo anterior no podrán acceder a los datos del causante, ni solicitar su rectificación o supresión, cuando la persona fallecida lo hubiese prohibido expresamente o así lo establezca una ley. Dicha prohibición no afectará al derecho de los herederos a acceder a los datos de carácter patrimonial del causante.

⇨ Las personas o instituciones a las que el fallecido hubiese designado expresamente para ello podrán también solicitar, con arreglo a las instrucciones recibidas, el acceso a los datos personales de este y, en su caso, su rectificación o supresión.

 Mediante real decreto se establecerán los requisitos y condiciones para acreditar la validez y vigencia de estos mandatos e instrucciones y, en su caso, el registro de los mismos.

⇨ En caso de fallecimiento de menores, estas facultades podrán ejercerse también por sus representantes legales o, en el marco de sus competencias, por el Ministerio Fiscal, que podrá actuar de oficio o a instancia de cualquier persona física o jurídica interesada.

 En caso de fallecimiento de personas con discapacidad, estas facultades también podrán ejercerse, además de por quienes señala el párrafo anterior, por quienes hubiesen sido designados para el ejercicio de funciones de apoyo, si tales facultades se entendieran comprendidas en las medidas de apoyo prestadas por el designado.

4.3.5. Principios de protección de datos

A) Principios de protección de datos según Reglamento y Ley

Los principios de protección de datos pueden definirse como una serie de reglas mínimas que deben observar las administraciones y las empresas que tratan datos personales, garantizando con ello un uso adecuado de la información personal.

No solo son meros fundamentos por los que se ha de regir la elaboración, interpretación y aplicación de la normativa sobre protección de datos, sino que se trata de un conjunto de reglas que determinan cómo recoger, tratar y ceder los datos. En caso de encontrarnos con lagunas o vacíos legales, nos hemos de inspirar en estos, para que el tratamiento de los datos sea conforme a la normativa.

En definitiva, son deberes y obligaciones a los que están sujetos los tratamientos de datos de carácter personal y uno de los objetivos principales del nuevo RGPD ha sido unificar los principios de protección de datos de la Unión Europea. En este epígrafe analizaremos cómo quedan esos principios tras la aprobación de la Ley Orgánica 3/2018.

Los datos personales serán:

⇨ **Lealtad, licitud y transparencia**: tratados de manera lícita, leal y transparente en relación con el interesado («licitud, lealtad y transparencia»). Aquí es importante señalar lo que especifica el Reglamento sobre la licitud del tratamiento porque a pesar de que el principal motivo de licitud del tratamiento es el consentimiento inequívoco del ciudadano, se dan más casos de licitud del tratamiento lo que conllevará y dará pie a las excepciones al consentimiento del ciudadano.

⇨ **Limitación en la finalidad del tratamiento**: recogidos con fines determinados, explícitos y legítimos y no serán tratados ulteriormente de manera incompatible con dichos fines; el tratamiento ulterior de los datos personales con fines de archivo en interés público, fines de investigación científica e histórica o fines estadísticos no se considerará incompatible con los fines iniciales («limitación de la finalidad»).

⇨ **Minimización en la recogida**: adecuados, pertinentes y limitados a lo necesario en relación con los fines para los que son tratados («minimización de datos»).

⇨ **Exactitud y actualización**: exactos y, si fuera necesario, actualizados; se adoptarán todas las medidas razonables para que se supriman o rectifiquen sin dilación los datos personales que sean inexactos con respecto a los fines para los que se tratan («exactitud»).

No será imputable al responsable del tratamiento, siempre que este haya adoptado todas las medidas razonables para que se supriman o rectifiquen sin dilación, la inexactitud de los datos personales, con respecto a los fines para los que se tratan, cuando los datos inexactos:

- Hubiesen sido obtenidos por el responsable directamente del afectado.

- Hubiesen sido obtenidos por el responsable de un mediador o intermediario en caso de que las normas aplicables al sector de actividad al que pertenezca el responsable del tratamiento establecieran la posibilidad de intervención de un intermediario o mediador que recoja en nombre propio los datos de los afectados para su transmisión al responsable. El mediador o intermediario asumirá las responsabilidades que pudieran derivarse en el supuesto de comunicación al responsable de datos que no se correspondan con los facilitados por el afectado.

- Fuesen sometidos a tratamiento por el responsable por haberlos recibido de otro responsable en virtud del ejercicio por el afectado del derecho a la portabilidad conforme al artículo 20 del Reglamento (UE) 2016/679 y lo previsto la Ley Orgánica.

- Fuesen obtenidos de un registro público por el responsable.

⇨ **Limitación en el plazo de conservación**: mantenidos de forma que se permita la identificación de los interesados durante no más tiempo del necesario para los fines del tratamiento de los datos personales; los datos personales podrán conservarse durante períodos más largos siempre que se traten exclusivamente con fines de archivo en interés público, fines de investigación científica o histórica o fines estadísticos, sin perjuicio de la aplicación de las medidas técnicas y organizativas apropiadas que impone el Reglamento a fin de proteger los derechos y libertades del interesado («limitación del plazo de conservación»).

⇨ **Seguridad, integridad y confidencialidad**: tratados de tal manera que se garantice una seguridad adecuada de los datos personales, incluida la protección contra el tratamiento no autorizado o ilícito y contra su pérdida, destrucción o daño accidental, mediante la aplicación de medidas técnicas u organizativas apropiadas («integridad y confidencialidad»).

⇨ **Responsabilidad proactiva**: el responsable del tratamiento será responsable del cumplimiento de lo dispuesto en los anteriores derechos y capaz de demostrarlo («responsabilidad proactiva»).

El RGPD describe este principio como la necesidad de que el responsable del tratamiento aplique medidas técnicas y organizativas apropiadas a fin de garantizar y poder demostrar que el tratamiento es conforme con la norma.

En términos prácticos, este principio requiere que las organizaciones analicen qué datos tratan, con qué finalidades lo hacen y qué tipo de operaciones de tratamiento llevan a cabo. A partir de este conocimiento deben determinar de forma explícita la forma en que aplicarán las medidas que el RGPD prevé, asegurándose de que esas medidas son las adecuadas para cumplir con el mismo y de que pueden demostrarlo ante los interesados y ante las autoridades de supervisión.

En síntesis, este principio exige una actitud consciente, diligente y proactiva por parte de las organizaciones frente a todos los tratamientos de datos personales que lleven a cabo.

Además, el RGPD adopta un enfoque proactivo, exigiendo que el responsable adopte medidas preventivas dirigidas a reducir los riesgos de incumplimiento y, además, que esté en condiciones de demostrar que ha implantado esas medidas y que las mismas son las adecuadas para lograr la finalidad perseguida.

Estas medidas de responsabilidad activa son:

* Análisis de riesgo.

* Registro de actividades de tratamiento.

* Protección de Datos desde la Protección de Datos.

* Medidas de seguridad.

* Notificación de "violaciones de seguridad de los datos".

* Evaluación de impacto sobre la Protección de Datos.

* Delegado de Protección de Datos.

B) **Principios de protección de datos ampliados en la Ley**

⇨ **Artículo 5**. Deber de confidencialidad

* La obligación de la confidencialidad será complementaria de los deberes de secreto profesional de conformidad con su normativa aplicable.

- Las obligaciones a la confidencialidad se mantendrán aun cuando hubiese finalizado la relación del obligado con el responsable o encargado del tratamiento.

⇨ **Artículo 6**. Tratamiento basado en el consentimiento del afectado

- De conformidad con lo dispuesto en el artículo 4.11 del Reglamento (UE) 2016/679, se entiende por consentimiento del afectado toda manifestación de voluntad libre, específica, informada e inequívoca por la que este acepta, ya sea mediante una declaración o una clara acción afirmativa, el tratamiento de datos personales que le conciernen.

- Cuando se pretenda fundar el tratamiento de los datos en el consentimiento del afectado para una pluralidad de finalidades será preciso que conste de manera específica e inequívoca que dicho consentimiento se otorga para todas ellas.

- No podrá supeditarse la ejecución del contrato a que el afectado consienta el tratamiento de los datos personales para finalidades que no guarden relación con el mantenimiento, desarrollo o control de la relación contractual.

⇨ **Artículo 7**. Consentimiento de los menores de edad

- El tratamiento de los datos personales de un menor de edad únicamente podrá fundarse en su consentimiento cuando sea mayor de catorce años.

- Se exceptúan los supuestos en que la ley exija la asistencia de los titulares de la patria potestad o tutela para la celebración del acto o negocio jurídico en cuyo contexto se recaba el consentimiento para el tratamiento.

- El tratamiento de los datos de los menores de catorce años, fundado en el consentimiento, solo será lícito si consta el del titular de la patria potestad o tutela, con el alcance que determinen los titulares de la patria potestad o tutela.

⇨ **Artículo 9**. Categorías especiales de datos

- A los efectos del artículo 9.2.a) del Reglamento (UE) 2016/679, a fin de evitar situaciones discriminatorias, el solo consentimiento del afectado no bastará para levantar la prohibición del tratamiento de datos cuya finalidad principal sea identificar su ideología, afiliación sindical, religión, orientación sexual, creencias u origen racial o étnico.

- Los tratamientos de datos contemplados en las letras g), h) e i) del artículo 9.2 del Reglamento (UE) 2016/679 fundados en el Derecho español deberán estar amparados en una norma con rango de ley, que podrá establecer requisitos adicionales relativos a su seguridad y confidencialidad.

345

- En particular, dicha norma podrá amparar el tratamiento de datos en el ámbito de la salud cuando así lo exija la gestión de los sistemas y servicios de asistencia sanitaria y social, pública y privada, o la ejecución de un contrato de seguro del que el afectado sea parte.

⇨ **Artículo 10**. Tratamiento de datos de naturaleza penal

- El tratamiento de datos personales relativos a condenas e infracciones penales, así como a procedimientos y medidas cautelares y de seguridad conexas, para fines distintos de los de prevención, investigación, detección o enjuiciamiento de infracciones penales o de ejecución de sanciones penales, solo podrá llevarse a cabo cuando se encuentre amparado en una norma de Derecho de la Unión, en esta Ley Orgánica o en otras normas de rango legal.

- El registro completo de los datos referidos a condenas e infracciones penales, así como a procedimientos y medidas cautelares y de seguridad conexas a que se refiere el artículo 10 del Reglamento (UE) 2016/679, podrá realizarse conforme con lo establecido en la regulación del Sistema de registros administrativos de apoyo a la Administración de Justicia.

- Fuera de los supuestos señalados en los apartados anteriores, los tratamientos de datos referidos a condenas e infracciones penales, así como a procedimientos y medidas cautelares y de seguridad conexas solo serán posibles cuando sean llevados a cabo por abogados y procuradores y tengan por objeto recoger la información facilitada por sus clientes para el ejercicio de sus funciones.

4.3.6. Excepciones al consentimiento del ciudadano

El consentimiento como "toda manifestación de voluntad libre, específica, informada e inequívoca por la que el interesado acepta, ya sea mediante una declaración o una clara acción afirmativa, el tratamiento de datos personales que le conciernen", ha sido y sigue siendo la piedra angular de la protección de datos. No obstante, hay ocasiones en los que el tratamiento de datos es lícito y la licitud no va de la mano del consentimiento del ciudadano. Esos casos serán los que estudiaremos a continuación.

Nos centraremos en las excepciones al consentimiento del ciudadano, pero antes conoceremos cómo debe prestarse el consentimiento para el tratamiento de los datos personales según la nueva Ley y el Reglamento europeo a través del siguiente vídeo:

En el apartado anterior hemos tratado los principios de protección de los datos. De todos ellos es fundamental señalar el principio de la licitud del tratamiento: los datos personales serán tratados de manera lícita, leal y transparente en relación con el interesado («licitud, lealtad y transparencia»).

El tratamiento solo será lícito si se cumple al menos una condición de una serie de condiciones, la primera y más obvia, el consentimiento del ciudadano:

• El tratamiento será lícito si el interesado dio su consentimiento para el tratamiento de sus datos personales para uno o varios fines específicos.

A partir de aquí podemos considerar que la siguiente relación de casos, en los que el tratamiento es lícito, son casos en los que el tratamiento no requiere el consentimiento del interesado. Nos encontramos, por tanto, ante las excepciones al consentimiento. Concretamente, el tratamiento también es lícito si:

⇨ El tratamiento es necesario para la ejecución de un contrato en el que el interesado es parte o para la aplicación a petición de este de medidas precontractuales.

⇨ El tratamiento es necesario para el cumplimiento de una obligación legal aplicable al responsable del tratamiento.

⇨ El tratamiento es necesario para proteger intereses vitales del interesado o de otra persona física.

⇨ El tratamiento es necesario para el cumplimiento de una misión realizada en interés público o en el ejercicio de poderes públicos conferidos al responsable del tratamiento. De lo que se deduce que:

⇨ El tratamiento es necesario para la satisfacción de intereses legítimos perseguidos por el responsable del tratamiento o por un tercero, siempre que sobre dichos intereses no prevalezcan los intereses o los derechos y libertades fundamentales del interesado que requieran la protección de datos personales, en particular cuando el interesado sea un niño. Lo dispuesto anteriormente no será de aplicación al tratamiento realizado por las autoridades públicas en el ejercicio de sus funciones. Si tenemos en cuenta que la Ley establece en el **artículo 8: Tratamiento de datos por obligación legal, interés público o ejercicio de poderes públicos**:

1. El tratamiento de datos personales solo podrá considerarse fundado en el cumplimiento de una obligación legal exigible al responsable, en los términos previstos en el artículo 6.1.c) del Reglamento (UE) 2016/679, cuando así lo prevea una norma de Derecho de la Unión Europea o una norma con rango de ley, que podrá determinar las condiciones generales del tratamiento y los tipos de datos objeto del mismo, así como las cesiones que procedan como consecuencia del cumplimiento de la obligación legal. Dicha norma podrá igualmente imponer condiciones especiales al tratamiento, tales como la adopción de medidas adicionales de seguridad u otras establecidas en el capítulo IV del Reglamento (UE) 2016/679.

2. El tratamiento de datos personales solo podrá considerarse fundado en el cumplimiento de una misión realizada en interés público o en el ejercicio de poderes públicos conferidos al responsable, en los términos previstos en el artículo 6.1 e) del Reglamento (UE) 2016/679, cuando derive de una competencia atribuida por una norma con rango de ley.

En la actualidad, no resulta necesario que el particular consienta el tratamiento de sus datos personales si existe otra base jurídica que legitime el tratamiento.

En los casos en los que el consentimiento del ciudadano sea preciso por no existir otra base legitimadora, la Ley establece que debe ser una manifestación de voluntad libre, específica, informada e inequívoca por la que una persona acepta el tratamiento de sus datos personales, ya sea mediante una declaración o una clara acción afirmativa. Se excluye el consentimiento tácito o por omisión.

4.3.7. Derechos de los ciudadanos en materia de protección de datos

A) Visión general a tratar

A partir de la aplicación del nuevo Reglamento General de Protección de Datos el 25 de mayo de 2018, a los tradicionales derechos ARCO de Acceso, Rectificación, Cancelación y Oposición, se le sumaron nuevos derechos que ahora también recoge la Ley Orgánica 3/2018.

En este apartado vamos a hacer un repaso de los derechos que incluye el RGPD para el ciudadano, lo cual también será interesante conocer para aquellos responsables de datos personales (empresas, instituciones, profesionales, Administraciones y entidades de todo tipo) que tendrán la obligación de dar respuesta a estos derechos en la medida que en cada caso le corresponda.

Se trata de uno de los puntos fundamentales de protección de datos, por lo que aunque la Ley no marca diferencias con el Reglamento consideramos importante relacionar todos los derechos tal y como se establecen en el Reglamento reflejando cuando sea el caso los matices que introduce la Ley.

Trataremos los siguientes derechos:

1. Plazo del responsable para responder al interesado.

2. Derecho a la información.

3. Derecho al acceso.

4. Derecho de rectificación.

5. Derecho de supresión (derecho al olvido).

6. Derecho de limitación del tratamiento.

7. Derecho a la portabilidad de los datos.

8. Derecho a la oposición.

9. Derecho a decisiones individuales automatizadas, incluida la elaboración de perfiles.

B) Plazo del responsable para responder al interesado

| Información en 1 mes | Información de prórroga | Información gratuita | Solicitudes infundadas o excesivas |

En primer lugar, recordar que el responsable del tratamiento cuando reciba una solicitud del interesado para ejercitar sus derechos, facilitará al interesado información relativa a sus actuaciones, se entiende que sin dilación y, en cualquier caso, en el plazo de un mes a partir de la recepción de la solicitud. Dicho plazo podrá prorrogarse otros dos meses en caso necesario, teniendo en cuenta la complejidad y el número de solicitudes.

El responsable informará al interesado de cualquiera de dichas prórrogas en el plazo de un mes a partir de la recepción de la solicitud, indicando los motivos de la dilación. Cuando el interesado presente la solicitud por medios electrónicos, la información se facilitará por medios electrónicos cuando sea posible, a menos que el interesado solicite que se facilite de otro modo. Si el responsable del tratamiento no da curso a la solicitud del interesado, le informará sin dilación, y a más tardar transcurrido un mes de la recepción de la solicitud, de las razones de su no actuación y de la posibilidad de presentar una reclamación ante una autoridad de control y de ejercitar acciones judiciales.

La información facilitada en virtud de los artículos 13 y 14 del Reglamento, así como toda comunicación y cualquier actuación realizada en virtud de los artículos 15 a 22 y 34 serán a título gratuito.

Cuando las solicitudes sean manifiestamente infundadas o excesivas, especialmente debido a su carácter repetitivo, el responsable del tratamiento podrá:

a) Cobrar un canon razonable en función de los costes administrativos afrontados para facilitar la información o la comunicación o realizar la actuación solicitada,

b) Negarse a actuar respecto de la solicitud.

El responsable del tratamiento soportará la carga de demostrar el carácter manifiestamente infundado o excesivo de la solicitud.

349

C) Derecho a la información

El Reglamento establece la información que deberá facilitarse al interesado cuando los datos personales se obtengan del mismo:

1. Cuando se obtengan de un interesado datos personales relativos a él, el responsable del tratamiento, en el momento en que estos se obtengan, le facilitará toda la información indicada a continuación:

   a) La identidad y los datos de contacto del responsable y, en su caso, de su representante.

   b) Los datos de contacto del delegado de protección de datos, en su caso.

   c) Los fines del tratamiento a que se destinan los datos personales y la base jurídica del tratamiento.

   d) Cuando el tratamiento se base en el artículo 6, apartado 1, letra f) del reglamento, los intereses legítimos del responsable o de un tercero.

   e) Los destinatarios o las categorías de destinatarios de los datos personales, en su caso.

   f) En su caso, la intención del responsable de transferir datos personales a un tercer país u organización internacional y la existencia o ausencia de una decisión de adecuación de la Comisión, o, en el caso de las transferencias indicadas en los artículos 46 o 47 o el artículo 49, apartado 1, párrafo segundo, del reglamento, referencia a las garantías adecuadas o apropiadas y a los medios para obtener una copia de estas o al hecho de que se hayan prestado.

2. Además de la información mencionada anteriormente, el responsable del tratamiento facilitará al interesado, en el momento en que se obtengan los datos personales, la siguiente información necesaria para garantizar un tratamiento de datos leal y transparente:

   a) El plazo durante el cual se conservarán los datos personales o, cuando no sea posible, los criterios utilizados para determinar este plazo.

   b) La existencia del derecho a solicitar al responsable del tratamiento el acceso a los datos personales relativos al interesado, y su rectificación o supresión, o la limitación de su tratamiento, o a oponerse al tratamiento, así como el derecho a la portabilidad de los datos.

   c) Cuando el tratamiento esté basado en el artículo 6, apartado 1, letra a), o el artículo 9, apartado 2, letra a), la existencia del derecho a retirar el consentimiento en cualquier momento, sin que ello afecte a la licitud del tratamiento basado en el consentimiento previo a su retirada.

   d) El derecho a presentar una reclamación ante una autoridad de control.

e) Si la comunicación de datos personales es un requisito legal o contractual, o un requisito necesario para suscribir un contrato, y si el interesado está obligado a facilitar los datos personales y está informado de las posibles consecuencias de que no facilitar tales datos.

f) La existencia de decisiones automatizas, incluida la elaboración de perfiles, a que se refiere el artículo 22, apartados 1 y 4 del reglamento, y, al menos en tales casos, información significativa sobre la lógica aplicada, así como la importancia y las consecuencias previstas de dicho tratamiento para el interesado.

3. Cuando el responsable del tratamiento proyecte el tratamiento ulterior de datos personales para un fin que no sea aquel para el que se recogieron, proporcionará al interesado, con anterioridad a dicho tratamiento ulterior, información sobre ese otro fin y cualquier información adicional pertinente.

4. Las disposiciones de los apartados 1, 2 y 3 no serán aplicables cuando y en la medida en que el interesado ya disponga de la información.

La Ley Orgánica completa lo establecido por el Reglamento con el artículo 11: Transparencia e información al afectado:

1. Cuando los datos personales sean obtenidos del afectado el responsable del tratamiento podrá dar cumplimiento al deber de información establecido en el artículo 13 del Reglamento (UE) 2016/679 facilitando al afectado la información básica a la que se refiere el apartado siguiente e indicándole una dirección electrónica u otro medio que permita acceder de forma sencilla e inmediata a la restante información.

2. La información básica a la que se refiere el apartado anterior deberá contener, al menos:

a) La identidad del responsable del tratamiento y de su representante, en su caso.

b) La finalidad del tratamiento.

c) La posibilidad de ejercer los derechos establecidos en los artículos 15 a 22 del Reglamento (UE) 2016/679.

Si los datos obtenidos del afectado fueran a ser tratados para la elaboración de perfiles, la información básica comprenderá asimismo esta circunstancia. En este caso, el afectado deberá ser informado de su derecho a oponerse a la adopción de decisiones individuales automatizadas que produzcan efectos jurídicos sobre él o le afecten significativamente de modo similar, cuando concurra este derecho de acuerdo con lo previsto en el artículo 22 del Reglamento (UE) 2016/679.

3. Cuando los datos personales no hubieran sido obtenidos del afectado, el responsable podrá dar cumplimiento al deber de información establecido en el artículo 14 del Reglamento (UE) 2016/679 facilitando a aquel la información básica señalada en el apartado anterior, indicándole una dirección electrónica u otro medio que permita acceder de forma sencilla e inmediata a la restante información.

En estos supuestos, la información básica incluirá también:

a) Las categorías de datos objeto de tratamiento.

b) Las fuentes de las que procedieran los datos.

D) Derecho al acceso

El Reglamento establece sobre el derecho al acceso:

1. El interesado tendrá derecho a obtener del responsable del tratamiento confirmación de si se están tratando o no datos personales que le conciernen y, en tal caso, derecho de acceso a los datos personales y a la siguiente información:

a) Los fines del tratamiento.

b) Las categorías de datos personales de que se trate.

c) Los destinatarios o las categorías de destinatarios a los que se comunicaron o serán comunicados los datos personales, en particular destinatarios en terceros u organizaciones internacionales.

d) De ser posible, el plazo previsto de conservación de los datos personales o, de no ser posible, los criterios utilizados para determinar este plazo.

e) La existencia del derecho a solicitar del responsable la rectificación o supresión de datos personales o la limitación del tratamiento de datos personales relativos al interesado, o a oponerse a dicho tratamiento.

f) El derecho a presentar una reclamación ante una autoridad de control.

g) Cuando los datos personales no se hayan obtenido del interesado, cualquier información disponible sobre su origen.

h) La existencia de decisiones automatizadas, incluida la elaboración de perfiles, a que se refiere el artículo 22, apartados 1 y 4 del Reglamento, y, al menos en tales casos, información significativa sobre la lógica aplicada, así como la importancia y las consecuencias previstas de dicho tratamiento para el interesado.

2. Cuando se transfieran datos personales a un tercer país o a una organización internacional, el interesado tendrá derecho a ser informado de las garantías adecuadas en virtud del artículo 46 relativas a la transferencia.

3. El responsable del tratamiento facilitará una copia de los datos personales objeto de tratamiento. El responsable podrá percibir por cualquier otra copia solicitada por el interesado un canon razonable basado en los costes administrativos. Cuando el interesado presente la solicitud por medios electrónicos, y a menos que este solicite que se facilite de otro modo, la información se facilitará en un formato electrónico de uso común.

4. El derecho a obtener copia mencionado en el apartado 3 no afectará negativamente a los derechos y libertades de otros.

La Ley Orgánica completa lo establecido por el Reglamento con el **artículo 13: Derecho de acceso**:

1. El derecho de acceso del afectado se ejercitará de acuerdo con lo establecido en el artículo 15 del Reglamento (UE) 2016/679.

   Cuando el responsable trate una gran cantidad de datos relativos al afectado y este ejercite su derecho de acceso sin especificar si se refiere a todos o a una parte de los datos, el responsable podrá solicitarle, antes de facilitar la información, que el afectado especifique los datos o actividades de tratamiento a los que se refiere la solicitud.

2. El derecho de acceso se entenderá otorgado si el responsable del tratamiento facilitara al afectado un sistema de acceso remoto, directo y seguro a los datos personales que garantice, de modo permanente, el acceso a su totalidad. A tales efectos, la comunicación por el responsable al afectado del modo en que este podrá acceder a dicho sistema bastará para tener por atendida la solicitud de ejercicio del derecho.

   No obstante, el interesado podrá solicitar del responsable la información referida a los extremos previstos en el artículo 15.1 del Reglamento (UE) 2016/679 que no se incluyese en el sistema de acceso remoto.

3. A los efectos establecidos en el artículo 12.5 del Reglamento (UE) 2016/679 se podrá considerar repetitivo el ejercicio del derecho de acceso en más de una ocasión durante el plazo de seis meses, a menos que exista causa legítima para ello.

4. Cuando el afectado elija un medio distinto al que se le ofrece que suponga un coste desproporcionado, la solicitud será considerada excesiva, por lo que dicho afectado asumirá el exceso de costes que su elección comporte. En este caso, solo será exigible al responsable del tratamiento la satisfacción del derecho de acceso sin dilaciones indebidas.

E) Derecho de rectificación

1. El Reglamento establece sobre el derecho de rectificación:

    El interesado tendrá derecho a obtener sin dilación indebida del responsable del tratamiento la rectificación de los datos personales inexactos que le conciernan. Teniendo en cuenta los fines del tratamiento, el interesado tendrá derecho a que se completen los datos personales que sean incompletos, inclusive mediante una declaración adicional.

2. La Ley Orgánica completa lo establecido por el Reglamento con el artículo 14: Derecho de rectificación, en donde se establece:

    Al ejercer el derecho de rectificación reconocido en el artículo 16 del Reglamento (UE) 2016/679, el afectado deberá indicar en su solicitud a qué datos se refiere y la corrección que haya de realizarse. Deberá acompañar, cuando sea preciso, la documentación justificativa de la inexactitud o carácter incompleto de los datos objeto de tratamiento.

F) Derecho de supresión (derecho al olvido)

El Reglamento establece sobre el derecho de supresión:

1. El interesado tendrá derecho a obtener sin dilación indebida del responsable del tratamiento la supresión de los datos personales que le conciernan, el cual estará obligado a suprimir sin dilación indebida los datos personales cuando concurra alguna de estas circunstancias:

    a) Los datos personales ya no sean necesarios en relación con los fines para los que fueron recogidos o tratados de otro modo.

    b) El interesado retire el consentimiento en que se basa el tratamiento de conformidad con el artículo 6, apartado 1, letra a), o el artículo 9, apartado 2, letra a), y este no se base en otro fundamento jurídico.

    c) El interesado se oponga al tratamiento con arreglo al artículo 21, apartado 1, y no prevalezcan otros motivos legítimos para el tratamiento, o el interesado se oponga al tratamiento con arreglo al artículo 21, apartado 2.

    d) Los datos personales hayan sido tratados ilícitamente.

    e) Los datos personales deban suprimirse para el cumplimiento de una obligación legal establecida en el Derecho de la Unión o de los Estados miembros que se aplique al responsable del tratamiento.

    f) Los datos personales se hayan obtenido en relación con la oferta de servicios de la sociedad de la información mencionados en el artículo 8, apartado 1.

2. Cuando haya hecho públicos los datos personales y esté obligado, en virtud de lo dispuesto en el apartado 1, a suprimir dichos datos, el responsable del tratamiento, teniendo en cuenta la tecnología disponible y el coste de su aplicación, adoptará medidas razonables, incluidas medidas técnicas, con miras a informar a los responsables que estén tratando los datos personales de la solicitud del interesado de supresión de cualquier enlace a esos datos personales, o cualquier copia o réplica de los mismos.

3. Los apartados 1 y 2 no se aplicarán cuando el tratamiento sea necesario:

    1. Para ejercer el derecho a la libertad de expresión e información.

    2. Para el cumplimiento de una obligación legal que requiera el tratamiento de datos impuesta por el Derecho de la Unión o de los Estados miembros que se aplique al responsable del tratamiento, o para el cumplimiento de una misión realizada en interés público o en el ejercicio de poderes públicos conferidos al responsable.

    3. Por razones de interés público en el ámbito de la salud pública de conformidad con el artículo 9, apartado 2, letras h) e i), y apartado 3.

    4. Con fines de archivo en interés público, fines de investigación científica o histórica o fines estadísticos, de conformidad con el artículo 89, apartado 1, en la medida en que el derecho indicado en el apartado 1 pudiera hacer imposible u obstaculizar gravemente el logro de los objetivos de dicho tratamiento.

    5. O para la formulación, el ejercicio o la defensa de reclamaciones.

La Ley Orgánica completa lo establecido por el Reglamento con el **artículo 15: Derecho de supresión**:

1. El derecho de supresión se ejercerá de acuerdo con lo establecido en el artículo 17 del Reglamento (UE) 2016/679.

2. Cuando la supresión derive del ejercicio del derecho de oposición con arreglo al artículo 21.2 del Reglamento (UE) 2016/679, el responsable podrá conservar los datos identificativos del afectado necesarios con el fin de impedir tratamientos futuros para fines de mercadotecnia directa.

G) Derecho de limitación del tratamiento

El Reglamento establece sobre el derecho de limitación del tratamiento:

1. El interesado tendrá derecho a obtener del responsable del tratamiento la limitación del tratamiento de los datos cuando se cumpla alguna de las condiciones siguientes:

a) El interesado impugne la exactitud de los datos personales, durante un plazo que permita al responsable verificar la exactitud de los mismos.

b) El tratamiento sea ilícito y el interesado se oponga a la supresión de los datos personales y solicite en su lugar la limitación de su uso.

c) El responsable ya no necesite los datos personales para los fines del tratamiento, pero el interesado los necesite para la formulación, el ejercicio o la defensa de reclamaciones.

d) El interesado se haya opuesto al tratamiento en virtud del artículo 21, apartado 1, mientras se verifica si los motivos legítimos del responsable prevalecen sobre los del interesado.

2. Cuando el tratamiento de datos personales se haya limitado en virtud del apartado 1, dichos datos solo podrán ser objeto de tratamiento, con excepción de su conservación, con el consentimiento del interesado o para la formulación, el ejercicio o la defensa de reclamaciones, o con miras a la protección de los derechos de otra persona física o jurídica o por razones de interés público importante de la Unión o de un determinado Estado miembro.

3. Todo interesado que haya obtenido la limitación del tratamiento con arreglo al apartado 1 será informado por el responsable antes del levantamiento de dicha limitación.

La Ley Orgánica completa lo establecido por el Reglamento con el **artículo 16: Derecho a la limitación del tratamiento**:

1. El derecho a la limitación del tratamiento se ejercerá de acuerdo con lo establecido en el artículo 18 del Reglamento (UE) 2016/679.

2. El hecho de que el tratamiento de los datos personales esté limitado debe constar claramente en los sistemas de información del responsable.

Y también con el **artículo 19: Obligación de notificación relativa a la rectificación o supresión de datos personales o la limitación del tratamiento**:

• El responsable del tratamiento comunicará cualquier rectificación o supresión de datos personales o limitación del tratamiento efectuada con arreglo al artículo 16, al artículo 17, apartado 1, y al artículo 18 a cada uno de los destinatarios a los que se hayan comunicado los datos personales, salvo que sea imposible o exija un esfuerzo desproporcionado. El responsable informará al interesado acerca de dichos destinatarios, si este así lo solicita.

H) Derecho a la portabilidad de los datos

El Reglamento establece sobre el derecho a la portabilidad de los datos:

1. El interesado tendrá derecho a recibir los datos personales que le incumban, que haya facilitado a un responsable del tratamiento, en un formato estructurado, de uso común y lectura mecánica, y a transmitirlos a otro responsable del tratamiento sin que lo impida el responsable al que se los hubiera facilitado, cuando:

   a) El tratamiento esté basado en el consentimiento con arreglo al artículo 6, apartado 1, letra a), o el artículo 9, apartado 2, letra a), o en un contrato con arreglo al artículo 6, apartado 1, letra b).

   b) El tratamiento se efectúe por medios automatizados.

2. Al ejercer su derecho a la portabilidad de los datos de acuerdo con el apartado 1, el interesado tendrá derecho a que los datos personales se transmitan directamente de responsable a responsable cuando sea técnicamente posible.

3. El ejercicio del derecho mencionado en el apartado 1 del presente artículo se entenderá sin perjuicio del artículo 17. Tal derecho no se aplicará al tratamiento que sea necesario para el cumplimiento de una misión realizada en interés público o en el ejercicio de poderes públicos conferidos al responsable del tratamiento.

4. El derecho mencionado en el apartado 1 no afectará negativamente a los derechos y libertades de otros.

l) Derecho a la oposición

El Reglamento establece sobre el derecho a la oposición:

1. El interesado tendrá derecho a oponerse en cualquier momento, por motivos relacionados con su situación particular, a que datos personales que le conciernan sean objeto de un tratamiento basado en lo dispuesto en el artículo 6, apartado 1, letras e) o f), incluida la elaboración de perfiles sobre la base de dichas disposiciones. El responsable del tratamiento dejará de tratar los datos personales, salvo que acredite motivos legítimos imperiosos para el tratamiento que prevalezcan sobre los intereses, los derechos y las libertades del interesado, o para la formulación, el ejercicio o la defensa de reclamaciones.

2. Cuando el tratamiento de datos personales tenga por objeto la mercadotecnia directa, el interesado tendrá derecho a oponerse en todo momento al tratamiento de los datos personales que le conciernan, incluida la elaboración de perfiles en la medida en que esté relacionada con la citada mercadotecnia.

3. Cuando el interesado se oponga al tratamiento con fines de mercadotecnia directa, los datos personales dejarán de ser tratados para dichos fines.

4. A más tardar en el momento de la primera comunicación con el interesado, el derecho indicado en los apartados 1 y 2 será mencionado explícitamente al interesado y será presentado claramente y al margen de cualquier otra información.

357

5. En el contexto de la utilización de servicios de la sociedad de la información, y no obstante lo dispuesto en la Directiva 2002/58/CE, el interesado podrá ejercer su derecho a oponerse por medios automatizados que apliquen especificaciones técnicas.

6. Cuando los datos personales se traten con fines de investigación científica o histórica o fines estadísticos de conformidad con el artículo 89, apartado 1, el interesado tendrá derecho, por motivos relacionados con su situación particular, a oponerse al tratamiento de datos personales que le conciernan, salvo que sea necesario para el cumplimiento de una misión realizada por razones de interés público.

J) **Derecho a decisiones individuales automatizadas, incluida la elaboración de perfiles**

El Reglamento establece sobre el derecho a decisiones individuales automatizadas:

1. Todo interesado tendrá derecho a no ser objeto de una decisión basada únicamente en el tratamiento automatizado, incluida la elaboración de perfiles, que produzca efectos jurídicos en él o le afecte significativamente de modo similar.

2. El apartado 1 no se aplicará si la decisión:

    a) Es necesaria para la celebración o la ejecución de un contrato entre el interesado y un responsable del tratamiento.

    b) Está autorizada por el Derecho de la Unión o de los Estados miembros que se aplique al responsable del tratamiento y que establezca asimismo medidas adecuadas para salvaguardar los derechos y libertades y los intereses legítimos del interesado.

    c) O se basa en el consentimiento explícito del interesado.

3. En los casos a que se refiere el apartado 2, letras a) y c), el responsable del tratamiento adoptará las medidas adecuadas para salvaguardar los derechos y libertades y los intereses legítimos del interesado, como mínimo el derecho a obtener intervención humana por parte del responsable, a expresar su punto de vista y a impugnar la decisión.

4. Las decisiones a que se refiere el apartado 2 no se basarán en las categorías especiales de datos personales contempladas en el artículo 9, apartado 1, salvo que se aplique el artículo 9, apartado 2, letra a) o g), y se hayan tomado medidas adecuadas para salvaguardar los derechos y libertades y los intereses legítimos del interesado.

5. Enlaces, herramientas, recursos útiles y de interés para un mejor posicionamiento

5.1. Construcción de enlaces para posicionamiento web

La importancia de la calidad de los enlaces en el posicionamiento web no puede ser sobrestimada. Antes de empezar cualquier proyecto de construcción de enlaces dentro de una estrategia de posicionamiento web o SEO, debemos estar seguros de que los enlaces no solo tendrán impacto hoy, sino que continuarán teniendo un impacto positivo en el futuro.

Esto significa entender qué es lo que convierte un enlace en valioso y por qué. Los elementos de un análisis de enlaces son los siguientes:

⇨ **Relevancia**

La relevancia es la brújula en la construcción de enlaces. Sin relevancia los enlaces no nos interesan e incluso pueden impactar negativamente en nuestros esfuerzos de posicionamiento web, pudiendo ser penalizados por Google.

Por supuesto, la relevancia no es el único factor valioso a considerar, pero ciertamente es el primero que se debe examinar. Y, al igual que todos los elementos de un enlace, la relevancia necesita ser analizada tanto a nivel de página como a nivel de dominio.

A nivel de página sería siempre estrictamente relevante: si el enlace no tiene sentido en el contexto de la página será inútil o peor para nuestro posicionamiento web. La relevancia de dominio a dominio sería también un objetivo, aunque habrá veces en que el enlace solo será relevante a nivel de página.

⇨ **Tipo de enlace**

El tipo del enlace es la segunda consideración cuando se analiza un enlace. Esto significa por un lado las formas en que el enlace se construye y por otro lado la manera según la cual se está enlazando.

Las diferentes formas para construir un enlace son:

1. Enlace con texto ancla (anchor text). El texto ancla es el texto visible y clicable de un enlace. Los enlaces con texto ancla son los más comunes y la mejor forma para incrementar el ranking en el posicionamiento para una palabra clave específica. Las palabras usadas en el texto ancla pueden ser de marca, con varias palabras clave, de semimarca, de cola larga, etc. La variedad es extremadamente importante en la construcción de enlaces para posicionamiento orgánico.

2. URL desnuda. Una URL desnuda es cuando la URL completa se usa como texto ancla. Es una forma muy natural de enlazar, aunque no tan poderosa como un enlace con texto ancla.

3. Enlace de citación. Los enlaces de citación son la versión condensada de una URL desnuda. Los enlaces de citación tienden a ser más poderosos si la dirección de la página web es la misma que la del nombre de marca.

4. Enlace de imagen. Un enlace de imagen es cuando se usa una imagen como enlace, es decir, al hacer clic en la imagen nos lleva a una nueva página.

5. Enlace corto. Un enlace corto es una URL condensada o un acceso directo que redirige a una URL completa.

Cada uno de estos métodos de construcción de enlaces tienen sus más y sus menos, y cada método tiene un impacto en la calidad del enlace.

Veamos ahora las diferentes maneras de enlazar:

- Directo. Un enlace normal que lleva directamente a la página deseada.

- Redireccionamiento. Un redireccionamiento es un enlace que lleva a una página, la cual luego lleva a otra página. Los enlaces de redireccionamiento deben ser comprobados para ver si son permanentes (301) o temporales (302).

El objetivo en la construcción de enlaces es conseguir un esquema de enlaces naturales: variedad de enlaces de URL desnuda, citación, imagen y texto ancla.

En cuanto el método de enlace, se debe intentar buscar siempre el directo.

⇨ **Autoridad**

La autoridad también es algo que debemos medir para determinar la calidad del enlace. La autoridad estaba sobrevalorada en el pasado, colocada erróneamente antes que la relevancia.

Hoy en día, en la construcción de enlaces, la autoridad de un enlace todavía es una métrica importante. Sin embargo, si el enlace no es relevante o se crea de una forma artificial o pobre, la autoridad no será suficiente para escalar en el posicionamiento de la página web.

La autoridad se puede medir de varias formas, por ejemplo, con la barra de herramientas PageRank.

Independientemente de qué usemos para determinar la Autoridad, hay que tener en cuenta que más bien es un control de calidad que un factor determinante.

Hay que asegurarse de comprobar la autoridad de la página y del dominio, ya que ambos tienen impacto en la calidad del enlace.

No se debe confiar totalmente en las barras de herramientas para determinar la calidad de un sitio. Se deben comprobar también los niveles de tráfico, las interacciones en redes sociales, etc.

⇨ **Ubicación**

La ubicación del enlace en la página es el próximo factor en el análisis de enlaces. De mejor a peor, las ubicaciones son:

- Dentro del contenido.

- Caja de contenido.

- Barra lateral.

- Pie de página.

Obviamente, no siempre tenemos control sobre la ubicación del enlace, pero debemos tener en cuenta que afecta a la calidad global.

⇨ **La "prueba del olfato"**

Cuando se analiza un enlace es importante mirar más allá de las métricas. El sitio web en su totalidad necesita al menos un análisis rápido de calidad.

Debemos prestar atención a nuestro instinto, es lo que podemos llamar "la prueba del olfato".

Básicamente, escanear el sitio web con ojo crítico: ¿tiene un blog?, ¿está actualizado?, ¿el contenido es de calidad?, ¿está enlazando a sitios web irrelevantes?, ¿tiene una dirección en la página de contacto?, ¿y teléfono?, ¿quién dirige el sitio? ¿cuál es su formación?

El objetivo final es tener buenos enlaces que tengan sentido para conseguir un impacto positivo en nuestros esfuerzos en posicionamiento web SEO.

5.2. La analítica web

5.2.1. ntroducción

Con el paso del tiempo, la llegada de las nuevas tecnologías, así como los avances en Internet, llegaron las páginas web, las cuales cada vez son más utilizadas por las empresas y comercios para darse a conocer, así como para exponer sus productos o servicios. Al principio, cuando todavía el mundo online no se terminaba de asentar, y no existían competidores apenas, el hecho de medir el rendimiento de una página web prácticamente era innecesario. Con la llegada de los múltiples avances en tecnología en los últimos años, y su rápida evolución, surgió la necesidad de optimizar el rendimiento de las páginas web, debido al aumento de la competencia, así como para detectar posibles desviaciones y poner medidas correctoras a tiempo. De esta forma, surgió lo que se conoce hoy como analítica web.

 La analítica web consiste en recoger, estudiar y valorar los datos que nos ofrecen herramientas de medición sobre el comportamiento de los usuarios que visitan nuestro sitio web.

La analítica web es de vital importancia en cualquier estrategia de marketing digital, porque la necesidad de saber medir los datos correctamente en todas nuestras acciones es clave para conocer la eficacia del esfuerzo y del dinero invertido.

Podemos obtener mucha información relevante a través del análisis en la página web que nos servirá para mejorar nuestra estrategia y, también, la experiencia del usuario cuando accede a nuestro sitio.

No sirve de nada que la empresa invierta una gran cantidad de recursos para llevar a cabo su estrategia de marketing, si luego no conoce al cien por cien todo lo que está sucediendo en tiempo real con su audiencia.

Hay que tener en cuenta que no se pueden realizar estrategias a ciegas en Internet, porque eso nos llevará directamente al fracaso, y todos los esfuerzos empleados no habrán servido para nada.

 Para empezar, debemos determinar qué es lo que vamos a medir, es decir, fijar un objetivo de nuestra campaña. Es importante tener primero una estrategia detallada que hable de los objetivos concretos, y que sean medibles. Cuanto más específico sea el objetivo, más valor aportará el análisis de resultados.

5.2.2. Función de la analítica web

La analítica web está contemplada como parte íntegra e imprescindible de cualquier estrategia digital. Su función es recopilar, analizar, medir, evaluar y explicar racionalmente los datos obtenidos y cuantificar las KPI del negocio, así como también conocer quién visita la página, por qué, con qué fin, comportamientos, etc., pudiendo optimizar, segmentar, etc.

1. Es necesario saber qué contenidos, productos o servicios prefieren los clientes potenciales; qué otras webs están trayéndonos tráfico (backlinks); por dónde entra el usuario a la web y por dónde se va. Básicamente la idea es que conozcamos qué hacen los usuarios en nuestra web, compararlo con lo que nosotros queremos que hagan y determinar los pasos necesarios para conseguirlo y cumplir los objetivos.

2. Con los objetivos definidos se determinan las métricas más adecuadas para medir el éxito. La métrica básica en la medición del éxito es la tasa de conversión que refleja cuántos de los visitantes de una web cumplen nuestros objetivos. De este modo podremos analizar qué sucede con los que no cumplen nuestras expectativas y buscar soluciones y tomar decisiones. Podemos analizar hasta dónde llegaron al visitar nuestra página web y qué pudo ocasionar que abandonaran la página.

3. La segmentación básica la realizamos por la procedencia de la visita. Nos interesa conocer qué visitas vienen directamente desde el navegador o por qué nos tienen guardados como favoritos, desde los buscadores a través de una búsqueda o un anuncio, desde otras webs que nos enlazan, desde una plataforma de afiliados, desde una determinada campaña de publicidad, desde las redes sociales, desde un mailing, etc.

4. Además de su procedencia es igualmente importante conocer por dónde se mueven los usuarios cuando nos visitan, qué les interesa, qué funciona o no, por qué no navegan por donde nosotros deseamos, saber qué llamadas a la acción no están funcionando como debieran, qué diseños no resultan atractivos, qué caminos les confunden, etc.

5. Otro dato muy interesante para analizar es el comportamiento de las personas que visitan una página web por primera vez, frente a las que repiten. Esto nos permitirá optimizar la estrategia de captación y fidelización de la página web.

5.2.3. Formas de analítica web

⇨ **Análisis de tráfico**: se analiza la interacción de los usuarios, procedencia, hábitos de navegación, intereses, etc. Es el más conocido y el más extendido y es el que trataremos en este curso.

363

⇨ **Mapas de calor**: es un gráfico superpuesto, en la mayoría de los casos, sobre la web que resalta, mediante distintos colores, las zonas de la web en las que más tiempo pasa el ratón o puntero del usuario, así como también puede indicar los elementos de la web en los que el usuario ha hecho un clic y su porcentaje sobre el total.

⇨ **A/B testing**: se desarrollan dos versiones de la web o de un mismo elemento que se quiere lanzar al mercado, por ejemplo, un botón "A" rojo y otro azul, y luego utilizar las métricas de cada versión para evaluar y cuantificar cuál funciona mejor.

⇨ **Encuestas, grupos de discusión o test al usuario**: a partir de la recogida del feedback de los usuarios se valoran las posibles mejoras propuestas para conseguir satisfacer a los usuarios y acercarse a los objetivos.

⇨ **Grabaciones de acciones**: grabaciones de acciones por parte del usuario a la visita de una página para ver el comportamiento del ratón en la pantalla o del dedo en la pantalla de un dispositivo móvil.

5.2.4. Beneficios de la analítica web

⇨ **Mayor conocimiento de nuestra página web**: los datos nos sirven para averiguar qué productos se visitan más, qué imágenes funcionan mejor o qué tipo de página interesa más al usuario, para lo cual también es recomendable realizar test A/B.

⇨ **Optimización de la visibilidad, flujos de navegación y conversiones**: los datos nos ayudan a detectar en qué puntos del embudo de compra se produce el abandono de los usuarios para, así, cambiar algunas funcionalidades.

⇨ **Reconocimiento de nuevas oportunidades de negocio**: los datos nos dicen qué nichos de mercado permanecen aún sin explorar gracias al análisis exhaustivo de audiencias, comportamiento de los usuarios, procedencia del tráfico y tipo de dispositivos.

⇨ **Fomento del ROI, segmentado por las diferentes fuentes de tráfico**: los datos se van puliendo con el tiempo y nos conducen a procesos más programáticos.

⇨ **Creación de alertas personalizadas**: los datos nos posibilitan saber cuándo nuestra web no funciona correctamente, cuándo es el mejor momento para lanzar una versión móvil de la misma o cuándo un día no se producen acciones.

⇨ **Mayor fidelización de usuarios**: los datos nos permiten conocer las necesidades de los clientes y mejorar su experiencia en la web.

⇨ **Llevar a cabo un plan de ventas y marketing digital**: con los datos extraídos, tendremos a mano conocimientos clave que tendrán un efecto directo en el nuevo plan de marketing digital. Las tendencias de los clientes online pueden ayudar al departamento de marketing a dirigirse, por ejemplo, a una determinada ubicación geográfica.

⇨ **Predecir tendencias futuras**: con el tiempo podrás empezar a analizar tendencias de comportamiento, lo que causa un incremento del tráfico, de dónde vienen la mayoría de visitantes. A esta actividad se la conoce como coolhunting.

⇨ **Tener un registro de la competencia**: es fundamental analizar y hacer un seguimiento de tu competencia. Por ejemplo, ¿cuánto tráfico reciben? ¿De dónde viene su tráfico y hacia dónde se dirige? ¿Es posible interceptar este tráfico y redirigir a los usuarios a tu web?

5.2.5. Madurez de la analítica web

1. **Nivel 1**: este es el nivel más básico, centrado en la recopilación y la medición de datos. Podemos alcanzarlo con herramientas como Google Analytics, que nos ofrece informes con métricas de poco valor estratégico.

2. **Nivel 2**: este nivel está enfocado en la interacción de los usuarios con nuestra página web. Podemos llegar hasta él si estudiamos el comportamiento de los mismos, siguiendo su ruta de navegación y los pasos que dan en el embudo de conversión. A partir de la definición de KPIs y la realización de test A/B, empezamos a orientar nuestro negocio y a elaborar informes más detallados que nos permiten tomar decisiones relevantes.

3. **Nivel 3**: en este nivel ya somos conscientes de que no todos los usuarios son iguales y de que cada uno utiliza un canal distinto para llegar a nuestro sitio web. Podemos lograrlo mediante la distinción y el análisis de estos canales, considerando cómo retenemos a los usuarios en cada caso.

4. **Nivel 4**: en este nivel establecemos perfiles de usuarios e intentamos conocer sus gustos y necesidades a través de encuestas online. Esto lo conseguimos gracias al cruce de datos de analítica web y de los existentes en un CRM (sistema de gestión de clientes).

5. **Nivel 5**: este es el nivel más alto, en el que nos basamos en datos reales para tomar decisiones de cara al futuro. Podemos obtenerlo adaptando nuestra página web a la visión de nuestro target, logrando, de esta manera, un aumento de nuestras conversiones y un mayor rendimiento para nuestro negocio.

5.2.6. ¿Qué es la analítica web?

 La **analítica web** es la disciplina de medir, procesar, analizar y reportar información que nos permita saber qué está ocurriendo en nuestro sitio web o aplicación móvil. Conocer estos datos de cómo interactúan los usuarios con nuestros activos digitales es crucial para poder desarrollar e implementar cambios y estrategias que nos ayuden a alcanzar resultados óptimos.

No se trata solo de analizar, sino de tener visión crítica y saber interpretar la información que nos proporcionan las distintas herramientas y formas de analítica, ya sea una web para un eCommerce, un sitio corporativo, un portal publicitario o una red social.

Por otro lado, el análisis de páginas web proporciona información y datos que se pueden utilizar para crear una mejor experiencia de usuario para los visitantes. Comprender el comportamiento del cliente también es clave para optimizar un sitio web para las métricas de conversión. Con el análisis de sitios web puedes realizar un seguimiento de la eficacia de las campañas de marketing online para ayudar a decidir dónde invertir los futuros esfuerzos.

▶ **Fases del análisis web**

Es importante destacar que el análisis web no es una materia exclusivamente técnica. Tiene una importante componente técnica del sector orientado hacia la Web, pero también, y no menos importante, es su componente de negocio. Se pueden distinguir tres fases bien definidas en el análisis web:

1. **Definición de objetivos y KPI**: identificar qué es lo que se quiere que haga el usuario, y cómo se puede medir. Es en esta etapa en la que se hace la lista de los objetivos primarios que se tienen, y sus correspondientes KPI.

2. **Obtención de datos**: en esta fase se ejecutan las actividades propias para la captación de datos del sitio web. Los datos nos permitirán posteriormente establecer criterios de análisis, y serán fundamentalmente datos sobre la navegación de los usuarios por el sitio web. Dicha captación debe realizarse bajo la perspectiva de cubrir los objetivos marcados por el proyecto de análisis web definido.

3. **Análisis**: una vez obtenidos los datos y métricas oportunas del sitio web, se realiza el análisis de los mismos realizando un cruce con los requisitos finales del proyecto. Debe realizarse bajo la perspectiva de cubrir los objetivos marcados por el proyecto de análisis web definido.

4. **Resultados**: finalizado el análisis deben presentarse las conclusiones del mismo. Estas conclusiones deben siempre presentarse bajo la perspectiva del negocio de la empresa, no bajo componentes tecnológicos (salvo que el negocio así lo exija). Como complemento, deben presentarse posibles acciones de mejora o evolución.

En base a lo anterior, la utilidad del análisis web por parte de las empresas busca alcanzar distintos **objetivos**.

1. Conocer el comportamiento de los usuarios de un sitio web, cómo interactúan, qué les interesa y qué no, por qué acceden al sitio.

2. Disponer de datos y conclusiones que permitan orientar el sitio web hacia la consecución de los objetivos para lo cual fue creado, o en caso contrario reorientarlo.

3. Optimizar las inversiones (dinero, tiempo, recursos, etc.) destinadas al desarrollo del sitio web en línea a los objetivos buscados.

4. Tener un conocimiento exhaustivo orientado hacia el negocio del sitio web.

En el ámbito empresarial, también puede conocerse al análisis web como analítica web o web analytics, en inglés.

▶ **Evolución del análisis web**

La importancia del análisis web está teniendo un reconocimiento cada vez mayor por parte de las empresas, debido a su necesidad para la evolución de su negocio y por las ventajas competitivas que ofrece. De hecho, ha pasado de ser considerada una materia técnica para expertos informáticos de la Web a ser una disciplina más orientada hacia el marketing y el negocio en las empresas, sin descuidar evidentemente su componente tecnológico.

En los primeros años de Internet, cuando este sector se limitaba a los expertos tecnológicos o de sectores adyacentes, la analítica web tenía una menor perspectiva de negocio. Se realizaban registros de datos de uso de los sitios (logs), pero no se hacía un exhaustivo análisis y conclusiones sobre los mismos. Es importante recordar que los primeros usos de Internet tenían su máxima actividad en los sectores académicos, científicos o gubernamentales.

A medida que el uso de Internet se fue extendiendo, y que la creación de sitios web empezaba también a ser realizada por usuarios no técnicos (principalmente empresas) con un marcado carácter y uso comercial, dichos usuarios vieron la necesidad de obtener más información sobre el empleo que hacían los usuarios de sus sitios web. Para poder realizar esta actividad, comenzaron a aparecer diversos mecanismos de obtención de información del uso de los sitios web (desde programas específicos complejos hasta sencillos contadores de visitas), que se sumaban a los ya existentes y evolucionados analizadores de "logs".

La evolución de la analítica web se **fundamenta** en:

⇨ La visión sobre el negocio de las empresas que aporta esta disciplina.

⇨ Desarrollo de las herramientas de medida sobre las que se apoya.

⇨ En la web 3.0, la llamada web semántica, haciendo referencia a la utilización de datos semánticos realizada por los denominados programas inteligentes. Esto es, utilización de inteligencia artificial por parte de las páginas para adaptar el contenido, por ejemplo, la utilización de algoritmos basados en bases de datos masivas y huellas del usuario para ofrecerle contenido relevante y la web 4.0, siendo una web pragmática capaz de entender automáticamente el contexto, con la utilización de asistentes inteligentes e inteligencias artificiales.

5.2.7. La irrupción del social media

La irrupción del social media ha provocado que el ámbito de la analítica haya trascendido los límites de la web para llegar más lejos: ya no se trata de analizar un dominio sino de obtener información sobre enlaces, comentarios, suscripciones e interacciones en redes sociales y la influencia y presencia de nuestra comunidad en Internet.

Así que un community manager se convierte en un analista en busca de elementos que ayuden a optimizar y mejorar la presencia, participación e influencia de una empresa o proyecto en la red.

Medir es conocer. Hay que medir para saber qué quieren de verdad nuestros usuarios y por qué lo quieren.

El primer paso para afrontar la analítica web será plantearse:

1. Qué se quiere saber.

2. Qué indicadores deseamos conocer con el objetivo ineludible de saber qué queremos conseguir.

Sin este planteamiento, simplemente acumularemos datos pero no sabremos cómo interpretarlos. Ya no se trata de analítica cuantitativa, sino cualitativa, que nos permite analizar necesidades y sensaciones de los usuarios.

Según Avinash, la analítica debe responder a **4 preguntas fundamentales**:

⇨ **Qué**: lo que hacen los usuarios en la web.

⇨ **Cuánto**: resultados de la presencia online, en todos los frentes.

⇨ **Por qué**: causas del comportamiento de los usuarios y de los resultados.

⇨ **Qué más**: comparación de la posición de competencia respecto de la nuestra.

5.2.8. Métricas fundamentales y otros parámetros

Son 6 las métricas fundamentales necesarias para obtener una visión de la situación de una página web:

1. Número de visitas: número de veces que los visitantes han estado en la web (sesiones únicas iniciadas por todos los visitantes). Si un usuario permanece inactivo en su sitio durante al menos 30 minutos, toda actividad posterior se atribuirá a una nueva sesión. Los usuarios que abandonen su sitio y vuelvan en menos de 30 minutos se considerarán como parte de la sesión original.

2. Páginas vistas: número total de páginas vistas de su sitio.

3. Páginas vistas por visita: número de páginas vistas por cada visitante.

4. Porcentaje de rebote: los que abandonan desde la página a la que accedieron. Puede servir para valorar el interés que ha suscitado la página de destino. Un porcentaje alto indica poco interés.

5. Promedio de tiempo en el sitio: tiempo que un visitante pasa en su sitio.

6. Porcentaje de visitas nuevas: número de nuevas visitas realizadas por usuarios que nunca habían accedido a su sitio antes.

Si ampliamos el abanico al ámbito del social media, encontraremos otros parámetros susceptibles de análisis:

⇨ Número de seguidores en X % de aumento en tiempo dado.

⇨ Fans de Facebook/número de amigos. % de aumentos.

⇨ Número de interacciones: retweets, menciones, me gusta, comentarios...

⇨ Menciones en blogs o webs.

⇨ % de conversión de objetivos.

⇨ Click-Through: número de enlaces provenientes de un banner publicitario.

⇨ Descargas de un determinado material que hemos puesto a disposición de la comunidad.

El proceso básico para afrontar la analítica se resume en 5 sencillos pero ineludibles pasos:

1. Determinar las herramientas que vamos a utilizar. Estas herramientas dependerán del tipo de medición que queramos realizar: web, blog, perfiles sociales...

369

2. Determinar qué criterios cuantitativos vamos a medir: los más significativos son las métricas mencionadas anteriormente.

3. Trasladar los resultados cuantitativos a un análisis cualitativo; es decir, interpretar por qué se producen esos resultados.

4. Realizar informes periódicos que muestren tendencias y resultados.

5. Tomar decisiones. Qué mejorar, qué cambiar, qué mantener, dónde incidir...

5.2.9. Medición de resultados cualitativos

Vamos a detenernos un momento en el tema de la medición de resultados cualitativos.

Consultar los resultados de las diferentes herramientas de medición nos muestra qué está ocurriendo en nuestra web o comunidad. Pero no nos ayuda a comprender por qué está sucediendo lo que sucede.

¿Por qué un apunte no tiene visitas? o
¿Por qué nadie pincha en un banner o en el botón de "Comprar"?

Por eso la analítica cualitativa puede resultar tan compleja; porque no arroja datos sobre satisfacción del usuario, su experiencia en la web o comunidad o sus sensaciones sobre un producto o servicio.

Veamos algunas opciones para obtener datos al respecto:

⇨ Implementar un sistema de valoración de los usuarios a través de votos, puntos, estrellas...

⇨ Algunas redes sociales y CMS ya los incluyen por defecto: WordPress o Facebook, por ejemplo.

⇨ Ofrecer la posibilidad al usuario para que opine.

⇨ Los comentarios en los blogs o redes sociales, o la inclusión de una pestaña de feedback son una buena forma de animar al usuario a que realice consultas, críticas...

     http://uservoice.com/

⇨ Facilitar al usuario un centro de soporte para sus dudas.

⇨ Aumentar la conversación con el usuario a través de un sistema de preguntas y respuestas.

⇨ Preguntar al usuario sobre sus gustos y preferencias.

⇨ Puede ser a través de clásico formulario. Algunos CMS y redes sociales ya incluyen un sistema de preguntas o encuestas: Facebook, Blogger...

⇨ Analizar el comportamiento del usuario en su navegación.

http://www.woopra.com/

5.2.10. Del ROI al ROR

El ROI es el Return of Investment o Retorno de la Inversión.

Es la pieza clave de la analítica. Se trata de establecer cuánto hemos ganado por cada euro invertido.

ROI = (Beneficio – Inversión) / Inversión x 100

Avinash da un buen consejo:

"Las empresas deben invertir el 10% del presupuesto (de social media, se entiende) en herramientas y el 90% en conseguir gente capaz de analizar los datos que esas herramientas ofrecen. Ninguna herramienta puede hacer lo que hace el cerebro humano: unificar y dar sentido a la tremenda cantidad de datos que tenemos a nuestra disposición".

El community manager debe medir correctamente el ROI de cada acción planteada y ejecutada para poder evaluarla y presentar resultados.

En el caso del social media, esta medición es compleja porque las conversiones no son directas, ni a corto plazo, ni son directamente monetizables.

Pero sí podremos establecer valores que contemplen las variables de participación, interacción, tiempo en el sitio... Estas variables también ofrecerán resultados interpretables como ROI.

Aumento de:

⇨ Visitas

⇨ Seguidores

⇨ Interacciones

⇨ Menciones

Por eso se empieza a hablar de **ROR**, Retorno de las Relaciones.

ROR = (Beneficio – Inversión) + aumento de la percepción de marca / Inversión x 100

5.3. La analítica en redes sociales

5.3.1. Introducción

Teniendo en cuenta que las redes sociales han potenciado enormemente los canales para llegar a nuestros clientes es importante tener una metodología correcta para medir la interacción de nuestra marca con la comunidad que gestionamos.

Las empresas son cada día más conscientes de algunos conceptos:

1. Diálogo bidireccional.

2. Escucha activa.

3. Imagen de marca.

A la hora de analizar la presencia en redes sociales, volvemos al tema de las métricas cuantitativas y cualitativas. Las **métricas cuantitativas** nos aportarán una idea de la extensión y el impacto que tienen las redes sociales en el negocio. Las **métricas cualitativas** indicarán el rendimiento que las redes sociales aportan al negocio, el interés que generan en los usuarios y hasta qué punto contribuyen a la adquisición de tráfico cualificado.

5.3.2. Métricas para monitorizar la actividad

Cada empresa debe escoger las métricas que utilizará para monitorizar la actividad en redes sociales en función de sus objetivos. Algunas de las más habituales son:

Cobertura	Implicación	Acción
• Número de fans/seguidores/contactos por perfiles corporativos. • Número de menciones. • Número de actualizaciones por fans/seguidores. • Impresiones de anuncios.	• Número de temas de debate. • Número de posts en perfiles corporativos. • Número y tono de comentarios. • Cantidad de contenido u ofertas compartidas.	• CTR de anuncios. • Número de respuestas a sorteos o concursos. • Número de aplicaciones descargadas. • Acciones offline dirigidas por cupones u ofertas especiales. • Tráfico web generado. • Usuarios de aplicaciones.

Las principales redes sociales tienen sus propias herramientas de estadísticas.

5.3.3. Herramientas para X

De la misma manera que Facebook y Google nos proporcionan información útil acerca de nuestras publicaciones, X dispone de una completa **herramienta de analítica** que, de forma **gratuita**, ofrece estadísticas a los usuarios. Al principio este servicio solo estaba disponible para anunciantes, pero ahora cualquiera que tenga curiosidad o interés en conocer la repercusión de sus tweets puede acceder a dichos datos.

Sobre X Web Analitycs: **analytics.twitter.com**

El propio X ofrece de entrada el número de seguidores y permite ver de forma rápida las interacciones que se han producido con nuestro perfil: nuevos seguidores, menciones, retweets...

Pero existen numerosas **herramientas que usan los datos de X** y que nos proporcionan más datos:

⇨ **ZoomSphere**: permite consultar estadísticas de las principales redes, como Facebook y X, por ejemplo. Gratuita.

⇨ **Mentionmapp**: curiosa herramienta animada que muestra las menciones recibidas.

⇨ **TweetReach**: herramienta que permite analizar, de forma muy sencilla, el alcance de una palabra o de una cuenta de X.

⇨ **Twitonomy**: con ella podrás conocer la repercusión, la difusión y el contenido de tus tweets de forma muy visual.

⇨ **NinjaOutreach**: bastante útil a la hora de encontrar influencers en X.

Para finalizar, podemos medir conversación en redes sociales:

⇨ **Herramientas para medir conversación en redes sociales**

- Asignación de campañas a las diferentes temáticas que se trabajarán en redes sociales.

- Vinculación con Bit.ly (de este modo analizamos la difusión y quién hace de embajador de marca).

- Seguimiento de Exportación en Stadistics Facebook (mediremos la evolución en Facebook).

⇨ **Obtendremos**

- Información sobre la popularidad/interacción (cuánta gente he ganado/perdido).

- Información sobre el gusto de temáticas/interés segmentado.

- Información del uso de las temáticas por horas. Esto nos permite saber a qué horas es mejor hablar de cada cosa.

- Efectividad de los usuarios como difusores.

5.3.4. Herramientas para Facebook

Facebook tiene su **sistema de estadísticas** para páginas y su propio **tutorial online**, de obligada consulta, y un **servicio de ayuda** bastante completo.

También cuenta con un **sistema propio de anuncios**, similar a Google Ads.

Las estadísticas de Facebook permiten conocer algunos datos interesantes de la actividad de nuestra página:

⇨ Número de "me gusta" y su progresión en el tiempo.

⇨ Amigos de los fans: el número total de amigos de aquellos que hicieron "me gusta". Esto da una idea del alcance máximo al que podemos aspirar.

⇨ Personas que están hablando esto: suma de "me gusta", comentarios, historias compartidas, menciones, etiquetas...

⇨ Alcance total: número de personas que vieron contenido asociado con la página, incluidas las historias patrocinadas.

⇨ Datos demográficos: aporta datos demográficos sobre edad, sexo, idioma y ubicación de las personas que interactúan con la página, tanto los "me gusta" como el alcance y de los que hablan de la página.

⇨ Origen de los "me gusta".

⇨ Visitas a la página.

⇨ Visitas a cada pestaña.

⇨ Fuentes externas: las veces que llegan a tu página desde una fuente externa a Facebook.

5.3.5. Herramientas para Pinterest

Lo mismo que las redes anteriores, Pinterest cuenta con herramientas que permiten medir el uso y poder extraer datos de uso.

En nuestro propio perfil se pueden extraer datos sobre la actividad en la plataforma: número total de "likes", acumulado de "pines" y "repines", ver nuestra comunidad, etc. También podemos medir la interacción de estos con, entre otras, estas herramientas:

⇨ Tailwind.

⇨ Canva.

⇨ Pingraphy.

⇨ Sprout Social.

5.3.6. Herramientas para Instagram

En el caso de Instagram, existe una opción en el menú para cambiar a perfil de empresa, en el caso de tenerlo, y tener acceso a algunas métricas visibles. Pero también puedes usar algunas de estas herramientas, tanto gratuitas como de pago:

⇨ Hashtracking.

⇨ Metricool.

⇨ SeekMetrics.

⇨ Iconosquare.

5.4. Google Analytics

5.4.1. Introducción

Google Analytics es un servicio de la compañía Google Inc. orientado a dar solución a las necesidades de información y estadística del proceso de análisis web. Actualmente **es la plataforma de analítica web más extendida en su uso a nivel mundial**, por encima incluso de opciones de pago. Esta herramienta ofrece posibilidad de mostrar mucha información sobre el sitio, siendo la más relevante:

1. Tráfico del sitio web.

2. Análisis de navegación (también histórico de navegación de los usuarios).

3. Seguimiento y segmentación de usuarios.

4. Resultados de la campaña de marketing.

5. Marketing de motores de búsqueda.

6. Rendimiento del contenido.

7.   Objetivos y proceso de redireccionamiento.

8.   Rendimiento de los parámetros de diseño web.

Es una herramienta orientada a webs de pequeño y gran tamaño. Por tanto, es apta para sitios como blogs, tiendas de comercio electrónico, webs corporativas, institucionales, etc. Para poder utilizar la herramienta, únicamente es necesario un navegador web compatible (prácticamente todos los existentes en el mercado lo son) y acceso a Internet.

Google anunció el lanzamiento de Google Analytics 4 (GA4) el cual se implementará en marzo de 2023 y es la evolución de la actual Universal Analytics que dejará de procesar datos el 1 de julio de 2023, por lo que en este curso veremos directamente GA4.

Google Analytics 4 es la nueva versión predeterminada de la herramienta gratuita de análisis web de Google, con enormes cambios en la interfaz y el modelo de datos respecto a Universal Analytics (UA), así como informes multidispositivo y la incorporación de características de Firebase para unificar la medición de varias apps y páginas web simultáneamente.

La nueva generación de Analytics es una solución de análisis avanzada diseñada para adaptarse a un futuro sin cookies, usando el aprendizaje automático para brindar una comprensión más profunda de la experiencia de los usuarios extrayendo patrones sin utilizar datos personales, respetando la privacidad de los usuarios.

En esta versión, diseñada para mejorar el retorno de la inversión de la publicidad con Google Ads, centra la medición en las interacciones de los usuarios usando inteligencia artificial y reorganizando los informes para analizar el recorrido del cliente durante su ciclo de vida, desde su adquisición e interacciones hasta la conversión y la retención.

Junto a Google Analytics podemos utilizar varias herramientas relacionadas o que pueden potenciar nuestra experiencia a la hora de recopilar y analizar datos o de generar eventos o acciones para luego analizarlas.

5.4.2.   ¿Cómo utilizar Google Analytics?

El uso de Google Analytics es relativamente sencillo e intuitivo, no supone grandes conocimientos técnicos, aunque la cantidad de posibilidades de información hace que su uso vaya siendo más sencillo a medida que se aumenta su utilización.

Para poder usar Google Analytics, es necesario tener una cuenta en Google. Es importante destacar que solo se puede usar Google Analytics sobre el sitio propiedad del usuario registrado, aunque también se puede acceder a otros sitios mediante la concesión de permisos por parte del propietario del mismo.

Pasos básicos para el uso:

1. Acceder a Google Analytics.

2. Registrar una cuenta.

3. Introducir la URL del sitio web que se va a gestionar.

4. Obtención del código JavaScript: mediante este código, que se debe insertar en el sitio web, Google Analytics empezará a recopilar toda la información del sitio.

Una vez realizado este proceso, el sitio ya estará en disposición de ofrecer los principales datos.

5.4.3. Principales funcionalidades de Google Analytics

A) Panel principal

A continuación, vamos a analizar con más detalle las principales funciones de la herramienta, dando un repaso por el contenido mostrado en la pestaña principal, así como por las diferentes opciones del menú.

El panel principal al que accedemos cuando ingresamos en Analytics se corresponde con la visión general de la pestaña página principal y permite visualizar un panel resumiendo y mostrando toda la información global sobre nuestro sitio web y las principales métricas, estadísticas y consejos de configuración de todos los principales apartados del menú.

La navegación se agrupa por colecciones en el panel de la izquierda, en el que encontrarás las siguientes secciones:

⇨ **Informes**: contiene el Resumen de Informes y la Vista general en tiempo real, además de las antiguas secciones de Ciclo de Vida y de Usuario, agrupadas por colecciones. Puedes usar las colecciones predeterminadas y también existen editores de propiedades para crear colecciones personalizadas de informes.

⇨ **Explorar**: antes era el Centro de Análisis, permite consultar preguntas específicas sobre tus datos usando técnicas avanzadas (embudos de conversión, cohortes, etc.), compartir tus resultados y crear audiencias directamente a partir de esos resultados.

⇨ **Publicidad**: contiene los informes de atribución Rutas de conversión y Comparación de modelos, para obtener información sobre el recorrido de compra de los clientes, el rendimiento de las conversiones y el impacto de tus acciones publicitarias.

⇨ **Configurar**: permite consultar eventos, conversiones, audiencias y propiedades de usuario, además de crear y gestionar métricas y dimensiones personalizadas.

B) Informes

En la parte superior derecha de cada informe, encontrarás el nuevo selector de fechas, y las opciones de editar comparaciones, compartir informes, estadísticas y personalizar informes.

⇨ **Informes de adquisición**: el apartado de adquisición ofrece tres informes:

- El **informe de resumen** de la procedencia de nuestros usuarios ofrece una panorámica de las tendencias de cambios en las métricas de usuarios y nuevos usuarios, además de módulos con información sobre usuarios por medio, por sesiones y por campañas así como el valor del tiempo de vida del cliente.

- El **informe de adquisición de usuarios** ofrece gráficas con el detalle de los datos de usuarios nuevos por medio y su evolución en el tiempo, a lo que se añade una tabla que especifica número de usuarios, sesiones con interacción, porcentaje de interacciones, sesiones con interacción por usuario, tiempo de interacción medio, número de eventos, conversiones y total de ingresos.

- El **informe de adquisición de tráfico** contiene gráficas que reflejan los usuarios por fuente/medio de la sesión a lo largo del tiempo y los usuarios por fuente/medio de la sesión, con una completa tabla a continuación especificando datos de usuarios, sesiones, interacciones, eventos, conversiones e ingresos.

⇨ **Informes de interacción**: el apartado de interacción ofrece cuatro informes: resumen, eventos, conversiones y páginas y pantallas. Aquí encontraremos destacada la información de las tendencias sobre el tiempo de interacción medio, sesiones con interacción por usuario y el tiempo de interacción por usuario medio, así como el número de usuarios que han interactuado en los últimos 30 minutos y dónde lo han hecho. En general, en estos informes veremos cuánto tiempo emplean los usuarios en nuestras páginas, qué eventos realizan, su actividad a lo largo del tiempo y las estadísticas de fidelización. Al medir las vistas de una pantalla, puedes descubrir qué contenido es el que más ven los usuarios en una aplicación y cómo navegan entre las distintas partes del contenido.

⇨ **Informes de monetización**: el apartado de monetización ofrece estos informes: resumen, compras de comercio electrónico, compras en la aplicación, anuncios del editor y retención. Monetización es el nuevo nombre para los informes de comercio electrónico de Universal Analytics en GA4. Sus informes ofrecen una descripción de los ingresos que recibe una tienda, información sobre las características de los compradores, los artículos más populares, visitas al carrito, ingresos, etc. Esta información aparece desglosada en función si se realiza en el e-commerce o en una aplicación, y también incluye datos sobre ventas de anuncios del editor.

⇨ **Informes de retención**: el apartado de retención ofrece un informe de resumen en el que se muestra la tendencia de retención de usuarios nuevos y recurrentes a lo largo del tiempo, la retención de usuarios por cohorte, datos de retención e interacción de los usuarios y el valor del tiempo de vida del cliente.

C)   Informe panorámico

En un primer caso nos aparecerá el informe panorámico dentro de que es un panel básico y resumido de las principales métricas, como:

Usuarios	Consejos	Tendencia de usuarios activos
Usuarios nuevos	Estadísticas destacadas	Retención de usuarios
Tiempo de interacción medio	Adquisición de usuarios	Páginas más vistas
Total de ingresos	Adquisición de tráfico	Eventos principales
Número de usuarios últimos 30 minutos	Usuarios por país	Conversiones principales
Productos más vendidos	Productos más vendidos	

Y un largo etcétera, ya que dependerá de nuestra configuración del sitio, si tenemos servicios conectados a GA4, si medimos aplicaciones móviles, campañas, ventas, etc., y, sobre todo, de la configuración que hayamos establecido en cada panel.

Si se pulsa el icono de editar comparaciones, podremos añadir más dimensiones para poder comparar entre ellas y así afinar mejor el filtrado de los datos.

Para entender mejor el concepto de las dimensiones, todos los informes de Google Analytics se componen de dimensiones y métricas.

▶   Dimensiones

Las dimensiones son atributos de los datos. Por ejemplo, la dimensión "ciudad" indica la ciudad (como Madrid o Nueva York) desde la que se origina una sesión. La dimensión "página" indica la URL de una página vista.

En las tablas de la mayoría de los informes de Analytics, los valores de dimensión se organizan por filas y las métricas por columnas.

▶ **Métricas**

Las métricas son dimensiones cuantitativas. La métrica Sesiones es el número total de sesiones. La métrica Páginas/sesión es el número medio de páginas vistas por sesión.

No todas las métricas pueden combinarse con todas las dimensiones. Cada dimensión y cada métrica tiene un alcance: de usuario, de sesión o de hit. En la mayoría de los casos, lo más lógico es combinar dimensiones y métricas con el mismo alcance. Por ejemplo, Sesiones es una métrica de sesión, por lo que solo puede usarse con dimensiones de sesión, como fuente o ciudad. No sería lógico combinar Sesiones con una dimensión de hit, como página.

D) El panel de resumen

 El **Resumen** en tiempo real nos muestra un mapamundi central que muestra de una forma muy gráfica la localización actual de los usuarios conectados y cuántos lo han hecho en los últimos 30 minutos. A continuación, verás tarjetas con información de usuarios por fuente o por audiencia, las visitas recibidas por título de página y nombre de pantalla (en las aplicaciones) así como el número de eventos, conversiones y propiedades de usuario, todo en tiempo real.

⇨ **Adquisición**: el panel de resumen dentro de adquisición es el más básico y permite visualizar los principales parámetros del sitio, que tienen que ver con nuestros visitantes, clientes y plataforma.

⇨ **Fechas**: en la parte superior derecha de cada informe, encontrarás el selector de fechas, y las opciones de editar comparaciones, compartir informes, estadísticas y personalizar informes.

⇨ **Selector de comparaciones**: en la parte superior izquierda de cada informe, debajo del nombre del informe, encontrarás el selector de comparaciones que por defecto estará seleccionado en "Todos los usuarios" y a su lado un botón para "añadir comparaciones", "añadir filtros" o "añadir dimensión" que abre el panel lateral derecho para editar comparaciones.

⇨ **Estadísticas**: si pulsamos el icono superior derecho, Estadísticas, se nos abrirá un asistente que, mediante preguntas prestablecidas, nos mostrará un panel específico de los datos que deseamos ver en formato rápido.

E) Life cycle

⇨ **Adquisición de usuarios**: en el panel de Adquisición de usuarios y tráfico, dentro de Adquisición, podremos encontrar la información relativa a la procedencia y acceso de los usuarios de la web.

⇨ **Resumen de la interacción**: este panel nos muestra los tiempos empleados por los usuarios en la web, las páginas donde han estado interactuando, las visitas, eventos y todo lo referente a la interacción entre el usuario y la web.

⇨ **Eventos**: podemos ver los eventos definidos y sus métricas generadas.

⇨ **Conversiones**: en este panel podremos ver los eventos correspondientes a las conversiones definidas.

⇨ **Páginas y pantallas**: en este panel podremos ver las métricas correspondientes a las métricas pertenecientes a las páginas visitadas.

⇨ **Página de destino**: en este panel de página de destino podremos ver la página web a la que llegan los usuarios al hacer clic en el anuncio. La URL de esta página suele ser la misma que la URL final de tu anuncio.

F) Usuario

⇨ **Resumen de datos demográficos**

Esta sección ofrece los Informes de resumen y de detalles demográficos.

El Informe de resumen contiene datos de los usuarios en distintos formatos de visualización: por país, ciudad, sexo, intereses, idioma y edad; además del número de usuarios en tiempo real durante los últimos 30 minutos.

En el Informe de detalles demográficos aparecen otras gráficas de usuarios por navegador y una tabla con información específica de cada una de las métricas disponibles: número de usuarios, sesiones con interacción, porcentaje de interacciones, sesiones con interacción por usuario, tiempo de interacción medio, número de eventos, conversiones y total de ingresos.

⇨ **Informes de tecnología**

La sección de tecnología nos ofrece los Informes de descripción general y de detalles de la tecnología.

El de descripción general contiene información sobre las plataformas utilizadas, dispositivos, navegadores, sistemas operativos y versiones de aplicaciones que utilizan los usuarios para interactuar con los contenidos, además del número de usuarios en tiempo real y las plataformas usadas durante los últimos 30 minutos.

En el de detalles de la tecnología aparecen otras gráficas de usuarios por país y una tabla con información específica de usuarios, sesiones, interacciones, eventos, conversiones e ingresos.

⇨ **Tecnología**

En este informe se muestra el tráfico del sitio web o aplicación desglosado por la tecnología que usa cada visitante, como la plataforma, el sistema operativo, la resolución de pantalla o la versión de la aplicación.

De los paneles, en cada métrica podremos expandir la información si hacemos clic en ver la métrica que nos interesa, abajo a la derecha de cada tarjeta, por ejemplo, pulsando en "ver sistemas operativos".

G) Exploraciones

El menú Explorar permite gestionar las opciones de la herramienta Análisis para crear informes específicos con diversas opciones de visualización de los segmentos, dimensiones o métricas que elijas.

Puedes empezar con un lienzo en blanco o usar las plantillas y, también, ver el análisis que otros usuarios han compartido contigo.

De forma predeterminada, los análisis son privados. Si eres la persona que los ha creado, solo tú puedes verlos y editarlos, a menos que decidas compartirlos con otros usuarios.

La herramienta de análisis incluye dos paneles laterales en los que se encuentran las variables y la configuración de pestañas, y un espacio central en el que se visualizan los datos del informe. En la parte superior derecha hay una barra de herramientas que permite rehacer y deshacer cambios, exportar los datos y obtener información adicional.

⇨ **Panel de variables**

El panel de variables permite seleccionar el periodo de tiempo que se quiere analizar y contiene una lista de variables que puedes usar, divididas en segmentos, dimensiones y métricas.

Para seleccionar los datos que quieres analizar, puedes arrastrar y soltar las variables en el panel de configuración de pestañas, o hacer doble clic para activarlas.

- Segmentos como Tráfico orgánico te permiten filtrar los datos que se van a mostrar en el informe y que pueden ser predefinidos o crearlos tú mismo.

- Dimensiones como Ciudad son las características o atributos de los datos. Habitualmente aparecen en las filas de las tablas.

- Métricas como Usuarios nuevos, que se pueden medir o expresar con números y suelen mostrarse en las columnas de las tablas.

Los datos se visualizarán de forma instantánea en el espacio central con el formato de informe que hayas seleccionado, pudiendo crear varias pestañas de análisis y tenerlas abiertas a la vez.

Si lo prefieres, las variables también se pueden seleccionar directamente desde el panel de configuración de la pestaña, por lo que puedes minimizar este panel para dejar más espacio al informe.

⇨ **Panel de configuración de la pestaña**

El panel de configuración de la pestaña permite seleccionar el método de análisis y elegir los datos que se usarán y contiene las siguientes secciones:

⇨ **Técnica**: desplegable en el que se puede seleccionar un análisis de la galería de plantillas.

⇨ **Visualización**: formato de presentación de datos incluyendo tablas, gráficos de anillos, líneas o barras, diagrama de dispersión o mapa geográfico.

⇨ **Desglose, valores y opciones de configuración**: en función de la técnica de análisis seleccionada, es el lugar en el que se seleccionan las variables.

⇨ **Filtros**: permite filtrar los datos seleccionados por dimensiones y métricas.

H) Publicidad y configurar

La sección de Publicidad permite obtener información sobre el recorrido de compra de los clientes, el rendimiento de las conversiones y el impacto de tus acciones publicitarias. Contiene la vista general de publicidad y la sección de Atribución, en la que se encuentran los Informes rutas de conversión y comparación de modelos.

Con la sección de configurar podremos ver y administrar cada propiedad de configuración para GA4, incluye los apartados:

⇨ El **Informe eventos** muestra los datos de los eventos existentes con un interruptor que permite marcar cada uno de ellos como conversiones con un clic, haciendo que aparezcan en el Informe de conversiones.

383

⇨ En el **Informe de conversiones** encontrarás todos los eventos que hayas marcado como conversiones, además de algunos que se activan automáticamente cuando se producen interacciones con tu app o web.

⇨ Las **Audiencias** son grupos de usuarios que cumplen determinados criterios de comportamiento, llamados definiciones de audiencia y normalmente asociados a interacciones y a su probabilidad de realizar conversiones.

⇨ **DebugView** es una versión de la herramienta de Firebase que permite validar la configuración de Analytics en aplicaciones durante la fase de desarrollo.

 Indicar también que en él podremos vincular otros productos de Google para obtener una mayor calidad y cantidad de métricas y datos y, también dentro de GA4, podremos modificar y ampliar tanto como nos interese, como, por ejemplo, hacer seguimiento a los datos desde una app: monetización para una web e-commerce, anuncios, compras, etc. Tantos segmentos como nos interese realizar.

5.5. Google Optimize

5.5.1. Introducción

Google Optimize es una herramienta gratuita de optimización de sitios web que ayuda a aumentar las tasas de conversión de visitantes y la satisfacción general de los visitantes probando continuamente diferentes combinaciones de contenido de sitios web.

Google Optimize puede probar cualquier elemento que exista como código HTML en una página, incluidas las llamadas a la acción, fuentes, titulares, garantías de puntos de acción, copia de productos, imágenes de productos, reseñas de productos y formularios. Permite probar versiones alternativas de una página completa, llamadas pruebas A/B, o probar múltiples combinaciones de elementos de la página, como encabezados, imágenes o texto del cuerpo, conocido como prueba multivariante. Se puede utilizar en varias etapas del embudo de conversión.

Actualmente, se ha integrado dentro de Google Marketing Platform.

5.5.2. Cómo usar Google Optimize

1. Iniciar sesión y seleccionar una cuenta.

2. Haz clic en **Etiquetas > Nueva**.

3. Haz clic en **Configuración de la etiqueta > Google Optimize**.

4. Para Universal Analytics selecciona **Anular nombre de función global** para cambiar el nombre del objeto global en Universal Analytics mediante una variable de configuración de Google Analytics. La variable de configuración de Google Analytics de la etiqueta de Optimize debe coincidir con el nombre de función global de la etiqueta de Universal Analytics.

5. Habilitar la secuenciación de etiquetas:

   a) Abrir la etiqueta Google Analytics: Universal Analytics o Google Analytics: configuración de GA4 de la propiedad de Analytics vinculada con su contenedor de Optimize.

   b) Hacer clic en **Configuración de la etiqueta > Configuración avanzada > Secuenciación de etiquetas**.

   c) Marcar la casilla para que se active otra etiqueta antes que esta. En Etiqueta de configuración, hacer clic en el menú y seleccionar la etiqueta de Optimize que quieras.

   d) Configurar la etiqueta de Optimize de forma que se active una vez por página y guardar.

6. Publicar el contenedor de Tag Manager para que se apliquen los cambios.

5.6. YouTube Insights

Con Insight, los usuarios de YouTube pueden acceder a las estadísticas claves sobre quiénes están observado los vídeos.

Estamos viendo que es importante tener un control de las estadísticas, tráfico, búsquedas, consultas, etc., que se hacen en nuestra web. Por eso son tan necesarias estas herramientas en los negocios. Con ellas, se puede poner el foco en las últimas ideas, tendencias, anuncios… y todo lo que podamos necesitar para promocionarnos.

YouTube es una plataforma para esto y con esta herramienta consigue tenerlo todo registrado: se generan informes trimestrales que reflejan perspectivas de consumidores, estudios de caso…

5.7. LinkedIn Insights

Como en el caso de las anteriores, es una herramienta de LinkedIn que permite tener al día todo lo referente a tu perfil, ya sea como empresa o como particular.

Se puede controlar y hacer seguimiento de todas las interacciones realizadas.

5.8. Cómo mejorar el posicionamiento de mi web

5.8.1. La importancia de las etiquetas

La optimización de las etiquetas de un sitio web incide directamente en el posicionamiento de la página en buscadores.

De todo lo que se puede hacer para optimizar un sitio web en buscadores, solo hay una cosa más importante que el contenido: la etiqueta de título.

Si los títulos de las páginas no están bien escritos, difícilmente se conseguirá tráfico. De hecho, un mal título hará perder visibilidad en las búsquedas. La etiqueta de título es fácil de optimizar y suele producir cambios en poco tiempo, por lo que no debería desestimarse en la estrategia SEO.

▶ Qué es la etiqueta de título

La etiqueta de título o *title tag* es un fragmento de código HTML situado al comienzo de la sección *<Head>* del código de una página web.

Su aspecto es similar a este:

<title>Este es el título de la página</title>

Este código indica el nombre descriptivo de la página web y aparece en la pestaña del navegador.

Si se utiliza un gestor de contenidos o CMS probablemente será lo primero que se introducirá al crear una nueva página. Se trata de un campo señalado como *título de página*, *título del documento* o simplemente *título*.

▶ Por qué es importante

Hay 3 razones fundamentales:

⇨ **Influye en la visibilidad**: los buscadores prestan especial atención a las palabras que aparecen dentro de la etiqueta de título, de modo que si se coloca una palabra en el título, probablemente se obtendrá una posición mejor que otra página que no la tenga.

⇨ **Influye en las visitas**: el título suele ser el texto de enlace que aparece en la página de resultados del buscador, lo que tiene una gran influencia en las visitas junto con la meta descripción. Un título pertinente y atractivo tiene más posibilidades de recibir clics que otro que no lo sea.

⇨ **Influye en la difusión**: no solo los buscadores emplean la etiqueta de título en sus resultados, sino que muchas redes sociales también la usan como texto de enlace. Si es buena, contribuirá a que otros usuarios hagan clic y finalmente compartan la página.

▶ Cómo crear una etiqueta de título que atrae tráfico

Para sacarle todo el partido a la etiqueta de título, esta debe describir el contenido de la página de forma fiel, clara y concisa.

1. **Incluye palabras clave pertinentes**

   La etiqueta de título es el lugar más importante para poner las palabras clave. De hecho, si solo se pudieran usar palabras clave en un sitio, debería ser este sin lugar a dudas.

   Los buscadores usan las palabras de la etiqueta de título como **señal para identificar las páginas más apropiadas** para la consulta de usuario, por lo que si se introduce en ella palabras clave, las posibilidades de aparecer en los resultados serán mayores.

   Ahora bien, esto no significa que se deba atestar los títulos de palabras clave, ni tampoco usar términos imprecisos para captar más visitas. El usuario que llega a un sitio web guiado por un título engañoso acaba por irse, llevándose consigo una imagen negativa. Por eso, una de las mejores maneras de iniciar la experiencia de usuario consiste en mostrar un título fiel al contenido de la página. De esta forma es más fácil atraer al público apropiado y satisfacerlo, lo que redunda en beneficio de todos.

2. **Usa la estructura adecuada**

   Hay 2 formas de optimizar el título de una página web según las mejores prácticas:

   • Palabras clave principal y secundaria | Nombre del sitio

   • Nombre del sitio | Palabras clave principal y secundaria

   Utilizar una u otra depende de un par de cosas; por un lado, de la dificultad que ofrece la palabra clave para la que se quiera posicionarse, y por otro, de si el objetivo es potenciar la imagen de marca.

   Las palabras situadas a la izquierda del título ejercen más peso sobre el buscador. Entonces, si se compite por un término muy disputado, lo más efectivo es colocar la palabra clave en primer lugar y dejar el nombre del sitio al final.

   En cambio, si se persigue un término poco disputado y el nombre del sitio puede marcar la diferencia en la tasa de clics, es mejor dejar la palabra clave en segundo lugar, aunque con esta estructura las palabras clave ejercerán menos peso.

   En cuanto a los separadores, los más comunes son "-", ":" y "|", aunque se pueden usar otros si facilitan la lectura.

387

3. **Limita la longitud**

Siempre se debe medir la longitud de la etiqueta de título. Los buscadores disponen de poco espacio en sus páginas de resultados, por lo que un texto demasiado largo aparece cortado, estropeando el mensaje que se quiera transmitir al usuario.

Se puede prevenir el recorte de los títulos dando una longitud máxima de entre 50 y 65 caracteres. Este largo es suficiente para no llevarse sorpresas, aunque en realidad Google no aplica un límite basado en caracteres, sino en píxeles.

Para medir la longitud en caracteres es recomendable usar la **herramienta de previsualización de snippets de SEOmofo**, mientras que para hacerlo en píxeles es más adecuada la de **Moz**.

▶ Comprobaciones esenciales

Es recomendable hacer algunas comprobaciones antes de dar a una etiqueta de título por buena:

⇨ **¿Has incluido palabras clave?** Es importante que al menos la palabra clave principal aparezca en el texto de la etiqueta. Cuanto más al principio mejor, pero sin forzar.

⇨ **¿Es inferior a 65 caracteres?** Un título demasiado largo aparece truncado en los buscadores, por lo que controlar el largo en caracteres o píxeles es buena idea.

⇨ **¿Está libre de erratas?** Asegurarse de que no se ha cometido ningún error al teclear el texto, ya que esto podría echar por tierra todo el trabajo. Si el gestor de contenidos o CMS genera los títulos automáticamente, hay que vigilar que lo esté haciendo bien.

⇨ **¿Harán clic?** Si se tienen muchos competidores es fácil que todas las páginas tengan un título parecido en la página de resultados de búsqueda. Para conseguir que el usuario haga clic en la tuya y no en la de otro, el título debería distinguirse lo suficiente y ser capaz de atraer la atención del usuario.

▶ Errores comunes

Es bueno resaltar los fallos más frecuentes para evitarlos:

⇨ **Incluir demasiadas palabras clave**: la etiqueta de título debe ser corta y simple. No debería incluir más de 2 palabras clave.

⇨ **Escribir títulos sin sentido**: con la idea de meter palabras clave, a veces se obtiene un texto difícil de leer. Recuerda que la función del título es indicar de qué trata la página, claramente.

⇨ **Emplear el mismo título más de una vez**: un método que usan los buscadores para detectar contenido duplicado consiste en comprobar si una misma etiqueta de título aparece en varias páginas.

⇨ **Desaprovechar la oportunidad**: definitivamente, un título que dice "Inicio" o "Bienvenido" no hace nada por ti en los buscadores. Tampoco uno que muestra el lema de tu empresa.

5.8.2. Palabras clave: keywords

La etiqueta meta keywords se utiliza para resumir el contenido de un documento en base a unas cuantas palabras clave (de ahí su nombre). Por ejemplo, si yo quisiera describir esta misma página con palabras utilizaría términos del tipo "etiquetas meta", "meta description", "meta keywords", etc.

En los primeros tiempos del marketing en buscadores, las palabras que aparecían en la etiqueta meta keywords eran útiles para ganar relevancia y mejores posiciones en los rankings. Sin embargo, debido al abuso de palabras clave (conocido como keyword stuffing) los buscadores **ya no les prestan atención**, por lo que no tiene sentido seguir empleándolas. Es bueno saber esto ya que algunos SEOs sin escrúpulos siguen vendiendo el trabajo de "optimización de meta keywords" como parte de sus servicios.

Una palabra clave es **un término o expresión que describe de forma objetiva la actividad del anunciante**, y que es susceptible de ser motivo de interés por parte de un internauta. Por ejemplo, para una inmobiliaria algunas palabras clave pueden ser: "alquiler casa", "venta casa", "piso", "obra nueva", "chalet", "apartamento"...

No hay límite de palabras clave, solo los que su relevancia con la actividad del anunciante y el contenido del sitio imponen. Se trata de que cuando el usuario introduce unos términos en un motor de búsqueda, en la lista de resultados de sitios web relacionados con esos términos, esté el nuestro porque hayamos elegido bien nuestras palabras clave.

Los anunciantes pueden adquirir palabras claves con el propósito de dirigir el enlace al sitio web del anunciante, o bien con el propósito de insertar un anuncio publicitario relacionado con la búsqueda del usuario.

Las características de las palabras clave son:

⇨ **Relevancia**

- Tenemos que buscar **palabras que sean relevantes para nuestro negocio**.

- Existen herramientas que pueden ayudarnos en esta tarea.

⇨ **Popularidad**

Existen herramientas para conocer la popularidad de distintos términos o sinónimos.

⇨ **Competencia**

Verificar quién sale en los primeros puestos para cada palabra que estemos valorando.

Cada palabra clave lleva asociado un título, una descripción y una URL (dirección electrónica) de destino.

Si un anunciante tuviera un negocio de flores, podría tener el siguiente enlace patrocinado:

Palabras clave	Ramos de novia.
Título	Se hacen ramos de novia por encargo.
Descripción	En "Empresa XX" encontrará una gran variedad de ramos de novia por catálogo o de encargo. Reparto a toda España.
URL	www.empresaXX.es/ramosdenovia.html

5.8.3. Recomendaciones

⇨ **Buscar las palabras claves adecuadas**: para conocer mejor lo que buscan los usuarios, mejor dicho, con qué palabras claves hacen búsqueda recomendamos utilizar diferentes herramientas gratuitas de google, como Google Trends. Te ayuda a localizar tendencias de búsquedas mientras que Keyword Planner es un planificador de palabras clave.

⇨ **Originalidad ante todo**: una vez sabes qué palabras clave utilizar, debes enfocar el contenido en función de esas palabras. Ten en cuenta que vale más calidad que cantidad a la hora de mejorar el posicionamiento de una web. El contenido debe ser original y único, no vale hacer copia y pega desde otras webs. Esto Google lo penaliza. Lo que sí puedes es extender o dar tu opinión de otros artículos, pero haciendo referencia de donde proviene la información. Ahora bien, al hablar de contenido no nos referimos solo en forma de texto, hay más maneras de ofrecer contenidos e incluso combinarlos, imagen, fotografías, vídeos, audios, archivos de pdf... Son valores añadidos que atraerán más tráfico.

⇨ **Optimización del contenido**: una vez tenemos claro a quién nos dirigimos, qué queremos decir y con qué palabras clave nos vamos a centrar, vamos a trabajar las páginas del website para que el contenido tenga la mayor probabilidad de ganar visibilidad por sí sola. Para ello es interesante trabajar las palabras clave a lo largo de toda la página.

⇨ **Generemos backlink**: una vez tenemos la web optimizada con todos los artículos a punto, podemos pensar en una estrategia para darla a conocer. Una alternativa es generar backlink, es decir, fomentar o generar links en otras webs que apunten a la nuestra. Esto nos ayudará a subir nuestro PageRank. El funcionamiento de Google se basa en la importancia y relevancia de las páginas que ofrece como resultados de búsqueda. A mayor relevancia mayor posicionamiento. Para ello Google tiene una lista donde categoriza el nivel de relevancia de cada web. Esta lista se llama PageRank. El PageRank funciona por votos, un link que apunte a tu web es un voto, a mayor votos que consigas mayor será el ranking. No todos los votos tienen el mismo valor. Una manera sencilla de generar backlinks es a través de las redes sociales, otros blogs y foros. Una muy interesante es G+ ya que es la red social por excelencia de Google y lo que se publica allí se indexa directamente.

⇨ **Mantengamos la frecuencia**: pensemos en que la web debe tener contenido actualizado en la medida de lo posible, por una razón muy sencilla... puede que hayas cautivado a un usuario en sus primeras visitas, pero si este al cabo de un tiempo no encuentra nada nuevo... no volverá. Para evitar esto es importante darle un motivo para regresar. Si ofrecemos contenido actualizado de manera regular fidelizaremos al usuario porque además que estaremos enriqueciendo de contenido nuestra web, le estaremos ofreciendo más valor en base a sus necesidades. Para ello es muy útil implementar un blog en tu web y que los post estén en previsualizados en la página de inicio. De ese modo cuando un usuario vuelva, al primer segundo podrá ver algo nuevo sin tener que buscar.

⇨ **Cuidemos el diseño**: al mismo tiempo que le damos importancia al diseño web, la usabilidad y la navegabilidad. Debemos presentar el contenido pensando en el comportamiento de un usuario, mientras más fácil y atractivo se lo pongamos más tiempo le retendremos.

⇨ **Busquemos los canales**: una web con poca antigüedad no suele generar muchas visitas por sí sola, en este caso es oportuno encontrar los canales más adecuados para alcanzar ese público que nos interesa y convertirlo en tráfico de calidad. Cada canal es un mundo y para según qué cosas hay que saber cuál es el más adecuado en función de tu público.

⇨ **Analiza resultados**: ninguna estrategia online sirve si no es medible. Google Analytics te ayudará a estar al tanto del rendimiento y tráfico de tu web a través de buenas y claras estadísticas. Es muy útil poder saber de dónde viene tu tráfico, por cuál de todas las palabras clave te han encontrado, cuánto tiempo han estado tus visitas en tu web y qué página tiene más visitas, todo esto y muchas funciones más desde esta herramienta gratuita.

391

⇨ **Rectifica y vuelve a implementar**: lo mejor de todo es que se puede corregir a tiempo. Es decir, con las estadísticas puedes tener el control a tiempo real y ver anticipadamente en dónde nos estamos equivocando, quizá estamos enfocándonos en una palabra clave que al final no da los resultados deseados, o simplemente podemos optimizar los recursos para sacar el máximo de rendimiento. Las webs deben estar vivas, hay que estar pendientes de ellas y cuidarlas, porque al final es nuestro punto de referencia digital.

5.8.4. Tendencias futuras

En el mundo del posicionamiento controlar las tendencias es decisivo, ya que es un mundo en el que las cosas cambian muy rápido y saber qué es lo que quieren en cada momento los consumidores es crucial. Es lo que separa el triunfar frente al hundirse.

⇨ **Lo importante no es la razón, sino el corazón**

Lo importante para convencer a los consumidores de las cosas empieza a ser cada vez más la emoción. Va a ser decisivo jugar bien con las emociones. Tendremos que saltar de lo racional a lo emocional.

Esto implicará trabajar mucho más los mensajes y la esencia de los mismos.

⇨ **La relación entre creatividad y tecnología será más estrecha y mucho más decisiva**

En este reinado de las emociones, en este momento en el que contar historias y hacerlo bien es más y más importante, ya no quedará más remedio que trabajar de un modo eficiente en ese terreno. Hay que ser creativos y usar bien las armas de la creatividad, pero al mismo tiempo los consumidores están cada vez más conectados, emplean cada vez más la tecnología y esta es cada vez más determinante a la hora de tomar decisiones de negocio.

El camino hacia los consumidores pasará por mezclar de forma estratégica tecnología y creatividad.

⇨ **Conclusiones**

Está claro que vamos a tener que adaptarnos a los nuevos cambios.

Si te adaptas a los cambios antes que los demás llegas primero y tienes más posibilidades de marcar el camino y ser el estandarte. Siempre hay que intentar ir unos pasos por delante, ya que si te quedas atrás en esta carrera de fondo puedes quedarte sin opciones de victoria.

Estas tendencias solo arañan la superficie de lo que está por venir, pero lo cierto es que el espacio digital seguirá creciendo, innovando y sorprendiendo a todos por igual.

1. El marketing tradicional ha saturado completamente al consumidor que, víctima de los excesivos impactos publicitarios a los que se ve sometido a diario, desconfía e incluso rechaza la publicidad en sus formas tradicionales. El nuevo reto es afrontar el marketing desde el punto de vista que ofrece Internet y las plataformas de comunicación que se han desarrollado en torno a él, y las herramientas que pone a nuestra disposición.

2. Un buscador es un sistema en el que escribiendo una o varias palabras en su cuadro de texto, devuelve como resultado un listado de direcciones web que estima pueden interesar al usuario al tratar temas relacionados con los términos que ha empleado en su consulta. La mayoría de internautas revisan solamente la primera página de resultados de Google, y de esta, solo los primeros resultados. Por eso es tan importante el lugar en que aparecemos en esa lista de resultados que les proporciona el buscador. A esto se llama posicionamiento en buscadores.

3. Un lenguaje de programación es un lenguaje diseñado para describir el conjunto de acciones consecutivas que un equipo debe ejecutar. Por lo tanto, un lenguaje de programación es un modo práctico para que los seres humanos puedan dar instrucciones a un equipo. El lenguaje utilizado por el procesador se denomina lenguaje máquina.

4. Ha pasado mucho tiempo desde que el diseño estaba centrado en la máquina y era el usuario el que tenía que adaptarse a ella. Hoy en día, los diseños de las interfaces de usuario están centrados en la eficacia y facilidad para el usuario y es el programador el que debe de hacer que la máquina se adapte y no al revés.

5. El derecho fundamental de las personas físicas a la protección de datos personales, amparado por el art. 18.4 de la Constitución Española, se ejercerá con arreglo a lo establecido en el Reglamento (UE) 2016/679 y en la Ley Orgánica 3/2018, de 5 de diciembre, por la cual se transpone al ordenamiento jurídico español el mencionado Reglamento. La LO 3/2018 se aplica a cualquier tratamiento total o parcialmente automatizado de datos personales, así como al tratamiento no automatizado de datos personales contenidos

o destinados a ser incluidos en un fichero, y el tratamiento de estos datos deberá llevarse a cabo con estricta sujeción a lo estipulado tanto en esta ley orgánica como en el Reglamento (UE) 2016/679.

6. La analítica web es la parcela profesional encaminada a extraer conclusiones, definir estrategias o establecer reglas de negocio sobre la base de los datos recabados en todos aquellos entornos web sobre los que una empresa ejerce control.

7. Controlar las tendencias es decisivo, ya que es un mundo en el que las cosas cambian muy rápido y saber qué es lo que quieren en cada momento los consumidores es crucial. Es lo que separa el triunfar frente al hundirse. Si te adaptas a los cambios antes que los demás llegas primero y tienes más posibilidades de marcar el camino y ser el estandarte.

TEST DE UNIDADES DIDÁCTICAS

Unidad 1

1. **La información que el emisor envía al receptor es un:**

   a) Código.
   b) Mensaje.
   c) Canal.
   d) Contexto.

2. **El origen de Internet se sitúa:**

   a) A finales de los años 80.
   b) A finales de los años 70.
   c) A finales de los años 60.
   d) A finales de los años 90.

3. **Las diferencias entre la primera y la segunda era de la Web se basan en:**

   a) Un cambio a nivel tecnológico en los servidores.
   b) Avances considerables a nivel de software.
   c) En los objetivos y la forma en que los usuarios comenzaron a percibir, compartir y manejar la información.
   d) Son correctas a) y c).

4. **En la comunicación por Internet ¿cuál de los elementos cambia?:**

   a) Emisor.
   b) Receptor.
   c) Canal.
   d) Mensaje.

5. **Algunas características propias de internet como canal de comunicación son:**

   a) Universalidad.
   b) Ilimitado.
   c) Bidireccional.
   d) Todas son correctas.

6. **El consumidor/usuario ha pasado de ser espectador a ser actor:**

   a) Verdadero.
   b) Falso.

7. La hipertextualidad es la capacidad de relacionar un texto con otro a través de enlaces:

a) Verdadero.
b) Falso.

8. La comunicación digital es el intercambio de información y conocimiento haciendo uso de las herramientas digitales disponibles:

a) Verdadero.
b) Falso.

9. ¿Cuál no es una característica de la comunicación en Internet?:

a) Es multilenguaje.
b) Es unidireccional.
c) Es hipertextual.
d) Es personalizable.

10. Internet es el medio de comunicación más potente que el usuario ha tenido en sus manos:

a) Verdadero.
b) Falso.

Unidad 2

1. **El primer navegador que se utilizó masivamente fue el Mosaic que rápidamente fue superado por:**

   a) Netscape.
   b) Internet Explorer.
   c) Mozilla Firefox.
   d) Safari.

2. **¿Cuál de los siguientes programas no es un navegador web?:**

   a) Firefox.
   b) Internet Explorer.
   c) Safari.
   d) Outlook.

3. **Un buscador es un sitio web cuya función principal es proporcionar un medio para recolectar y proporcionar información del contenido de otros sitios en Internet:**

   a) Verdadero.
   b) Falso.

4. **En el navegador Mozilla Firefox, para personalizar la barra de herramientas agregándole nuevos botones:**

   a) Pulsaremos la tecla F3.
   b) Pulsaremos la tecla F6.
   c) Seleccionaremos la opción del menú Ver/Barras de Herramientas/Personalizar.
   d) Pulsaremos el botón izquierdo del ratón en cualquiera de las barras de vínculos de la ventana del navegador.

5. **Para realizar una búsqueda en un buscador de Internet, ¿qué utilizaremos para que localice dos palabras consecutivas y en el orden que deseamos?:**

   a) And.
   b) Or.
   c) Comillas.
   d) Not.

6. **Si queremos enviar un correo a alguien con copia oculta a otra persona, se debería de incluir en:**

    a) Para.
    b) CC.
    c) CCO.
    d) En los tres anteriores.

7. **Google realiza las búsquedas de forma automática con el operador boleano "AND":**

    a) Verdadero.
    b) Falso.

8. **Si en la bandeja de salida de un gestor de correo electrónico aparece algún correo es porque:**

    a) Está en cola de envío y se enviará lo antes posible.
    b) Lo hemos enviado a un destinatario concreto.
    c) Hemos realizado una copia de seguridad para conservarlo.
    d) Ya no está en cola porque lo hemos enviado.

9. **¿Qué significan las siglas FTP?:**

    a) Protocolo de transferencia de archivos.
    b) Protocolo de transmisión de funciones.
    c) Pruebas de transferencia de archivos.
    d) Pruebas de transmisión de funciones.

10. **¿Cuál de los siguientes es uno de los dos protocolos de red en los que se basa Internet?:**

    a) IPT.
    b) PDA.
    c) TCP.
    d) ACP.

Unidad 3

1. **¿En qué década nació la idea de "llevar el trabajo al trabajador y no el trabajador al trabajo"?:**

   a) En la década del 50.
   b) En la década del 60.
   c) En la década del 70.
   d) En la década del 80.

2. **Gracias a la autonomía que permite el teletrabajo el presentismo se reduce:**

   a) Verdadero.
   b) Falso.

3. **¿Cuál es la modalidad de teletrabajo con mayor potencial de crecimiento?:**

   a) Teletrabajo en el domicilio.
   b) Centros de teletrabajo o telecentros.
   c) Teletrabajo móvil o itinerante.
   d) Ninguna es correcta.

4. **Aunque trabajes en casa es conveniente empezar a trabajar a la misma hora y establecer tus tiempos de descanso:**

   a) Verdadero.
   b) Falso.

5. **El networking es importante para el teletrabajo:**

   a) Verdadero.
   b) Falso.

6. **¿A quién se le considera el padre del teletrabajo?:**

   a) Jack Nilles.
   b) Brad Neuberg.
   c) Osio Havriluk.
   d) Jack Thomas.

7.   Las redes sociales son una herramienta básica para el teletrabajo:

a) Verdadero.
b) Falso.

8.   Se considerará que se trabaja a distancia cuando la mayoría del trabajo lo hace el trabajador en su casa o en el lugar que él elija:

a) Verdadero.
b) Falso.

9.   En el contrato de trabajo tiene que venir indicado que se trabaja a distancia:

a) Verdadero.
b) Falso.

10. ¿Qué porcentaje de españoles accedería a bajar su sueldo a cambio de teletrabajo?:

a) El 23%.
b) El 30%.
c) El 35%.
d) El 63%.

Unidad 4

1. **Ser asertivo significa:**

   a) Salirte con la tuya a expensas de los demás.
   b) Evitar hacer lo que piensas, sientes, quieres, opinas.
   c) Tener miedo de arriesgarte a las consecuencias.
   d) Decir la palabra oportuna, de la forma oportuna y en el momento oportuno.

2. **Señala las ventajas de Internet como medio de comunicación:**

   a) Inmediatez en acceso y búsqueda.
   b) Facilidad de copia y edición.
   c) Posibilidad de difundir localmente información de interés local e internacional.
   d) Todas son correctas.

3. **En la comunicación por Internet ¿cuál de los elementos cambia?:**

   a) Emisor.
   b) Receptor.
   c) Canal.
   d) Mensaje.

4. **El contenido en Internet debe ser:**

   a) Original.
   b) Relevante.
   c) Enlazable.
   d) Todas son correctas.

5. **El contenido audiovisual:**

   a) Es "pesado" y ralentiza la carga de la web.
   b) Refuerza la compresión de los contenidos.
   c) Es solo para sitios especializados en ese tipo de contenidos.
   d) Es difícil de insertar en las webs y blogs.

6. **La hipertextualidad es la capacidad de relacionar un texto con otro a través de enlaces:**

   a) Verdadero.
   b) Falso.

7. ¿Qué dos puntos de vista hay que tener en cuenta a la hora de presentar los contenidos?:

a) Narrativo y estético.
b) Estético y formal.
c) Estético y multimedia.
d) Narrativo y formal.

8. En las redes sociales el usuario es el centro de la red:

a) Verdadero.
b) Falso.

9. Las fuentes de información pueden ser:

a) Internas.
b) Externas.
c) Primarias.
d) Todas son correctas.

10. El comportamiento en persona y a través de las redes sociales debe ser el mismo:

a) Verdadero.
b) Falso.

Unidad 5

1. **El community manager es el programador de la empresa:**

   a) Verdadero.
   b) Falso.

2. **Según propone AERCO la labor del community manager es:**

   a) Circular internamente la información.
   b) Explicar la posición de la empresa a la comunidad.
   c) Buscar líderes, tanto interna como externamente.
   d) Todas son correctas.

3. **Las tareas del community manager deben ser:**

   a) Diarias.
   b) Semanales.
   c) Mensuales.
   d) Todas son correctas.

4. **En el plan de social media hay que definir:**

   a) La estrategia.
   b) Los objetivos.
   c) Los recursos que se van a destinar.
   d) Todas son correctas.

5. **La labor del community manager debe abarcar las máximas facetas posibles de consultoría y de ejecución:**

   a) Verdadero.
   b) Falso.

6. **¿Cuál no es una habilidad social que debe tener un community manager?:**

   a) Agitador.
   b) Cabecilla.
   c) Despreocupado.
   d) Incentivador.

7. ¿Cuál no es una función del community manager?:

a) Escuchar.
b) Hacer de portavoz de la empresa.
c) Establecer los precios de los productos.
d) Gestionar la información.

8. El dinamizador no debe poseer conocimientos en el desarrollo de entornos web:

a) Verdadero.
b) Falso.

9. Debe revisar que los posts programados se hayan publicado correctamente:

a) Verdadero.
b) Falso.

10. Es/son aspecto/s de una planificación de comunicación:

a) Objetivos claros y medibles.
b) Evaluación de la situación previa.
c) Analítica.
d) Todas son correctas.

Unidad 6

1. **Las características del trabajo colaborativo son:**

    a) La meta es común al grupo, y se consigue a partir de la realización de distintas tareas.
    b) La responsabilidad individual es necesaria en el grupo para alcanzar la meta, al mismo tiempo que es compartida.
    c) El grupo es heterogéneo en su composición, lo que implica tener habilidades sociales y comunicativas.
    d) Todas son correctas.

2. **El trabajo colaborativo 2.0 es:**

    a) El trabajo de un grupo de personas que se realiza en entornos virtuales de la Web 2.0.
    b) La tarea que hace una de las personas del grupo al pasar los datos a un programa de ordenador.
    c) Asincrónico y ubicuo, por tanto, los componentes del grupo no tienen por qué coincidir en el mismo momento ni en el mismo espacio.
    d) Son correctas a) y c).

3. **Google Drive no se puede, por ahora, utilizar desde un teléfono móvil:**

    a) Verdadero.
    b) Falso.

4. **Google Drive está limitado, entre otras cosas, porque no se puede usar sin conexión:**

    a) Verdadero.
    b) Falso.

5. **Cuando haces cambios en algún archivo con Google Drive...:**

    a) Los cambios se ven de inmediato, a medida que se producen.
    b) Los cambios tardan un mínimo de 20 minutos en aparecer, lo que tarda Google Drive en actualizarse.
    c) El tiempo depende de la conexión de cada usuario.
    d) Ninguna es correcta.

6. Actualmente, existen versiones de Google Drive para los siguientes sistemas operativos:

    a) Mac y Windows.
    b) Mac, Windows y Android.
    c) Mac, Windows, Android y Linux.
    d) Ninguna es correcta.

7. **En redes sociales, conviene establecer diferencias claras entre la cuenta personal y la profesional:**

    a) Verdadero.
    b) Falso.

8. **En Facebook, el máximo número de grupos al que puedes pertenecer es de:**

    a) 100.
    b) 300.
    c) No hay límite.
    d) 25.

9. **¿Cuántos caracteres se permiten en X?:**

    a) 140 caracteres.
    b) 200 caracteres.
    c) 280 caracteres.
    d) Caracteres ilimitados.

10. **Son redes sociales profesionales:**

    a) LinkedIn.
    b) Xing.
    c) Facebook.
    d) Son correctas a) y b).

Unidad 7

1. **Llamamos wiki a un sitio web que permite la cooperación y que los usuarios corrijan libremente su contenido:**

   a) Verdadero.
   b) Falso.

2. **Los elementos de una wiki son:**

   a) Logo.
   b) Edición de la página.
   c) Cabecera.
   d) Todas son correctas.

3. **Las wikis usan un sistema de marcas hipertextuales simplificadas:**

   a) Verdadero.
   b) Falso.

4. **El blog es un sitio web caracterizado por ofrecer contenidos de forma única, sin ordenar:**

   a) Verdadero.
   b) Falso.

5. **Un blog:**

   a) Fideliza clientes.
   b) Crea confianza.
   c) No es operativo.
   d) Son correctas a) y b).

6. **WordPress no es una de las herramientas más usadas para crear blogs:**

   a) Verdadero.
   b) Falso.

7.   ¿Cuáles son utilidades del CMS de WordPress?:

a) Gestión del rol de usuario.
b) Verificación por correo electrónico.
c) Encriptación SSL.
d) Todas son correctas.

8.   **En la zona central de la wiki se muestra el contenido de la página que se selecciona haciendo clic en el índice de páginas:**

a) Verdadero.
b) Falso.

9.   **Las wikis no usan un sistema de marcas hipertextuales simplificadas, es necesario saber HTML:**

a) Verdadero.
b) Falso.

10.   **¿Qué registra el historial en una wiki?:**

a) Su inclusión y todas las modificaciones que ha venido experimentando desde entonces, con indicación de quién las realizó.
b) Permite visualizar las versiones anteriores a cada contribución.
c) No existe el historial.
d) Son correctas a) y b).

Unidad 8

1. **¿A partir de qué número de fans se puede personalizar el nombre de una página de fans de Facebook?:**

    a) 50.
    b) 100.
    c) 25.
    d) Desde el principio.

2. **¿Cuál es el símbolo que precede a una palabra clave para que se convierta en hashtag?:**

    a) @.
    b) &.
    c) #.
    d) ?

3. **Si quieres comunicar en 280 caracteres necesitarás:**

    a) Ser concreto.
    b) Sintetizar.
    c) Un poco de ingenio.
    d) Todas son correctas.

4. **¿Cuál es el límite de contactos de un perfil personal de Facebook?:**

    a) No hay límite.
    b) 5.000.
    c) 10.000.
    d) Nadie lo ha alcanzado.

5. **En Facebook, el perfil de empresa permite personalizar la página de inicio solo para los fans:**

    a) Verdadero.
    b) Falso.

6. ¿Cuál es la red de microblogging por excelencia?:

    a) Facebook.
    b) X.
    c) YouTube.
    d) Ninguna es correcta.

7. En Facebook es necesario tener un perfil personal para poder crear un grupo:

    a) Verdadero.
    b) Falso.

8. El microblogging o nanoblogging es un formato que permite solo a personas dadas de alta publicar textos cortos, enlaces a sitios web, fotos o clips de audio:

    a) Verdadero.
    b) Falso.

9. Si una cuenta de Facebook es pirateada, no debe comunicarse al servicio de soporte de la red social:

    a) Verdadero.
    b) Falso.

10. Antes de iniciar tu propio microblog, conviértete en seguidor (follower) de varios microblogs que te sirvan de inspiración y te guíen hacia lo que le gusta:

    a) Verdadero.
    b) Falso.

Unidad 9

1. **El marketing mix se puede definir como el uso combinado (mezcla: mix) de las diferentes herramientas de marketing para alcanzar los objetivos empresariales:**

   a) Verdadero.
   b) Falso.

2. **¿Qué permiten las herramientas del marketing digital?:**

   a) Segmentar a los usuarios.
   b) Generar clientes potenciales.
   c) Crear fidelidad hacia una marca.
   d) Todas son correctas.

3. **En toda estrategia de marketing, uno de los aspectos principales es la investigación comercial, conocer el mercado, para poder presentarnos en él con más posibilidades de éxito:**

   a) Verdadero.
   b) Falso.

4. **El marketing viral es:**

   a) Un término empleado para referirse a las técnicas de marketing que intentan explotar redes sociales y otros medios electrónicos para producir incrementos exponenciales en "reconocimiento de marca".
   b) Se suele basar en el boca a boca mediante medios electrónicos.
   c) Usa el efecto de "red social" creado por Internet y los modernos servicios de telefonía móvil para llegar a una gran cantidad de personas rápidamente.
   d) Todas son correctas.

5. **¿En qué se basa la viralidad?:**

   a) En la idea de que serán los mismos potenciales consumidores los que harán difusión y compartirán aquellos contenidos que les resulten relevantes.
   b) Es publicidad que se transmite a sí misma.
   c) No es imprescindible tenerla en cuenta.
   d) Son correctas a) y b).

413

6. **Los buscadores:**

   a) Recopilan información de las páginas que encuentran.
   b) La catalogan en sus índices.
   c) Aplican una fórmula para ordenar los resultados cuando un usuario realiza una búsqueda.
   d) Todas son correctas.

7. **La tela de araña se arrastra hasta que no se pueda encontrar más información en un sitio, como otros enlaces a páginas internas o externas:**

   a) Verdadero.
   b) Falso.

8. **HTML es un elemento que se utiliza en la creación de una página web, determinando el contenido web, pero sí la funcionalidad:**

   a) Verdadero.
   b) Falso.

9. **¿Qué es un sistema de gestión de contenidos?:**

   a) Un programa que permite solo a un usuario crear, editar y publicar contenido web sin conocimientos de programación en una interfaz gráfica de usuario.
   b) Un programa que permite a uno o varios usuarios crear, editar y publicar contenido web sin conocimientos de programación en una interfaz gráfica de usuario.
   c) Un programa que permite a uno o varios usuarios crear, editar y publicar contenido web con conocimientos de programación en una interfaz gráfica de usuario.
   d) Ninguna es correcta.

10. **La analítica web no se contempla como parte íntegra e imprescindible de cualquier estrategia digital:**

    a) Verdadero.
    b) Falso.

Evalución final

1. El canal es el elemento físico que:

a) Establece la conexión entre emisor y receptor.
b) Establece la conexión entre emisor y contexto.
c) Establece la conexión entre emisor e Internet.
d) Ninguna es correcta.

2. El hub es un lugar donde Microsoft Edge:

a) Guarda las cosas que creas por la web.
b) Guarda las cosas que consultas en el correo.
c) Guarda las cosas que almacenas por la web.
d) Guarda las cosas que recoges por la web.

3. ¿Cuál no es una ventaja del teletrabajo?:

a) Flexibilidad de horario.
b) Mejora de la opinión del trabajador respecto a la empresa.
c) Fácil desconexión entre la vida personal y laboral.
d) Reducción de los desplazamientos.

4. ¿Cómo debe ser el contenido?:

a) Interesante.
b) Correcto sintáctico y ortográficamente hablando.
c) Exclusivo.
d) Todas son correctas.

5. ¿Qué no debe hacer un gestor de comunidad?:

a) Mantener los debates dentro del ámbito temático de la comunidad.
b) Comportarse en línea de un modo más educado y formal que en la vida real.
c) Recordar que la persona que lee el mensaje es humana con sentimientos que pueden ser lastimados.
d) Compartir el conocimiento con el resto de la comunidad.

6.   ¿Cuál es la red social profesional por excelencia?:

a) Viadeo.
b) LinkedIn.
c) Xing.
d) Friendsandjob.

7.   ¿Cuántas representaciones tiene cada página de wiki por lo general?:

a) Dos.
b) Tres.
c) Cuatro.
d) Cinco.

8.   ¿Permite Instagram interactuar con otras cuentas?:

a) Sí, permite la interacción al igual que otras redes sociales.
b) Solo si el usuario te lo permite.
c) No, no es posible en ningún caso.
d) Ninguna es correcta.

9.   En Facebook un usuario puede pertenecer al mismo tiempo hasta un máximo de:

a) 100 grupos.
b) 200 grupos.
c) 300 grupos.
d) No hay límite.

10. En redes sociales, es un craso error compartir contenidos de otros:

a) Totalmente.
b) En absoluto.
c) Solo si está permitido.
d) Ninguna es correcta.

TEST DE UNIDADES DIDÁCTICAS

SOLUCIONES

Unidad 1

1. **b)** Mensaje.
2. **c)** A finales de los años 60.
3. **d)** Son correctas a) y c).
4. **c)** Canal.
5. **d)** Todas son correctas.
6. **a)** Verdadero.
7. **a)** Verdadero.
8. **a)** Verdadero.
9. **b)** Es unidireccional.
10. **a)** Verdadero.

Unidad 2

1. **a)** Netscape.
2. **d)** Outlook.
3. **a)** Verdadero.
4. **c)** Seleccionaremos la opción del menú Ver/Barras de Herramientas/Personalizar.
5. **c)** Comillas.
6. **c)** CCO.
7. **a)** Verdadero.
8. **a)** Está en cola de envío y se enviará lo antes posible.
9. **a)** Protocolo de transferencia de archivos.
10. **c)** TCP.

Unidad 3

1. **c)** En la década del 70.

2. **a)** Verdadero.

3. **a)** Teletrabajo en el domicilio.

4. **a)** Verdadero.

5. **a)** Verdadero.

6. **a)** Jack Nilles.

7. **a)** Verdadero.

8. **a)** Verdadero.

9. **a)** Verdadero.

10. **c)** El 35%.

Unidad 4

1. **d)** Decir la palabra oportuna, de la forma oportuna y en el momento oportuno.

2. **d)** Todas son correctas.

3. **c)** Canal.

4. **d)** Todas son correctas.

5. **b)** Refuerza la compresión de los contenidos.

6. **a)** Verdadero.

7. **d)** Narrativo y formal.

8. **a)** Verdadero.

9. **d)** Todas son correctas.

10. **a)** Verdadero.

Unidad 5

1. **b)** Falso.

2. **d)** Todas son correctas.

3. **d)** Todas son correctas.

4. **d)** Todas son correctas.

5. **a)** Verdadero.

6. **c)** Despreocupado.

7. **c)** Establecer los precios de los productos.

8. **b)** Falso.

9. **a)** Verdadero.

10. **d)** Todas son correctas.

Unidad 6

1. **d)** Todas son correctas.

2. **d)** Son correctas a) y c).

3. **b)** Falso.

4. **b)** Falso.

5. **a)** Los cambios se ven de inmediato, a medida que se producen.

6. **c)** Mac, Windows, Android y Linux.

7. **a)** Verdadero.

8. **b)** 300.

9. **c)** 280 caracteres.

10. **d)** Son correctas a) y b).

Unidad 7

1. **a)** Verdadero.
2. **d)** Todas son correctas.
3. **a)** Verdadero.
4. **b)** Falso.
5. **d)** Son correctas a) y b).
6. **b)** Falso.
7. **d)** Todas son correctas.
8. **a)** Verdadero.
9. **b)** Falso.
10. **d)** Son correctas a) y b).

Unidad 8

1. **c)** 25.
2. **c)** #.
3. **d)** Todas son correctas.
4. **b)** 5.000.
5. **b)** Falso.
6. **b)** X.
7. **a)** Verdadero.
8. **b)** Falso.
9. **b)** Falso.
10. **a)** Verdadero.

Unidad 9

1. **a)** *Verdadero.*

2. **d)** *Todas son correctas.*

3. **a)** *Verdadero.*

4. **d)** *Todas son correctas.*

5. **d)** *Son correctas a) y b).*

6. **d)** *Todas son correctas.*

7. **a)** *Verdadero.*

8. **b)** *Falso.*

9. **b)** *Un programa que permite a uno o varios usuarios crear, editar y publicar contenido web sin conocimientos de programación en una interfaz gráfica de usuario.*

10. **b)** *Falso.*

Evalución final

1. **a)** *Establece la conexión entre emisor y receptor.*

2. **a)** *Guarda las cosas que creas por la web.*

3. **c)** *Fácil desconexión entre la vida personal y laboral.*

4. **d)** *Todas son correctas.*

5. **b)** *Comportarse en línea de un modo más educado y formal que en la vida real.*

6. **b)** *LinkedIn.*

7. **b)** *Tres.*

8. **a)** *Sí, permite la interacción al igual que otras redes sociales.*

9. **c)** *300 grupos.*

10. **b)** *En absoluto.*

GLOSARIO

Accesibilidad

Conjunto de características de un sitio web que facilitan su uso por parte de personas con algún tipo de discapacidad.

Ads

Nombre específico del programa publicitario de Google. Está basado en anuncios que se muestran a los usuarios que buscan en Internet información relacionada con determinadas palabras clave. Ads enlaza con direcciones de sitios web que ofrecen productos y servicios relacionados con las consultas de búsqueda. Técnicamente los anuncios suelen contener 4 líneas en las que se incluye el título (25 caracteres, espacios incluidos), la descripción (dos líneas de 35 caracteres cada una, espacios incluidos) y la URL visible (35 caracteres, espacios incluidos) donde se informa del sitio web que visitará el usuario si hace clic en el anuncio.

Adsense

Sistema publicitario desarrollado por Google. Consiste en la publicación de anuncios de texto o rich media (que la citada empresa define como Ads) relacionados con el contenido de las páginas web donde están insertados. Forma parte de la red de display de Google.

Alimentador RSS

Índice de un sitio web en formato RSS. Es el modo más eficaz de notificar automáticamente las actualizaciones de un sitio web a sus usuarios. El alimentador se realiza en el lenguaje estándar XML.

427

Backlink

Modo que usa el buscador Google para denominar a los enlaces referenciados o que se tienen desde otras páginas web hacia la nuestra. El número de estos enlaces, o backlinks, es uno de los criterios que usa el citado buscador para posicionar en su ranking (PageRank) a una página web.

Bloqueador de pop-ups

Programa que impide recibir pop-ups (o ventanas emergentes, normalmente anuncios) no solicitados cuando se visita una página web. En inglés: Pop-up blocker y Pop-up killer.

Branding

Conjunto de estrategias y herramientas de marketing encaminadas a la creación y/o refuerzo de una marca.

Click through

Acción de cliquear o pulsar sobre un banner de publicidad en una página web. En el mix del marketing online es el modo mediante el cual se establece la efectividad de un anuncio. Es decir, por el número de click through con relación al de impresiones.

Dominio

Nombre mediante el cual una empresa u organización se da a conocer en Internet. Puede basarse en el nombre de la empresa o en una de sus marcas.

Enlace

Base del hipertexto. Se trata de la posibilidad de pasar de un punto a otro de un documento o entre distintos documentos. En inglés: link.

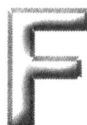

Flash

Programa de diseño gráfico desarrollado por la empresa Macromedia y adquirido por Adobe que permite crear animaciones e interfaces interactivas vectoriales así como generar enlaces dinámicos. Se usa en el diseño de página web y en las presentaciones de empresa y/o de producto. El flash en un web hay que dosificarlo teniendo muy en cuenta, además, que su contenido no puede ser clasificado por los robots de los motores de búsqueda y que, un cierto porcentaje de usuarios, no dispone de equipos y/o conexiones capaces de soportar ciertas prestaciones gráficas.

Impresión

Cada una de las veces que un determinado banner es enseñado a un usuario.

Infoxicación

Exceso y saturación de información, aplicado al mundo digital.

Keyword stuffing

Expresión inglesa de una práctica de posicionamiento en buscadores que consiste en hacer aparecer un número alto de veces determinadas palabras clave en una página web de modo invisible para los visitantes. De hecho, la traducción sería: relleno de palabras claves. Normalmente, estas palabras se escriben en el mismo color del fondeo de la página. El objetivo es aumentar la densidad de esa palabra respecto al total de las que contiene el texto de una web. Sin embargo, conviene apuntar que se trata de una técnica muy penalizada por los motores de búsqueda.

Marketing viral

Traslación a Internet de la técnica de promoción denominada boca oreja, según la cual, los consumidores se convierten en los promotores (entre sus familiares, amigos y conocidos) de los bienes o servicios que han adquirido y cuyo uso les es muy satisfactorio. Desde el punto de vista del marketing, es importante proporcionar a los clientes más fidelizados las herramientas necesarias para que puedan, con mayor facilidad, recomendar y dar buenas referencias de nuestros productos o servicios a otros potenciales clientes a fin de impulsar su consumo entre ellos.

Metatags

Término del inglés técnico informático que describe al conjunto de códigos del lenguaje HTML que proporcionan una información esencial acerca de una página web como pueda ser: el título, nombre del autor, la descripción, o las palabras clave por las que se puede encontrar dicha página.

PageRank

Valoración, según el buscador Google, de un sitio web que depende de diversos criterios como puedan ser: la popularidad (enlaces que, desde otros webs, apunten al web que se está valorando y calidad de estos enlaces); calidad del contenido de las páginas del sitio web; cantidad de enlaces que contiene, palabras clave y descripción.

Página de resultados

Página web que presenta un buscador como resultado de una búsqueda. La mayoría de buscadores muestran en esta página web varios tipos de listados de URLs, como por ejemplo, los de las páginas que han sido indexadas por el propio motor de búsqueda, los de los enlaces patrocinados por algunos anunciantes. En inglés: SERP, acrónimo formado por las palabras: Search Engine Results Page.

Pago por clic

Modelo de contrato publicitario en Internet. Según esta fórmula, los anunciantes pagan al propietario de un sitio web, a una agencia de marketing o a un buscador, en función del número de veces que los consumidores hacen clic sobre un anuncio que les lleva directamente a una página web del anunciante.

Segmentación

Selección de la audiencia o público objetivo al que deseamos llegar. En publicidad es la tarea previa que se lleva a cabo para poder planificar una campaña de medios tanto dentro como fuera de la Red. En investigación de mercados es de especial relevancia para determinar los comportamientos de los consumidores. En inglés, targeting.

SEO

Acrónimo de las palabras inglesas: *Search Engine Optimization*. En español podría traducirse como: optimización del código fuente, diseño y contenido de una página web para lograr su mejor posicionamiento posible en los buscadores.

Site

Abreviatura de website o sitio web en español. Lugar en Internet. Generalmente hace referencia a un conjunto de páginas web, a partir de una determinada URL y bajo un mismo dominio.

Tiempo de carga

Cantidad de segundos necesarios para que un servidor web envíe el contenido completo de una página web al ordenador del usuario que la ha requerido a través de un navegador.

Título de la página

Descripción informativa de una página web que se muestra en la barra superior de los navegadores. No es aconsejable que supere los 60 caracteres. Es de obligada inclusión en el diseño de un sitio web.

Usabilidad

Característica resultante de la suma de la utilidad, facilidad de uso y satisfacción percibidas por parte de los usuarios que visitan un sitio web.

XML

Es un lenguaje desarrollado por el World Wide Web Consortium (W3C). Se trata de un lenguaje de marcas que permite el etiquetado y estructuración de contenidos de manera muy sencilla y fácil de integrar con otras aplicaciones. Sin tolerancia a fallos, se ha convertido en el estándar para el intercambio de datos entre diversas aplicaciones.

BIBLIOGRAFÍA

Bibliografía

- ALEYDA SOLIS. *SEO. Las claves esenciales.* Anaya. 2016.

- ALFREDO VELA ZANCADA. *El libro de Twitter.* Alcalá Grupo Editorial.2016.

- CIPRI QUINTAS. *El libro del Networking.* Alienta. 2017.

- GERMÁN LLORCA ABAD; MAR IGLESIAS GARCÍA; ALVAR PERIS BLANES. *La comunicación digital.* Tirant Humanidades. 2012.

- ISMAEL GÁLVEZ CLAVIJO. *Facebook para empresas y emprendedores.* IC EDITORIAL. 2016.

- ISMAEL NAFRÍA. *Web 2.0: el usuario el Nuevo rey de Internet (4ª ED.).* Gestión 2000. 2008.

- JOSE ANTONIO GALLEGO VÁZQUEZ. *Todo lo que hay que saber de comunidades virtuales y redes sociales.* Wolters Kluwer. 2012.

- JUAN CARLOS MEJÍA LLANO. *La guía avanzada del Community Manager.* Anaya multimedia. 2016.

- MANUEL MORENO. *Cómo triunfar en las redes sociales.* Ediciones Gestión 2000. 2015.

- MANUEL MORENO. *El gran libro del Community Manager.* Ediciones Gestión 2000. 2014.

- MARIE PRAT. *Posicionamiento Web.* ENI. 2016.

- MATTHEW MACDONALD. *Creación y diseño web.* Editorial Anaya multimedia. 2015.

- MIGUEL ÁNGEL GÓMEZ. *SEO luego existo.* RA-MA. 2016.

- ÓSCAR RODRÍGUEZ FERNÁNDEZ. *Facebook: visibilidad para marcas y profesionales.* Anaya multimedia. 2016.

- SERGIO MALDONADO. *Analítica Web.* ESIC Editorial. 2015.